Collected Papers
on Sun Bokui's
Philosophical Thought

孙伯镺哲学思想研究文集

张一兵 主编

南京大学出版社

前　言

　　孙伯鍨先生是我国著名哲学家,马克思主义哲学史学科的奠基者之一,对中国马克思主义哲学的创新发展作出了重要的贡献。

　　1930 年 6 月 14 日,孙伯鍨出生在江苏泰兴的一个较为富裕的农民家庭。1950 年,孙伯鍨加入中国共产党。1951 年,他从苏北泰兴中学高中毕业后考取了上海交通大学物理系,后服从组织派遣参加华东团校第五期学习,结业后留在华东团工委机关工作。1954 年,孙伯鍨考入北京大学历史系,1958 年毕业后留校任政治理论教研室教师,1959 年改任哲学系辩证唯物主义教研室教师。1975 年,孙伯鍨调入南京大学哲学系工作。

　　粉碎“四人帮”后,孙伯鍨全身心地投入马克思主义哲学的教学与研究工作之中,进入了其学术研究的黄金期。他是国内学界马克思主义哲学史学科建设的主要推动者之一。20 世纪 80 年代初,他除了在南京大学哲学系主持开设马克思主义哲学史课程外,还受邀到安徽大学哲学系讲授马克思主义哲学史课程,并分别在1982 年、1986 年出版了《马克思主义哲学史》第 1—2 卷(与金隆德等人合作)。1985 年,他在安徽人民出版社出版了《探索者道路的探索:青年马克思恩格斯哲学思想研究》一书,重点阐述了马克思恩格斯为创立马克思主义哲学而进行的理论探索及哲学革命历程。此书是当时国内学界最早研究马克思主义哲学史的专著之一。20世纪80年代中至90年代初，孙伯鍨作为编委会的主编，主持了《马克思主义哲学的历史和现状》(3卷本)的出版工作，为国内高校马克思主义哲学史课程的教材建设作出了重要的贡献。1991年，孙伯鍨(与庄福龄合作)主编的《马克思主义哲学史》第2卷在北京出版社出版，为进一步推动国内高校马克思主义哲学史的教学与研究作出了新的贡献。2001年，他主编(与张一兵合作)的《走进马克思》一书，因其对马克思主义哲学的基本理论与方法所作出的系统性、原创性的研究与阐释，对国内学界的马克思主义哲学史及哲学原理的研究再一次起到了重要的推动作用。

孙伯鍨深化对马克思主义哲学史的研究始终与对国外理论界各种哲学思潮的批判联系在一起。他在1987年出版了《西方最新哲学流派20讲》(与张一兵合作)，系统地阐释与评价了西方学界较为流行的各种学术观点。1992年，他出版了《西方"马克思学"》(与曹幼华等合作)，对国外学界所谓的"马克思学"的观点与方法进行了深刻的梳理与剖析。1999年，他出版了学术专著《卢卡奇与马克思》，此书作为卢卡奇哲学思想研究的代表作，在学界产生了非常重要的影响。

孙伯鍨的马克思主义哲学研究还与对中国现代化建设事业的理论探讨紧密地联系在一起。1988年，他(与童星、严强合作)出版了《在反思和探索中前进》一书，从唯物辩证法的角度对现实实践中碰到的问题作出了深刻的解读和分析。1995年，他主编的《现实与哲学——论中国特色社会主义理论的哲学基础》一书，因其从哲学的角度对中国特色社会主义理论的学术基础进行的深入解读，而在国内学界产生了重要的影响。

为纪念孙伯鍨先生逝世二十周年，我们特约请国内学界的专家学者就孙伯鍨的哲学思想展开研讨，研讨的内容分为"马克思主义哲学史研究""卢卡奇哲学思想研究""马克思主义哲学基本问题研究""马克思主义中国化研究"等四个专题。我们希望通过这种学术努力，一方面能很好地传承学术前辈的理论传统，另一方面又能推动我们在新的历史语境中把中国的马克思主义哲学研究水平提升到一个新的高度。

目 录

三、马克思主义哲学基本问题研究

四、马克思主义中国化研究

一、马克思主义哲学史研究

兼有学者和革命者品格与学术研究

——纪念孙伯鍨先生逝世 20 周年

侯惠勤*

孙伯鍨先生辞世已经 20 年了,我们的感受似乎很矛盾:常能感到他不曾离开,总是在照常和我们一起读马列、悟哲学、纵论天下;但也往往在遇到重大理论困惑时感受到他不在的巨大空白,忍不住感叹先生若还活着该有多好。这种矛盾的心态恰恰表明了孙先生的存在价值,他对于马克思主义学者所具有的不可遏止的吸引力。这种魅力何来?毫无疑问,对待马克思主义学思悟贯通、知信行一致是根本。但我作为他最早入门的弟子,切身的感受是先生所兼有的学者和革命者品格,是其巨大人格魅力的依托,他更是马克思主义学者的学术楷模。正如列宁谈马克思主义理论品格时所指出的:"这一理论对世界各国社会主义者所具有的不可遏止的吸引力,就在于它把严格的和高度的科学性(它是社会科学的最新成就)同革命性结合起来,并且不仅仅是因为学说的创始人兼有学者和革命家的品质而偶然地结合起来,而是把二者内在地和不可分割地结合在这个理论本身中。"[1]做马克思主义学问的,什么叫作学问好、学术水平高,就是要体现马克思主义理论这种兼有学者和

---

　* 作者简介:侯惠勤,中国社科院国家文化安全与意识形态建设研究中心主任,马克思主义研究院原党委书记,中国历史唯物主义学会会长。

　[1]　《列宁选集》第 1 卷,人民出版社 1995 年版,第 83 页。

革命者的品格。

对于马克思主义理论品格的把握,必然相应地更新我们的一些传统观念。毛泽东从理论联系实际的要求出发,发现"现在有些糊涂观念,在许多人中间流行着,例如关于什么是理论家,什么是知识分子,什么是理论和实际联系等等问题的糊涂观念"[①]。他指出:"我们读了许多马克思列宁主义的书籍,能不能就算是有了理论家呢?不能这样说。……我们所要的理论家是什么样的人呢?是要这样的理论家,他们能够依据马克思列宁主义的立场、观点和方法,正确地解释历史中和革命中所发生的实际问题,能够在中国的经济、政治、军事、文化种种问题上给予科学的解释,给予理论的说明。"[②]毛泽东确立的这一衡量理论水平高下的尺度,彻底揭穿了各种主观主义"理论家"的假面具,恢复了马克思主义的生机活力。

今天我们同样面临什么是"马克思主义的理论(学术)水平"的问题。有一些非马克思主义理论专业的人文社会科学者,以为在自己的研究中搞点"寻章摘句""引经据典"就是以马克思主义为指导了,根本没有把马克思主义的立场观点方法贯彻到学科体系、学术体系、话语体系中。这当然是亟须解决的偏向。然而更需要着力纠正的,是马克思主义理论专业打着"学术性"的旗号,搞所谓"纯学术的马克思主义"研究的倾向。这种倾向给我们提出了一个尖锐的问题:如何衡量马克思主义的学术水平?我们应当引导学生走怎样的马克思主义学术研究之路?我想以我当研究生及其后的一些亲身经历,在追忆孙先生兼有学者和革命者品格的同时,为上述问题提供孙先生的答案。

---

① 毛泽东:《毛泽东选集》第3卷,人民出版社1991年版,第813页。
② 毛泽东:《毛泽东选集》第3卷,人民出版社1991年版,第814页。

一、学术创新力：在辨析"时髦"中抓住问题

我是 1978 年我国恢复高考后进入南京大学哲学系的首届研究生。当时正值"实践是检验真理的唯一标准"的全国大讨论，作为该文作者所在的校系，自然处在解放思想的潮头。毋庸否认，伴随着解放思想的潮流，也发生了"非毛化""非马化"的逆流，然而南京大学哲学系的解放思想深谙马克思主义之道，并没有盲目地"赶时髦"。一方面，我们放眼看世界，如饥似渴地了解新思潮，吸收新资源，尤其是西方最新的哲学社会科学成果，有点类似毛泽东描述鸦片战争以后向西方学习的情景，"那时，求进步的中国人，只要是西方的新道理，什么书也看"①。存在主义、结构主义、分析哲学、语义哲学、解释学、现象学等等，统统收入囊中。另一方面，却又不失理性地思考和分析批判，始终坚持马克思主义的立场观点方法。记得当时以哲学系青年教师和研究生为主开设的"现代西方社会思潮"讲座十分火爆。本来可以坐两百人左右的阶梯教室不仅座无虚席，而且往往因为人数翻倍，窗台上、过道间，乃至教室外的走廊墙角都挤满了听众。各类相关报道只能反复用"盛况空前"来形容。但是，和当时许多其他高校的同类讲座不同，我们的讲座并不止于"客观介绍"，更不屑于"顶礼膜拜"，而是注重"取其精华，去其糟粕"。后来由南京大学出版社以《现代西方社会思潮》之名将讲稿结集出版，里面不乏学养深厚、批判分析有理有据的好文章。我的讲稿在书的最后，题目是"马克思主义在当代西方的命运"，核心观点是马克思主义仍然是我们时代的旗帜，当时的南大南园橱窗

---

① 毛泽东：《毛泽东选集》第 4 卷，人民出版社 1991 年版，第 1469 页。

还以此为标题，大张旗鼓地宣传了这个系列讲座。我们的这些表现，不能不说是孙伯鍨先生、胡福明先生等悉心指导引领的结果。

马克思主义哲学在当年是显学，投身该学科的学子可谓是精英荟萃。经历了"文化大革命"失误的学界都具有强烈的创新意识，在反思"文化大革命"错误的同时，力图在马克思主义哲学的整体框架上有所突破。当时我们最感兴趣的著作是刚接触到的马克思《1844年经济学哲学手稿》，对贯穿其中的"异化"思想总是激动不已。有一阵，萨特的"马克思主义哲学患了贫血症，要对其输血"（意谓其忘记了"个人"），康德的以个人为基础的"主体性哲学"是西方哲学的精髓等都成为热门货，甚至一时成为共识。把马克思主义哲学"历史唯物主义化"，把历史唯物主义"人学化"，一下子成为"时髦"。我们不可能不受到影响。虽然坚持马克思主义哲学的立场仍然坚定，可是推进这一学说的发展方向却不甚了了。新思路似乎定格在异化、主体性、实践上，我的硕士学位论文的选题，也初定为从唯物史观的创立过程阐发马克思的"异化"思想，意在借主体性哲学克服旧唯物主义"变得漠视人了"的片面性。

但是，在我把自己的想法和孙先生反复交流后，思想上有了很大的改变。孙先生使我醍醐灌顶的观点有三：其一，马克思哲学变革的主要对手是唯心主义，而不是旧唯物主义。对手决定了问题，问题决定了方向。在根本方向上不能出错，必须以辩证唯物主义和历史唯物主义为世界观方法论。其二，"异化"先天不足，它可以作为批判方法，但不能成为科学的世界观、历史观。其三，学术水平在于不赶"时髦"，不玩弄词句，而是善于从"时髦"中发现问题，找准学术对手，找到学术前沿。这三条很大程度上使我有点发热的头脑趋于冷静，也成为我学位论文构思和写作的基本遵循，更成为我后来研究马克思主义哲学史的座右铭。

我开始较为理性地思考什么是马克思主义哲学、如何推进马克思主义哲学创新这一重大问题。最后确立了以青年马克思思想变革为主线、题目为"论马克思从人本主义异化观向历史唯物主义实践观的转变"的学位论文，**鲜明地表达了异化史观和唯物史观的对立，表达了历史唯物主义实践观的唯物主义属性，表达了费尔巴哈的唯物主义及人道主义对于青年马克思的不同意义。**我认识到，费尔巴哈对于马克思的影响实际上包括两个层面：一是唯物主义哲学立场和发展方向，即坚决地把意识反映存在的唯物主义认识路线贯彻到底，尤其是推广到社会历史领域，确立社会存在决定社会意识的唯物论观点。这一影响是根本的、一贯的和毫不动摇的，不存在任何意义上的"离开"。就此而言，马克思从来没有告别费尔巴哈。正如列宁指出的："**从 1844—1845 年马克思的观点形成**时起，他就是一个唯物主义者，首先是路·费尔巴哈的信奉者，就是到后来他还认为，**费尔巴哈的弱点仅仅在于他的唯物主义不够彻底和全面**。马克思认为费尔巴哈的'划时代的'世界历史作用，就在于他坚决同黑格尔的唯心主义决裂，宣扬了唯物主义。"①我因此坚信，坚持唯物主义立场，是马克思主义哲学创新的前提和方向。

另一影响则是"抽象的人及其崇拜"，即试图用人道的、理想化的人，揭露并对抗资本主义条件下病态的"非人"，并尝试用人的"类本质"异化及其必然复归，论证资本主义被社会主义取代的必然性。这种"费尔巴哈崇拜"在青年马克思那里始终是有保留的、过渡性的和不断改变的。随着历史唯物主义观点日渐成熟，作为价值诉求和叙事方式的人本主义，在马克思那里就完全成为历史。

学位论文的完成对于我意义重大，它基本上奠定了我从事马

---

① 《列宁选集》第 2 卷，人民出版社 1995 年版，第 418—419 页。

克思主义哲学研究的方向,这就是坚持辩证唯物主义和历史唯物主义世界观方法论不动摇,在新问题的辨识、新运用的可能、新阐发的思路上下功夫。**第一,用世界观打通本体论、认识论和存在论,防止制造本体论、认识论和存在论的对立。**把世界观视为近代以来哲学演进的根本方向,也是马克思主义哲学的首要特质,拒绝所谓从古代本体论哲学到近代认识论哲学再到现代生存论哲学的哲学史演进模式。西方古代哲学与近代哲学的区别不在于是否以本体论为基础,而在于是否有认识论、历史观的支撑。不能制造本体论、认识论和存在论的哲学鸿沟。辩证唯物主义和历史唯物主义,逻辑学、辩证法和认识论的科学统一,既是马克思主义哲学变革的伟大成果,也是人类时代精神的精华。

第二,**不是人性创造历史,而是历史改变人性;不能用异化论证历史,而是要用历史说明异化。**从历史唯物主义的观点看,人性的异化自私是私有制关系的历史积淀,尤其是资本主义社会人的"物化"产物。它必将同私有制一道,在人类历史走向消灭阶级、消灭剥削的过程中被改变。由此看异化分析方法,其特点和弱点一目了然:其一,它具有强烈的反现实性,因而是方便且犀利的批判武器。然而它只适用于过时的事物,而不适用于新生的、还具有生命力的事物。非历史性是其明显的思想局限。其二,作为主体性哲学,它突出了主体价值和需要,但也因主体的多元性、不确定性而陷入了相对性。否定客观真理是其根本的理论缺陷。其三,作为方便的批判武器,依赖非批判的价值预设。超越"异化"现实的"非异化"设定,使其永远无法消除理想和现实的对立。

第三,**实践观本质上是认识论范畴,实践本体论不能成立。**原因就在于:**其一,只有作为认识论领域的实践范畴,唯物论和唯心论的划分才具有绝对的意义。**离开了认识论的实践概念就可能借口"实践多重要素的相互作用"超越唯物论和唯心论的对立,而最终滑入唯心论的实践哲学。正如列宁明确指出的,哲学上两条基本路线的对立,就是"从物到感觉和思想呢,还是从思想和感觉到物?恩格斯坚持第一条路线,即唯物主义的路线"①。坚持唯物论的认识论就必须确认认识本质上是反映论,即认识主体对于客观实在的把握,而物即客观实在是认识的来源。唯心论的认识论尽管形态各异,但它们的共同点就是否认反映论,即认识的客观对象是物。

其二,只有坚持认识论领域的实践观点,才能不限制人的认识,打通现象和"自在之物"。唯心主义的实践哲学限制人的认识能力,只承认现象学意义的人类实践,即实践只能证明人的需要和人的经验,不能证明自在之物和客观真理。只有唯物主义才承认"人类的实践不仅具有(休谟主义和康德主义所谓的)现象的意义而且还具有客观实在的意义"②。证明"自在之物"不仅存在,而且可知,证明客观真理就是绝对真理,从根本上颠覆实用主义真理观。

其三,只有坚持认识论领域的实践观,才不至于割裂认识世界和改造世界的内在联系。"实践哲学"把追求"真理性认识"的活动仅仅视为"观念地掌握世界",实际上割裂了认识活动和实践活动的内在统一,并隐含着对理论思维的蔑视、对自发实践的崇拜。而马克思主义不仅始终认为认识世界和改变世界不可割裂,而且由于只有遵循客观规律的实践活动,才能创造新世界,开创新纪元,因此两者统一于对客观规律的认识和利用过程。这就是辩证唯物

---

① 《列宁选集》第 2 卷,人民出版社 1995 年版,第 37 页。
② 《列宁选集》第 2 卷,人民出版社 1995 年版,第 81 页。

论的知行合一。

我研究生毕业后两年，迎来了马克思逝世一百周年。借着马克思《1844年经济学哲学手稿》中文版的发行，我国理论界展开了"人道主义和异化"问题的大讨论，在百家争鸣中也出现了将马克思主义人道主义化的错误倾向。胡乔木发表的《关于人道主义和异化问题》一文正确判断了这场大讨论的实质和核心："究竟应该用怎样的世界观和历史观，是马克思主义的历史唯物主义还是人道主义的历史唯心主义"①，将其作为思想武器去观察和处理重大理论问题；正确指出资产阶级自由化的要害就是"要把马克思主义归结为或部分归结为人道主义"，从根本上否定社会主义；正确提出对待人道主义的科学态度，就是严格区分人道主义有"两个方面的含义：一个是作为世界观和历史观；一个是作为伦理原则和道德规范。这两个方面有联系，又有区别。我们现在讨论人道主义问题，尤其需要注意两者的区别，以免造成意义上的混淆……当前的争论，首先在于作为世界观和历史观的人道主义。因为已经发表的宣传人道主义的文章，大都没有区别人道主义的这两种含义，而且大都把人道主义作为解释历史、指导现实的世界观和历史观来解释和宣传"②。尽管这场重大的思想舆论斗争并没有因此文的发表而平息，但我在孙先生的指导下，形成了始终以学术的方式，与国家主流意识形态相呼应，与现实政治大局共命运的理论风格。以学术讲政治、理论的透彻释疑解惑也就一直成为我的学术研究的重要特色。

---

① 胡乔木：《胡乔木文集》第2卷，人民出版社2012年版，第607页。
② 胡乔木：《胡乔木文集》第2卷，人民出版社2012年版，第607页。

二、学术引领力:在思想舆论斗争中彰显功力

我国改革开放伊始,就必须面临西方对我国进行"颜色革命"的严峻挑战。这股歪风就是诱导对西方社会所谓的"自由民主"制度的崇拜,极力要把中国的改革开放引向"全盘西化"方向的资产阶级自由化思潮。邓小平认为:"中国在粉碎'四人帮'以后出现一种思潮,叫资产阶级自由化,崇拜西方资本主义国家的'民主'、'自由',否定社会主义。"[①]他明确提出:"不能让这股风刮起来。"令人遗憾的是,资产阶级自由化这股风后来还是刮起来了,最终导致了浊浪排空的 1989 年政治风波,造成了极为恶劣的后果。邓小平就此发表了许多讲话,指出"这场风波迟早要来。这是国际的大气候和中国自己的小气候所决定了的,是一定要来的,是不以人们的意志为转移的,只不过是迟早的问题,大小的问题"[②]。他还认为改革开放"十年最大的失误是教育,这里我主要是讲思想政治教育"[③]。作为马克思主义理论学者,必须认真反思这一历史教训。

1989 年政治风波后,孙先生顶住被误解为"左"的压力,和我多次讨论这场风波是如何掀起的。我们认为,"沧海横流方显英雄本色",马克思主义的学术功力必须在思想舆论斗争中彰显。我们逐步形成了以下看法:1983 年胡乔木的文章对于"马克思主义与人道主义"的讨论发挥了定向的作用,但是,内外两方面的原因使得他文章的观点没能真正成为理论界的共识。其中外部原因包括两方面:一方面,当时主要是纠正"文化大革命"中"左"的错误,使得批

---

① 邓小平:《邓小平文选》第 3 卷,人民出版社 1993 年版,第 123 页。
② 邓小平:《邓小平文选》第 3 卷,人民出版社 1993 年版,第 302 页。
③ 邓小平:《邓小平文选》第 3 卷,人民出版社 1993 年版,第 306 页。

判抵制作为世界观历史观的人道主义不那么有底气。相反，一股必须突破马克思主义是人道主义"禁区"的所谓"思想解放"思潮却显得底气十足，甚至把胡乔木的文章诬称为"禁锢思想解放"。控诉"左"是宣扬人道主义思潮的法宝。它用漫画式的手法扭曲新中国的意识形态斗争历史，以图确立把马克思主义人道主义化作为"拨乱反正"成果的正当性。它煽动性地宣称："自20世纪50年代起，人道主义、人性论在中国就失去了自身的合法地位，被视为反马克思主义的'地主、资产阶级的意识形态'，屡遭批判。60年代初，曾经对巴人（王任叔）的人性论思想进行过有组织的批判，接着又有对'苏联修正主义'的人道主义思想的大规模批判。主张人道主义的文学家、哲学家都噤若寒蝉，大部分人则是远离人性、人情、人道主义，将之视为洪水猛兽，谁沾它的边，就会身败名裂，甚至遭受灭顶之灾。"[1]这种扭曲性叙事蓄意掩盖了问题的实质，即应该用什么样的世界观历史观宣传人道主义？新中国对于抽象人道主义和人性论的批判主流是什么？

无论如何涂脂抹粉，无可辩驳的事实是，马克思主义人道主义化恰恰是后来苏共丢失立党之本、亡党亡国的思想根源。苏联东欧国家在20世纪50年代就出现了所谓马克思主义"人性论转向"，导致1988年6月苏共十九大公开提出"人道的民主的社会主义"，而1990年初取消宪法中马克思主义的指导地位和共产党的执政地位就是这一"转向"的颠覆性恶果。历史经验表明，没有对人道主义的唯心史观的批判抵制，就没有马克思主义在意识形态领域的指导地位和坚持共产党领导的理论依据。

---

[1]　雷永生：《讨论"人道主义"和"异化"为何成了"精神污染"？——"人道主义和异化"大讨论始末》，载《社会科学论坛》2012年第7期。

另外,由于把马克思主义是否可以归结为人道主义列为"可以讨论的学术问题",所以在包容多样、学术自由的口号下,公开并日益变本加厉地鼓吹"马克思主义人道主义化"就形成了气候。当时的思想理论界的个别党员领导干部率先提出要打破思想禁忌,把马克思主义和人道主义能够相容"作为科学研究和讨论的对象",立刻得到了一批掌握了一定思想舆论权的人士的强烈呼应。随后,他们的调门也越来越高,把马克思主义与人道主义能否相容问题从"可以讨论"上升到"必须肯定",以至于把马克思主义人道主义化作为衡量思想解放的标尺。直到当时以邓小平为核心的党中央明确提出宣传"人是马克思主义的出发点""社会主义异化"论触碰了国家意识形态底线,思想战线不能搞"精神污染",这股思潮才有所收敛。但是,打着学术研究的旗号,把马克思主义作抽象人性论解读之风从来没有停歇。在这种氛围下滋养出的一批学者,日益把论证马克思主义就是人道主义视为时尚而乐此不疲,并大量引进西方成果,声势越造越大,我国的哲学社会科学学术阵地开始不断失守。

就内部原因而言,当时思想战线的主要任务是拨乱反正,肃清"文化大革命"的流毒,推动党的工作重心转移和改革开放。"中国要警惕右,但主要是防止'左'"①是主基调。因此,在一些政治原则和学术观点边界不是很清晰的问题基本上给予包容或回避,没有从政治原则高度严格澄清。在这种情况下,坚持唯物史观似乎成了"见物不见人"的宿命论,成了僵化保守的教条主义;坚持把马克思主义人道主义化的思潮不仅能够打着"创新唯物史观"的旗号,而且可以肆无忌惮地宣传"历史唯物主义应该是历史唯人主义"

---

① 《邓小平文选》第 3 卷,人民出版社 1993 年版,第 375 页。

"马克思主义就是人学"。随后,价值哲学、实践哲学和生存论哲学等人道主义哲学变种不断扩张,自诩形成了与体现主流意识形态思政课的所谓"(官方)讲坛哲学"分庭抗礼的"(民间)论坛哲学"。其实,人道主义作为世界观历史观的"抽象人性论",就是资产阶级社会的"自然人",作为资本主义制度的社会根基,其政治属性十分鲜明。因此,关于人的争论,必须归结到是"个人本体"还是"人民中心",不能笼统地讲"人学"或"以人为本"。明确世界观问题上的重大争论本质上是政治原则而不是学术观点问题,这对于坚持马克思主义的指导地位十分必要。

在这个基础上,孙先生和我合作完成了一篇近两万字的长文,题目叫"试论资产阶级自由化的哲学基础",刊发在《高校理论战线》。文章产生了很大反响,起到了推进批判资产阶级自由化的作用。现在看来,文章之所以影响大,除了适应了当时的思想舆论斗争的需要外,还在于它阐发了一些新的学术观点。[①] **首先,阐发了哲学世界观和国家政治制度的内在联系,表明思想舆论斗争必须深入哲学世界观。**现代国家的法理基础在民意,而人是什么,决定了民意是什么。哲学世界观作为国家制度的人学根据,而成为立国之本。马克思明确指出:"正如古代国家的自然基础是奴隶制一样,现代国家的自然基础是市民社会以及市民社会中的人,即仅仅通过私人利益和无意识的自然必然性这一纽带同别人发生联系的独立的人,即为挣钱而干活的奴隶,自己的利己需要和别人的利己需要的奴隶。现代国家通过普遍人权承认了自己的这种自然基础本身。"[②]从国家制度的本质特征看,社会主义与资本主义的区别在

---

① 参阅孙伯鍨、侯惠勤:《试论资产阶级自由化的哲学基础》,载《高校理论战线》1991年第5期。

② 《马克思恩格斯文集》第1卷,人民出版社2009年版,第312—313页。

于是否坚持工人阶级（通过共产党）的领导，而就其人学基础看，区别就在于是"人民至上"还是"个人本位"。

从历史经验看，人们公认苏东剧变的根本原因在于取消了共产党的领导，而较少看到，否定马克思主义哲学世界观的科学性是取消共产党领导的理论准备。苏联解体前夕最为猖狂的反共言论都集中在对马克思主义哲学世界观的攻击，而哲学阵地失守则为主流意识形态的崩溃打开了方便之门。以马克思主义哲学为指导的世界观和历史观遭到清算的结果，就是彰显个人所谓自由的"人性解放"。个人主义哲学是西方所谓民主自由价值观的依托，接受个人主义哲学，必然会认同西方自由民主的政治价值观。借助于表现为抽象人道主义的个人主义哲学，西方政治价值观长驱直入。此门一开，坚持共产党在国家政治体系中的领导核心地位便再无可能。历史的教训是，**坚持马克思主义在意识形态领域的指导地位，是坚持共产党领导的思想基础，是否坚持这一根本制度，关乎国家的政治安全。**

其次，文章剖析了**抽象人道主义哲学成为资产阶级自由化舆论先导的原因，提出了哲学争论中的政治斗争边界问题。**由于资产阶级自由化从一开始就蒙上了批"左"和"改革开放"的保护色，它的起源本身就容易造成一种错觉，似乎这是思想解放、顺乎潮流的产物。当十年内乱使人们对"左"的错误深恶痛绝，对其可能的回潮万般警惕时，右的倾向就不仅能够随着反"左"的声浪逐级升高，而且还易于赢得廉价的赞赏和喝彩；当"两个凡是"式的僵化观念为人们所不齿，而改革进取成为普遍的要求和呼声时，掺杂在新潮中的逆流和泛起的沉渣就容易混淆人们的视线，甚至被当作新思想来欢迎和美化。这样，出现在人们面前的就是一幅色彩斑驳的图画：思想解放和对社会主义的背离混杂不清，探索中的闪失和蓄意发难交织并存。由于改革开放构成了新时期的特色,更加重了抵制和揭露右倾错误思潮的心理压力,"反对僵化、保守"成了搞资产阶级自由化的人手中的有力盾牌。就这样,在整个意识形态领域的漫长战线上,一切带有重大原则性的思想理论问题都被弄得扑朔迷离,让人难识庐山真面目。

更为复杂的是其哲学基础:一般地说,资产阶级自由化的理论基础必然是唯心主义哲学,然而经深入考察则不难发现,它借以打开思想缺口和实现其政治企图的理论,首先还不是纯粹的唯心主义,而是与马克思主义较为容易嫁接、在政治上也更为管用的抽象人道主义和人性论。这里显然有它的必然性。**第一,它发挥了哲学渗透的优势,充分利用了资产阶级思想优势地位所固有的能量。**哲学和政治的联系本来就是曲折的,这种曲折关系是哲学能够充当政治先导并发挥独特作用的基础。抽象人道主义正是充分发挥了哲学的这种渗透作用。它在有意淡化与政治的联系,使人们在丧失政治警觉的状况下,从最深层的思想价值观念进行渗透。同时,它在理论上所标榜的超阶级性、人格独立和个性自由,集中体现了世界范围内依然占据统治地位的资产阶级意识形态大打道德牌的优势,具有极强的蛊惑力。它能够以一种道德渗透的方式,轻而易举地铺设一条反马克思主义的道路。

第二,它迎合了在反倾向斗争中容易滋长的某些偏激情绪。十年内乱的主要失误是"左"的、阶级斗争扩大化的错误,伤害了大批同志和朋友,与之相伴随却滋长了对于政治以及阶级斗争的厌倦心理。因此,用一种超阶级的、非党派的、看似人情味十足的观念去阉割马克思主义的革命精神,就极易得到认同和流行。

第三,它适应了西方"和平演变"战略中的策略变化。从 20 世纪 80 年代起,西方资本主义利用对它较为有利的国际形势,不仅加快了"和平演变"战略的实施,而且在"接触＋遏制"的策略调整中更加注重哲学和基本价值观念上的渗透。20世纪50年代那种意识形态倾向十分鲜明的"冷战"策略开始向"客观""公正"和"富有人情味"方面变化。从抽象人道主义经由民主社会主义而走向资本主义,就是这一策略转变所预期的结果。

第四,它利用了人们创新马克思主义的美好愿望和探索精神。从客观上来说,由于内外条件的变化和历史任务的转换,以及过去若干年内"左"的错误所造成的一些急需消除的消极影响,要求人们用更加全面、更加科学的眼光来研究和探索马克思主义体系中人的问题的理论,并用以指导当前的实践。但是,资产阶级自由化的鼓吹者利用了人们对人的问题的关心,借口反"左"来宣扬非历史、超阶级的人性理论,借口"以人为本"来否定马克思主义的唯物主义基础,在"人道的哲学"的旗号下大肆贩卖资产阶级以个人主义、利己主义和非理性主义等等为核心的人生哲学,把它们奉为最新理论和基本价值。在意识形态领域内造成的这种严重混乱,迅速影响到政治生活,直接冲击着我国的社会主义制度和改革开放的进程。

以上分析表明,对资产阶级自由化的批判如果不深入到它的哲学基础,那么它便随时可能卷土重来;同时也表明,批判自由化的复杂性集中在对其理论基础的批判分析。真正困难的是如何区分学术探讨中的失误和蓄意自由化,以及哲学观点大致相同中政治倾向的差异。正因为如此,时至今日,人们对于从哲学理论上批判自由化的认识仍远没有从政治上批判那么一致。

再次,文章在严格区分政治原则问题和学术观点问题的基础上,初步划出了两种观点的思想边界。分清哲学社会科学重大讨论的学术观点和政治原则的区别,难在两者往往没有直接的交集,因而把马克思主义人道主义化的思潮可以长期以"学术讨论"的方式存在。但是，作为重大政治是非，它总有摆脱"纯学术"外衣而暴露其政治面目的时候。我们在文章中划出了三条思想边界。**一是历史和逻辑相一致的判断**，即以自由化自身的历史和逻辑发展为基础，围绕着其企图颠覆无产阶级国家政权这一核心，展现这一特殊阶段鼓吹抽象人道主义和人性论如何越来越直接地服务于这一政治目的的思想历程。这个过程大致上可分为三步：第一步，用鼓吹抽象的人类价值和一般人性（亦被称为"普世价值"）去摧毁我们的社会制度的思想根基；第二步，用鼓吹抽象的个人价值和绝对个性去论证资本主义政治理想和社会制度的合理性，确立"现代化即西方化"；第三步，用鼓吹抽象的人性论并采取"启蒙"的方式去煽动、颠覆人民民主专政国家的实际行动。

二是立党立国之本的判断。马克思主义是中国共产党的立党之本，其中，哲学世界观是基础。能否坚持科学世界观关系到党的政治根基，这就是坚持工人阶级领导，为共产主义而奋斗。不能以学术争鸣、解放思想为由消解作为世界观的马克思主义哲学。没有一元论科学世界观就没有一元化的指导思想，就没有坚持马克思主义在意识形态领域的指导地位和共产党作为最高政治领导力量的思想基础。因此，任何消解辩证唯物主义一元论世界观的学术观点，都涉及重大政治原则，必须予以理论上的澄清和思想上的批判。

三是政治引申判断。在我国通过宣传或主张马克思主义人道主义化搞自由化，不是别人强加于他们的，而是他们自己通过这样那样的方式表露出来的：其一，主张以抽象人道主义作为党和国家指导思想的理论基础，以及引领改革开放的思想指导；其二，用抽象人道主义去衡量社会主义制度，引申出"社会主义异化论"，主张

"全盘西化";其三,用抽象人道主义去衡量马克思主义,引申出"马克思主义异化论",主张取消马克思主义在意识形态领域的指导地位等。只有与上述具体条件和政治引申相联系,才成为资产阶级自由化的理论基础。这些区分学术讨论和重大政治原则的想法,现在看来还有价值。

三、学术自由精神:超越自我是正道

20年后追思孙先生,我印象最为深刻的还是先生的临终嘱托:坚持马克思主义要"从一而终"。先生平时叮嘱最多的是要守住根本,"不要赶时髦",因为赶时髦意味着急功近利,意味着思想摇摆,这与马克思主义格格不入。这使我从学术生涯一开始就排除干扰,警惕对唯物论的颠覆问题。从我的硕士学位论文的选题,到后来对抽象人道主义哲学的批判,都贯穿着一个观点,即唯物论立场是科学实践观创立的前提。然而,事实表明,"不赶时髦"不是难在"独善其身",而是难在不惜背负骂名而亮出自己的观点。因为不愿亮观点与赶时髦的共同之处都是注重个人名利,自己所反对的东西其实也是自己的软肋,对错误思潮的斗争实际上是在不断澄清自己思想的过程。正如马克思"正是在斗争中它本身陷入了它所反对的错误,而且只有当它陷入这些错误时,它才消除掉这些错误"[①]。反对以"实践哲学"解读马克思主义哲学就是例证。

毋庸置疑,我十分不解所谓马克思通过"引入科学实践观"而完成其哲学变革的观点,怎么可以成为风靡一时的看法。这种观点提出,"马克思第一次把科学的实践观引入哲学,当作自己全部

---

① 《马克思恩格斯全集》第 40 卷,人民出版社 1982 年版,第 258 页。

哲学理论的基础,既使得马克思主义哲学成为完整性的哲学,也使得马克思主义不仅成为一种'解释世界'的整体世界观,更成为一种'改变世界'的整体方法论,同时使得马克思主义世界观与方法论通过实践这一桥梁,在'解释世界'与'改变世界'的相互作用、无限循环中,实现联结互动、共同发展"。我想问的是:如果科学的实践观是马克思"引入自己哲学"的,那么它是谁创立的? 它的科学内涵和精神实质是什么? 显然这是无稽之谈。因为马克思之前有实践观,但绝不科学。主要的类型有二:一是以康德为代表的观点,即把实践视为"向善的意志性活动",道德命令是实践理性的"绝对命令";二是以费尔巴哈为代表的观点,即把实践视为狭隘的功利行为,"卑污的犹太人的赚钱活动"是其本质。这两种观点都把实践视为以个人为主体的主观意志性活动,是唯心论实践观,没有任何科学性可言。

如果我们承认科学实践观是马克思独创的,那么就必须认真考察他是如何完成实践观的革命变革的,而不是抽象的"引入","唯物论转向"首当其冲。**不能把科学实践观的创立视为马克思主义哲学变革的起点**。科学实践观的确立是马克思主义哲学形成的重要基础,是马克思制定自己的新哲学世界观的重要范畴。但**科学实践观的创立,前提是马克思恩格斯的"唯物论转向",没有唯物论转向就没有科学实践观的创立,这个顺序不能颠倒。概言之,马克思的哲学变革的前提,是** 1844 年初实现的、被列宁概括为"两个转变"的思想基础,即完成了从唯心主义向唯物主义、从革命民主主义向共产主义的转变。而 1845 年春实现的、以被恩格斯称为"包含天才世界观萌芽的第一个文件"——《关于费尔巴哈的提纲》为标志的科学实践观,就是在这个基础上形成的。正是马克思哲学变革的"两个转变",奠定了马克思科学实践观的唯物论前提。

其实,马克思早在其《博士论文》时期就初步形成了辩证的实践观点,但仍处于黑格尔唯心主义哲学阶段,故算不上重大变革。因此,不是实践观决定了马克思哲学的根本性质,而是马克思的唯物论立场决定了科学实践观的形成及其新唯物主义属性。把科学实践观当作现成的"飞来峰",鼓吹"实践本体论",就是去唯物论的主观唯心主义转向。

20世纪80年代,借助国外某些学者的观点公然否定自然辩证法,把辩证法限制在人类历史和实践领域,把马克思主义哲学仅概括为"历史唯物主义",这是实践本体论试图取代物质本体论的第一步。随后的20世纪90年代,借助西方哲学的所谓"生存论"转向否定认识论哲学,从而抹杀唯物论和唯心论的对立,鼓吹马克思主义哲学的"实践的唯物主义转向",这是实践本体论试图取代物质本体论的关键一步,是对辩证唯物主义的根本颠覆。与此相连,恩格斯的《自然辩证法》和列宁的《唯物主义和经验批判主义》在一些人那里似乎成为反面教材,只有在批判的时候才偶尔提及。

令我不解的是,这些根本颠覆马克思主义哲学的倾向并没有受到有力的批判与抵制,相反,打着"反宏大叙事""反历史决定论"旗号的"去唯物论"、否定客观真理和历史客观规律的错误思潮却泛滥一时。其恶果就是理想信念的混乱,以致在党员干部中,"也有的对共产主义心存怀疑,认为那是虚无缥缈、难以企及的幻想;有的不信马列信鬼神,从封建迷信中寻找精神寄托,热衷于算命看相、烧香拜佛,遇事'问计于神';有的是非观念淡薄、原则性不强、正义感退化,糊里糊涂当官,浑浑噩噩过日子;有的甚至向往西方社会制度和价值观念,对社会主义前途命运丧失信心;有的在涉及党的领导和中国特色社会主义道路等原则性问题的政治挑衅面前态度暧昧、消极躲避、不敢亮剑,甚至故意模糊立场、耍滑头,等等"①。这些问题的根子就在习近平指出的,"我们一些同志之所以理想渺茫、信仰动摇,根本的就是历史唯物主义观点不牢固"②。事实很清楚,没有辩证唯物主义和历史唯物主义一元论的科学世界观,就没有一元化的指导思想,就没有坚持马克思主义在意识形态领域的指导地位和坚持共产党作为最高政治领导力量的思想基础。

主张马克思主义哲学"实践转向"者,尽管多数是思想认识问题,然而也有其自身的特殊原因。他们大多对于坚持四项基本原则、反对资产阶级自由化不感兴趣;急于成名而又苦于功力不足,期盼走"创新的捷径";思维方法较为片面偏执,悲观地看待中国特色社会主义道路的曲折发展,把西方在经济社会发展上的暂时优势等同于制度和文化优势,无批判甚至崇拜西方文化和学术思想。也就是说,力推马克思主义哲学通过"实践转向",从工人阶级世界观向个人主义哲学蜕变的人,本身个人主义就比较突出。这也是孙先生一再告诫、我自己一再自我警醒的问题。

鼓吹马克思主义哲学的"实践转向"造成了价值观上的严重混乱,打着"知识分子独立性"和精神自由的旗号,个人主义在某些高校大行其道。针对"今天大多数知识分子的依附性人格",表达所谓"启蒙精神"和"知识分子独立性",成为今天屡见不鲜的现象。在拉抬"启蒙精神"的同时,恶意贬损"雷锋精神",把学雷锋诬称为"反现代化、反文明运动"。不少高校教师都无条件、孤立地把陈寅恪"独立之人格,自由之精神"作为最高座右铭向学生灌输,甚至把

①　中共中央文献研究室编:《十八大以来重要文献选编(上)》,中央文献出版社2014年版,第339页。
②　中共中央文献研究室编:《十八大以来重要文献选编(上)》,中央文献出版社2014年版,第116页。

不问政治、不依附任何社会力量作为个人的最高的价值追求,包括某些国家主导的重点教材都存在类似观点。我们不得不对自己提出这样的拷问:这一批批"精致的利己主义者和个人主义者"是如何造成的? 实际上,自觉站在人民立场,把个人价值融入为人民谋幸福、为民族谋复兴、为世界谋大同的事业,其精神自由肯定高于仅限于"独善其身"的人格独立。有理说不清,是我们今天的思政教育需要解决的问题。

把学术与意识形态对立起来是马克思主义研究值得关注的倾向。它自诩为"学术的""正宗的"马克思主义研究,力图主导高校马克思主义研究的方向。一系列重大的理论偏差由此而起:在片面强调存在和实践的"内在统一"的基础上,否定了客观自在的自然界和自然辩证法,抽空了历史辩证法的客观基础;在片面理解实践的多元统一和真理相对性下,反对所谓"两极对立的思维",否定唯物论和唯心论的两军对垒,否定对立统一规律和客观真理;通过以"实践"为马克思主义哲学的核心,否定唯物主义反映论,实际上否定了主观符合客观和实事求是、一切从实际出发的思想路线。习近平一再强调"辩证唯物主义是中国共产党人的世界观方法论",确实具有拨乱反正、正本清源的意义。

我的体会是,对于错误思潮的批判,不仅是责任使然,也是自我超越的主要途径。对错误思潮从辨识、厘清、确立思想优势到敢于亮剑,是一个不断克服小我眼界、不断突破原来学术水平的过程。批判逼迫你必须正视自己的世界观方法论,逼迫你不断地更新知识、开阔学术眼界,逼迫你不断地返回马克思主义理论研究的初心使命。这是马克思主义学人的成长之道、马克思主义学术发展之道,也是孙先生兼有学者和革命者品格的磅礴力量之道。

为真正的马克思主义哲学立传

——孙伯鍨先生的马克思恩格斯早期哲学思想研究

何怀远 *

　　面对马克思恩格斯留下的海量论著、文稿、笔记、信函等文本，研究者对整个马克思主义及其哲学的理解难免会出现分歧，形成多元化或个性化的马克思主义理解形态，而且每个理解者都认为自己的理解是最贴近原象的。其实，马克思恩格斯创立的经典马克思主义真理体系只有一个，由理解形成的多元的马克思主义并非都是真正的马克思主义，从逻辑上说，只有符合马克思恩格斯本真思想的理解形态才能称得上真正的马克思主义。当然困难在于，谁也没有垄断真理，谁也没有对真理的终极裁断权，这就要求对不同理解的宽容与尊重。可是，对不同理解的宽容与尊重并不是鼓励把经典马克思主义多元化，而是努力使经典马克思主义一元化，即不断接近、符合真正的马克思主义。也许这个任务永远不可能最终完成，但寻找真正的马克思主义无疑是研究马克思主义的应有目的，为真正的马克思主义立传无疑是马克思主义思想史研究的应有目的。否则，马克思恩格斯思想研究、马克思主义思想史研究（包括马克思主义哲学史研究）都将失去意义。如果像 20世纪的解释学所说的"绝对的客观性是一种绝对的神话"，那么，我

---

　　* 作者简介：何怀远，国防大学政治学院教授，少将，《思想理论战线》主编。

们同样可以说"绝对的相对性是一种绝对的错误"。如此,世间还有何真理可言!马克思恩格斯创立马克思主义、马克思主义哲学经历了曲折过程,决定了他们早期著作中存在非马克思主义思想。对这些著作进行深入研究,分析马克思恩格斯的思想变化及其原因、发展脉络及其主线,确定重要概念、论断、逻辑、方法在马克思主义创立过程中的地位,对于我们理解包括马克思主义哲学在内的整个马克思主义、正确运用这些思想理论具有决定性的意义。孙伯鍨先生带领他的学术团队,探索出独特的马克思恩格斯哲学文本,特别是早期文本研究的"深层历史解读法"①,撰写了《探索者道路的探索:青年马克思恩格斯哲学思想研究》等多部专著和大量专题论文,为我们研究马克思恩格斯早期文本提供了新模式、新方法。

一、为了马克思主义而著史

只要稍微环顾一下国际学术界马克思恩格斯思想研究出现的许多匪夷所思的"乱象",我们就不难感受到今天谈论孙伯鍨先生的马克思主义哲学史研究的目的和方法的重要现实意义。

《马克思恩格斯全集》历史考评版的编辑和出版,马克思恩格斯的早期著作和大批以往从未发表过的书稿、文稿、信函、读书笔记等的面世,为全面系统地理解把握马克思恩格斯的思想发展原貌提供了丰富资料,极大地开阔了研究者的视野,但是,也出现了过去少有的乱象,给马克思主义哲学造成了极大的混乱和伤害。

---

① 孙伯鍨:《探索者道路的探索:青年马克思恩格斯哲学思想研究》,南京大学出版社 2002 年版,第 466 页。

一方面,研究者对马克思恩格斯的所有文本观点的援引,存在两个"不分"。一是不分马克思主义哲学创立之前的著作与创立之后的著作,将其同等地作为马克思主义观点来引用和论证,最为突出的是对马克思的世界观总体上还处于对人本史观阶段的《1844年经济学哲学手稿》的大量引证。二是不分马克思恩格斯在世时正式发表的论著和理论酝酿过程中的手稿、随手记下的笔记、阅读时的读书摘要或即兴随感,将其同等地作为马克思主义观点来引证。这并不是说早期著作和所有笔记、手稿中的观点、理论都是"不成熟的",一概不能引用,而是说应该明确认识到笔记、手稿、学术性书信的"思想试验"①性质和酝酿、推敲、斟酌的过程性质,在作为马克思主义支援理论引用时应当给予谨慎的辨识和甄别。② 这种现象不能不让我们想象到马克思当年面对一群对马克思主义一知半解的信仰者乱贴马克思主义标签时的无奈和愤怒:"我只知道我自己不是马克思主义者。"③

另一方面,制造马克思主义哲学的内部对立。最主要的手法是通过制造马克思与恩格斯的对立而把辩证唯物主义与历史唯物主义对立起来;通过制造"青年马克思"与"老年马克思"的对立,用所谓的"人道主义的马克思主义"否定"历史唯物主义的马克思主义"。

马克思和恩格斯在他们人生的不同时期都有明确的表达:他们共同创立了马克思主义。恩格斯把创立马克思主义的主要功劳

① 张一兵:《回到马克思——经济学语境中的哲学话语》,江苏人民出版社 2009 年版,第 14 页。
② 为了提醒研究者对这一界限的足够重视,以防止误引误用,张一兵教授先后在《回到马克思》和《回到列宁》中,对马克思的文本类型进行了精细区分,并对每一类文本之于马克思思想发生发展的解释学意义作了独到定位。
③ 《马克思恩格斯文集》第 10 卷,人民出版社 2009 年版,第 586 页。

归于马克思,称自己为"第二提琴手"。马克思和恩格斯在世时,这也是马克思主义者的共识,那时虽然也有人叫嚣"凶恶的恩格斯诱骗善良的马克思",或鼓吹马克思把恩格斯"诱离正路",①但没有产生多大影响。然而,出乎所有马克思主义者预料的是,在恩格斯逝世不久,曾被认为正统马克思主义者、恩格斯的密友与合作者的伯恩施坦,批评"恩格斯有时没有准确地解释马克思的理论",指责恩格斯创立了辩证唯物主义,从而引爆了"马恩对立论"这枚投向马克思主义理论体系的第一枚重磅炸弹,致使"马恩对立论"渐成一种思潮。他们颠来倒去主要是制造四个问题:其一,恩格斯把辩证法推广到自然界,创立了自然辩证法,建构的是辩证唯物主义,从而构成对马克思的历史辩证法或历史唯物主义的非法延伸和挪用,进而改变了辩证法作为主体与客体、理论与实践辩证关系的本质特性(卢卡奇),以进化论代替了革命辩证法(康拉德·施密特、列斐伏尔),使马克思的哲学畸变为"自然主义的世界观"(柯尔施、悉尼·胡克)或实证主义,沦落为"素朴的独断的唯物主义",是"最粗陋的唯物的独断主义",②走向马克思的人本主义立场的对立面(波兰学者斯·布尔楚维斯基)。其二,以乔治·李希特海姆为代表,认为恩格斯的《共产党主义原理》以及更早的著作与马克思定稿的《共产党宣言》的差别表明,恩格斯是一个头脑简单的决定主义者和实证主义者,马克思强调"生产力的灾难性",恩格斯则强调生产力的解放性和进步性;恩格斯设想的未来共产主义社会是人的需要的满足,马克思实际强调的是人性和社会性的转变。其三,认为广为流行的作为苏联官方意识形态的"马克思主义不是马克

---

① 《马克思恩格斯全集》第 36 卷,人民出版社 1975 年版,第 14 页。
② 参见《列宁专题文集·论辩证唯物主义和历史唯物主义》,人民出版社 2009 年版,第 19 页。

思思想方法的原初产物,而是由恩格斯构想出来的"(伊林·费彻尔、马克西米里安·吕贝尔),甚至认为连辩证法都是恩格斯强加给马克思的,从来没有得到马克思的认可。① 其四,集马克思终生心血而未竟的著作——《资本论》,其第二、三卷是恩格斯按照自己的马克思主义观重构的,因而是不可靠、不可信的(吕贝尔)。言下之意是,基于《资本论》而作出的对马克思主义的理解只能是恩格斯主义而不是马克思主义。马克思和恩格斯都是才华横溢的思想家、理论家,各自的研究重点、思维习惯、写作风格不完全相同。然而,他们两人萍水相逢而很快相见恨晚,一生历尽坎坷却甘苦同当,为了共同的理想信仰并肩战斗一生,如果像意大利的克罗齐所说,他们之间的关系"仅仅限于私交,而在理论上是根本对立的",这种论断是多么有违常理的荒唐逻辑。

更为荒唐的是用"青年马克思"来否定"老年马克思",即用青年马克思的"人道主义的马克思主义"来贬低和否定成年马克思的"历史唯物主义的马克思主义"。马克思和恩格斯与所有的思想家、理论家一样,思想都有一个变化发展过程,其中难免会出现曲折,但总的趋势是从不完善走向完善、从不成熟走向成熟:从民主主义向共产主义、从唯心主义向辩证唯物主义和历史唯物主义转变发展。然而,1932年马克思的《1844年经济学哲学手稿》首次公开出版,德国社会民主党人朗兹胡特、迈耶尔,比利时社会主义者德曼等一些西方学者,提出了一反常识的判断:《1844年经济学哲学手稿》是马克思主义的"圣经""新的福音书""真正的马克思主义的启示录""马克思的中心著作",是马克思学说的"最高成就",老

---

① 参见〔美〕特雷尔·卡弗:《马克思与恩格斯:学术思想关系》,姜海波、王贵贤等译,中国人民大学出版社2008年版,第104、115页。

年马克思的思想或是青年马克思思想的延续（马尔库塞），或是对真正的马克思主义——"人道主义的马克思主义"的背离与否定（德曼），因此，"青年马克思才是真正的马克思"，青年马克思著作中的人道主义才是"真正的马克思主义"。按照他们的逻辑，马克思清醒一时，糊涂一生。他们甚至信誓旦旦地宣称："马克思的真理，他能传诸后代的全部东西，他能帮助我们今天的人生活和思想的全部东西，不论他自己同意与否，都包括在这几部青年时期的著作中。"①他们清楚，这种结论是马克思和恩格斯绝对不能认同的，因为马克思在 1859 年明确表达过他和恩格斯对年轻时的哲学信仰的"清算"。马克思写道："当 1845 年春他（指恩格斯——引者注）也住在布鲁塞尔时，我们决定共同阐明我们的见解与德国哲学的意识形态的见解的对立，实际上是把我们从前的哲学信仰清算一下。"②这个"清算"的文本就是《德意志意识形态》，清算的结果就是创立唯物主义历史观。于是，这些自我标榜价值中立的西方"马克思学"的大师们脑洞大开，玩弄起思维霸权和逻辑霸权，自认为他们"比马克思自己更理解马克思"③，所以"不论他（马克思——引者注）自己同意与否"，他们理解的马克思才是"真正的马克思"，他们理解的马克思主义甚至比马克思的马克思主义还马克思主义。辨析那些具体理论不是本文的任务，笔者在此只想说一句话：天下还有比这更荒唐的论理逻辑吗！马克思的《资本论》的研究与写作，不仅受到恩格斯的《国民经济学批判大纲》《英国状况·十八世

---

① ［法］路易·阿尔都塞：《保卫马克思》，顾良译，商务印书馆 2006 年版，第 36 页。

② 《马克思恩格斯文集》第 2 卷，人民出版社 2009 年版，第 593 页。

③ 康德说，他能够比柏拉图更好地理解柏拉图。哈贝马斯说："我们能够比马克思对自己的理解更好地理解马克思。"（［德］哈贝马斯：《理论与实践》，转引自［法］洛克莫尔：《历史唯物主义：哈贝马斯的重建》，孟丹译，北京师范大学出版社 2009 年版，第 64 页）

纪《英国工人阶级的状况》等著作的启发，而且在整个过程中马克思一直与恩格斯进行沟通和探讨，有大量书信往来，如果说恩格斯整理、编辑、出版的《资本论》第二、三卷不可靠、不可信，恐怕这个世界上没有第二个人能够整理、编辑出更可信的版本了。

马克思与恩格斯对立，辩证唯物主义与历史唯物主义对立，辩证唯物主义是错误的；老年马克思以历史唯物主义的马克思主义背离了青年马克思的人道主义马克思主义，马克思主义还剩下什么？这不是把马克思主义哲学重新拉回到布鲁诺·鲍威尔和费尔巴哈的人本学唯物主义吗！东欧剧变之后，国际马列主义文献整理的主体已经由"**马克思主义者的专家队伍转向西方马克思学的专家群体**"[①]，一些学者打着所谓"超党派""超意识形态"立场的"马克思学"旗号，对马克思恩格斯的手稿进行文献学研究，原本经过一代代马克思主义者研究、编辑、出版的马克思恩格斯的一些重要著作，经他们的研究编排后变得面目全非，把马克思主义的发展线索弄得杂乱无章，使马克思主义理论体系变得支离破碎。比如《德意志意识形态》，本来是马克思恩格斯已经准备出版的著作手稿，但是经过德国学者陶伯特的文献学研究和编排，在新编 MEGA2 第一部分第五卷中竟然变成了由马克思、恩格斯、赫斯三人撰写的相互独立的 19 篇文献的论文集。按照她的说法，不把《德意志意识形态》当作一部完整的著作加以编辑和评述，才能"力图避免将自己的诠释抬高为绝对真理，并因此排除其他有道理的观点"[②]。其真实目的亦如她自己所说："在意识形态时代终结之后能够重新

---

① 张一兵：《文献学与马克思主义基本理论研究的科学立场——答鲁克俭和日本学者大村泉等人》，载《学术月刊》2007 年第 1 期。
② 参见［德］赫尔穆特·埃斯纳尔：《特里尔马克思故居研究所〈德意志意识形态〉的编纂工作》，载北京大学马克思主义文献研究中心编《马克思主义与全球化——〈德意志意识形态〉的当代阐释》，北京大学出版社 2003 年版，第 7 页。

对马克思进行哲学的解构。"①西方"马克思学"是"淡化意识形态"的重要的、具有迷惑性的隐蔽力量。孙先生比较早地意识到这一问题,他于1992年领衔撰写出版了《西方"马克思学"》②,孙先生尖锐地指出:"西方学者,包括西方'马克思学'和'西方马克思主义'学者,他们解释马克思的立场与我们有着根本的分歧,这种分歧并不是简单的具体结论上的差异,也不仅是东西文化背景的差异和各自理论视角的差异,而是世界观和方法论的差异。"③

事实证明,马克思主义者应当建立和发展"马克思主义学",旗帜鲜明地拒斥"马克思学"。一是"马克思学"没有包括恩格斯,甚至隐含着对恩格斯的蔑视、排斥和否定,而"马克思主义学"包括了马克思恩格斯及其后继者。二是"马克思学"的宗旨不是寻找真正的马克思主义,而是把马克思恩格斯作为一个所谓的"客观"对象进行纯学术研究,甚至是解构它。人们今天之所以还要研究马克思恩格斯,无论对于马克思主义者还是非马克思主义者、反马克思主义者,都是因为马克思恩格斯创立了"马克思主义",并且这一主义成为改变世界格局和人类历史趋势的思想理论、价值取向、理想信念和政治主张。今天的"马克思"已经不完全是"卡尔·马克思",而是"马克思主义"的思想符号,只有建立"马克思主义学",才能准确确定这一科学研究的对象及其正确的研究宗旨。三是对马克思主义的研究不可能"超越意识形态",因为马克思主义既是哲学社会科学真理,也是无产阶级和全人类解放的科学和意识形态,

---

① 《马克思恩格斯年鉴·2003》,柏林学术出版社2004年版,转引自张一兵:《文献学与马克思主义基本理论研究的科学立场——答鲁克俭和日本学者大村泉等人》,载《学术月刊》2007年第1期。

② 孙伯鍨、曹幼华等:《西方"马克思学"》,江苏人民出版社1992年版。

③ 孙伯鍨:《探索者道路的探索:青年马克思恩格斯哲学思想研究》,南京大学出版社2002年版,第480页。

今天，对任何政治力量而言，只要与"主义"沾边，不管是社会主义还是资本主义，保守主义还是激进主义，都是意识形态的，超越意识形态，对任何主义都是不现实的，马克思主义者用不着回避这一点，我们应当有"清者自清"的自信。这是孙先生给我们的重要启示。

二、马克思主义哲学本质上是一种科学方法论

马克思恩格斯首先都是革命家，他们"毕生的真正使命，就是以这种或那种方式参加推翻资本主义社会及其所建立的国家设施的事业，参与现代无产阶级的解放事业"[①]。他们从来就没有想过做职业理论家，完全是他们生活于其中的资本主义社会的矛盾、问题和罪恶的刺激，使他们萌发为认识和改造不合理的资本主义社会而探寻现实可行道路的理想和志向。为此，他们开始同妨碍正确认识资本主义社会的哲学、政治经济学等形形色色的理论进行斗争，以揭去其掩盖资本主义社会真相的意识形态面纱，创立了科学的资本主义批判理论；同妨碍工人阶级和广大劳动人民自觉承担起改造资本主义历史使命、建设未来理想社会的形形色色的社会主义、共产主义思潮进行论辩，创立了无产阶级和全人类解放的理想社会理论——科学社会主义；同妨碍正确认识资本主义、改造资本主义的形形色色的唯心主义、旧唯物主义和人道主义思潮做斗争，创立了无产阶级的世界观方法论——唯物辩证法。但是，马克思恩格斯既没有专门写一部马克思主义概论，也没有写一部马克思主义哲学概论、唯物史观概论，甚至他们反对这样做，他们创

---

① 《马克思恩格斯文集》第 3 卷，人民出版社 2009 年版，第 602 页。

立的马克思主义、马克思主义哲学都具体生动地蕴含于或体现在他们自《共产党宣言》之后的著作中。

马克思和恩格斯去世后，为了更好地用马克思主义指导各国工人运动，与形形色色的妨碍马克思主义传播的错误思潮做斗争，拉法格、考茨基、普列汉诺夫等马克思主义者自觉地承担起构建马克思主义理论体系的任务，考茨基1924年出版了《唯物主义历史观》六卷本的皇皇巨著。到了苏俄时期，马克思主义成了党和国家的指导思想，为了全党全国的马克思主义教育，马克思主义体系化发展为马克思主义教科化，在社会主义阵营形成后，苏联马克思主义教科书国际化，与这一过程相伴随，马克思主义教科书成为马克思主义本身，马克思主义开始教条化。这一做法不仅受到西方反共产主义、反马克思主义势力的批判，也引起马克思主义阵营内部的反思和厌恶，在马克思主义阵营产生了以卢卡奇为代表的西方马克思主义，在批判苏联教条化马克思主义时往往倒向人本主义历史观，在西方反共产主义、反马克思主义阵营，借批判"苏联马克思主义"而否定了整个马克思主义。面对这两种思潮，孙伯鍨先生鲜明地指出，马克思主义哲学的本质特征是科学方法论。为此，他发表了《体系哲学还是科学的革命的方法论——关于马克思主义哲学特质的思考》《体系哲学和马克思主义哲学》《再论马克思主义哲学的体系与方法》《作为方法的历史唯物主义》[①]等多篇专论。他强调，"马克思主义哲学从来不是要建立某种封闭的或半封闭的体系，它主要体现为一种认知、理解和把握、改造现实的思维方法"。我们流行的各种马克思主义哲学体系只是"教科书体系"，"一种教

---

① 参见孙伯鍨：《孙伯鍨哲学文存》第3卷，江苏人民出版社2010年版。

学安排",并不能够等同于马克思主义哲学体系本身。① "由于哲学体系是一个内容安排问题而不是对马克思主义哲学总体特征的深入揭示,因此不应该有固定的模式……从体系的要求来拼接马克思恩格斯不同时期的一些哲学论断,就大大损害了马克思主义哲学的严整性和科学性。"②孙伯鍨先生对马克思主义哲学的基本原理及其科学方法论本质特征的理解,是完全符合马克思恩格斯的本意的。

1859 年马克思在《〈政治经济学批判〉序言》中对唯物史观的概括被公认为"经典表述"。马克思在回顾了他和恩格斯的合作过程后,对他们殊途同归的研究结论作了扼要概括,马克思写道:"指导我的研究工作的总的结果,可以简要地表述如下:人们在自己生活的社会生产中发生一定的、必然的、不以他们的意志为转移的关系,即同他们的物质生产力的一定发展阶段相适合的生产关系。这些生产关系的总和构成社会的经济结构,即有法律的和政治的上层建筑竖立其上并有一定的社会意识形式与之相适应的现实基础。物质生活的生产方式制约着整个社会生活、政治生活和精神生活的过程。不是人们的意识决定人们的存在,相反,是人们的社会存在决定人们的意识。社会的物质生产力发展到一定阶段,便同它们一直在其中运动的现存生产关系或财产关系(这只是生产关系的法律用语)发生矛盾。于是这些关系便由生产力的发展形式变成生产力的桎梏。那时社会革命的时代就到来了。随着经济

---

① 孙伯鍨:《孙伯鍨哲学文存》第 3 卷,江苏人民出版社 2010 年版,第 405—406 页。

② 胡大平:《孙伯鍨教授哲学思想访谈录》,载《高校理论战线》2001 年第 10 期,后被收入孙伯鍨:《探索者道路的探索:青年马克思恩格斯哲学思想研究》,南京大学出版社 2002 年版。

基础的变更,全部庞大的上层建筑也或慢或快地发生变革。在考察这些变革时,必须时刻把下面两者区别开来:一种是生产的经济条件方面所发生的物质的、可以用自然科学的精确性指明的变革,一种是人们借以意识到这个冲突并力求把它克服的那些法律的、政治的、宗教的、艺术的或哲学的,简言之,意识形态的形式。我们判断一个人不能以他对自己的看法为依据,同样,我们判断这样一个变革时代也不能以它的意识为依据;相反,这个意识必须从物质生活的矛盾中,从社会生产力和生产关系之间的现存冲突中去解释。无论哪一个社会形态,在它所能容纳的全部生产力发挥出来以前,是决不会灭亡的;而新的更高的生产关系,在它的物质存在条件在旧社会的胎胞里成熟以前,是决不会出现的。所以人类始终只提出自己能够解决的任务,因为只要仔细考察就可以发现,任务本身,只有在解决它的物质条件已经存在或者至少是在生成过程中的时候,才会产生。大体说来,亚细亚的、古希腊罗马的、封建的和现代资产阶级的生产方式可以看做是经济的社会形态演进的几个时代。资产阶级的生产关系是社会生产过程的最后一个对抗形式,这里所说的对抗,不是指个人的对抗,而是指从个人的社会生活条件中生长出来的对抗;但是,在资产阶级社会的胎胞里发展的生产力,同时又创造着解决这种对抗的物质条件。因此,人类社会的史前时期就以这种社会形态而告终。"①马克思的概述表达了这样几个重要方面:第一,指导他研究人类社会的唯物史观的基本方法、基本原则以及他所发现的人类社会的发展规律。第二,资产阶级的生产关系是人类社会生产过程的最后一个对抗形式,资产阶级社会形态的灭亡将意味着人类社会的"史前时期"的终结。第

① 《马克思恩格斯文集》第2卷,人民出版社2009年版,第591—592页。

三,资产阶级社会的发展同时创造着解决其内在对抗性矛盾的条件,但是,改造社会任务必须具备解决问题的基本条件或基本条件正在生成时才是适当的,否则就会陷入空想。可见,唯物史观不再是抽象的、思辨的形而上学,而是批判资本主义、寻找未来理想社会道路的世界观方法论。正因为如此,马克思恩格斯在《德意志意识形态》中把他们的哲学称为"实践的唯物主义",并强调实践的唯物主义就是共产主义。科学社会主义之所以能够成为科学,就在于它有了唯物史观这一新的世界观方法论。

马克思恩格斯非但没有放弃唯物史观,反而把这些原则作为他们一生的哲学信念和研究指南,用于研究和批判资本主义,探索彻底改造资本主义、实现未来理想社会的现实道路。一部《资本论》,就是具体分析了资产阶级的生产方式、资产阶级的经济的社会形态的"对抗"性是如何产生、如何激化,以及未来的演变趋势如何。1867 年《资本论》第一卷德文版正式出版,马克思在序言中表达了他所揭示的资本主义生产方式固有矛盾的对抗性所决定的资本主义私有制必然灭亡的结论及其意义:"问题本身并不在于资本主义生产的自然规律所引起的社会对抗的发展程度的高低。问题在于这些规律本身,在于这些以铁的必然性发生作用并且正在实现的趋势。工业较发达的国家向工业较不发达的国家所显示的,只是后者未来的景象。"①这毫无疑问地表明,《资本论》通过对资本主义固有矛盾及其运动规律的研究丰富和深化了唯物史观,成为马克思主义发展的新的理论高峰。黑格尔哲学中的"有""无""纯有""存在""定在"等抽象思辨概念不见了,取而代之的是商品、劳动、货币、价值、剩余价值等把握资本主义社会现实的真切、鲜活而

---

① 《马克思恩格斯文集》第 5 卷,人民出版社 2009 年版,第 8 页。

　　　　　　　　　　　　　　　孙伯鍨哲学思想研究文集 |

又深刻的理论范畴,黑格尔式的唯心概念辩证法被唯物主义的社会辩证法或唯物主义的历史辩证法所取代。恩格斯对马克思的理论贡献作出的"盖棺定论"性的表述是两大发现:一是"人类历史的发展规律"①,二是"现代资本主义生产方式和它所产生的资产阶级社会的特殊的运动规律"②,即剩余价值规律。张一兵教授称前者为广义历史唯物主义,称后者为狭义历史唯物主义。③ 此后,恩格斯还在《共产党宣言》1883 年德文版序言、1888 年英文版序言中,对整个马克思主义的"一般原理"和"构成《宣言》核心的基本思想"的唯物史观作出概括。④

马克思恩格斯创立唯物史观后的对各个历史时期的概括毫无疑问地表明,从《共产党宣言》到《资本论》,马克思恩格斯对他们创立的唯物史观始终坚持、持续贯彻、不断深化,根本不存在马克思与恩格斯的对立,也不存在马克思后期的自觉放弃或无意识背离。如果说哪一位研究者自以为自己的解读比马克思恩格斯的亲笔明示还可靠,那他不是自不量力,就是别有用心。

三、研究马克思恩格斯早期哲学思想的历史主义解读方法

孙伯鍨先生把自己研究马克思恩格斯早期思想的方法称为"历史主义的解读方法",即"历史主义发生学的方法"。这种方法的基本宗旨就是以文本解读为基础,深入分析"全部马克思主义特别是历史唯物主义如何从它的哲学前提中脱胎出来并走向成熟的

① 《马克思恩格斯文集》第 3 卷,人民出版社 2009 年,第 601 页。
② 《马克思恩格斯文集》第 3 卷,人民出版社 2009 年,第 601 页。
③ 参见张一兵:《回到马克思——经济学语境中的哲学话语》,江苏人民出版社 2009 年,序第 5—6 页。
④ 参见《马克思恩格斯文集》第 2 卷,人民出版社 2009 年,第 9、14 页。

极其复杂而曲折的思想演进过程"①。文本是思想家的思想凝结形式,也是思想家思想历程的标志,正是不同时期的文本及其中的概念、论断、逻辑、理论、方法记录着思想家的思想路径。这是历史主义解读方法合理性的客观依据。孙先生认为,"若不深入钻研文本,分析每一时期、每一阶段不同文本中的问题提法、解决思路、特殊语境以及每一个重要哲学术语的具体内涵,运用历史主义发生学的方法进行分析和推理,从中发现马克思思想的深层变化,最终导致历史唯物主义的创立,就不能深入理解马克思主义哲学变革的实质"②。正是运用这一方法,孙先生颠覆了马克思主义哲学史研究中的多个广为流传与广泛影响的结论。

（一）马克思恩格斯何时创立了历史唯物主义？

苏联学者认为,马克思恩格斯在《德法年鉴》时期就完成了从唯心主义向唯物主义的彻底转变,并创立了历史唯物主义,此后的著作就都是成熟的马克思主义著作。这一观点长期在马克思主义政党中居于支配地位。孙先生通过深入研究发现,这一结论依据于列宁的一个提法,列宁还表达过另一种意见,认为马克思哲学思想的成熟是在写作《哲学的贫困》时实现的。孙先生强调,这样一个重要问题不能仅仅以列宁的提法为依据,而应该从文本的解读中作出结论。经过深入的解读和历史性的比较,孙先生认为,马克思的《克罗茨纳赫笔记》以及发表在《德法年鉴》上的《论犹太人问题》《〈黑格尔法哲学批判〉导言》,恩格斯发表的《政治经济学批判

---

① 胡大平:《孙伯鍨教授哲学思想访谈录》,载《高校理论战线》2001年第10期,后被收入孙伯鍨:《探索者道路的探索:青年马克思恩格斯哲学思想研究》,南京大学出版社2002年版,第467页。

② 胡大平:《孙伯鍨教授哲学思想访谈录》,载《高校理论战线》2001年第10期,后被收入孙伯鍨:《探索者道路的探索:青年马克思恩格斯哲学思想研究》,南京大学出版社2002年版,第467页。

大纲》《评托马斯·卡莱尔的〈过去和现在〉》《英国状况:十八世纪》,虽然批判了黑格尔的国家观和思辨辩证法,揭露了资产阶级社会的政治异化,阐明了无产阶级的历史使命,但是,他们还只是从黑格尔的思辨哲学过渡到费尔巴哈的人本唯物主义,"开始向历史唯物主义过渡",还远没有达到历史唯物主义的高度。历史唯物主义真正的诞生地是《关于费尔巴哈的提纲》和《德意志意识形态》,《德意志意识形态》中系统阐述的历史唯物主义是对《关于费尔巴哈的提纲》的"详尽发挥"。[①]

(二)马克思恩格斯创立历史唯物主义存在一个"认识论断裂"吗?

关于历史唯物主义的创立,与苏联学者持不同观点的是法国学者阿尔都塞,他认为,马克思思想变化存在一个"认识论断裂",即在《关于费尔巴哈的提纲》和《德意志意识形态》之前的思想都是人本主义的意识形态,从《关于费尔巴哈的提纲》和《德意志意识形态》开始,马克思才创立了历史唯物主义,实现了从意识形态到科学的断崖式裂变。孙先生认为,马克思的思想转变是一个过程,其中经过两次重大转变。从 1837 年加入青年黑格尔阵营一直到 1843 年夏,马克思的哲学思想主要受到经过青年黑格尔派改装过的黑格尔哲学的影响。当青年马克思在《莱茵报》期间遭遇现实问题的苦恼后,他通过研究历史学,并在魏特林、赫斯和青年恩格斯的影响下,从黑格尔的唯心主义思辨哲学转向费尔巴哈的人本学唯物主义,从民主主义转向一般共产主义,其标志性的文本是《1844 年经济学哲学手稿》。第二次转变才由人本唯物主义转到历史唯物主义,标志性的文本是《德意志意识形态》。与第一次转变

---

① 孙伯鍨:《探索者道路的探索:青年马克思恩格斯哲学思想研究》,南京大学出版社 2002 年版,第 242 页。

相比,第二次转变则经历了复杂过程。在写作《1844 年经济学哲学手稿》时,马克思已经"接近历史唯物主义"[①],但历史唯物主义与人本学唯物主义相互缠绕。在 1845 年 3 月的《评李斯特》手稿中,马克思在批判李斯特对德国资产阶级生产目的进行辩护的同时,把生产力从资产阶级的工业制度中抽象出来,将其作为历史进程中起基础作用的物质力量和历史进步的客观尺度,为辩证的历史决定论奠定了理论基础,马克思由此"完成了他思想转变上的最后一个环节"[②]。马克思恩格斯合著的《神圣家族》、恩格斯的《英国工人阶级状况》,进一步批判了黑格尔的唯心主义历史观和鲍威尔的自我意识哲学,马克思恩格斯的思想实现了从抽象的人的观点向现实的人的观点的转变、从人类概念向生产关系概念的转变、从异化史观向实践观点的转变,历史唯物主义走到了"诞生的前夜"。[③] 在写作《德意志意识形态》时,通过批判施特劳斯、鲍威尔、施蒂纳、赫斯、费尔巴哈,给了旧唯物主义的人本学历史观致命一击,制定了社会存在和社会意识、生产力和生产关系等历史唯物主义的一系列重要范畴,科学论证了共产主义,全面创立了历史唯物主义。

(三) 如何评价和定位《1844 年经济学哲学手稿》?

如何评价和定位《1844 年经济学哲学手稿》,直接涉及马克思主义哲学本质上是人道主义还是历史唯物主义的理解和定性。如上所述,朗兹胡特、迈耶尔、德曼、弗洛姆、马尔库塞、萨特等人,认为《1844 年经济学哲学手稿》才是马克思主义的"圣经",青年马克

---

① 孙伯鍨:《探索者道路的探索:青年马克思恩格斯哲学思想研究》,南京大学出版社 2002 年版,第 177 页。

② 孙伯鍨:《探索者道路的探索:青年马克思恩格斯哲学思想研究》,南京大学出版社 2002 年版,第 470 页。

③ 参见孙伯鍨:《探索者道路的探索:青年马克思恩格斯哲学思想研究》,南京大学出版社 2002 年版,第 220—231、194 页。

思著作中的人道主义才是"真正的马克思主义"。孙先生的研究发现,在这一手稿理论运演的深处,存在两条截然不同的理论逻辑。一是人本主义逻辑,将劳动理解为工人的先验类本质,据此将人类历史理解为人的本质的异化和复归的过程。这实质上仍然是唯心主义历史观构架,它一直成为青年马克思哲学思想主导理论构架。二是从历史客观现实出发的理论逻辑,马克思在对社会现实的深入了解中,不自觉地偏离了人本主义异化逻辑的思想走向。虽然这两条逻辑在1844年至1845年3月间始终处于一种"动态的相互消长"之中,其中的人本主义伦理价值批判也是作为无产阶级革命的辩护理论存在的,但它并没有从根本上超越资产阶级意识形态。因此,在青年马克思这时的整体理论逻辑中居支配地位的仍然是费尔巴哈的人本学劳动异化史观。我们知道,费尔巴哈把人的本质理解为"类","理解为一种内在的、无声的、把许多个人**自然地**联系起来的普遍性"或"单个人所固有的抽象物"①,然后用所谓的先验的"类本质"来推论社会,将社会理解为"类生活",于是"社会"不过是"类"的别名。孙先生发现,马克思在手稿中使用的费尔巴哈的"人类"和"社会"概念的含义是基本相同的。② 费尔巴哈虽然肯定人是自然界的产物因而具有不可摒弃的生物特性,承认人是受情欲支配的对象性的存在物,却又夸大人的情感联系和道德属性,幻想用宗教和道德的力量来限制和克服人的情欲,把利己主义限制在合理的范围之内,以求达到人和人之间的联合与统一。因此,手稿中的人道主义不是作为道德规范而是作为世界观来看待的,这种世界观仍然是人本主义的历史观。按照这一逻辑,共产主义

① 《马克思恩格斯文集》第1卷,人民出版社2009年版,第501页。
② 参见《马克思恩格斯文集》第10卷,人民出版社2009年版,第13页。

当然就是"彻底的人道主义"和"彻底的自然主义"的辩证统一。孙先生指出,费尔巴哈的人类概念并没有消除"是"和"应当"、事实和价值之间的二元对立,"致使他的人道主义仅仅在外表上具有现实性"①,建立在这样的"人类""社会""类本质"基础上的哲学共产主义仍然是一厢情愿的。历史唯物主义的创立,恰恰是因为马克思不再将"社会"理解为抽象的个人构成的实体,"而是表示这些个人彼此发生的那些联系和关系的总和"②,其基础性的关系是生产关系,并将人的本质置于他生活于其中的"一定的社会形式"中,归结为他的"一切社会关系的总和"③,这才彻底摆脱费尔巴哈的人本学历史观的。因此,把手稿抬高为马克思主义成熟著作是完全错误的。孙先生据此指出,卢卡奇将马克思主义的辩证法归结于理论与实践和统一,"把理论与实践的统一仅仅归结为无产阶级的阶级意识,视无产阶级是否具备了阶级意识为革命成败的首要条件"④,这样的辩证法不是唯物辩证法,依然是德国形而上学的"哲学人本主义的基调"。

(四)到底什么是马克思主义的"实践唯物主义"?

把马克思主义哲学概括为"实践唯物主义"几乎成为我国哲学界的共识,孙先生对此也表示认同。但是,孙先生指出,问题的关键是我们对"实践"概念作何理解?恰恰因为对"实践"概念的理解不同,从而在马克思主义哲学的本质问题上出现了严重分歧。比如,有人用实践唯物主义批判辩证唯物主义,认为辩证唯物主义的对象是客体世界(自然界和社会),因而是自然本位主义和社会本

---

① 孙伯鍨:《孙伯鍨哲学文存》第 3 卷,江苏人民出版社 2010 年版,第 321 页。
② 《马克思恩格斯全集》第 46 卷(上),人民出版社 1979 年版,第 220 页。
③ 《马克思恩格斯文集》第 1 卷,人民出版社 2009 年版,第 501 页。
④ 孙伯鍨:《卢卡奇与马克思》,南京大学出版社 1999 年版,第 125 页。

位主义。实践唯物主义的对象主要是主体世界(人和人的活动),因而是人本主义,或"人类学本体论"。孙先生指出,这样理解实践唯物主义和辩证唯物主义完全是"望文生义的理解"①。马克思主义的实践唯物主义,必须坚持三个要点:第一,承认"外部自然界的优先地位"和"非人化自然",反对实证主义。实证主义认为超出感觉经验范围的存在是无意义的,因而超出实践范围的物质也是无意义的。孙先生认为,"人化自然和非人化自然都应当是马克思主义哲学的研究对象,因为二者的区别和界限正是由实践来确定的"②,人的实践永远是开放的,"它永远处在从已知领域向未知领域、从人化自然向非人化自然的胜利进军之中"③。第二,把实践作为建立马克思主义哲学体系的基础和出发点或逻辑起点,但必须反对"实践本体论"④。孙先生认为,"本体"概念在哲学上有本原的含义,既然实践唯物主义包括自然观、历史观、认识论,而在本体论上,人是自然的产物,自然对于人及其实践具有先在性,不承认这一点,就放弃了唯物主义原则。第三,必须联系具体的社会历史关系理解实践。孙先生强调,"决不能离开历史唯物主义的基础去空谈实践,抽象的实践唯物主义并不是马克思主义哲学的科学本意"⑤。在《关于费尔巴哈的提纲》中,马克思始终是联系一定的社会关系论述实践的,而真实的社会关系只能从具体的社会物质生产中派生出来。孙先生因此认为,"仅仅强调实践而忽视实践的社会制约性,不是把实践放在一定的社会关系之中来理解的观点,恰

---

① 孙伯鍨:《孙伯鍨哲学文存》第3卷,江苏人民出版社2010年版,第216页。
② 孙伯鍨:《孙伯鍨哲学文存》第3卷,江苏人民出版社2010年版,第218页。
③ 孙伯鍨:《孙伯鍨哲学文存》第3卷,江苏人民出版社2010年版,第219页。
④ 孙伯鍨:《孙伯鍨哲学文存》第3卷,江苏人民出版社2010年版,第221页。
⑤ 孙伯鍨:《孙伯鍨哲学文存》第3卷,江苏人民出版社2010年版,第284页。

恰是没有克服的直观唯物主义的残余"①。

上述这些重大结论，都是建立在对马克思恩格斯使用的大量重要范畴的理论内涵、历史性变化及其在思想体系中的地位和作用的精细分析之上，为我们准确深入地把握马克思主义哲学思想的演进过程及其精神实质作出了重要贡献。正是因为孙先生及其团队和国内一大批马克思主义哲学工作者的艰辛努力，上述的许多重大结论今天已成为马克思主义哲学工作者的共识，也正是这些认识保证了中国马克思主义哲学的健康发展。

我有幸在攻读博士学位期间聆听孙先生讲授的"马克思恩格斯早期哲学著作研究"课程，毕业后的岁月里，每每读到孙先生的论文论著，仍如当年坐在先生的课堂上，凝视着他亲切仁慈的音容笑貌，受益于他平和恳切的析文释理，眼前仿佛又见先生像一位风尘仆仆的地形勘察者，为马克思恩格斯的每一著作标定在马克思主义原像中的精确方位，又像一位鉴宝师，聚精会神地考量着马克思恩格斯每个文本的来龙去脉、相互关系和价值品位。

先师远去，学识学风永存。

---

① 孙伯鍨：《孙伯鍨哲学文存》第 3 卷，江苏人民出版社 2010 年版，第 285 页。

资本不是简单的关系而是生动的过程

——孙伯鍨先生对资本特性的解读及其学术意义

唐正东*

孙伯鍨先生晚年对马克思的《1857—1858 年经济学手稿》做过认真的摘录与评注,相关内容保存在他留下来的两本读书笔记中[①]。这部分内容未曾来得及成文出版,因而也没能在学界引起关注。值此孙先生逝世二十周年之际,我想就他在这部分笔记中对马克思关于资本特性的观点所做的摘录与评注谈一些自己的阅读体会。我们知道,马克思在此手稿的"资本章"的第一篇即"资本的生产过程"中,谈到了资本作为物、关系、过程的三个层次[②],但客观地说,除了第一个层次外,马克思对资本在关系维度和过程维度上的内涵并没有展开详细的阐释,这在一定程度上给学界的解读带来了困难。在我看来,国外学界的一些学者只从简单的交换关系的角度来理解马克思的资本概念的做法,在很大程度上忽视了马克思历史辩证法视域中关于资本的物、关系、过程这三个维度之间辩证关系的重要论述,从而掩盖了马克思在资本问题上的深刻思

* 作者简介:唐正东,南京大学马克思主义社会理论研究中心暨哲学系教授。
① 孙伯鍨先生的两本读书笔记没有总的标题或名称。为了研究方便,我把它们称为《孙伯鍨教授晚年读书笔记(1)》和《孙伯鍨教授晚年读书笔记(2)》,并给它们标出了页码。前者共 90 页,后者共 72 页。本文所涉及的孙先生对《1857—1858 年经济学手稿》的摘录与评注,体现在第一本笔记中。这两本读书笔记现藏于南京大学马克思主义社会理论研究中心资料室。
② 《马克思恩格斯全集》第 30 卷,人民出版社 1995 年版,第 214 页。

想。而孙伯鍨先生二十年前在解读马克思的这部分思想时,就已经明确地提出了资本不是简单的关系而是生动的过程的观点,这值得我们高度重视,因为即使是在二十年后的今天,这种观点仍然可以成为我们解读马克思资本观的重要思想切入点。

一、资本在何种意义上是一种关系

在《1857—1858 年经济学手稿》"资本章"的"货币转化为资本"一节中,马克思在批判亚当·斯密等资产阶级经济学家把资本视为积累的劳动的错误观点时指出,不管是把资本视为积累劳动还是对象化劳动,都只是看到了资本的物质而忽视了使资本成为资本的形式规定。"如果这样抽掉资本的一定形式,只强调**内容**,而**资本作为这种内容是一切劳动的一种必要要素,那么,要证明资本是一切人类生产的必要条件,自然就是再容易不过的事情了。**抽掉了使资本成为人类生产某一特殊发展的**历史**阶段的要素的那些特殊规定,恰好就得出这一证明。要害在于:如果说一切资本都是作为手段被用于新生产的对象化劳动,那么,并非所有作为手段被用于新生产的对象化劳动都是资本。**资本被理解为物,而没有被理解为关系。**"①马克思的这段话尤其是上述引文中的最后一句话,被学界广泛引用,并以此作为从关系维度来突破对资本特性的物化解释,进而凸显马克思资本批判观的关系主义视域的重要文本依据。但问题是:马克思此处所说的"关系"到底该如何理解?是指劳资之间的商品交换关系吗?从这种视角切入对马克思商品观或资本观的解读,虽然可以像索恩-雷特尔那样得出"现实抽象"或

---

① 《马克思恩格斯全集》第 30 卷,人民出版社 1995 年版,第 214 页。

"交换抽象"①的批判性视角，但如此一来，马克思此处的"关系"不就成了资本与另一个他物即劳动之间的"关系"了吗？而马克思说的却是资本本身是一种关系。此一学理漏洞显然不是索恩-雷特尔等国外学者所能弥补的，因为他们的解读方法无法真正把握到马克思此处所运用的唯物主义历史辩证法的精髓。

孙伯鍨先生在摘录马克思的上述这段话时写道，"把握物是直观的，把握关系却必须是辩证的。""关系是一种结构，一种系统结构，但此种结构是通过对生产过程的科学分析而把握到的。在这个过程中劳资关系是最基本的关系，它在生产的各个要素上都得到表现。"②为什么孙先生此处说对资本之关系维度的把握必须是辩证的？我以为，他讲的是资本的内容与形式维度之间的唯物辩证关系。这一点十分契合马克思此处的思想，同时又抓住了学界在解读马克思这一段文本时容易忽视的一个理论质点，即马克思此处的"关系"并不只是用来超越"物"的维度的，它还具有超越简单的商品交换关系之阐释维度的作用。马克思在上述那段引文中对资本之关系特性的强调，的确是为了克服资产阶级经济学家只强调资本之物的特性的理论局限。但在紧接着这段引文的下面，马克思又对另外一种观点即把资本仅仅看作用来生产价值的价值额的这种观点进行了批评，"如果说资本是一个用来生产价值的价值额，那么这就是说：资本是自己再生产自己的交换价值。但是从形式上看，交换价值在简单流通中也会再生产自己。这种说法固然抓住了使交换价值成为出发点的形式，但是忽略了同内容的关

---

① [德]阿尔弗雷德·索恩-雷特尔：《脑力劳动与体力劳动：西方历史的认识论》，谢永康等译，南京大学出版社 2015 年版，第 10、12 页。

② 《孙伯鍨教授晚年读书笔记(1)》，未刊稿，第 73 页。

资本不是简单的关系而是生动的过程 | 047 |

系(这种关系对资本来说并不像对简单的交换价值那样是**无关紧要**的)"①。

　　显然,马克思在此处把自己对资本的关系特性的理解与简单的商品交换关系维度区别了开来。当他说资本之交换关系形式同其内容之间的关系并非无关紧要时,他是想通过强调与资本相交换的"内容"即劳动力商品的历史特殊性,来把资本的"关系"特性置放在现实的资本主义生产过程中。也就是说,对马克思而言,没有脱离资本主义生产过程的单独的劳资交换关系,只有已经处在资本主义生产过程中的劳资交换关系。因此,当孙先生强调把握资本的"关系"必须是辩证的时,他透过对资本的形式维度与内容维度之间的辩证关系的强调,把对资本特性的解读牢牢置放在唯物史观的层面上。由此,资本的"关系"特性不是可以直观看到的两个商品之间的经验性交换关系,而是贯穿在整个资本主义生产过程中的那种劳资关系。这种关系是必须通过对资本主义生产过程的科学分析才能把握到的,因为在现实的资本主义生产和再生产过程中,劳动力商品已经以工资的形式被资本所购买,并成为资本的一部分,即可变资本。因而,此处的劳资关系是以资本本身内部的两要素之间的相互关系的形式而表现出来的。只有在这一意义上,资本才能真正准确地被理解为一种关系,而不是把马克思所说的资本的关系特性理解为经验层面上的资本与另一他物即劳动力商品之间的交换关系。

　　当孙先生说资本的"关系"是一种结构、系统结构时,他所强调的正是沉浸在资本主义生产过程中的资本关系之根本特征。这是一种被资本主义生产关系的特性所决定的、由劳资之间的内在矛

──────────

　　① 《马克思恩格斯全集》第30卷,人民出版社1995年版,第214页。

盾运动所建构出来的资本内部诸要素之间的结构性关系。在孙先生看来,简单的劳资交换关系并非马克思在资本特性解读时所要强调的最基本关系,只有上述这种处在资本主义生产过程中的劳资关系才是整个资本分析中的最重要的、最根本的关系。"资本作为一种关系,死劳动和劳动的关系深藏在整个社会复杂的生产过程中,贯穿于这个过程的一切方面。"[①]孙先生从死劳动和(活)劳动的关系的角度来理解资本的关系特性,就是因为看到了资本主义生产过程中的资本在劳动的维度上表现为死劳动和活劳动之间的关系,就像在资本维度上表现为不变资本与可变资本之间的关系一样。

孙先生对资本的关系维度的这种解读,即使对于当下的学界也依然具有重要的启发作用。欧美左派学界在"新辩证法运动"旗帜下的一些学者仅仅抓住价值形式概念就想来重新阐释马克思的资本批判理论,譬如英国学者克里斯多夫·约翰·阿瑟在其《新辩证法与马克思的〈资本论〉》一书中就明确地说:"在本书重释马克思《资本论》的地方,我们采用了马克思主义理论中一个相对较新的趋势,该趋势将马克思'价值形式'观念置于批判的中心位置。接下来有必要简要谈谈价值形式理论。在价值形式理论中,交换诸形式的发展——而非被交换所规定的内容——被看作资本主义经济的主要决定因素。"[②]这种观点且不说无法面对马克思《资本论》中的剩余价值剥削、一般利润率下降趋势、资本主义经济危机等核心思想要素,即使是在文本依据的层面上,恐怕也说不过去。因为正像我们前面所指出的那样,马克思在《1857—1858 年经济学

---

① 《孙伯镂教授晚年读书笔记(1)》,未刊稿,第 73 页。
② [英]克里斯多夫·约翰·阿瑟:《新辩证法与马克思的〈资本论〉》,高飞等译,北京师范大学出版社 2018 年版,第 14 页。

手稿》的上述文本中，不仅批判了资本解读中的只见"物"而不见"关系"的思路，而且也批判了只见一般交换关系而不见基于资本主义生产过程的特定的劳资关系的解读思路。阿瑟的上述观点不就是马克思批判的第二种思路吗？我们从中也可以看出，孙先生所强调的从系统结构视角来理解马克思在资本之关系特性上的观点的深刻性与科学性。

二、资本是一种生动的过程

正是因为马克思在理解资本的关系特性时贯彻了彻底的唯物史观，因而，他在强调了应该把资本理解为关系之后，又进一步指出了资本的过程特性："资本决不是简单的关系，而是一种**过程**，资本在这个过程的各种不同的**要素**上始终是资本。因而这个过程需要加以说明。"①孙伯鍨先生在摘录这段话时，在"过程""要素"这两个概念上画了圈，在"简单的关系""因而这个过程需要加以分析"②下面画了线，以示重视。而且，他还在此段摘录的旁边写下了如下的评注："不是简单的关系，而是生动的过程"，"在这个过程的不同要素上资本是一以贯之的东西。"③我们知道，国外学界的学者在解读马克思的这部分思想时，对马克思在上述引文中所说的资本的过程特性是不重视的，他们满足于从基于交换价值的价值形式的角度来建构起所谓的马克思对抽象统治的批判理论。而孙先生在此处不仅对资本是一种过程的观点给予了特别的重视，而且还强

① 《马克思恩格斯全集》第 30 卷，人民出版社 1995 年版，第 214 页。
② 《马克思恩格斯全集》中文第一版第 46 卷（上）即人民出版社 1979 年版对此段话的翻译，与中文第二版第 30 卷即人民出版社 1995 年版的翻译略有不同，孙先生使用的是前一个版本，特此说明。
③ 《孙伯鍨教授晚年读书笔记（1）》，未刊稿，第 73 页。

调了这种过程是一种生动的过程。那么,什么是孙先生所说的资本过程的生动性呢?

在我看来,这首先体现在资本的生产与再生产过程中的所有要素,均不再是简单流通过程中的要素,而是作为资本要素本身而存在的各种要素,譬如交换价值,它不再是简单流通关系中的交换价值,而是已经作为资本而存在的交换价值。这就是孙先生在"评注"中所说的在这个过程的不同要素上资本是一以贯之的东西的观点。马克思在《1857—1858年经济学手稿》的"资本章"中对此是作过说明的。他明确地指出,在简单流通的视域中我们是无法把握到交换价值本身的:"它总是只在它消失的时候才得到实现。如果商品以货币为中介同商品相交换,那么,商品的价值规定就会在商品实现的时候消失,商品就会脱离这种关系,同这种关系毫不相干,而只不过是直接的需要对象。"①也就是说,等到该商品卖出去的时候即商品的交换价值被实现的时候,这种交换价值也就消失了,因为对买者来说,它已经变成某种直接的需要对象即使用价值了。马克思的这种思路是把商品的价值形式和价值内容辩证地统一起来的解读思路,它显然跟国外学界拘泥于单独的价值形式的思路有根本的不同。在此基础上,马克思指出,只有在资本的生产过程中交换价值才能作为交换价值本身而存在,因为只有在这种特定的流通过程中,交换价值才既没有丧失其实体规定,也没有丧失其形式规定。显然,这种交换价值已经是作为资本的交换价值了,而它所建构的交换关系也肯定不再只是简单的流通关系了,而已经成了资本增殖的过程了,"货币(作为从流通中复归于自身的东西)作为资本失掉了自己的僵硬性,从一个可以捉摸的东西变成

---

① 《马克思恩格斯全集》第30卷,人民出版社1995年版,第216页。

了一个过程"①。

其次,资本过程的生动性体现在这种过程本身是在遵循一定的发展规律的前提下而展开的过程,而并非一种无序的发展过程。在摘录马克思的上述货币从一个可以捉摸的东西变成了一个过程的文本段落时,孙先生加了如下的评注:"在一定结构框架内进行的过程。有序性过程。"②我以为,他这里所讲的实际上就是在一定的、具体的、历史的生产关系框架内所进行的有序的、有规律的发展过程的意思。这种解读非常准确地抓住了马克思对资本之过程维度的理解。对马克思来说,资本的发展过程既不是作为经验物的资本在某种神秘力量的推动下所完成的自我增殖过程,也不是由经济范畴的思辨式自我运动所建构的某种形而上学式的经济演绎过程,而是在资本主义生产关系条件下由劳资之间的内在矛盾运动所推动的资本的自我增殖过程。与资本相对立和相交换的劳动,决不能被视为某种既定的商品,因为它在与资本相交换并作为资本的某种要素而存在之前,只是一种创造价值的活动的单纯可能性。它只有同资本相交换才能成为实际的活动能力。而正是这种特定的交换,决定了它不可能发生在简单的交换关系或流通过程中,而必然发生在资本主义的劳资交换过程中。这是资本通过剥削劳动力商品的剩余价值而使自身得以增殖的重要前提。"资本作为存在于对象化劳动的一切特殊形式中的货币,只要现在同非对象化的、作为过程和行为而存在的活劳动一起进入过程,那么资本首先就是它的存在的实体同它现在又作为劳动存在的形式之间的这种质的区别。正是在形成和扬弃这种区别的过程中,资本

① 《马克思恩格斯全集》第30卷,人民出版社1995年版,第220页。
② 《孙伯鍨教授晚年读书笔记(1)》,未刊稿,第76页。

本身成为过程。"①而作为这一过程之基础的资本主义生产过程中的劳资矛盾运动,又使资本的这一过程必然具有与劳资矛盾运动规律相对应的历史特殊性和发展规律性。

再次,资本过程的生动性还表现在资本的物化和异化特性在这一过程中达到了新的高度。孙先生在此读书笔记的第 79 页谈到"生产的三种历史形式"中的第三种形式即为剩余价值而进行的生产过程时,做了很长一段说明:"为剩余价值而生产,生产的直接目的不是交换价值,而是带来剩余价值的交换价值。交换的范围扩大了,不仅消费资料和物质生产资料进入交换,而且人本身也进入交换的范围。作为此种生产形式中的新因素,是死劳动统治活劳动。人的统治彻底发展为物的统治(不同于行会和手工作坊)。死劳动作为资本被赋予了活力和生命。人的生命活力被物的生命活动所统治和主宰。到此,物化、异化达到了一个新的高度。"②孙先生晚年的确是谈到历史唯物主义视域中的异化问题的。在此笔记本的第 60 页,他写下了一个"关于异化"的研究提纲,准备从异化的产生、发展和消除、异化的含义、异化的主体等三个角度来展开相关的研究。而在第二项即异化的含义中,他写下了"异化的一般含义;异化的经济社会学含义;异化的历史唯物主义含义"③。把这个观点跟他在上述引文中所提到的在为剩余价值而生产的过程中异化达到了新高度的观点结合起来,我们不难看出,孙先生的确已经开展了从异化和物化的角度来思考资本过程之生动性的思想历程。

孙先生的这一观点抓住了马克思资本特性观的精要。我们知

---

① 《马克思恩格斯全集》第 30 卷,人民出版社 1995 年版,第 256 页。
② 《孙伯鍨教授晚年读书笔记(1)》,未刊稿,第 79 页。
③ 《孙伯鍨教授晚年读书笔记(1)》,未刊稿,第 60 页。

道,在马克思的解读视域中,资本的生产过程是具有两重维度的:在一般劳动过程的层面上,它是雇佣工人的劳动;而在价值增殖过程的层面上,它是资本本身的发展过程。如何正确地理解这两重维度之间的辩证关系,直接关系到能否准确地把握马克思的资本观。国外学界的人本主义者往往只强调前者,即只强调资本过程的一般劳动内涵,并进而以人本主义异化观来搭建起对经验性的(往往也是经济学化的)资本增殖逻辑的批判。这种观点看似跟资产阶级经济学家从"见物不见人"的角度对资本发展逻辑的经验主义阐释思路有很大的不同,但实际上,这两种观点都是割裂资本的物的维度和社会生产关系维度的具体表现。如果说这种割裂使资产阶级经济学家在方法论上导向了"见物不见人",那么,这种割裂使抽象人本主义者走向了因"见人而不见物"而使其所讲的"人"变成了从现实生产过程中游离出来的抽象的人。

而孙先生所讲的马克思在《资本论》及其手稿中所达到的异化的新高度即历史唯物主义视域中的异化观点,则从根本上超越了上述两种简单化的解读思路。在我看来,历史唯物主义的异化观在此处非常精准地表达了如下的思想:资本的生产过程明明是由工人的劳动所完成的,但在资本主义生产关系的现实条件下,它却必然表现为资本本身的增殖过程;资本的增殖过程本身的确是以资本本身的发展逻辑所呈现出来的,但它所反映的是工人劳动活动的内容,只不过是在资本主义生产方式中的工人劳动的内容。应该说,工人的劳动活动与资本本身的增殖这两个维度之间的复杂关系,通过历史唯物主义异化观而得到了全面地表达和呈现。马克思在《资本论》手稿中对这一点也是有精彩描述的:"正像劳动过程的客观条件属于资本家一样,这种活劳动也同样属于资本家。但是,在这里总还可以看到这样一个特有的差别:实际的劳动是工人作为转化为工资的那部分资本的等价物,作为劳动的购买价格的等价物而实际地给予资本家的东西。这是工人生命力的支出,是他的生产能力的实现,是他的活动,而不是资本家的活动。"①正是在对这种既属于资本家又不是资本家的劳动活动的阐释中,马克思凸显了异化的历史唯物主义含义,"这是人本身的劳动的**异化过程**。工人在这里所以从一开始就站得比资本家高,是因为资本家的根就扎在这个异化过程中,并且他在这个过程中找到了自己的绝对满足,但是工人作为这个过程的牺牲品却从一开始就处于反抗的关系中,并且感到它是奴役过程"②。

三、资本批判理论的出发点是具有内在矛盾的商品关系

对马克思资本观的解读是与对马克思资本主义生产过程解读理论的出发点的准确把握直接相关的。孙伯鍨先生在晚年读书笔记中对这一点也做了精彩的阐释。"如果商品(一种历史的生产形式或社会关系)被确定为出发点,就说明它是资本主义社会存在整体的最初生长点,而促使其生长的必定是其内部固有的矛盾。二重价值,二重劳动。这种矛盾在一定的外部条件下会不断发展,由内在矛盾转化为外在对立而获得解决(既要分析,又要结合)。作为出发点的不是实体,而是关系,简单关系或单纯矛盾。"③在当下国外学界的不少学者热衷于从价值形式的角度来构建马克思的资本主义批判理论的语境中,孙先生在二十多年前强调的这种观点像一股思想清流,给我们提供了重要的学术启示。

---

① 《马克思恩格斯全集》第 38 卷,人民出版社 2019 年版,第 65 页。
② 《马克思恩格斯全集》第 38 卷,人民出版社 2019 年版,第 73 页。
③ 《孙伯鍨教授晚年读书笔记(1)》,未刊稿,第 80 页。

加拿大著名学者莫伊舍·普殊同在其代表作《时间、劳动与社会统治：马克思的批判理论再阐释》中说："在马克思的分析框架中，资本主义特有的社会统治的形式，在根本上不是由私有财产，也不是由剩余产品和生产资料的资本主义所有权所导致的；相反，它建立在财富的价值形式本身上，建立在与活劳动（工人）相对立的社会财富形式上，财富的价值形式是一种结构上异己的、统治性的权力。"[①]这种观点在国外学界很有影响力，并且在近几年对国内学界的相关研究也产生了一定的影响。从本质上说，这种观点割裂了马克思价值理论中融合在一起的两重维度即价值形式与价值内容、价值决定与价值实现之间的辩证统一。这不仅在学理上无法触及马克思思想的精要，而且在文本依据上也是站不住脚的。

　　马克思在《资本论》第一卷第一章即"商品"章中明确地指出："更仔细地考察一下商品 A 同商品 B 的价值关系中所包含的商品 A 的价值表现，就会知道，在这一关系中商品 A 的自然形式只是充当使用价值的形态，而商品 B 的自然形式只是充当价值形式或价值形态。这样，潜藏在商品的使用价值和价值的内部对立，就通过外部对立，即通过两个商品的关系表现出来了，在这个关系中，价值要被表现的商品只是直接当作使用价值，而另一个表现价值的商品只是直接当作交换价值。所以，一个商品的简单的价值形式，就是该商品中所包含的使用价值和价值的对立的简单表现形式。"[②]显然，马克思所说的价值形式绝不只是普殊同等国外学者所说的交换价值，而是使用价值和交换价值的对立和矛盾关系。仅仅关注基于一般交换关系所建构的抽象统治之批判的人，才会只

---

　　① ［加］莫伊舍·普殊同：《时间、劳动与社会统治：马克思的批判理论再阐释》，康凌译，北京大学出版社 2019 年版，第 34 页。
　　② 《马克思恩格斯全集》第 44 卷，人民出版社 2001 年版，第 76—77 页。

看到马克思价值理论中的交换价值维度,而对其使用价值维度视而不见。而马克思是要从商品价值理论出发来揭示资本主义生产过程的危机特性的,因此,他从作为内在矛盾的商品出发来展开其资本批判理论的建构也就是一件自然而然的事情了。孙先生的上述观点准确地抓住了马克思商品价值理论中的关键点,通过强调马克思的资本批判逻辑是基于商品内在矛盾运动(沿着从抽象上升到具体的路径)的批判逻辑,而确保了在马克思资本批判理论的解读中对历史唯物主义方法论的坚守。

为了更清楚地说明这一问题,孙先生进一步指出:"生产始终是基础,流通和交换是现象。交换价值的设定在生产过程中,剩余价值也是这样。研究剩余价值的起源必须返回到劳动中。"①这一观点是非常重要的,它不仅为正确理解马克思的剩余价值理论提供了方法论前提,而且也为准确地把握马克思的交换价值理论提供了重要的思想启示。它告诉我们,仅从一般商品交换关系的角度是不可能理解马克思的交换价值概念的,我们只有深入资本主义生产过程的层面才能准确地把握它的内涵。这两种不同的解读维度会对马克思的交换价值概念得出不同的解读结果。从前者入手,我们只能看出交换价值概念中所呈现出来的现实抽象性,而从后者入手,我们能看到的则是劳资关系的对立和矛盾性。站在资本主义生产过程的层面上,我们会发现"劳动"绝不只是某种等待交换的物,"它是资本家在劳动过程中从工人那里取得的东西,而不是表现为资本家在劳动过程中同工人相对立的东西。因此这就形成了同客观劳动条件的对立,这种客观劳动条件作为资本并因而作为资本家的存在,在劳动过程本身中同主观劳动条件即劳动

---

① 《孙伯鍨教授晚年读书笔记(1)》,未刊稿,第81页。

本身相对立,或者不如说,同进行劳动的**工人**相对立。"①如果只是站在一般交换关系的层面上来理解资本主义生产过程中的劳资交换关系,那就会像资产阶级古典经济学家那样在这一问题的解读中出现严重的错误,"因此他们把**流通过程**中一定量**对象化**劳动同劳动能力的交换直接混同于生产过程中发生的、以生产资料形态存在的**对象化**劳动对活劳动的吸收。他们把可变资本和劳动能力之间的**交换过程**与不变资本对活劳动的吸收过程混同起来"②。

孙伯鍨先生在资本之特性问题上的上述观点,给我们生动地展示了一位马克思主义哲学的资深学者在推进学术研究的历程中所坚持的科学性和开放性原则。他提出的只有在资本的生产过程中才可能正确理解资本的"关系"特性、资本的"过程"特性因其所具有的规律性和内在矛盾性而展现出"生动"的特征、马克思对交换价值的设定是在生产过程中完成的等观点,充分展示了孙先生在马克思资本批判观解读上的前沿性和深刻性。而他结合对《1857—1858年经济学手稿》等文本的研究所提出的异化的历史唯物主义含义等思想,因其在对马克思异化思想研究上的学术开放性以及与马克思相关思想的精准契合性,而必将在学界对马克思资本批判观的解读上产生越来越重要的影响。我以为,孙先生在马克思的资本批判观以及政治经济学批判理论上的研究成果,应该与他在马克思恩格斯早期哲学思想发展等领域上的研究成果一样,在学术史上享有重要的理论地位。

---

① 《马克思恩格斯全集》第38卷,人民出版社2019年版,第65页。
② 《马克思恩格斯全集》第38卷,人民出版社2019年版,第95页。

逻辑·方法·开放性

——孙伯鍨先生与马克思主义哲学研究

仰海峰 *

在当代中国马克思主义哲学与哲学史的研究中,孙伯鍨先生无疑是非常重要的,他在马克思哲学文本研究中所显示出来的理论逻辑、对马克思哲学方法论特质的强调以及开放的理论态度,不仅影响着马克思主义哲学的研究,而且直接形成了南京大学马克思主义哲学研究的学科特征,在今天依然发挥着重要的作用。

一

孙伯鍨先生非常熟悉马克思的文本,非常注重从马克思的文本出发来解释马克思的哲学思想,我的好友胡大平教授,曾将孙先生的研究方法称之为"历史文本解读法",这使得孙先生能看到别人看不到的东西。按照我的理解,支撑着历史文本解读的,是孙先生在研究马克思时对于理论内在逻辑的关注。展示文本背后的思想逻辑,这才是文本解读的根本目的,也只有在逻辑层面,我们才能对哲学思考展开论辩,形成富有自己特点的理论构架。

1985 年出版的《探索者道路的探索》可谓是孙先生的代表作,

---

* 作者简介:仰海峰,北京大学哲学系主任、马克思主义学院院长,教授。

这本专著是对青年马克思恩格斯哲学思想形成的研究，关注的是从"博士论文"到《共产党宣言》这一时期的思想发展与哲学变革。其时正是改革开放的最初几年，除了苏联的马克思哲学思想研究框架外，国外相关的马克思哲学思想研究的不同思路，已开始被国内学界所了解。在当时的格局中，对于马克思哲学思想发展过程大约有几种不同的解释思路，张一兵老师将之概括为五大解释模式（参阅张一兵：《回到马克思》"导言"，江苏人民出版社 1999 年版）：一是西方马克思学的两个马克思的神话，即以早期人道主义的马克思批判晚年的马克思，并以此批判传统的马克思主义解释思路。二是西方马克思主义的人本主义解释模式，这是从人的主体性出发，继而以《1844 年经济学哲学手稿》（以下简称《1844 年手稿》）的"异化劳动"理论为内核形成的关于马克思哲学的人本主义解释。这一解释思路强调只有一个马克思，那就是人本主义的马克思，即以消除异化、实现人的解放为最高目的的马克思。三是阿尔都塞的"断裂说"所展示的马克思。在阿尔都塞看来，处于人本主义影响之下的青年马克思，并没有摆脱资本主义社会意识形态的束缚，经过 1845、1846 年的哲学变革之后，马克思实现了"认识论断裂"，即从早期的人本主义转向科学的历史理论。四是苏联的进化说，即将马克思哲学思想发展的过程描述为一个渐进的过程，从《黑格尔法哲学批判》、到《巴黎手稿》、再到《关于费尔巴哈的提纲》与《德意志意识形态》，马克思不断地摆脱唯心主义，转化为唯物主义，并从革命民主主义转向共产主义。第五种就是孙先生的青年马克思哲学思想转变的看法。孙先生认为，在青年马克思哲学思想形成过程中，存在着双重逻辑，即"马克思恩格斯思想的两次转变论和《1844 年手稿》中的两种理论逻辑相互消长的观点"。特别是关于《1844 年手稿》中两种逻辑消长的研究，一方面抓住了文本背后的逻辑,进入这一文本的深层构架,另一方面,正是在这一双重逻辑的消长中,才可能去把握和理解马克思哲学思想发展中的两次转变。

在《1844 年手稿》的研究中,孙先生的论证有以下环节:第一,就总体而言,此时的马克思在哲学方法上,综合了费尔巴哈的人本主义和黑格尔的历史辩证法,并对政治经济学展开了哲学批判。"《手稿》表明:费尔巴哈唯物主义的**原则**和**方法**在马克思主义哲学形成过程中曾起过怎样重要的历史作用;马克思最初怎样利用费尔巴哈的一些主要原则和范畴,批判资产阶级政治经济学和黑格尔的唯心主义辩证法,同时又根据政治经济学所确认的事实和黑格尔辩证法的合理要素彻底发挥了费尔巴哈的人道主义,从而大大地深化、扩展和改造了费尔巴哈的原则和方法,开辟了通向辩证唯物主义和历史唯物主义的思想道路。"①孙先生关注的是费尔巴哈、黑格尔、古典政治经济学之间的内在融通,这一思路在今天仍然具有启发性。第二,从上述哲学前提出发,孙先生一方面分析了马克思从费尔巴哈的宗教异化如何进展到劳动异化,形成对现实资本主义的人本主义批判,并由此论证共产主义的合法性。由于是从理想性的人的类本质出发,马克思的这一论证带有明显的伦理特性。第三,马克思通过黑格尔辩证法批判费尔巴哈人本主义的空泛性,并从对象化劳动出发,"深刻地说明了人类的生产劳动不论其异化与否,对于整个社会生活和全部人类历史都有着决定的作用。这个非常重要的观点恰恰是正在生长中的历史唯物主义

---

① 孙伯鍨:《探索者道路的探索:青年马克思恩格斯哲学思想研究》,南京大学出版社 2002 年版,第 154 页。

的一棵苗壮的幼芽"①。正是通过以上分析,孙先生指出,《手稿》中存在着两种截然相反的逻辑:"以抽象的人的本质为出发点的思辨逻辑,和以现实的经济事实为出发点的科学逻辑。历史唯物主义只有在后一种逻辑的基础上才能逐渐产生出来。"②孙先生双重逻辑说,揭示了青年马克思思想发展中的内在过程,既没有把马克思的思想当作一个量的发展和平面化的展开过程,也避免了"断裂说"所具有的神秘性,让人看到了马克思思想发展过程中的复杂性。在后面对《关于费尔巴哈的提纲》与《德意志意识形态》的讨论中,孙先生从双重逻辑说出发进一步揭示了马克思哲学变革的意义,但这种整体性的变革并不是无源之水,而是青年马克思问题意识的整体转换。

孙先生的双重逻辑学说,不只是解决了青年马克思思想发展中的问题,而且具有基础理论建构的意义。在思想史上,"是"与"应该"是一对无法沟通的范畴,黑格尔后来以绝对观念的历史辩证法来解决两者的对立问题,但这一解决还是停留在抽象理性的层面,马克思哲学思想发展过程,或者说马克思的哲学革命,一个重要的层面就是要解决从"是"到"应该"的,双重逻辑说表明,"是"与"应该"在个人思想形成中,并不是完全对立的,批判性与规范性同体而生。另外,一个人的思想形成过程,也不是总是线性展开的,隐性的线索可能恰恰是支配性的线索,这需要我们透过文本,从思想发展的逻辑上去理解、去研究。

---

① 孙伯鍨:《探索者道路的探索:青年马克思恩格斯哲学思想研究》,南京大学出版社 2002 年版,第 170 页。

② 孙伯鍨:《探索者道路的探索:青年马克思恩格斯哲学思想研究》,南京大学出版社 2002 年版,第 177 页。

二

对于孙先生来说，揭示思想的逻辑并不是为了固守逻辑，而是为了关注思想的活的流动性，在这个意义上，思想不再是一种僵化的结构，或者像过去一些正统马克思主义解释者所做的那样，将马克思的哲学看作完成了的体系，并以此裁剪现实，从而使理论逻辑固化。从思想的流动性出发，马克思的哲学就不再是故步自封的僵化体系，而是面对现实的科学的方法论。正如恩格斯所说的，马克思主义并不是教条，而是行动的指南。

在"作为方法论的历史唯物主义"一文中，孙先生以对"历史"的解释为入口，这样描述马克思主义哲学的特性："在马克思主义哲学中，历史唯物主义范畴中的'历史'并不是通常所理解的时空范畴中的社会历史，而是把事物当做'过程'而不是当做'实体'来理解的辩证思维方法，其内容很宽泛。马克思在《德意志意识形态》中提出的'历史科学'，主要是指把事物当做过程来研究和理解的方法。历史包括人类史和自然史，这两种历史不能人为地分割开来，它们是有机统一的。一切严格意义上的科学都是'历史科学'，也就是说，只有把一门科学提高到对其整个历史过程作总体研究时，才能算是上升到了科学的水平。费尔巴哈直观地抽象出人的'类本质'，抛开了人的历史过程即特定历史时期人的社会关系，运用的是非历史主义的方法，所得到的结果必然是抽象的人。在当前的人学研究中也普遍地存在着一种逻辑，即由一种抽象的人性（感性经验或普遍理性）出发来解释和阐发人的本质、人的规定和人的发展，从而达到一种肤浅的、抽象的具体。而在马克思那里，对人的研究恰恰不是从抽象的人性出发，而是从现实的人，即从人生活于其中的社会现实的客观基础出发,根据历史发展的客观进程,具体地把握体现着人的现实社会差别的本质。这种本质并不表现为人的抽象的规定性,而是在社会现实的生产和生活中活生生地展现出来的东西。有人认为,劳动是人的本质是马克思的观点,其实并不正确。马克思坚持人是历史的产物,人在历史发展的动态过程中表现出自己的本质,并没有一种固定的、永恒不变的'类本质',哪怕是劳动。所以,马克思始终强调无论对自然还是对社会的研究,只有运用历史主义的方法才能得出科学的结论。马克思在《资本论》中运用的正是这种历史主义的研究方法,他通过对资本主义社会及其理论的科学批判,提出了一个最强有力的论点,即资本主义不是永恒的,它也有一个产生、发展、繁荣并逐步走向衰亡的历史过程。"[1]结合孙先生的相关论述和在这一段中的表达,我们可以看出:

第一,在历史唯物主义中,历史并不是一个现成的存在,也不是一个先验存在的外部表现,而是一个生成、发展的过程,这意味着对历史的哲学分析就不可能故步自封,必须面对历史发展的深层逻辑,实现对历史的反思与批判,展现历史发展的未来走向,这是马克思历史唯物主义的重要内容。从这一视角出发,历史唯物主义表现为两个层面:一是指对社会历史的认识及其理论,一是指历史唯物主义的研究方法,孙先生认为后一点更重要,运用这种方法来研究问题,是更宽泛意义上的历史唯物主义。

第二,从辩证法的视角来看,辩证方法看待事物,从不把事物看成一个先验存在的实体,而是看作一个展开的过程,这意味着面

---

① 孙伯鍨:《作为方法的历史唯物主义》,载《河南大学学报(社会科学版)》2001年第3期。

对历史时,任何从先验设定的本体论出发的观点都需要受到审视。按照这一原则,结合马克思思想发展过程,从先验的"类本质""绝对观念"出发的哲学建构,都是马克思所批判的,同样,任何先验设定的"劳动",以及由此设定的劳动本体论,就像 20 世纪 60 年代以来人本主义的马克思主义所解释的那样,或者像卢卡奇、古尔德的劳动本体论,实际上都可能会将哲学固定化。

在孙先生看来,作为方法论的历史唯物主义并没有被超越,原因有二:第一,只要方法是从历史现实及其发展进程中抽象出来的,那么方法对于特定的历史时空就是合理的,在特定的历史情境中它就不可能被超越。在这个意义上,历史上的任何哲学家、思想家的思想都不可能过时,因为伟大的哲学家思想家都是那个时代的产物,他们的理论与方法都是对所处时代的思考,阅读他们的著作,对于我们去理解那个曾经的时代,仍然具有当下的意义。第二,在现实中存在着不同的主义与思想,如果这些主义或思想是从不同视角反映或揭示所处时代的问题,那么它们之间也就谈不上被超越的问题。同样,马克思主义并不是包罗万物的,也不可能对一切事物给出解决问题的方案,而是研究现实的指南,在这个意义上,马克思主义同样无法被超越。

在《德意志意识形态》中,马克思在批判费尔巴哈的唯物主义及青年黑格尔派之后,曾这样描述自己哲学的特征:"在思辨终止的地方,在现实生活面前,正是描述人们实践活动和实际发展过程的真正的实证科学开始的地方。关于意识的空话将终止,它们一定为真正的知识所代替。对现实的描述会使独立的哲学失去生存环境,能够取而代之的充其量不过是从对人类历史发展的考察中抽象出来的最一般的结果的概括。这些抽象本身离开了现实的历史就没有任何价值。它们只能对整理历史资料提供某些方便,指出历史资料的各个层次的顺序。但是这些抽象与哲学不同,它们绝不提供可以适用于各个历史时代的药方或公式。"①将马克思主义哲学不仅看作面对现实、批判现实的理论,而且看作一种方法,更能展现马克思主义哲学的特性。

三

作为方法论的马克思主义哲学,一个不言自明的特性就是开放性。列宁曾说:"马克思主义不是死的教条,不是什么一成不变的学说,而是活的行动指南,所以它就不能不反映社会生活条件的异常剧烈的变化。"②社会存在的变迁,以及相应的思想观念的变化,决定了马克思主义哲学必须是发展的、开放性的。"马克思主义哲学不是封闭的体系哲学,也不是凝固不变的教条。它虽然是把世界当作一个整体来研究的有机世界观,但并不认为对这个世界整体的把握可以整合为一个大全的哲学体系。马克思主义哲学的整体观指的是联系的普遍性和发展的有序性,面对普遍联系和无穷发展变化的客观世界,人们对它的认识和把握也必然会是一个无限进展、永无止境、欲罢不能的深入探索过程。以往各种哲学体系由于都是以整合各个时代的认识成就为基础的,从人类认识进程的角度看,它们的真理性和有效性只能是相对的、过渡的。对这类体系化哲学及其原则与方法,必须与时俱进加以批判的审视,任何把它们绝对化、凝固化的态度都是错误的、有害的。马克思主义哲学自觉地把这个观点应用于自身以及整个马克思主义学说的

---

① 《马克思恩格斯选集》第 1 卷,人民出版社 1995 年版,第 73—74 页。
② 《列宁选集》第 2 卷,人民出版社 2012 年版,第 281 页。

孙伯鍨哲学思想研究文集 |

发展,因此它从不自认为已经结束了真理,而是致力于为开拓人类认识和发展真理的道路提供正确的出发点和普遍有效的方法。从这个意义上说,马克思主义哲学永远是开放的,永远处在不断的开拓与发展之中。"①

孙先生关于马克思哲学的解释是开放的,并以这种开放的态度去研究当代思潮,《卢卡奇与马克思》(南京大学出版社 1999 年版)一书就体现了这一点。在这本书中,孙先生的解读特别着力于以下两点:一是对卢卡奇思想的解读,并与马克思哲学加以对比。全书围绕着卢卡奇哲学中的一些重要概念展开,同时去追溯这些概念在马克思那里的基本含义,让人清晰地看到了他们各自的思想以及两者之间的差别。这一研究需要以精深的马克思哲学研究为基础,同时要有对卢卡奇哲学的精细解读。二是并没有简单地以马克思的说法来评判卢卡奇,而是从历史变迁与思想发展中去理解卢卡奇哲学,去理解马克思与卢卡奇在哲学思想上的差异。在对卢卡奇哲学的解释中,孙先生既关联着哲学史,又关注现代资本主义社会变化,这是在一种开放的境域中去理解卢卡奇,去理解马克思主义哲学在当代的变化。也正是这样的态度,孙先生对理论的最新进展,能保持一种平和的态度,对新的理论观点并不持一种简单的否定态度,一方面,坚持从文本出发来理解马克思,另一方面对后来者的创新性理解有着宽容,这也正是学术大家会有的态度。

孙先生的研究成果已经深入南京大学马克思主义哲学学科的学术研究和学科建设中。长期以来,南京大学的马克思主义哲学学科既坚守对马克思哲学思想的深入研究,又能对当代思潮的最

---

① 孙伯鍨:《马克思主义哲学的开放性与党性原则》,载《学术月刊》2002 年第 6 期。

新进展保持一种开放性态度。《回到马克思》对马克思哲学思想进程的重新探讨,从西方马克思主义到后马克思主义的整体性研究及其代表人物的分析,对资本主义史的重新梳理与理论建构,对当代中国马克思主义的深层学理探讨,在注重哲学逻辑的基础上,回归经典、面向当代,形成了对当代马克思主义发展的整体把握,推动着中国马克思主义哲学研究。

"深层历史解读方法"与马克思哲学生成逻辑的彰显

——孙伯鍨哲学探索的当代贡献

李成旺 *

作为当代中国著名的马克思主义哲学家,孙伯鍨先生自觉秉承独立思考、实事求是的治学品格,不盲从传统,不迷信权威,在马克思主义哲学史、西方马克思主义哲学、马克思主义基础理论等研究领域躬耕不辍,孜孜以求,取得了一系列具有理论原创性的、高水平的学术成果,极大地提升了当代中国马克思主义哲学研究的水平,在国际马克思主义哲学研究学界展现了中国学者的风采。尤为突出的是,孙伯鍨先生在马克思主义哲学史研究中开创了"深层历史解读方法"这一全新研究范式,以此方法对马克思哲学不同时期的经典文本进行了深度耕犁,在"理论具体"层面呈现出马克思哲学发展演进的完整逻辑,有力彰显了马克思主义哲学的基本精神与理论实质,使当代中国马克思主义研究摆脱了对苏联哲学教科书乃至西方学者马克思主义哲学研究范式的路径依赖。孙伯鍨先生在马克思主义哲学史研究上所奠定的具有鲜明特色的学术范式和传统,具有筚路蓝缕的开创之功,影响着一代代马克思主义哲学学人。在新的时代背景下总结孙先生马克思主义哲学研究的卓越贡献与创新,对于推进马克思主义哲学的当代发展无疑具有

---

* 作者简介:李成旺,清华大学马克思主义学院副院长,教授。

重要的意义。

一、"深层历史解读方法"与马克思主义哲学研究范式创新

马克思主义传入中国百余年来的发展历程表明,由于近代中国社会的特殊矛盾及面临的现实挑战,自20世纪30年代末直到改革开放为止的很长一段时期,我国学界马克思主义哲学研究很大程度上存在着对苏联哲学教科书的路径依赖,突出表现在人们往往把苏联哲学教科书当作把握马克思主义哲学的中介,从而赋予其"准经典"的地位,甚至把苏联哲学教科书所蕴含的基本原理当作马克思主义哲学基本原理,导致苏联哲学教科书所固有的概念、范畴以及理论逻辑深深植根于中国人的思维中,由此在马克思主义哲学研究中不自觉地形成了"原理＋论证"或"论证＋原理"循环解释[①]这一传统范式,质言之,此一时期马克思主义哲学研究在某种程度上就变成了从马克思主义哲学经典中选择某些内容来论证教科书原理。

历史地看,苏联哲学教科书体系具有历史进步意义,它通过对社会发展规律的系统揭示彰显了历史理性,通过对一系列范畴及其内在逻辑的建构彰显了科技理性,通过对人类美好未来的论证彰显了现代进步意识,通过对历史主体的确立弘扬了人的主体能动性。在当时中国社会的特殊历史境遇中,它有力地促使人们在思想认识上破除迷信,使人们摆脱历史循环论等保守意识特别是封建等级观念的束缚,进而唤醒、激发了无产阶级以革命的形式改

① 参见邹诗鹏:《〈申辩与自省——对孙麾先生的回应〉》,《哲学研究》编辑部"编者按"部分,载《哲学研究》2003年第8期。

变旧世界的热情,对化解近代中国社会矛盾,促使近代中国社会的现代转型,起到了巨大的思想启蒙作用。

但苏联哲学教科书体系也存在着时代局限,主要体现在如下两个方面:其一,教科书哲学梳理概括了马克思主义哲学的特征与实质,却没有系统揭示上述结论的论证过程,更没有探讨马克思主义哲学的生成过程。而我们知道,围绕马克思主义哲学特征与实质的论证,实际上是比概括出其结论更为重要的内容。特别是,马克思恩格斯围绕人类历史发展规律的一系列重大问题的哲学探索,并非一个同质性的过程,而是经过了不断的自我超越,如果不去揭示这一生成过程,就会在很大程度上制约我们对马克思主义哲学的活的灵魂的把握。其二,教科书哲学在某种程度上又对马克思主义哲学本身做了机械化、简单化和教条化的阐释,呈现出预成论、决定论、历史目的论和历史经验论等理解范式。预成论理解范式认为马克思哲学正确解释了自然界、人类社会以及思维发展的规律,一经形成就成为放之四海而皆准的终极真理。历史决定论理解范式认为人类社会和历史的发展受某种因果性法则的支配,该法则又主要是通过概念、范畴的逻辑发展呈现出来,它们之间存在着严格的决定与被决定的展开逻辑。历史目的论理解范式认为存在着不以人的意志为转移的人类历史发展客观规律,历史本身变成由某种内在目的、目标、趋势或内在规律而并非由人的现实实践活动所推动的自发的发展过程。历史经验论理解范式满足于马克思哲学文本中某些概念或表述的字面含义,共时性、同质性地面对马克思哲学不同时期文本。显然,这些范式在强调人类历史发展规律的客观性的同时,在某种程度上也遮蔽了主体的能动性和创造性,并不能真正彰显马克思主义理论实质,[1]因此亟需我

①　参见李成旺:《马克思哲学传统理解范式的反思与超越》,载《南京大学学报(哲学·人文科学·社会科学版)》2009 年 6 期。

们在反思哲学教科书体系基础上，以更为科学的研究方法推进马克思主义哲学研究。

改革开放以来，西方学界马克思主义哲学研究成果不断被介绍到国内，其研究范式特别是围绕马克思主义哲学所提出的重大问题及其回答，对中国学界产生了重要的影响。随着《1844 年经济学哲学手稿》德文全文于 1932 年问世，西方学者提出以"两个马克思"观点为代表的关于马克思哲学思想发展分期问题，以对该问题的探讨为研究热点，首先开启了以人道主义解读马克思主义哲学实质的思潮，其标志就是《1844 年经济学哲学手稿》编纂者德国社会民主党人朗兹胡特、迈耶尔，以及比利时社会民主党人德曼等学者，认为"人的本质的全面实现和发展"才是《1844 年经济学哲学手稿》的中心思想和最终目的，由此以人道主义思路解读马克思不同时期著作的理论实质及其思想发展，提出"两个马克思"论，即以"人道主义的马克思主义"为代表的"青年马克思"，以及以"传统的马克思主义"为代表的"老年马克思"（也包括恩格斯之后的马克思主义者），进而认为马克思"详细阐述阶级斗争理论、剩余价值学说"的后期著作"暴露出他的创作能力的某种衰退和削弱"①。自 20 世纪 50 年代之后，以弗洛姆、埃·蒂尔为代表，尽管西方学者大多不赞同"两个马克思"论，而是强调"青年马克思"和"成熟马克思"的思想统一性，但又把整个马克思主义理论统一于人道主义理论，并以《1844 年经济学哲学手稿》的人道主义理论解释和概括整个马克思的思想，指出只有基于人道主义理论才能阐明马克思晚期著

---

① 复旦大学哲学系现代西方哲学研究室编译：《西方学者论〈1844 年经济学—哲学手稿〉》"编译说明"，复旦大学出版社 1983 年版，第 3 页。

作的全部意义和理论实质。① 此一时期以美国实用主义哲学家悉尼·胡克为代表的一些学者在批判斯大林主义、研究现代资本主义社会人的遭遇时，也把"关于超越阶级、政党或派别的狭隘界限的人类自由"的人道主义，与宣扬无产阶级革命的以《共产党宣言》《资本论》为代表的传统马克思主义区分开来，以此来界划马克思不同时期的著作及其思想变化。②

到了 20 世纪 60 年代，西方学界又兴起"反人道主义"思潮，③法国结构主义哲学家阿尔都塞以《德意志意识形态》为坐标，指出"从 1845 年起，马克思同一切把历史和政治归结为人的本质的理论彻底决裂"④，认为《德意志意识形态》之前的马克思思想是人道主义，属于反科学的"意识形态"，《德意志意识形态》才标志历史唯物主义的创立，这是马克思与《1844 年经济学哲学手稿》的人道主义理论彻底决裂后才达到的"科学的历史理论"。⑤ 他认为马克思尽管在理论上反对人道主义，但并没有否认人道主义作为意识形态存在的必要性。⑥ 日本学者广松涉则认为，《德意志意识形态》标志着马克思思想发展从异化论逻辑转向物象化逻辑。⑦ 总体而言，西方学者的研究大多认为存在"两个马克思"，由此或者把马克思

① 复旦大学哲学系现代西方哲学研究室编译：《西方学者论〈1844 年经济学—哲学手稿〉》"编译说明"，复旦大学出版社 1983 年版，第 4—5 页。
② 复旦大学哲学系现代西方哲学研究室编译：《西方学者论〈1844 年经济学—哲学手稿〉》"编译说明"，复旦大学出版社 1983 年版，第 5 页。
③ 复旦大学哲学系现代西方哲学研究室编译：《西方学者论〈1844 年经济学—哲学手稿〉》"编译说明"，复旦大学出版社 1983 年版，第 6 页。
④ ［法］路易·阿尔都塞：《保卫马克思》，顾良译，商务印书馆 2006 年版，第 222 页。
⑤ 复旦大学哲学系现代西方哲学研究室编译：《西方学者论〈1844 年经济学—哲学手稿〉》"编译说明"，复旦大学出版社 1983 年版，第 6 页。
⑥ 复旦大学哲学系现代西方哲学研究室编译：《西方学者论〈1844 年经济学—哲学手稿〉》"编译说明"，复旦大学出版社 1983 年版，第 13 页。
⑦ ［日］广松涉：《物象化论的构图》，彭曦、庄倩译，南京大学出版社 2002 年版，第 66 页。

主义的实质归结为人道主义，主张"回到青年马克思"；或者以人道主义作为一条主线把"两个马克思"统一起来。还有学者即使指出马克思在理论上拒斥人道主义，但是也承认人道主义作为意识形态存在的必要性。针对恩格斯整理的《资本论》第二、三卷版本与原始手稿之间的差异，西方学者提出了马克思恩格斯思想差异等问题。

由上可见，传统哲学教科书范式与西方学界研究范式促使中国学界迫切需要思考的重大问题，就是如何以科学方法加强对马克思哲学经典著作的研究，准确阐述马克思主义经典著作中的基本观点，在彰显马克思思想发展的完整逻辑基础上呈现马克思主义哲学理论实质，进而破除对马克思主义的教条式理解，澄清附加在马克思主义名下的错误观点，推进马克思主义哲学的当代发展。正是基于上述背景，孙伯鍨先生在其系统探讨马克思主义哲学史的代表作《探索者道路的探索》的绪论部分，概括了西方学者围绕马克思主义哲学史研究的基本观点与思维范式，明确指出大多数西方学者把人道主义作为研究和探讨马克思早期著作的主要内容，其理论局限就突出表现在他们"不能客观地、科学地对待他们所研究的课题，不能正确揭示马克思主义的科学世界观如何从它的理论前提中逐渐脱胎和诞生出来的具体历史进程"[①]。

在批判继承苏联哲学教科书和西方学者研究成果基础上，孙伯鍨先生首先奠定了"深层历史解读方法"这一研究范式，其核心是强调在马克思主义哲学研究中应自觉"深入地钻研文本，分析每一时期、每一阶段不同文本中的问题提法、解决思路、特殊语境以

---

① 孙伯鍨：《探索者道路的探索：青年马克思恩格斯哲学思想研究》，南京大学出版社 2002 年版，第 4 页。

及每一个重要哲学术语的具体内涵,运用历史主义发生学的方法进行分析和推理,从中发现马克思思想的深层变化"①。换言之,马克思恩格斯不同时期经典著作中的每一个核心概念、每一处经典表述,其背后的具体含义是什么?从中如何把握其主题、中心线索、理论指归乃至整体逻辑,进而如何呈现马克思哲学探索的逻辑进路?这就不能仅仅基于概念、问题、观点的字面含义去加以解读,而应该深入对文本深层逻辑的探讨,基于思想史的宏观视域,在微观领域也即"理论具体"层面彰显马克思思想的变化逻辑,从中凸显出马克思主义哲学的理论实质。因为"如果仅仅停留在术语的字面含义上,而看不到在不同时期的文本中同一个术语(如社会、社会存在)可能具有完全不同的含义,代表完全不同的哲学观点,那我们将不能把握马克思主义哲学的实质"②。的确,对于马克思主义哲学的核心概念,如果不去了解它在某一文本中的具体含义,从中彰显出马克思思想的变化,是很难把握马克思哲学的实质的。比如,"市民社会"(burgerliche gesellschaft)本来是黑格尔法哲学中的概念,主要指客观精神发展过程中"处在家庭和国家之间的差别的阶段"③,它形成于现代世界,在该阶段特殊性与普遍性既分离又相互束缚和制约,"每个人都以自身为目的……其他人便成为特殊的人达到目的的手段"④,含有"需要的体系""通过司法对所有权的保护""警察和同业公会"⑤三个环节。但是马克思哲学赋予它新的含义,并且在马克思哲学文本中多次出现,《关于费尔巴哈

---

① 孙伯鍨:《探索者道路的探索:青年马克思恩格斯哲学思想研究》,南京大学出版社 2002 年版,第 467 页。
② 孙伯鍨:《探索者道路的探索:青年马克思恩格斯哲学思想研究》,南京大学出版社 2002 年版,第 467 页。
③ [德]黑格尔:《法哲学原理》,范扬、张企泰译,商务印书馆 1961 年版,第 197 页。
④ [德]黑格尔:《法哲学原理》,范扬、张企泰译,商务印书馆 1961 年版,第 197 页。
⑤ [德]黑格尔:《法哲学原理》,范扬、张企泰译,商务印书馆 1961 年版,第 203 页。

的提纲》指出"旧唯物主义的立脚点是市民社会,新唯物主义的立脚点则是人类社会或社会的人类"①,此处的"市民社会"意指依靠经济关系联系起来的个人,体现自然属性的个人,处于对抗性关系之中的个人,追求私人利益的、孤立的个人,实际上是指生产关系视野缺失下看到的孤立的个人。《德意志意识形态》指出"由此可见,这种历史观就在于:从直接生活的物质生产出发阐述现实的生产过程,把同这种生产方式相联系的、它所产生的交往形式即各个不同阶段上的市民社会理解为整个历史的基础"②,此处的"市民社会"则指表示社会发展各历史时期的经济制度。这一概念含义的变化恰恰反映了马克思历史观的发展变化。再比如《路德维希·费尔巴哈和德国古典哲学的终结》中的"终结"一词,其德语原文"Ausgang"蕴含着多重含义,特别是蕴含着作为"尽头""结束""出口"以及与之相反的"开端""出发"等含义,具有辩证意味,只有深入解读该经典著作的内在逻辑才能理解"终结"一词的具体语境。因此,只有按照历史主义发生学的方法深入研读马克思主义经典文本,才能把握马克思主义理论的要义和精髓,彰显马克思主义经典著作的思想魅力。这恰恰是孙伯镮先生"深层历史解读方法"及其哲学探索之所以取得理论创新的重要原因。

着眼于马克思主义哲学发展与理解史,可以看到孙伯镮先生"深层历史解读方法"及其哲学探索实现了如下几个方面的理论创新:

第一,不预设任何解读模式或现成结论作为把握马克思主义哲学的"中介",而是直接面对马克思哲学文本,通过扎实的文本研

---

① 《马克思恩格斯文集》第 1 卷,人民出版社 2009 年版,第 502 页。
② 《马克思恩格斯文集》第 1 卷,人民出版社 2009 年版,第 544 页。

究作出中国学者自己的独特思考。

第二，倡导以历史主义发生学的方法对马克思哲学文本进行深度解读，通过揭示马克思主义哲学发生发展的完整逻辑进路，呈现马克思主义哲学理论实质。孙伯鍨先生指出"研究马克思恩格斯哲学观点的形成和发展，是完整准确地掌握马克思主义学说的一个必要前提"①，因为"马克思并不是天生的马克思主义者"②，从马克思的博士论文到其晚年笔记表明，马克思哲学思考经历了一个不断发展的复杂的过程，只有以历史主义发生学方法对不同时期的马克思哲学文本进行解读，将宏大思想史视野与具体到对某一部文本的微观解读有机结合起来，从中呈现马克思哲学思想发展的逻辑演进与生成历程，才能把握其本真精神。该方法同时强调要抓住解读马克思恩格斯不同经典著作的一条主线，即如何呈现马克思恩格斯在生产方式变革中把握人类历史发展的实质，实现唯物主义与辩证法的有机结合，进而创立辩证唯物主义和历史唯物主义这一思想生成过程。

第三，强调着眼于与传统西方哲学相比较的视角呈现马克思主义哲学变革的实质。马克思主义哲学经典大多是批判性著作，其特点是在对"两希传统"的批判中确立哲学新视域，马克思在《〈黑格尔法哲学批判〉导言》中指出"对宗教的批判是其他一切批判的前提"③，恩格斯在《路德维希·费尔巴哈和德国古典哲学的终结》中指出"从黑格尔学派的解体过程中还产生了另一个派别，唯一的真正结出果实的派别。这个派别主要是同马克思的名字联系

---

① 孙伯鍨：《探索者道路的探索：青年马克思恩格斯哲学思想研究》，南京大学出版社 2002 年版，第 5 页。

② 孙伯鍨：《探索者道路的探索：青年马克思恩格斯哲学思想研究》，南京大学出版社 2002 年版，第 2 页。

③ 《马克思恩格斯文集》第 1 卷，人民出版社 2009 年版，第 3 页。

在一起的"①,直接表明马克思哲学探索的一个重要特点就在于"破中有立""立中有破""破立结合"。实际上,马克思主义哲学吸收了人类文明的积极成果,在哲学变革中改变了以往囿于纯粹思辨领域的传统哲学,通过对人类客观历史进程的研究超越了一切旧唯物主义和观念论哲学,彻底改变了整个哲学思考的方式,为哲学的发展开辟了新的道路。因此,孙伯鍨先生指出,"不了解马克思主义的科学世界观是怎样从它的德国理论前提中逐渐脱胎出来的,就不能了解它的来龙去脉,而不了解其来龙去脉的马克思主义,显然是僵化的、不完整的、不全面的"②,换言之,只有始终基于对马克思主义哲学的变革对象、批判对象进行深入研究,进而在思想比较中才能真正彰显马克思主义哲学的理论实质。

第四,强调从经典著作产生的具体时代背景中呈现其内在逻辑。任何哲学思想及其发展均是现实社会发展状况的直接反映,代表着时代精神的精华,马克思主义哲学更是生产方式发展到一定历史阶段的产物,不了解世界历史进程以及马克思哲学生成的时代背景,必然制约我们对其理论实质的把握。只有注重对每一部经典著作产生的现实背景加以解读,才能更为全面地彰显其内在逻辑和理论实质。

第五,强调保有学术前沿意识和现实关切,注重在与当代西方学者的对话中实现理论创新,推进马克思主义哲学的当代发展。

正是基于上述方法创新,孙伯鍨先生的哲学探索摆脱了苏联教科书体系、西方学者人道主义思路等解读范式的束缚,在学术性、学理性层面彰显出了马克思主义哲学的生成史及其理论实质,

① 《马克思恩格斯文集》第 4 卷,人民出版社 2009 年版,第 296 页。
② 孙伯鍨:《探索者道路的探索:青年马克思恩格斯哲学思想研究》,南京大学出版社 2002 年版,第 5 页。

开创并奠定了中国马克思主义哲学史研究的科学分析范式。

二、在"理论具体"层面呈现马克思哲学完整逻辑及其基本精神

马克思主义理论实质蕴含在马克思主义经典著作中,孙伯鍨先生创造性地提出"深层历史解读方法",对不同时期马克思主义经典文本进行深度解读,厘清蕴含在每一部文本中的复杂语境和多重逻辑,在"理论具体"层面揭示出马克思哲学思想发展的演进逻辑和完整过程,从中呈现出马克思主义哲学的基本精神和活的灵魂,在诸多马克思主义重大理论问题研究上作出了独创性思考。兹撷取其中的几个领域作一论述。

第一,深刻揭示黑格尔学派解体的原因,进一步阐明马克思主义哲学的出场背景。

马克思主义哲学的出场源于黑格尔学派的解体,孙先生从现实和理论两个维度系统揭示了马克思主义哲学的出场背景。他指出,就 19 世纪初德国的现实而言,必须透过对全部宗教观念和意识形态的批判分析,才能澄清德国当时的各种社会现实问题,而资产阶级的软弱性和妥协性决定了其要表达自己的革命要求,必须把哲学当作自身的思想武器,因此反对宗教的斗争就成为政治斗争的主要形式。[1] 就理论而言,黑格尔哲学本身的内在矛盾,是资产阶级思想家所能借以利用的突破口。一方面,黑格尔辩证哲学清除了康德的二元论和费希特的主观唯心主义,克服了谢林同一哲学的非理性主义的逻辑矛盾,用最彻底的唯心主义精神解决了

---

[1] 孙伯鍨:《探索者道路的探索:青年马克思恩格斯哲学思想研究》,南京大学出版社 2002 年版,第 20 页。

思维与存在的同一问题，[①]一跃成为德国的官方哲学。但另一方面，黑格尔哲学化解人与外部世界的矛盾的途径是"唯心主义地把人和外部世界精神化"，进而将其置于"只有在精神自身的范围内才能获得最终的解决"，因为在黑格尔看来，社会制度和国家是"自我意识"的对象化即异化的产物，"人与周围现实的对立不过是自我意识和它的对象化的产物之间的对立，只要被看作'自我意识'的人在其历史发展过程中认识到周围现实在本质上不是和他相对立，而是和他相同一，那末异化便会被扬弃，矛盾就能得到调解"[②]。因此，黑格尔哲学所蕴含的方法和体系的矛盾是不可克服的，比如在黑格尔宗教哲学中"哲学和宗教研究的对象是同一的，二者都是客观存在着的永恒理念即神……宗教中的所谓圣父、圣子、圣灵'三位一体'，在哲学里就表现为辩证的三段式——理念的辩证运动的象征……宗教中作为人神结合的基督，在哲学中则是结合着精神和自然界的具体概念"[③]。因此，其基本方面是彻底理性主义，同时又为宗教保留地位，黑格尔哲学的内在矛盾最终导致其哲学的解体。[④] 由此，孙先生指出通过彰显黑格尔哲学辩证法的革命性进而指导未来社会发展，便成为青年黑格尔派的基本诉求，也构成马克思主义哲学出场的重要背景。

第二，完整阐明青年黑格尔运动的逻辑演进，为呈现马克思主义哲学出场及其哲学变革提供更为广阔的思想史背景。

[①] 孙伯鍨：《探索者道路的探索：青年马克思恩格斯哲学思想研究》，南京大学出版社 2002 年版，第 21 页。

[②] 孙伯鍨：《探索者道路的探索：青年马克思恩格斯哲学思想研究》，南京大学出版社 2002 年版，第 23 页。

[③] 孙伯鍨：《探索者道路的探索：青年马克思恩格斯哲学思想研究》，南京大学出版社 2002 年版，第 24 页。

[④] 孙伯鍨：《探索者道路的探索：青年马克思恩格斯哲学思想研究》，南京大学出版社 2002 年版，第 23—24 页。

马克思主义哲学的出场源于黑格尔学派的解体及随之而来的青年黑格尔运动,马克思主义哲学的成熟则是真正超越青年黑格尔派的结果,由于宗教批判是青年黑格尔运动的主流,而揭示从施特劳斯到鲍威尔再到费尔巴哈,所经历的从泛神论批判到无神论批判再到唯物主义批判的前进运动,①是把握马克思主义哲学发展成熟的重要前提,孙先生从以下几个方面系统探讨了这一思想发展过程。

首先,孙先生认为施特劳斯拉开了宗教批判的序幕,首次将矛头直指基督教,通过"神话起源说"考证否定福音书故事的历史真实性及其神圣意义,宗教问题被其纳入历史的范畴,而不再属于理性和逻辑的真理,因此,施特劳斯在反对基督教正统派的同时,又反对了把宗教理性化的保守黑格尔主义,由此通向了彻底的无神论。②

其次,孙先生指出布·鲍威尔批评施特劳斯基于泛神论立场,把圣经故事和基督教看作历史发展的无意识的结果,实则把宗教的起源归结为"实体",一种神秘力量,仍然表现了他对神秘的和超自然的东西的爱好,而并没有从根本上否定上帝的存在,结果是在宗教的起源上排除了人们有意识活动的作用,也就意味着在消灭宗教的斗争中,否定人们自觉批判活动的意义。③ 指出在鲍威尔看来,圣经故事是福音书作者们为了宗教的目的而有意编造出来的,是"自我意识"的产物,自我意识从盲目的自然崇拜中解放出来,成

---

① 孙伯鍨:《探索者道路的探索:青年马克思恩格斯哲学思想研究》,南京大学出版社 2002 年版,第 35 页。

② 孙伯鍨:《探索者道路的探索:青年马克思恩格斯哲学思想研究》,南京大学出版社 2002 年版,第 31 页。

③ 孙伯鍨:《探索者道路的探索:青年马克思恩格斯哲学思想研究》,南京大学出版社 2002 年版,第 35 页。

为绝对的能动的主体,万物的本原,一切历史行为和实践活动的指导原则和创造因素。① 但是,由于鲍威尔仅仅"把黑格尔的绝对精神改变为普遍的自我意识,并且把宗教意识的神圣世界转变为自我意识的内在世界",实际上割断了自我意识和现实世界的联系,并没有真正超越黑格尔哲学。②

再次,恢复唯物主义的哲学权威是青年黑格尔派超越黑格尔哲学的必然结果,也构成马克思主义哲学成熟发展的重要资源。不是像施特劳斯和鲍威尔"各自抓住黑格尔哲学的一个方面,在论战中互相攻击",费尔巴哈将黑格尔哲学作为神学的理性支柱,首次通过"打破了黑格尔的体系"③,重新恢复唯物主义的哲学权威。孙先生明确指出,在费尔巴哈看来,黑格尔"不是从直接的感性存在开始"④,因为感性对象被黑格尔看作"确证着自我意识的思想的外化",因此其哲学实际上是从"逻辑的开端"也即"思想的对方的思想"开始。在费尔巴哈看来"在哲学上最根本的东西应该是人和自然",神的本质根本上体现为"清除和摆脱了个人局限性的人的本质"⑤,但是在基督教中人的本质被"当作另一种与自己不同的独立存在物来直观和敬奉",人不是和自己的本质发生关系,而是和一种局外的、独立的与他相对立的他物发生关系。理性的任务就是把宗教所确立的一切关系完全翻转过来,把神的属性还原为人

---

① 孙伯鍨:《探索者道路的探索:青年马克思恩格斯哲学思想研究》,南京大学出版社 2002 年版,第 36—37 页。

② 孙伯鍨:《探索者道路的探索:青年马克思恩格斯哲学思想研究》,南京大学出版社 2002 年版,第 39 页。

③ 《马克思恩格斯文集》第 4 卷,人民出版社 2009 年版,第 276 页。

④ 孙伯鍨:《探索者道路的探索:青年马克思恩格斯哲学思想研究》,南京大学出版社 2002 年版,第 40 页。

⑤ 孙伯鍨:《探索者道路的探索:青年马克思恩格斯哲学思想研究》,南京大学出版社 2002 年版,第 41 页。

的属性。① 孙先生指出,费尔巴哈没有用黑格尔的方法反对其保守体系,而是从整体上和根本上批判了黑格尔哲学,通过宗教批判使哲学重返现世,重返人事,从唯心主义转到唯物主义,而且还把哲学的重点从自然转移到人本身,使人以及人和人的相互关系成为哲学所关注的中心问题,这无疑对于超越德国观念论具有积极意义。但由于费尔巴哈否定了黑格尔的辩证方法,无法基于历史的辩证发展去解读自然界和人,陷入了历史观上的唯心主义。②

　　孙先生认为,作为青年黑格尔运动中的空想社会主义的思想代表,赫斯从肯定方面发展了费尔巴哈的人本主义,把对异化根源的考察深入经济领域,基于费尔巴哈的人本主义发展为一种"真正的社会主义",认为"共产主义是人的本质的现实化和经验的存在,是由作为类存在物的人所组成的共同体"③。在这里公共命令与个人自由、现实生活与宗教不再对立,新世界的宗教不需要超验的神,表现为"爱的宗教",人们在自发的爱和勇敢中显示自己。宗教奴役虽然是最根本的奴役,但是不能把扬弃宗教看作消除一切异化的根源,因为金钱与上帝一样,也是异化的根源。人的本质的异化不仅仅是人的理性所幻想出来的上帝,而且有工人用自己的血肉创造出来的抽象价值——金钱。货币的价值变成并充当了人的价值标准,金钱统治社会生活就像上帝统治天国一样。赫斯从符合人性即符合"类"的概念出发,通过道德说教的途径,呼吁信仰"爱和人道的宗教",这种宗教在一切善良人们的心里,依赖人们的

---

① 孙伯鍨:《探索者道路的探索:青年马克思恩格斯哲学思想研究》,南京大学出版社 2002 年版,第 42 页。
② 孙伯鍨:《探索者道路的探索:青年马克思恩格斯哲学思想研究》,南京大学出版社 2002 年版,第 43—44 页。
③ 孙伯鍨:《探索者道路的探索:青年马克思恩格斯哲学思想研究》,南京大学出版社 2002 年版,第 45 页。

良心发现,实现人的自由与解放。^① 尽管这一结论不被马克思所接受,但是其金钱异化的观点对马克思的异化劳动理论产生过启发作用。

孙先生进一步指出,施蒂纳则从否定方面推倒了费尔巴哈作为人的抽象概念的"类",代之以独一无二的"唯一者"。"唯一者"就是独一无二的大写的"我"。我是唯一的实体,是不受任何限制的、绝对自由的,应当抛弃限制个人自由的一切宗教、道德、法律、国家与社会,各种意识形态观念和设施。未来只能把国家消解为原子式的各自独立的利己主义者的自由联盟——"唯一者联盟"。施蒂纳把青年黑格尔运动的一切理论建树都统统否定了,宣布了黑格尔哲学及其学派的彻底解体,以及青年黑格尔运动在理论上和实践上的彻底破产,这是青年黑格尔运动合乎逻辑的产物。^②

孙先生高度概括了青年黑格尔运动的逻辑演进,指出:"青年黑格尔运动的主导思想是自我意识哲学,但鲍威尔的自我意识是被限定在精神领域内的;费尔巴哈用一般的人取代自我意识,冲破了这个限制,从唯心主义立场转到唯物主义立场;施蒂纳则把'自我意识'与'人'加以综合,用'唯一者'哲学把青年黑格尔派关于人的学说推到极端,从而完成了从'自我意识'到'人'到'唯一者'的出发点的转移。'唯一者'既有自我意识的无所不在、无所不能的性质,又有人的现实性和个别性,它是唯心主义与唯物主义结合的不伦不类的怪物。"^③上述解读对我们理解马克思主义哲学变革提

① 孙伯鍨:《探索者道路的探索:青年马克思恩格斯哲学思想研究》,南京大学出版社 2002 年版,第 45—46 页。

② 孙伯鍨:《探索者道路的探索:青年马克思恩格斯哲学思想研究》,南京大学出版社 2002 年版,第 47—50 页。

③ 孙伯鍨:《探索者道路的探索:青年马克思恩格斯哲学思想研究》,南京大学出版社 2002 年版,第 49 页。

供了完整的思想背景。

　　第三，以马克思超越费尔巴哈与黑格尔哲学为中心线索，系统彰显出马克思早期哲学的演进逻辑。马克思恩格斯围绕人类历史规律探索所经历的思想历程，根本上体现为继承黑格尔的辩证法与费尔巴哈所开启的唯物主义，并在革命性变革中超越黑格尔与费尔巴哈哲学，真正实现唯物主义与辩证法的有机结合，进而创立辩证唯物主义和历史唯物主义的过程。孙伯鍨先生运用"深层历史解读方法"对不同时期马克思主义经典文本进行深度解读，通过揭示每一部文本的复杂语境和多重逻辑，系统揭示了上述过程。

　　孙先生指出，19 世纪 30 年代末 40 年代初，基于德国社会时代背景，马克思走向哲学批判活动的道路，从追随康德、费希特构建法的形而上学体系，到开始寻求"获得一种更加现实而具体的哲学世界观"，进而转向黑格尔哲学，因为"它那丰富而深刻的辩证法思想却提供了具体地理解现实事物的钥匙"[①]。但同时，马克思走向了批判继承黑格尔哲学的过程，表现在他"要求根据时代的精神来阐发这一哲学的内容，力图使它成为批判活动的武器"，这使马克思"永远保持了对周围事物的现实感，他始终根据发展的观点来考察历史的演变和哲学的任务"[②]。

　　黑格尔以后的德国，哲学家们面临为自由而斗争的任务，但"不同的是他们将不再到自己的内心世界中去寻求自由，而是力求把哲学转化为意志来改变外部现实"[③]。由于自我意识哲学反映了

---

　　① 孙伯鍨：《探索者道路的探索：青年马克思恩格斯哲学思想研究》，南京大学出版社 2002 年版，第 59 页。
　　② 孙伯鍨：《探索者道路的探索：青年马克思恩格斯哲学思想研究》，南京大学出版社 2002 年版，第 60 页。
　　③ 孙伯鍨：《探索者道路的探索：青年马克思恩格斯哲学思想研究》，南京大学出版社 2002 年版，第 61 页。

争取自由与解放的时代精神,马克思的哲学批判活动最初就从对伊壁鸠鲁派、斯多葛派和怀疑派哲学体系的研究开始的,①这集中体现在马克思的博士论文阶段,马克思在深刻阐发黑格尔辩证法的基础上,"论证人的自我意识的独立性和能动性,论证独立自由的个人在对周围现实的关系上应当采取积极的态度"②。为此马克思指出,在整个黑格尔哲学中"只有为他的保守体系所掩盖的辩证发展观才是更本质的东西"③,应该对黑格尔哲学采取批判继承的态度。马克思借助于对德谟克里特的自然哲学和伊壁鸠鲁的自然哲学的比较,以黑格尔辩证法思想为伊壁鸠鲁原子论的能动性原则作合理论证。在马克思看来,伊壁鸠鲁自然哲学"贯穿着本质和存在、形式和质料之间的矛盾,这种矛盾表示着观念和物质、个别自我意识和外部现实之间的对立和斗争。正是通过这种对立和斗争,抽象、个别的自我意识(人)才不断地克服抽象的纯物质(外部世界)而使自己的本质对象化,从而获得最后的实现和肯定"④,由此确立起作为人的独立与自由的象征的个别自我意识在哲学中的主导地位。孙先生指出,马克思在博士论文中对伊壁鸠鲁哲学的能动性原则的强调和彰显,为其确立唯物主义立场之后,将唯物主义与辩证法、物质与运动、必然与自由等统一起来,进而创立历史唯物主义和辩证唯物主义提供了可能。⑤

----

① 孙伯鍨:《探索者道路的探索:青年马克思恩格斯哲学思想研究》,南京大学出版社 2002 年版,第 62 页。

② 孙伯鍨:《探索者道路的探索:青年马克思恩格斯哲学思想研究》,南京大学出版社 2002 年版,第 60 页。

③ 孙伯鍨:《探索者道路的探索:青年马克思恩格斯哲学思想研究》,南京大学出版社 2002 年版,第 62 页。

④ 孙伯鍨:《探索者道路的探索:青年马克思恩格斯哲学思想研究》,南京大学出版社 2002 年版,第 83 页。

⑤ 孙伯鍨:《探索者道路的探索:青年马克思恩格斯哲学思想研究》,南京大学出版社 2002 年版,第 84 页。

从"唯心主义转向唯物主义,从革命民主主义转向共产主义"是马克思思想发展的重要阶段,这是马克思经过《莱茵报》时期的理论与实践探索而完成的。马克思意识到黑格尔国家学说的理论局限,开始走向批判黑格尔哲学的第二个阶段即政治批判阶段。由于此时针对宗教和政治进行批判成为批判现实的哲学的任务,马克思认为"我们的全部意图只能是使宗教问题和政治问题具有自觉的人的形态,像费尔巴哈在批判宗教时所做的那样"[①]。孙先生指出,马克思站在费尔巴哈人本主义立场,认为批判的任务是要从现存的非理性的现实中引出理性的东西作为"理想使命"和"最终目的"。这里所说的理性已经不是抽象的绝对观念或自我意识,而是自觉的人类意识,可见马克思此时没有抛弃理性主义的出发点,面对现实中的实际问题,尽管确立了民主主义的政治立场,但是他还是坚持唯心主义的观点。另外,尽管赋予"理性""意识"等精神性的东西以归根到底的决定作用,但在具体分析各种社会和政治问题时也在多处得出近似唯物主义的结论,因而大大超出了费尔巴哈。[②]

孙先生指出在《巴黎手稿》时期,马克思利用费尔巴哈的一些主要原则和范畴,将其应用于广阔的经济生活领域,[③]"批判资产阶级政治经济学和黑格尔的唯心主义辩证法,同时又根据政治经济学所确认的事实和黑格尔辩证法的合理因素彻底发挥了费尔巴哈的人道主义,从而大大地深化、扩展和改造了费尔巴哈的原则和方

---

① 《马克思恩格斯文集》第 10 卷,人民出版社 2009 年版,第 9 页。

② 孙伯鍨:《探索者道路的探索:青年马克思恩格斯哲学思想研究》,南京大学出版社 2002 年版,第 123—124 页。

③ 孙伯鍨:《探索者道路的探索:青年马克思恩格斯哲学思想研究》,南京大学出版社 2002 年版,第 156 页。

法,开辟了通向辩证唯物主义和历史唯物主义的思想道路"①。具体表现在《巴黎手稿》,不是像费尔巴哈那样仅仅只批判宗教,而是批判了私有制和雇佣劳动,批判了工人、资本家和土地所有者之间的现实关系;研究了工人阶级的生存条件和他们在资本主义制度下所受到的非人待遇;把劳动规定为人的本质,把私有财产的扬弃看作人类解放的根本条件,②这些都大大超越了费尔巴哈。尽管如此,马克思对资本主义制度的批判,并非从客观历史规律的观点,而是从"人"的观点进行的,不是由于他发现了支配和制约着私有制和雇佣劳动的客观规律,而是在费尔巴哈的启发下发现了"真正的人"③。因为此时在马克思看来,"私有财产所以应该遭到扬弃,并不是因为它和历史发展的规律相矛盾,而是因为它和人的本质相矛盾。他把劳动规定为人的类本质,又根据人的类本质推演出本来意义上的、非异化的劳动(自由自觉的劳动),从而使劳动具有了超历史的、形而上学的性质"④。孙先生指出这种以抽象的"人"或"人的本质"为出发点的思维逻辑,仍旧是思辨逻辑。由此,马克思的劳动异化理论,"虽然对黑格尔的唯心主义辩证法进行了批判和改造,但由于继续受到费尔巴哈观点的影响,他还未能把辩证法真正置于唯物主义的基础之上"⑤。而正是历经《神圣家族》《关于

---

① 孙伯鍨:《探索者道路的探索:青年马克思恩格斯哲学思想研究》,南京大学出版社 2002 年版,第 154 页。

② 孙伯鍨:《探索者道路的探索:青年马克思恩格斯哲学思想研究》,南京大学出版社 2002 年版,第 178 页。

③ 孙伯鍨:《探索者道路的探索:青年马克思恩格斯哲学思想研究》,南京大学出版社 2002 年版,第 178 页。

④ 孙伯鍨:《探索者道路的探索:青年马克思恩格斯哲学思想研究》,南京大学出版社 2002 年版,第 178 页。

⑤ 孙伯鍨:《探索者道路的探索:青年马克思恩格斯哲学思想研究》,南京大学出版社 2002 年版,第 192 页。

费尔巴哈的提纲》的哲学探索，到《德意志意识形态》时，马克思恩格斯才以实践的观点把握人类历史发展规律，创立历史唯物主义。

孙伯鍨先生自觉地以"深层历史解读方法"对马克思主义哲学经典文献进行了扎实的文本研究，注重具体呈现每一部文本围绕中心线索进行哲学探索的内在逻辑，进而揭示马克思哲学生成的复杂历程与完整逻辑，从中凸显出马克思哲学的学术性、科学性。与此同时，孙伯鍨先生将总体呈现马克思哲学与传统西方哲学的根本区别作为揭示马克思主义哲学实质的关键环节。就此而言，他明确总结出"在人类认识史上，真正的历史科学是随着马克思主义哲学的诞生才出现的。在这之前，人类对于历史的解释，或者是由神的观念出发，或者是由人的观念出发，归根到底都是从一定历史时代的意识形态出发，因此从根本上说都是唯心主义的"[①]。孙先生还指出，马克思哲学的变革的积极成果就体现为作为"全部马克思主义的'灵魂'"[②]的唯物辩证法，它以"实践的革命的方法论"，取代了传统西方哲学观念论体系，这是马克思主义哲学与传统西方哲学的根本区别。

孙伯鍨先生学术视野开阔，学识渊博，著作等身，但限于篇幅，以上仅仅概括了孙先生围绕马克思哲学早期生成过程中所取得的学术创新，而孙先生关于《资本论》及其手稿、西方马克思主义研究、马克思主义中国化研究等领域的学术贡献，则未能论及，期待再写专文就此进行系统研究。

---

① 孙伯鍨：《探索者道路的探索：青年马克思恩格斯哲学思想研究》，南京大学出版社 2002 年版，第 9 页。

② 孙伯鍨：《探索者道路的探索：青年马克思恩格斯哲学思想研究》，南京大学出版社 2002 年版，第 6 页。

三、孙伯鍨哲学探索的精神品格与当代启示

孙伯鍨先生在马克思主义哲学研究上之所以取得突出成就，首先在于他始终保有马克思主义的坚定信仰以及追求真理的情怀。对马克思主义的信仰构成孙先生矢志不移实现马克思主义研究创新的动力，而信仰是一种能力，在理论上彰显马克思主义的科学性的同时，又不断强化了孙先生的马克思主义信仰，两者相互促进，相得益彰，是孙伯鍨哲学探索的鲜明品格。

其次，孙先生始终致力于以科学方法还原马克思主义哲学的本来面目，摆脱对苏联哲学教科书以及西方学者马克思主义哲学研究方法的依赖，进而作出中国学者的理论创新。孙伯鍨先生独立思考、实事求是的治学品格，不盲从传统，不迷信权威，严谨踏实的治学态度，是其取得学术创新的重要源泉。

再次，扎实的理论功底、严谨的治学态度是取得学术创新的关键。孙伯鍨先生对德国古典哲学、青年黑格尔派以及当代西方马克思主义有着深入的研究，在此基础上所展开的对马克思哲学生成发展过程的研究，使其在每一个具体领域，都能做到在条分缕析的逻辑剖析中呈现马克思思想的力量，从中彰显出孙先生思维缜密、思想深邃这一哲学探索的显著特点。同时，孙伯鍨先生文风朴实，文笔优美，使其敏锐而又深邃的思想更能打动读者。

最后，广博的学术视野是学术创新的基本要求。孙伯鍨先生学术视野开阔，自觉与当代欧美马克思主义研究前沿成果展开对话，在思想碰撞与交流中彰显当代中国学者的学术创新与研究特色。

总结孙先生的学术贡献和精神品格，带给我们如下有益启示：

其一，要学习孙伯鍨先生矢志探赜真理、追寻正义的情怀，始终保有对人类命运的深刻关切以及对马克思主义的坚定信仰。其二，要自觉沉潜马克思主义哲学研究，孜孜以求真理，保有人文理想、学术激情以及甘坐冷板凳的坚韧意志。其三，创新是哲学研究的灵魂，要自觉与国内外学术前沿进行对话，自觉关注现实社会变迁，激活马克思哲学文本的当代意义。

人类历史进入 21 世纪，科技发展日新月异，新技术层出不穷，以智能化、数字化为标志的第四次工业革命对人类历史进程产生重要影响，中国社会发展进入新时代，当代资本主义社会发展面临着新的社会矛盾，世界格局加速演变，在批判吸收西方学界研究成果基础上，以马克思主义基本精神深入分析国内外社会变化，为创新发展 21 世纪马克思主义和当代中国马克思主义作出应有的贡献，是马克思主义者的光荣使命，为此需要我们继承孙伯鍨先生的精神，做出无愧于时代的理论创新。

坚持运用历史主义的分析方法研究马克思主义哲学

刘力永 *

在南京大学哲学系读硕士研究生期间，我有幸聆听了孙伯鍨先生的博士研究生课程。孙先生讲课时语气温和，娓娓道来。那时的我对马克思主义哲学的认识十分肤浅，对马克思主义哲学经典著作更是了解不多，因此当时听得似懂非懂，但孙先生使我意识到研读马克思主义哲学经典文本的重要性。在国内马克思主义哲学研究课程中，孙先生所开创的解读马克思文本的新模式和新方法已产生了重大影响。孙先生自己把这种解读模式和方法称作"历史主义的分析方法"。像茫茫大海中的灯塔一样，孙先生的《探索者道路的探索》为初学者进入马克思主义哲学研究殿堂提供了引路的作用。蓦然回首，我从事马克思主义哲学教学和科研工作已经二十多年了，每次重读《探索者道路的探索》都能让我想起当年旁听孙先生讲课的情景，依然对"一代宗师"孙伯鍨先生的逝世感到惋惜和痛心。

* 作者简介：刘力永，中共江苏省委党校哲学部主任，教授。

一、"历史主义的分析方法"的内涵和价值

在孙先生看来,历史主义的分析方法应该是读懂马克思文本的基本方法,特别是他的早期著作。因为这个时期的著作包含了马克思主义走向成熟的复杂的思想演进过程。如果不运用历史主义发生学的方法进行分析和推理,就不能发现马克思思想的深层变化,就不能深入理解马克思主义哲学革命变革的实质。马克思主义哲学有一定的思想前提,马克思既从这些思想前提出发,又批判并改造了这些思想前提,而要扬弃一种思想前提并不像脱去一件旧衣服那样简单。如果仅仅停留在术语的字面含义上,而看不到在不同时期的文本中同一个术语可能具有完全不同的含义,代表完全不同的哲学观点,就无法理解把握马克思主义哲学的精神实质。从《1844年经济学哲学手稿》到《关于费尔巴哈的提纲》和《德意志意识形态》相隔不过数月,马克思在《1844年经济学哲学手稿》中使用的是费尔巴哈的"类"概念,在《德意志意识形态》中马克思则提出了"社会"的概念,前者是费尔巴哈哲学人本学的旧范畴,后者已是历史唯物主义的新范畴。因此,对于这些问题就必须运用历史主义的分析方法准确把握其中的深刻思想变化以及不同语境之间的差异。

孙先生指出了马克思思想发展的历史性。马克思并不是天生的马克思主义者,他是从资产阶级社会有教养的人们中间,经过艰苦的探索,自觉转到无产阶级方面来的先进知识分子的典型代表。他的早期著作集中地反映了他的阶级立场和世界观转变的曲折过程。在这些著作中,旧信念和新思想,唯心主义和唯物主义,经历了一系列错综交织和矛盾转化的辩证发展过程,如果不是客观地、

科学地、历史主义地深入分析和考察这些著作,那么很显然,抱着不同立场和世界观的人们都会轻而易举地从中找到自己所需要的论据,以便按照自己的观点来解释和评价马克思的学说。正如张一兵老师在《回到马克思——经济学语境中的哲学话语》中所批评的那种情况:作为一个马克思主义哲学的研究者,在他的论文和著述中面对一个讨论主题时,他可以不需要任何历史性特设说明就从《马克思恩格斯全集》的第1卷同质性地引述到第50卷。

孙先生强调了研究马克思恩格斯早期著作的重要意义。这些著作具体地、生动地再现了两位伟大思想家在人类认识史上所实现的最深刻的革命变革的全过程。这里是他们全部学说的起源。不研究这些著作,就不能理解马克思主义的科学世界观是怎样从它的德国理论前提中逐渐脱胎出来的。不能了解其来龙去脉的马克思主义,显然是僵化的、不完整的、不全面的。唯物主义历史观的创立不是轻而易举的,不是像人们想象中的那样容易,好像只要把费尔巴哈唯物主义的基本原则和黑格尔唯心主义辩证法的合理内核简单地结合起来,就可以畅通无阻地建立起唯物主义的历史理论了。通过对早期著作的研究、整理、考察、分析,我们可以清楚地看到马克思和恩格斯在探索新的思想道路、创立自己学说的过程中,究竟批判了什么,继承了什么,抛弃了什么,创造了什么,从而准确地判断马克思主义哲学和一切旧哲学的区别与联系,划清它们之间质的界限。

孙先生明确地指出了马克思主义哲学的本质在于方法。从马克思恩格斯思想发展的历程看,我们很容易发现马克思的理论宗旨并非要创立一个新的哲学体系,而是旨在为无产阶级的解放提供科学的方法论指导。当代马克思主义哲学研究的任务就不是用一套术语、概念和范畴重新建构出一种新体系,而是坚持马克思的唯物辩证法深入探索理论和现实的重大课题。研究马克思、恩格斯的早期著作,研究马克思主义哲学的产生史,并不单单是为了回顾过去,增加一些历史知识,而是为了更加深刻准确地把握马克思主义哲学方法的本质。

孙先生揭示了马克思主义哲学与现代西方哲学的本质区别。马克思主义哲学诞生以后,来自不同方面的曲解和挑战一直没有中断过。因此,站在马克思主义哲学的立场上坚持、捍卫马克思主义哲学的实质一直是无产阶级解放运动的一项重要的理论任务。《探索者道路的探索》具有与西方思潮对话的性质,因为我们要从马克思思想的源头上说清马克思的基本理论与基本方法。孙先生指出,对话有多种方法,存在一个从什么立场出发的问题。在研究过程中对其他哲学保持开放的视野,这是必要的,但是把各种不同的观点兼容并包地笼统拿来,是不能叫作对话的。马克思主义哲学不是绝对化、凝固化的真理体系,它永远是开放的,永远处在不断开拓与发展之中。在这个意义上,我们主张与西方哲学的对话,但是,这种对话必须以马克思主义哲学的基本立场和方法论原则为依据,不能偏离共产主义这个社会目标,不能偏离哲学作为党的事业的一部分这个基本立场,从这一意义上说,对话必须包含批判。马克思主义哲学反对从孤立的个人出发认识社会历史问题,马克思主义哲学以客观实际为出发点,运用辩证的认识方法在思维中再现事物的具体统一性和历史过程性。这是马克思主义哲学与现代西方哲学之间的根本区别。

二、“两次转变、两条逻辑”论:历史主义分析方法的典范

孙先生在解读马克思早期重要著作《1844 年经济学哲学手稿》

时提出了著名的"两次转变"论。这一理论既不同于苏联学者的"一次转变"论,也不同于法国学者阿尔都塞的"认识论断裂说"。苏联学者总强调马克思在《德法年鉴》时期便完成了从唯心主义向唯物主义的彻底转变,仅此一次转变就创立了历史唯物主义,此后的著作便是成熟的马克思主义著作。事实上,第一次转变虽使马克思摆脱了黑格尔思辨哲学的影响,但远没有达到历史唯物主义的高度。通过这一次转变,马克思基本上过渡到费尔巴哈人本唯物主义的立场,就如我们在《1844年经济学哲学手稿》中看到的那样。真正实质性的、有决定意义的转变是在后来完成的。第一次转变相对要简单和容易得多,因为费尔巴哈已经打通了通往一般唯物主义的道路。我们不应抬高这一次转变,否则就会贬低马克思思想的第二次转变在哲学史上所实现的革命性变革的伟大意义。只是通过第二次转变,才能够谈得上历史唯物主义的诞生。马克思进行了长时间的探索和思考,到1845年春,他终于解决了这个问题,这就是以实践为出发点的新唯物主义(即历史唯物主义)哲学的诞生。以实践为起点的新哲学不再是道德哲学而是以改造世界为宗旨的无产阶级世界观。

孙先生不同意阿尔都塞所主张的"认识论断裂"一说,而是认为在马克思早期思想的发展中既有渐变也有突变。例如生产实践观点的形成就是始于1844年手稿中的"对象化劳动",终于"费尔巴哈论纲"中的"感性物质活动"。而最早把对生产力的考量与对生产关系的考量区别开来的,也是1844年手稿,在那里,马克思把对象化劳动和异化劳动做了区分。他批判并要求扬弃异化劳动(即雇佣劳动),而肯定对象化劳动(即生产性劳动)。他认为,从对象化劳动的角度看工业,工业就是被打开了的人的本质力量的书卷,尽管迄今为止工业发展都是在异化的形式下实现的,但它们仍不失为真正的人的生活的基础,因此,人的自由的实现离不开工业的发展。这里表现出来的已经不是抽象的人本主义的思维逻辑,而是现实的历史主义的思维逻辑,只是这后一种逻辑在 1844 年手稿中不居于主导地位,居主导地位的仍然是黑格尔、费尔巴哈的思辨的本质主义的逻辑。在 1844 年手稿中,关于对象化劳动和异化劳动的逻辑区分,在马克思后来的思想发展中具有十分重要的作用,它不仅导致了马克思后来把生产力从生产方式中抽象出来,制定出生产力和生产关系这一对历史唯物主义的重要范畴,而且为对抗历史唯心主义在批判理论的名义下修正马克思主义起了关键作用。在《1844 年经济学哲学手稿》中,"两条逻辑"的问题是一个重要问题,这直接关系到对这部手稿的定性分析。

孙先生指出,很多人对于发生在 1844—1845 年的马克思思想的重大转变认识不足。《神圣家族》开始显示出这次转变的明显倾向——从抽象理念转向现实社会,但这还仅仅是开始。把《关于费尔巴哈的提纲》同《神圣家族》中涉及费尔巴哈的那部分论述比较一下,就能看出,马克思对他的态度已发生了质的变化。应该说,1844 年秋至 1845 年春马克思的思想正孕育着一次质的飞跃。从评李斯特的《政治经济学的国民体系》一书的手稿中可以捕捉到重要的思想信息。孙先生认为,马克思是通过对李斯特经济思想的批判思考完成了他思想转变上的最后一个环节的。李斯特在那部书中认为德国资产阶级不同于英法资产阶级为交换价值而生产,而是为发展德国的生产力而生产,闭口不谈德国工人阶级所受的剥削。马克思在批判李斯特经济理论的辩护性的同时,也从中获得了重要的思想启示,这就是把生产力从资产阶级的工业制度中抽象出来,作为在历史进程中起基础作用的物质力量。这就为他后来制定科学的生产力和生产关系范畴奠定了理论基础。当时,马克思还没有形成"生产关系"这个范畴,他使用的是"工业"或者"工业制度"这种内容并不明晰的概念,而一旦把生产关系和生产力单独抽象出来,就为揭示社会发展的一般规律制定了最重要的概念工具。

马克思大约在 1844 年 6 月至 8 月这段时间写作了《1844 年经济学哲学手稿》。《1844 年经济学哲学手稿》虽然不是一部思想成熟、结构完整的著作,但它在马克思主义哲学形成史上却有着十分重要的地位。《1844 年经济学哲学手稿》中存在着两种截然相反的逻辑:一是以抽象的人的本质为出发点的思辨逻辑,二是以现实的经济事实为出发点的科学逻辑。历史唯物主义只有在后一种逻辑的基础上才能逐渐产生出来。在《1844 年经济学哲学手稿》中,马克思不是像费尔巴哈那样仅仅批判宗教,而是批判了私有制和雇佣劳动,批判了工人、资本家和土地所有者之间的现实关系;他研究了工人阶级的生存条件和他们在资本主义制度下所受到的非人待遇;他把劳动规定为人的本质,把私有制的扬弃看作人类解放的根本条件。所有这些都使他大大地超过了费尔巴哈。但是另一方面,他却仍旧停留在费尔巴哈人本主义思维方法的范围内。他对资本主义制度的批判,不是从客观历史规律的观点,而是从"人"的观点进行的,他满怀信心地批判私有制和雇佣劳动,并不是因为他发现了支配和制约着它们的客观规律,而是因为在费尔巴哈和观点的启示下发现了"真正的人"。所以在他看来,私有财产所以应该遭到扬弃,并不是因为它和历史发展的规律相矛盾,而是因为它和人的本质相矛盾。这种以抽象的人或人的本质为出发点的思维逻辑,仍旧是思辨逻辑,由于受这种人本主义思辨逻辑的束缚,他暂时还不能摆脱抽象人性的观点而去考察人类物质生产发展的现实历史,亦即生产力和生产关系发展的历史。

在《1844年经济学哲学手稿》中还有另一种逻辑,即科学逻辑,只是这种逻辑暂时还没有占据支配地位。马克思通过对于对象化劳动的分析,已经接近于提出物质生产力的发展在人类历史中起决定作用的观点。马克思关于用社会本质来代替费尔巴哈的人类本质的思想也具有十分重要的意义。虽然"社会"一词在《1844年经济学哲学手稿》中还是作为一种理想关系而带有思辨的性质,但这一思想毕竟使他与费尔巴哈的自然主义的人本主义思想区别开来,使他把人看作社会存在物,而不是自然存在物。由于马克思自始就着重于研究人们的社会关系,才终于发展到把人的本质理解为社会关系的总和,最后制定出生产关系这个历史唯物主义的核心概念。费尔巴哈把黑格尔哲学颠倒过来,不是从宗教和神学出发来说明自然界和人类,而是从自然界和人类出发来说明宗教和神学。这个颠倒使费尔巴哈回到了唯物主义的立场,把感性的自然界和人作为他的哲学的出发点。可是,在实现了神性和人性的颠倒之后,为了真正地理解人类历史,还需要实现另外一个颠倒,即人的理想本质和现实存在之间的颠倒。费尔巴哈在历史观上却仍然是一个唯心主义者。马克思从克罗茨纳赫时期起就开始探索人类历史的规律,从政治到经济,从国家到市民社会,他都力求探求它们前进运动的规律。要真正解决这个问题,就应当不是从人的本质,而是从人的现实存在即他们的物质生产条件中引出历史的辩证法。孙先生指出,为了在历史领域中彻底改造黑格尔的唯心主义辩证法,把它置于唯物主义的基础之上,就必须回到现实的观点上,用现实的出发点代替理想的出发点,从而在根本上抛弃抽象人道主义的思维方法。这个出发点的转变在《1844年经济哲学手稿》中还远远没有完成。

三、"历史主义的分析方法"与我的研究工作

笔者对于孙伯鍨先生思想的认识理解也有一个发展过程。一开始是好奇仰慕,接着遭遇理解上的困难,然后是一知半解,到现在自以为有了一定的理解,并把所思所得运用在自己的研究领域之中。每当在教学研究中遇到困惑的时候,阅读《探索者道路的探索》《走进马克思》和《卢卡奇与马克思》往往能起到释疑解惑的作用。孙先生对于马克思主义哲学经典文本的阐释,对于马克思主义哲学与现代西方哲学之间区别的强调,更是加深了我对马克思主义哲学立场、观点和方法的认识和理解。回顾过去 20 年的学习和思考,受益于历史主义的分析方法,我主要做了三个项目的研究工作。

一是研究了希腊裔法国学者普兰查斯的思想,2009 年出版了《资本主义国家和社会主义政治战略:普兰查斯思想研究》一书。针对普兰查斯思想发展中的连续性和非连续性的并存状况,我强调了历史主义分析方法在研究中的必要性。一方面要解析出普兰查斯思想生长的历史语境以及自身的逻辑转折,另一方面要避免传统解读模式在思想研究中的独断性。第一个层面尽可能地忠实于普兰查斯的文本,在此基础上描绘其思想轮廓;第二个层面以相关研究文献为基础评价普兰查斯的理论是非;第三个层面,在比较全面地占有第一手资料的基础上,展现普兰查斯思想的理论主题,揭示各个理论主题之间的关联及其内在的逻辑发展。对普兰查斯的文本进行全面的解读,除了学界熟悉的《政治权力与社会阶级》,还深入解读了《法西斯主义与专政》《专政的危机》和《国家、权力、社会主义》,探讨了普兰查斯思想的内在逻辑发展和理论旨趣。

对于普兰查斯的定位和评价,需要回到马克思的经典文本,辨识普兰查斯思想和经典马克思主义之间的联系和区别。在这一部分,孙先生的思想提供了重要的引领作用。

二是解读卢卡奇《历史与阶级意识》,写作了《发现能动的主体:〈历史与阶级意识〉解读》,预计在 2023 年出版。卢卡奇在《历史与阶级意识》中阐发了对马克思主义辩证法的认识和理解。如何评判卢卡奇观点的是与非,这就需要阐释马克思主义经典文本,需要站在正确的立场上做出分析和判断。在这方面,孙先生的思想依然提供了重要的引领作用。第二国际马克思主义认为,历史唯物主义揭示了社会必然性,马克思主义哲学因此成为一门实证科学。社会主义仅仅是经济发展的必然结果,无产阶级在这一过程中只不过是扮演了一个旁观者的角色而已。卢卡奇极力反对这种主张。卢卡奇认为无产阶级是能动的主体。只有无产阶级才有能力解决资本主义社会对抗性质的矛盾。卢卡奇在《历史与阶级意识》中阐释了无产阶级发挥主体能动性的理论条件和现实路径。他虽然正确地强调了马克思主义辩证法的能动性质,但是偏离了唯物主义立场。本书从理论(唯物主义辩证法)、现实(资本主义物化)、思想(无产阶级意识)和实践(意识形态斗争)四个层面进行了分析和评价。从理论上来说,唯物主义辩证法是无产阶级认识世界、改造世界的强大武器,无产阶级可以从总体上把握历史发展的过程,进而揭示出其中的历史意义。资本主义是无产阶级存在的条件和基础,无产阶级对于资本主义的认识具有重要的意义。这种认识决定了无产阶级的态度和行为。卢卡奇强调,无产阶级的主体能动性不是来源于抽象的伦理价值判断,而是建立在现实劳动的基础之上。卢卡奇对 19 世纪末 20 世纪初期的资本主义进行了科学的分析,提出了资本主义物化理论,分析了资本主义物化对无产阶级的影响,提出了无产阶级消除资本主义物化影响的具体策略。卢卡奇反复强调,无产阶级主体能动性不能等同于建立在孤立的个人基础上的主观能动性。主体必须通过组织或者政党的作用才能真正成为改变世界的现实力量。在无产阶级政治策略方面,经典作家强调经济和政治斗争的首要性,而卢卡奇则强调了意识形态斗争的优先性。卢卡奇明确地指出,"意识形态"不仅仅是社会的经济结构存在和运行的结果,而且是社会经济结构得以平稳运转的不可或缺的前提条件。资本主义国家在其中发挥着十分关键的作用。卢卡奇认为,在人们的意识中,国家和法律是神圣不可侵犯的对象。这种意识形态成为无产阶级行动的障碍。甚至在资本主义陷入致命危机的时候,无产阶级依然感到资产阶级的国家、法律和经济是他们生存的唯一可能的环境。无产阶级要敢于从资本主义意识形态的束缚中解放出来。

第三个项目是现在的研究,解读和评价牙买加裔英国学者斯图亚特·霍尔的思想。在这一研究中,需要把握现代西方哲学与马克思主义之间的本质区别,需要阐释马克思主义经典文本,孙先生的思想同样起到了引领的作用。考察霍尔走向马克思主义的逻辑起点,探究其从人本主义马克思主义向结构主义马克思主义的思想转变,霍尔后期思想体现了明显的"后马克思主义"的特征,强调"复数的马克思主义"、"不作保证的马克思主义"。此外,霍尔保持了理论的开放性,以问题作为导向,汲取了诸多理论资源,对索绪尔、罗兰·巴特、福柯、德里达、普兰查斯等人的理论进行了创造性地继承和改造。在文化研究中霍尔强调要确立构成主义的分析范式,揭示了在意义的建构过程中物质和意识、异质要素之间的相互渗透、相互连接的关系。在以雷蒙·威廉斯、霍加特及 E.P.汤普森为代表的英国马克思主义的影响下,霍尔把文化维度看成是当代资本主义社会的本质维度，深刻揭示了文化的政治意识形态内涵。在葛兰西和阿尔都塞的理论启发之下，霍尔把文化和意识形态问题看成是社会矛盾和斗争的场域，力求摆脱社会历史分析中的"经济决定论"、"阶级还原论"和"本质主义"的教条倾向，开启了批判当代资本主义社会的新视角。在此基础上，霍尔也运用了语言学、符号学以及福柯的话语理论，深刻揭示了意识形态的生产机制和政治功能。霍尔展现了卓越的理论综合能力并且始终坚持理论和实践相结合，善于把抽象的理论转化为批判现实的锐利武器。霍尔认为，传统马克思主义对于文化问题重视不够，因此他重新界定了文化的内涵和功能。在他看来，"多元文化主义"是全球化时代的基本问题，即人们是否能找到恰当的方式，使不同文化和不同民族的人和平共处。在全球化的条件下，种族问题、民族问题和国家认同问题成为当代资本主义社会矛盾之中的焦点问题。霍尔关于全球化时代的文化认同研究，对于多民族的、走向全球化的中国来说有着重要的参考价值。

再论《1844年经济学哲学手稿》的过程性特质

——纪念孙伯鍨先生

周嘉昕*

《探索者道路的探索》是孙伯鍨先生在20世纪80年代完成的一部理论经典。该书聚焦马克思主义哲学形成史研究,直面时代现实、回应理论问题、立足经典著作,创新性地提出了马克思早期思想发展中两次转变、两条逻辑的观点。这一观点提出后,引发了学界广泛的讨论。在南京大学马克思主义哲学专业内部,秉承这一观点蕴含的理论精神,聚焦青年马克思问题,开展了持续不断的研究和探讨。近四十年来,马克思主义哲学史研究的推进、马克思主义经典著作研究新成果的涌现,为我们更好回答《探索者道路的探索》中所提出的理论问题,沿着孙伯鍨先生和老一辈马克思主义哲学史研究专家开辟的道路继续前进,奠定了新的基础,提供了新的机遇。回顾历史,展望未来。把握《1844年经济学哲学手稿》的过程性特征,正确理解马克思主义哲学形成过程中所发生的重大理论争论,对于我们今天从思想史角度出发,推进马克思主义中国化时代化发展,具有重大的理论意义和学术价值。

作者简介:周嘉昕,南京大学马克思主义社会理论研究中心暨哲学系教授。

一、"探索者道路的探索"中的关键一环

《探索者道路的探索》阐述的是 1848 年之前马克思主义哲学的形成史。余本愚钝,但将近 20 年来,一个念头在自己的头脑中越发清晰起来。马克思主义哲学形成史的研究本身是同马克思主义哲学方法论本质的理解直接关联在一起的,而马克思主义哲学方法的阐释,同时又离不开马克思主义时代发展的理解。因此,"青年马克思"问题的考察,本身就是以一种思想史的方式阐明马克思主义的立场观点方法。"青年马克思"问题的研究,本身就是以一种特殊的方式,回应时代关切,坚持捍卫发展马克思主义。正如孙先生在《探索者道路的探索》"绪论"的最后所指出的那样,"我们研究马克思、恩格斯的早期著作,研究马克思主义哲学的产生史,并不单单是为了回顾一下过去,增加一些历史知识。在更大的程度上,这是为了总结哲学史的经验,以便更好地为当前的斗争服务"①。在这个意义上,以《探索者道路的探索》为代表,老一辈学者有关马克思主义哲学形成史的研究,构成了改革开放以来中国马克思主义哲学研究独立自主实现创新发展的重要标志。这一研究,作为世界范围内"马克思早期思想研究"的第三次理论高潮,已经并将继续展现出重大的历史意义。

关于马克思、恩格斯早年的理论探索,两位伟人自己并没有太多的论述。马克思自己只是在《政治经济学批判》和《资本论》的序言等文字中,简要回顾了自己的探索历程。恩格斯晚年出于总结、传播、捍卫马克思主义理论的需要,曾经在《社会主义从空想到科

---

① 孙伯鍨:《孙伯鍨哲学文存》第 1 卷,江苏人民出版社 2010 年版,第 12 页。

学的发展》《路德维希·费尔巴哈和德国古典哲学的终结》《关于共产主义者同盟的历史》等著作中,谈及了这段历史。然而,这些概要的论述更多直接服务于 19 世纪晚期的政治和理论斗争,而非对马克思主义哲学形成过程的系统研究。马克思、恩格斯逝世后,著作遗产的编辑整理、生平思想传记的撰写、马克思主义形成发展历程的回顾,是摆在当时他们的战友和学生面前的三项紧迫而又内在相关的任务。弗兰茨·梅林和古斯塔夫·迈耶尔的著作,构成了马克思主义形成史研究的早期成果的典型代表。

有关"马克思早期思想研究"的第一次理论高潮,是在 20 世纪二三十年代出现的。在列宁的领导下,苏俄(联)马克思主义研究者围绕马克思、恩格斯文献遗产进行了广泛的收集和整理,在以《马克思恩格斯文库》《马克思恩格斯全集》历史考证版为代表的系列出版物中第一次使得包括《德意志意识形态》《1844 年经济学哲学手稿》《黑格尔法哲学批判》等马克思、恩格斯早期文献公开问世。这一理论高潮的出现,在归根结底的意义上,得益于十月革命的胜利和苏俄(联)社会主义政权的建立。正是有了强大的组织基础和物质基础,"马克思早期思想研究"所需要的大量原始文献,才第一次公开展示在世人面前。在此过程中,以梁赞诺夫和阿多拉茨基为代表的苏联马克思主义文献研究工作者付出了大量的心血。当然,梁赞诺夫的成长经历和工作历程同时也折射出"马克思早期思想研究"的第一次高潮中已然存在的意识形态竞争。毋庸讳言,梁赞诺夫对于马克思恩格斯文献遗产的研究,首先是从跟随、继承以梅林为代表的第二国际理论家的研究成果为出发点的。但是,在 20 世纪 20 年代之后的相关研究中,处处渗透着苏俄(联)共产党同德国社会民主党围绕马克思主义阐释主导权的竞争。这一点在《德意志意识形态》和《1844 年经济学哲学手稿》出版之后引发的争论中可以得到集中的体现。

虽然马克思、恩格斯早期文献在公开出版之后,旋即引发了争论。但围绕"青年马克思"问题的研究及其理论竞争,集中在 20 世纪五六十年代得到了爆发,形成了"马克思早期思想研究"的第二次高潮。在这一时期,依托《1844 年经济学哲学手稿》产生的"人本主义青年马克思"或者说"两个马克思"问题成为国际学界讨论的热点话题。西方资产阶级学者纷纷以《1844 年经济学哲学手稿》中的人本主义异化批判理论为立足点,阐发一个不同于《共产党宣言》和《资本论》作者的"青年马克思"。对此,1966 年悉尼·胡克的评论不可不谓之恰如其分。与此同时,利用荷兰国际社会史研究所新发现的《德意志意识形态》手稿断片,围绕《德意志意识形态》的编辑方案以及编辑方案背后的意识形态指向的怀疑,也成为西方学者关注的热点之一。对此,苏联和东欧的马克思主义研究者也进行了针锋相对的回应。今天我们广为熟知的苏联马克思主义哲学形成史阐释模式,也正是在这个阶段基本定型的。这些成果对于回应西方学者的理论挑战,再现马克思、恩格斯早期思想历程,具有重要的理论价值。但是也应看到,它们过分拘泥于列宁等人的早期判断,受制于斯大林主义教科书体系的僵化理解,导致很多重要的判断仍然隐含在教条主义的话语表达之中。

20 世纪八九十年代出现了"马克思早期思想研究"的第三次理论高潮。这次高潮的出现是在开启改革开放新进程的中国发生的。一方面,新中国成立以来围绕马克思主义哲学史、经典著作研究的理论积累,经过了十年"文化大革命"的沉积之后,获得了井喷式的发展。另一方面,改革开放的进程中,反思苏联传统的斯大林主义教科书体系、回应西方马克思主义、西方"马克思学"等理论思潮在"青年马克思"问题上的挑战、满足中国特色社会主义建设过程中现实问题解决的需要,推动了中国学界有关马克思主义哲学形成史问题的研究。正是在这样一个背景下,孙伯鍨先生的《探索者道路的探索》一书应运而生。正如包括孙先生在内的老一辈学者所自觉坚持的那样:马克思、恩格斯早期思想发展的研究,马克思、恩格斯早期著作手稿的研究,本身是同马克思主义哲学方法论本质的理解息息相关的,而这些研究本身对于在新的历史条件下阐明马克思主义基本立场观点方法,捍卫马克思主义在意识形态领域的领导地位都是十分重要十分必要的。在《探索者道路的探索》中,孙先生就十分明确地将澄清西方学者有关"青年马克思"阐释的理论错误,阐明将马克思主义哲学世界观方法论的唯物辩证法的形成过程作为自己的理论目标。

回顾"马克思早期思想发展"的三次理论高潮,可以看到:所谓的"青年马克思"问题,究其根本来说就是回答马克思主义哲学的形成问题,探索马克思主义哲学的形成问题就是要阐明马克思主义哲学的世界观方法论。在这个意义上,第三次理论高潮具有独立的理论价值。这就是中国马克思主义研究者扎根中国社会主义建设实践、利用马克思主义经典著作研究成果、反思既有马克思主义阐释模式、探索中国马克思主义哲学研究创新的光辉历程和理论典范。当然,贯穿三次理论高潮其中的,存在一个重要的学术问题。这就是如何把握所谓"人本主义青年马克思"诞生其中的《1844年经济学哲学手稿》。换句话说,如何定位《1844年经济学哲学手稿》,构成了系统把握马克思早期思想发展历程、马克思主义哲学形成过程,深入理解马克思主义哲学世界观方法论内核的关键一环。在孙先生的传世经典《探索者道路的探索》中,给出的解决思路是:马克思早期思想发展的"两次转变",以及处在两次转变之间的《1844年经济学哲学手稿》的"两条逻辑"。

二、两次转变和两条逻辑:旨向与思考

所谓"两次转变",简单说来就是在马克思、恩格斯的早期思想发展过程中,存在从唯心主义转向唯物主义、从唯物主义转向历史唯物主义两次根本性的思想转变。所谓"两条逻辑",简单说来就是在《1844年经济学哲学手稿》中同时存在着"两种截然相反的逻辑:以抽象的人的本质为出发点的思辨逻辑和以现实的经济事实为出发点的科学逻辑"。同时,孙伯镶先生还强调,"历史唯物主义只有在后一种逻辑的基础上才能逐渐产生出来。"[①]近四十年来,从"两次转变"和"两条逻辑"的观点出发,马克思主义哲学形成史研究不断推进。在持续的思考中,新的文献研究成果和学术理论观点不断涌现,《探索者道路的探索》也不断焕发出新的理论魅力。

在直接的意义上,"两次转变"和"两条逻辑"针对的是苏联马克思主义哲学史研究中形成的"一次转变"论,以及西方学者的"人本主义青年马克思"观。就苏联的马克思主义哲学形成史研究遵循了列宁在20世纪初给出的基本判断,即马克思在《德法年鉴》时期,恩格斯在到达英国后,转向了唯物主义和共产主义。在一般的意义上,这个判断完全成立。但是这一判断也面临两个挑战:首先,正如孙伯镶先生敏锐发现的那样,列宁在给出这个判断之外,还强调了马克思、恩格斯只是在《哲学的贫困》前后才将唯物史观完整表述出来的。实际上,列宁对于马克思早期思想发展的理解,一方面受到了梅林既有判断的影响,另一方面也同当时大量马克思、恩格斯早期文献尚未公开问世有关。因此,当20世纪30年代

---

① 孙伯镶:《孙伯镶哲学文存》第1卷,江苏人民出版社2010年版,第162页。

之后,随着《1844年经济学哲学手稿》等著作的出版,对于唯物主义转变的判断就必须加以调整并修正了。有趣的是,在苏联学者20世纪70年代集体编著的《十九世纪的马克思主义》一书中,已经通过强调《神圣家族》中辩证唯物主义的确立和《德意志意识形态》中历史唯物主义的制定,隐含地表达了两种思想转变的想法。至于西方学者的"人本主义青年马克思"观点,较之苏联学者的研究,则要粗陋得多。他们从人本主义的政治立场出发,紧紧抓住《1844年经济学哲学手稿》这一文本"孤证",从异化劳动出发来阐发一个所谓"新发现的马克思"。其实,早在20世纪20年代末30年代初,以伊萨克·鲁宾和施穆科勒为代表的苏联马克思主义学者的研究,已经充分揭示了这种观点的虚假性。而当《马克思恩格斯全集》历史考证版新版中《1844年经济学哲学手稿》再次出版之后,这种"人本主义青年马克思"便遭遇了彻底的釜底抽薪。

20世纪80年代初,中国马克思主义哲学研究处于新的发展机遇期,面对着三个有利条件。一是对传统苏联马克思主义哲学原理体系的反思,推动马克思主义经典著作和马克思主义哲学史研究兴趣的高涨。二是包括马克思、恩格斯早期著作,《资本论》手稿在内的经典著作出版,为学术研究的拓展和创新奠定了文献基础。三是国外马克思主义研究成果的译介,为马克思主义哲学方法论研究和马克思主义哲学史研究创新都提供了重要的借鉴和参照。当然,在此过程中,也必须自觉甄别批判可能存在的错误思潮。其中,处于理论焦点位置的便是正确理解人本主义异化批判在青年马克思思想中的地位问题。聚焦该问题,《探索者道路的探索》提出了"两次转变"和"两条逻辑"的观点,科学解释了《1844年经济学哲学手稿》中人本主义异化批判理论在马克思主义形成发展中的地位和作用,澄清了当时"人本主义和异化问题"讨论中存在的理论误区,批判性地回应了西方学者借此提出的针对马克思主义的曲解和挑战。从一个学生的角度来看,《探索者道路的探索》中提出"两次转变"和"两条逻辑"的观点,同时包含着孙先生对于马克思主义世界观方法论的三个方面的捍卫与坚持。

第一,坚持辩证唯物主义历史唯物主义的科学统一,在政治经济学批判语境中彰显唯物辩证法。在《探索者道路的探索》以及相关系列论文中,孙伯鍨先生多次表达了一个观点。唯物辩证法是马克思主义哲学世界观方法论的核心。因此,探索者道路的探索就是走向唯物辩证法的探索。首先,唯物辩证法是唯物主义的,它从根本上反对任何形式的唯心主义。但是,在马克思走向唯物辩证法的过程中,费尔巴哈的人本主义唯物主义曾经起到过中介的作用。因此,对于马克思克服费尔巴哈,在政治经济学批判中走向历史唯物主义的思想历程的考察,也就是对于辩证唯物主义形成过程的阐述。

第二,坚持现实的人及其历史发展的科学,反对非历史的人本主义。针对改革开放初期,国内思想界一度流行的人本主义思潮,孙伯鍨先生进行了旗帜鲜明的分析和研判,指出马克思主义当然是关注人的学问,但并不等于简单的人本主义。这是因为,人本主义的出发点是一种抽象的想象的人性,而非现实的社会历史过程。青年马克思对费尔巴哈的超越正好体现了这样一种从非历史的人本主义走向现实的人及其历史发展的科学,即唯物史观的过程。在这一思想发展的关键时期,《1844年经济学哲学手稿》便体现了马克思受费尔巴哈影响,但又在自己的研究中开始走出费尔巴哈的特征。

第三,坚持无产阶级立场,阐明马克思批判资本主义生产方式的思想起源。我们注意到,当孙伯鍨先生利用对象化劳动和异化劳动的区分,来说明《1844年经济学哲学手稿》中存在的两条相互对立的理论逻辑时,专门提到了马克思后来在《资本论》及其手稿中提出的劳动二重性理论。对象化劳动对应的是商品使用价值体现的具体劳动,而异化劳动对应的是商品价值体现的抽象劳动。这就提醒我们:当马克思分析资产阶级社会财富的元素形式即商品时所提出的劳动二重性理论,本身可以溯源于马克思青年时期最先关注政治经济学、批判市民社会(资产阶级社会)时所提出对象化劳动和异化劳动的区分。在这个意义上,《1844年经济学哲学手稿》的理论主旨不是简单地回归一个抽象的人的类本质,而是站在无产阶级立场上,批判资产阶级私有制及其导致的不合理现实。

坚持两次转变的基本判断,与孙伯鍨先生从对象化劳动和异化劳动出发区分人本主义的思辨逻辑和现实客观的科学逻辑不同,张一兵老师和姚顺良老师对于两条逻辑的区分进行了自己的思考。在《回到马克思——经济学语境中的哲学话语》一书中,张一兵老师虽然也强调马克思对对象化劳动和异化劳动的区分,但是将两条逻辑的区别理解为从哲学,主要是从费尔巴哈出发的人本主义异化批判逻辑与在政治经济学研究中所发现的客观经济事实的科学逻辑的不同。随着政治经济学研究的推进,马克思逐渐放弃了哲学话语,在政治经济学批判的方法论反思中确立了唯物史观。按照姚顺良老师的理解,孙先生从对象化劳动和异化劳动出发理解两条逻辑的关系可能存在一个偏差。姚顺良老师强调的是:恰恰是对象化劳动概念体现了马克思受费尔巴哈影响下,采取的人本主义异化批判逻辑,而异化劳动概念恰恰指涉的是政治经济学所描述的经济事实。只不过,用马克思后来的话说,这种政治经济学语境中的经济事实是一种物化的或者说拜物教的状态。因此,当马克思的新世界观确立之后,《1844年经济学哲学手稿》中的对象化劳动和异化劳动概念,便同时被扬弃了。尽管存在细节判断上的不同,但无论如何两位老师都承认自己和对方,同样是站在孙伯鍨先生《探索者道路的探索》一书所奠定的理论基础之上的。

从唯心主义转向唯物主义,从唯物主义转向历史唯物主义,《1844年经济学哲学手稿》中存在人本主义异化批判逻辑和从现实经济事实出发的科学逻辑二者的并立,是一个符合马克思早期思想发展历程的科学判断。同时,我们也可以看到:尽管国内学界围绕"两次转变""两条逻辑"的观点,还曾有过不同的理解和讨论,但是近年来越来越多的青年学者已经认同并接受了这一判断。当然,正如"两次转变"和"两条逻辑"的后续讨论所提示的那样,在青年马克思思想发展、马克思主义哲学形成史研究中,仍然存在大量问题值得我们继续思考。这些问题包括但不限于:其一,如何理解马克思受费尔巴哈影响所转向的"唯物主义"?其二,如何理解《1844年经济学哲学手稿》中两条逻辑之间此消彼长的微观历程?其三,如何理解历史唯物主义形成过程中,马克思对黑格尔辩证法的批判性改造?

三、青年马克思与当代中国的马克思主义哲学史研究

改革开放四十多年来,特别是近十年来中国的马克思主义哲学史研究,所取得的许多重大推进,为我们今天重新理解马克思早期思想的发展、马克思主义哲学的形成过程,奠定了坚实的理论基础。同时,随着马克思、恩格斯早期文献研究的推进,特别是按照《马克思恩格斯全集》历史考证版新版编译的《1844年经济学哲学手稿》逻辑顺序版和写作顺序版中文译本的问世,《1844年经济学哲学手稿》在马克思早期思想发展历程中的地位和作用,青年马克

思的两次转变和《1844年经济学哲学手稿》中的两条逻辑等问题，获得了深入研究的新的文本依据。立足理论进展，结合文本成果，我们尝试回应上文所提出的三个问题。

第一，马克思受费尔巴哈影响所转向的是人本主义唯物主义。这是马克思走向"新唯物主义"的一个思想环节，并非一个独立的理论形态。对于唯物主义概念的理解，必须到具体的社会历史情境中去寻求。

围绕马克思从唯心主义转向唯物主义的思想史叙述，最先是由恩格斯系统给出的。在《社会主义从空想到科学的发展》《费尔巴哈论》等著作中，恩格斯回顾了自己和马克思的早期思想发展，强调了费尔巴哈和唯物主义的重要性。值得注意的是，恩格斯的这些论著本身有一个直接的问题指向，就是批判当时流行的小资产阶级社会主义和庸俗唯物主义。因此在强调费尔巴哈的同时，恩格斯更强调的是马克思对费尔巴哈的批判。列宁在批判唯心主义和宗教神学的意义上，进一步强调了唯物主义转变的重要性，并将马克思、恩格斯的理论转向界定为"哲学唯物主义"。考虑到如果不讨论《1844年经济学哲学手稿》等20世纪20年代后期才公开问世的手稿文献，从《德法年鉴》到《神圣家族》再到《关于费尔巴哈的提纲》和《德意志意识形态》，的确可以理解为唯物主义转变基础上的进一步理论探索。但是，人本主义异化批判理论和所谓"青年马克思"问题，便构成了这种"唯物主义转变"理解必须回应的问题。正是在这个意义上，《探索者道路的探索》中会强调1844年时马克思受到了费尔巴哈人本主义唯物主义的显著影响。

就目前所了解的文献和思想史信息来说，我们尝试这样叙述这段历史：在马克思到达巴黎之前，的确已经了解并接受了费尔巴哈的人本主义。但是考虑到此时费尔巴哈自己并未接受唯物主义这个称呼,马克思、恩格斯在前往法国、英国后,又开始接触法国的唯物主义。当时的情况确实如恩格斯所说,德国"对现存宗教进行斗争的实践需要,把大批坚决的青年黑格尔分子退回到英国和法国的唯物主义",费尔巴哈的著作则"使唯物主义重新登上了王座"[1]。因此,这一时期马克思既是转向了唯物主义,但同时也是发现了唯物主义,并且在自己的接下来的研究中,创造了一种新的唯物主义。《1844年经济学哲学手稿》便处在这样一种人本主义主导下从唯心主义转向、发现唯物主义,并开始改造、创新唯物主义的过程之中。

第二,在《1844年经济学哲学手稿》中,马克思在建构人本主义异化批判逻辑并将其同无产阶级运动相结合的过程中,已经意识到这一逻辑自身的困境。这一理论嬗变是在政治经济学研究和黑格尔辩证法批判的纠缠中突现出来的。

所谓人本主义异化劳动理论,在《1844年经济学哲学手稿》中最为集中的论述是在第一笔记本的最后部分——异化劳动和私有财产。在第一笔记本中,马克思先是按照斯密对市民社会三大阶级的区分,分工资、资本的利润和地租三栏,对于私有财产条件下三大阶级之间的经济关系进行实证的考察。马克思发现,在私有财产基础上的竞争条件下,三大阶级日益分化为两大阶级,即资本家和工人的对立。私有财产的关系也就表现为资本和劳动的对立。这样费尔巴哈的人本主义异化批判同政治经济学的现实运动就结合在一起了。因此,马克思提出异化劳动概念来解释说明私有财产的非人本质。孙伯鍨先生明确地指出:这仍然是一种非历史的抽象规定。那么,马克思是怎样意识到这种异化批判自身的

---

① 《马克思恩格斯文集》第4卷,人民出版社2009年版,第275页。

问题的呢?

在第二笔记本中,虽然讨论了"私有财产的关系"问题,但大多佚失,只保留了 4 页残篇。因此我们把主要精力放在第三笔记本中,可以发现:正是在黑格尔辩证法批判和政治经济学争论辨析的纠缠中,马克思觉察到了抽象的人的本质观念的理论短板。与此相呼应的,则是马克思对黑格尔辩证法"异化规定内所包含的积极环节"的发现。在政治经济学的研究中,马克思发现私有财产基础上的竞争,三大阶级分化为两大阶级的过程,本身是同工业的发展息息相关的。"工业是一本打开了的人的本质力量的书",在这个意义上,共产主义作为私有财产的积极扬弃,便构成了走向人的解放的一个重要的环节。也正是在这一时期,马克思开始面对因为西里西亚纺织工人起义所引发的有关"共产主义"的讨论。因此,在第三笔记本中,马克思专门分七个要点讨论了"共产主义"问题。这一讨论的第六个要点,构成了《对黑格尔的辩证法和整个哲学的批判》的开头部分,即站在费尔巴哈人本主义立场上对施特劳斯和鲍威尔固守黑格尔唯心主义辩证法的批判。第七个要点则是对政治经济学中"需要"问题的讨论。之后马克思又回过头来批判黑格尔,也正是在这一阶段,马克思对黑格尔辩证法有了一个明显的态度转变。期间发生了什么? 简单说来:马克思在"需要"的讨论中,发现费尔巴哈所强调的感性的对象性的存在,在现实的经济关系中不是一个想象的抽象物,而是具体社会关系的产物。虽然在私有财产条件下,所有人的需要都异化为对货币的需要,但是进一步分析会发现,资本家对货币的需要又可以分为资本积累的需要和奢侈消费的需要,工人的需要则是满足物质生活最低要求的粗陋的需要,即"对马铃薯的需要"。这样,人本主义异化批判的逻辑前提,也就是人的类本质概念,便在马克思的头脑中开始动摇了。

第三,回顾马克思发现"现实的人及其历史发展的科学"的思想进程,马克思对黑格尔辩证法的批判性改造,本身是对唯心主义辩证法的结构性超越。作为其前提和基础的,是对现代资产阶级社会结构性秘密及其历史过程的科学把握。

正如上文所提到的,正是在人本主义异化批判自身逻辑困境暴露的过程中,马克思对黑格尔辩证法的态度发生了一个重要的转变。如果说在《对黑格尔的辩证法和整个哲学的批判》的开头部分,马克思主要是站在费尔巴哈的立场上批判施特劳斯和鲍威尔的话,那么在这一片段的后半部分,马克思已经基本不提费尔巴哈,集中精力考察黑格尔辩证法在异化的规定内所包含的积极环节了。在马克思看来,黑格尔的思辨辩证法以思维的形式再现了现实的异化。但是,它却以抽象的方式反映了现代市民社会(资产阶级社会)的运动。因此,"黑格尔是站在国民经济学家立场上的"。

这就提醒我们:首先,马克思对黑格尔辩证法的批判,或者说唯物主义的改造,并不是简单地选择一个唯物主义的出发点。唯物辩证法当然是唯物主义的,但究竟是怎样的一种唯物主义的?这是一个需要仔细思考的问题。费尔巴哈的人本主义唯物主义也好,18世纪的法国唯物主义也罢,显然无法承担起这一理论重任。其次,黑格尔的思辨辩证法虽然是唯心主义的、从思维出发的,但是这种唯心主义辩证法却以思维范畴的联系和发展,再现了异化的现实的运动。用恩格斯后来的话说,黑格尔的辩证法中"处处渗透着实在的内容",而费尔巴哈对黑格尔的批判,"与其说是深刻的,不如说是机智的"。这样,深入理解马克思的唯物辩证法,马克思对黑格尔辩证法的批判性改造,就必须结合马克思对现实社会历史运动规律的考察和把握,特别是马克思对政治经济学批判和现代资产阶级社会的剖析来探寻。或者说，只有结合马克思对现代资本主义生产方式中抽象力量统治人奴役人的现实的批判，我们才能更为透彻地把握唯物辩证法的世界观方法论意蕴。显然，人本主义异化批判理论无法实现这一理论目标。

综上所述，尽管在《探索者道路的探索》中，孙伯鍨老师的研究并未穷尽全部问题，但是这一研究不仅正确地提出了问题，而且为后续进一步的研究廓清了边界、指明了方向。《探索者道路的探索》一书中所提出的马克思早期思想发展经历了两次转变，《1844年经济学哲学手稿》中存在两条逻辑的观点，是马克思主义哲学研究中坚持文本解读、历史考察、理论思考、现实关切这四个维度有机统一的典范，也是我们今天继续坚持从马克思主义哲学史研究，特别是马克思主义哲学形成史研究出发，回应时代问题，助力马克思主义中国化时代化探索的示范。在这个意义上，《探索者道路的探索》已经并将继续展现出作为中国马克思主义哲学史研究经典的理论意义和实践价值。

学术传统的奠基与方法论的开新

孙乐强[*]

　　回顾近几十年的发展历程,南京大学马克思主义哲学学科一直坚持问题导向,与时代同呼吸、共命运,在不同时期都取得了具有重要标志性的理论创新成果,形成了鲜明的学科特色和专业优势。南京大学马克思主义哲学学科点之所以能够形成自己的学科特色和优势,发展为国内马克思主义哲学研究的重镇之一,离不开老一辈学者们的辛勤耕耘与探索,离不开学科自身的深厚积淀与传统。而孙伯鍨先生所开创的具有鲜明南大特色的学术传统与方法论便是其中不可忽视的一笔宝贵财富。

一、"深层历史解读法":历史唯物主义地对待文本

　　从学术史的角度来看,中国马克思主义哲学史学科的形成是与教科书体系改革交织在一起的:正是在教科书体系改革的过程中,老一辈学者们开创了中国马克思主义哲学史的学科范式,形成了一批具有重大原创意义的研究成果。而孙伯鍨先生的《探索者道路的探索》(安徽人民出版社 1985 年版)无疑是这些成果的代表

---

　　* 作者简介:孙乐强,南京大学马克思主义社会理论研究中心暨哲学系教授。

之一。在这一著作中,孙先生提出了富有独创性的马克思恩格斯哲学思想发展史解读模式:区别于阿尔都塞的"认识论断裂"和苏东学者的"一次转变论",孙先生提出了马克思恩格斯哲学思想发展的"两次转变论";针对马克思恩格斯"完全一致论"和"彻底对立论",孙先生提出了马克思恩格斯哲学思想发展的"两条道路论";在反思国内外学者关于《1844年经济学哲学手稿》(以下简称《1844年手稿》)研究成果的基础上,他旗帜鲜明提出了"两条逻辑"——人本主义逻辑和客观现实逻辑——相互消长的理论观点。时至今日,这些观点已经成为国内马克思主义哲学史研究的学术共识,已内化为当代青年学者进入马克思恩格斯哲学思想世界的宝贵资源,对当代中国马克思主义哲学史学科体系、学术体系和话语体系的建构与发展产生了深厚影响。

那么,孙先生为什么会提出这些原创性的观点呢?这首先根源于孙先生的治学方法。孙先生是学历史出身的,这种历史学背景使他在面对马克思主义经典文本时能够保持历史主义的敏锐性。历史是不断发展变化的,同样,一个人的思想也不可能是完全不变的。要想准确把握这种思想的发展历程,仅仅依托原理教科书显然是行不通的,必须回到经典作家的文本本身,"不认真阅读马列主义原著,说话是没根的",因此,孙先生在国内学界很早就提出了"回到文本"的治学思路。不过,在他看来,"回到文本"的背后隐含着一个更为重要的问题,即究竟以何种方式"回到文本",这才是问题的根本。

回顾思想史,可以发现,如何对待马克思主义经典作家的文本,是贯穿整个马克思主义发展史的一个基础问题。教条主义、形式主义、主观主义、实用主义、修正主义等对待文本的方式是不同的:或把经典作家的本本当成教条教义,一切从本本出发;或非历史地预设马克思恩格斯不同文本之间的虚拟同质性,先验地假设《马克思恩格斯全集》中的每一句话都是真理;或根据原理反向格义、裁剪文本;或仅仅依据外在现象的变化,直接宣告文本失效了;如此等等。与此不同,孙先生认为,必须要把历史性原则引入文本研究之中,历史唯物主义是马克思恩格斯创立的方法,但同样也是指导我们研究马克思恩格斯思想发展历程的方法。换句话说,必须用历史唯物主义的方法来研究历史唯物主义的形成过程,历史地对待马克思恩格斯不同时期的文本,这才是真正的马克思主义者应有的态度! 也是在此基础上,孙先生提出了自己的方法:"我以为历史主义的解读方法应该是读懂马克思文本的基本方法,特别是他的早期著作。因为这个时期的著作孕育了全部马克思主义特别是历史唯物主义如何从它的哲学前提中脱胎出来并走向成熟的极其复杂而曲折的思想演进过程,在这里,若不深入地钻研文本,分析每一时期、每一阶段不同文本中的问题提法、解决思路、特殊语境以及每一个重要哲学术语的具体内涵,运用历史主义发生学的方法进行分析和推理,从中发现马克思思想的深层变化,最终导致历史唯物主义的创立,就不能深入理解马克思主义哲学革命变革的实质。"①在孙先生看来,研究马克思思想发展史时,必须自觉贯彻历史唯物主义和实事求是的方法论原则,客观地、历史地、具体地看待经典作家不同时期的文本,通过理论逻辑、历史逻辑和实践逻辑的深度解读,厘定文本思想发展的历史脉络及格式塔转换,真实再现经典作家思想的发生发展过程。这一方法也就是学界俗称的"深层历史解读法"或"文本的历史解读模式"。这一方法要求:

---

① 胡大平:《孙伯鍨教授哲学思想访谈录》,载《高校理论战线》2001 年第 10 期。

第一，必须具体地分析"重要哲学术语的具体内涵"。作为一种理论思维，哲学是以概念的方式来把握世界的。然而，哲学的复杂性就在于：同一个概念在不同的思想家那里有着不同的内涵，甚至在同一个思想家的不同文本中内涵也是有差异的，因此，不能仅仅依据概念的"静态同一性"将不同思想家或同一思想家在不同时期使用的同一个范畴混淆起来。比如，我们不能将亚里士多德和康德的"实践"范畴混同于马克思的"实践"范畴，也不能将《1844年手稿》中的"社会"范畴混同于《德意志意识形态》《哲学的贫困》乃至《资本论》中的"社会"范畴。在《谈谈"类"与"社会"》中，孙先生通过精细的文本分析，认为《1844年手稿》中的"社会"概念是以"类"为基础的，带有鲜明的费尔巴哈色彩，这与历史唯物主义视域中的、以客观的现实的社会关系为基础的"社会"范畴存在本质区别。再比如，不能将《1844年手稿》中的"异化"范畴混同于《1857—1858年经济学手稿》中的"异化"范畴：前者是以一种理想化的价值悬设为前提的，或者说是一种典型的人本主义异化史观；而后者则是对"着了魔的、颠倒的、倒立着的"资本主义现实世界的客观表达。

第二，必须清晰厘定具体文本的支援语境及话语逻辑。所谓"文本"，并非特定论著中文字的总和，文本的建构本身背负了一个极其复杂的思想史语境和历史语境。任何文本的生成，都必然是与作者生活的时代以及他的文化背景、知识背景、理论背景密切相关的，都必定是在回应时代问题、与他人思想交锋碰撞中陆续生成的，这就决定了文本的解读必须以历史发生学为基础，清晰厘定文本本身的思想史语境和时代背景。譬如，仍以《1844年手稿》为例，如果不了解费尔巴哈、黑格尔、赫斯等人的观点，不熟悉政治经济学的基本立场观点，不认真研读《巴黎笔记》的内容，想直接进入

《1844年手稿》的思想语境是非常困难的,更不用说读懂这一著作了! 在把握这些支援背景的基础上,我们才能像剥洋葱那样抽丝剥茧地揭示每一文本的特定的话语逻辑:马克思为什么要写这一著作? 其时代背景和支援背景是什么? 这些支援背景如何影响了马克思? 他是如何看待前人及其同时代人的思想的,他又是如何推进问题研究的? 他的核心观点是什么,主导逻辑又是什么? 如何评价此时马克思的观点和立场? 如此等等。只有把这些问题弄清楚,我们才能透过文字把握文本背后的深层逻辑,才能在总体上实现对具体文本的思想定位和历史定位。而"两条逻辑"的相互消长理论就是孙先生这种抽丝剥茧的理论结晶。

第三,必须厘清不同文本之间的动态演进,打通思想史。马克思恩格斯的思想不是一个等待被发现的本真教条,而是一个历史生成和发展的客观对象。因此,我们必须将历史性原则引入文本研究之中。关于文本的同质性假设,我们并不陌生,在传统的教条主义和西方人本主义马克思主义那里都得到了鲜明体现;异质性逻辑也不新鲜,从阿尔都塞的"认识论断裂"到《1844年手稿》与《资本论》的对立,再到《共产党宣言》与《资本论》,乃至《1857—1858年经济学手稿》与《资本论》的对立,都是异质性逻辑的产物。这两种思维不过是一枚硬币的两面:前者为了强化思想的连续性,忽视了不同文本之间的思想差异,这是一种以同质性为基础的连续性;而后者为了强化思想的异质性,阉割了文本思想发展的连续性,这是一种以断裂性为基础的异质性。而文本的深层历史解读法恰恰是对这两种思维的扬弃,倡导从历史与逻辑相统一的视域出发,客观、具体地看待马克思恩格斯文本思想的发展过程,在连续与差异的辩证关系中,确认马克思恩格斯思想发生发展的客观过程。也是在此基础上,孙先生提出了"两次转变论"的解读模式,实现了对传统苏东模式、西方马克思主义和西方"马克思学"的辩证扬弃,提出了具有中国特色的马克思主义哲学史解读模式。就此而言,文本学解读方法强调统筹不同时期文本之间的思想差异性与连续性,既不能将不同时期的文本完全混同起来,不加区别地加以引证,也绝不能因为不同文本之间存在思想差异,就片面夸大它们的区别,更不能将这种差异夸大为两种异质的对立原则,相反,只有从量变质变关系来理解不同时期的文本思想,才能真正把握马克思恩格斯的思想发展历程。这一点也充分表明,文本解读方法与思想史研究是相互支撑的:思想史研究是文本解读的基础,而文本解读反过来又是我们打通思想史的基本途径,尤其是对那些缺乏思想史支撑的初学者而言,更是如此!从文本到思想史的跨越,是青年学者走上学术研究的"第一桶金"。只有到了这一步,我们才能在思想史的海洋中更好地遨游,才能更精细地层层剥开理论逻辑的"洋葱"。

第四,必须面对现实。文本学研究是我国近十年来马克思主义哲学研究的焦点问题,也是引发争议最多的话题之一。在这些争论中,有两个问题最为突出:一是文本学研究如何面对当代现实?二是文本学研究如何体现马克思哲学的当代性?在这两个问题上,一些学者存在一种普遍的担忧,认为文本学是一种纯粹"学院化"的研究路径,从这种方法出发,既无法真实再现马克思主义哲学的精髓,也无法面向当代现实,更无法体现马克思哲学的当代价值。我认为,这一批评是非常武断的。黑格尔说,现实是本质与现象的统一。马克思说:"如果事物的表现形式和事物的本质会直接合而为一,一切科学就都成为多余的了。"[1]现实绝不是直接可见

---

① ［德］马克思:《资本论》第3卷,人民出版社2004年版,第925页。

的,望远镜可以穿越自然时空,看到浩瀚宇宙,然而,射程再远的望远镜也望不穿历史时空;放大镜可以放大微小的物什,但度数再大的放大镜也放不出时代发展大势;显微镜可以看透微尘粒子,但再精确的显微镜也看不透世界发展潮流。任何理论都是服务现实的,但关键在于,我们以何种方法、何种理论关照现实。如果连马克思主义的"真经"都没念好,连马克思主义的立场、观点、方法都没掌握好,就贸然观照现实,那最多只能达到对现实的外在直观,而无法切中事物的内在本质。这种对现实的观照,不仅是肤浅的,更是有害的。就此而言,孙先生之所以强调文本研究,目的在于通过深层的文本解读,准确把握马克思主义的真精神,念好"真经",以此来透视社会现实,即通过深层文本研究,把握思想史,掌握科学理论,最终观照现实。就此而言,孙先生强调文本研究,绝不是宣扬什么"本本主义",更不是要退回到"学究派"的立场,而是主张文本—思想史—理论—现实研究的"四位一体",这点在孙先生的著作中得到了鲜明体现(如《在反思和探索中前进》《现实与哲学——论中国特色社会主义理论的哲学基础》等等)。那种对文本学研究方法的武断批评或质疑,是站不住脚的,我们也无须负责!

在此,我们再来追问两个问题:

第一,文本解读法与文献考证法存在何种关系?所谓文献考证法是对文献的写作、修改、编辑、版本及流传过程进行细致考证和研究的一种方法,它在人文社会科学领域有着广泛的运用。马克思主义文献既是马克思主义理论研究的客观基础,也是马克思主义理论研究的必要组成部分。从这个角度而言,文献学研究方法也是我们从事马克思主义研究的一个重要方法。在一定限度内,这一方法具有重要的学术价值,能够有效再现文本的写作、修改及最终定稿过程,有助于深化文本之间的思想差异研究。由于这种独特价值,这一方法目前已成为著名哲学家著作集或全集——包括《马克思恩格斯全集》历史考证版——的主要编辑方法,也凸显为当前国内马克思主义研究的一种显性方法。但是,我们必须看到,这一方法有一定的使用界限。一方面,文献研究只是一个基础工作,而文献考证法也只是思想史研究的一种预备方法,即校勘文字、确定文本的创作编年等,从而为思想史研究提供有效支撑,但它本身并不能代替思想史研究。因此,我们在使用这一方法时,应当明确它的使用范围,将它限定在文献研究领域,绝不能将其等同于思想史研究方法,更不能将其夸大为马克思主义研究的主导方法。如果意识不到这一点,无限度地放大这一方法的使用范围,必然会带来一定的理论风险。另一方面,文献考证只是一种方法工具,它既可以服务于马克思主义研究,也可以服务于其他目的,因此,在使用这一方法时,必须坚持马克思主义导向,时刻警惕和反对以这种方法为基础而进行的各种解构马克思主义的理论倾向。比如,在《德意志意识形态》的编辑上,陶伯特完全放弃了马克思主义意识形态导向,仅仅依据文献考证法,把这一文献编辑成马克思、恩格斯、赫斯、魏德迈等人在不同时期所写的论文集。于是,《德意志意识形态》不再被理解为一部拥有完整主题的马克思主义著作,更不再被视为马克思主义理论形成的重要发源地,而是成了多人参与写作的一部论文集。这种做法无疑解构了《德意志意识形态》在马克思主义发展史上的历史地位,消解了马克思主义理论的合法性。而文本深度解读法恰恰有效弥补了前者的缺陷,即通过对历史和文本逻辑的深层梳理,为思想史研究提供一种可靠的方法路径。从这个角度而言,把二者等同起来,恰恰忽视了二者的内在区别。但我们也绝不能由此将它们对立起来,这就走向了另一个极端,割裂了二者之间的辩证联系。在具体研究过程中,二者是相辅相成的：文献学研究是文本深度解读的客观基础，我们在进行文本解读时，必须考虑到依据文献的修改过程、编辑原则和版本差异；反过来，文本深层解读法又能够为文献考证或准确厘定文本的写作、修改和编辑过程提供理论支撑，离开了后者，文献考证将缺乏可靠的说服力。这意味着，在从事马克思主义思想史研究时，必须将二者有机结合起来，唯有如此，方能有效实现对马克思主义思想史的全面、准确、系统的研究。

第二，文本解读与后现代主义解释学存在何种差异？文本深层解读法主张从历史与逻辑相统一的方法入手，通过对马克思恩格斯不同时期文本的深层解读，清晰剥离文本的内在逻辑和客观依据，准确把握不同时期马克思恩格斯思想发展的差异性和连续性，为马克思恩格斯思想发展提供一种相对客观的解释模式。就此而言，文本深层解读也是一种解释学，但它与后现代主义解释学的主要区别在于，它坚信理解的客观性，即每一种解释都应当具有相对客观的历史依据和现实基础，而不是任意的主观诠释过程。在后现代主义解释学那里，文本已经从一种内容变成了一种形式，沦为一个任人装扮的小姑娘，既没有真假也没有对错可言，完全演变为一种为我所用的主观解释过程，这恰恰是不可取的！

二、经济学与哲学的双螺旋：深化对马克思主义的整体性理解

在诠释马克思主义的三个组成部分和三个来源时，列宁有一个重要前提，即马克思主义首先是一个整体，是"一整块钢铁"。而这一思想在后来的发展中被相对忽视了，形成了"三分天下"的解读模式，即马克思主义理论主要包括哲学、政治经济学、科学社会主义三个组成部分；与此相对应，德国古典哲学被视为马克思主义

哲学的主要来源,英国古典经济学被看作马克思主义政治经济学的主要来源,而法国空想社会主义则被视为科学社会主义的主要来源。这种解读模式看似合理,实际上却存在明显的理论缺陷:它只是表述了马克思主义理论三大组成部分之间的外在关联性,相对弱化或忽视了它们之间的内在关联。

孙先生始终认为,作为一种科学世界观和方法论,马克思主义不仅充分吸收了德国古典哲学、英法古典政治经济学、空想社会主义以及其他优秀文化的合理成分,而且以一种整体创新的方式,超越了它们各自的局限性,实现了对它们的全面扬弃和发展。就此而言,马克思主义绝不只是对德国古典哲学、英国古典政治经济学、法国空想社会主义的一一对应式的线性扬弃,而是一种整体革命。就三者的内在关系而言,历史唯物主义构成了马克思主义的理论基石;政治经济学批判则是在历史唯物主义的指导下分析资本主义现实问题的具体体现,这种分析反过来又进一步深化和发展了历史唯物主义;而科学社会主义则是历史唯物主义与政治经济学批判发展的必然结果。就此而言,哲学、政治经济学、科学社会主义绝不是相互分割的独立领域,而是内在融合为一体的。这就意味着,在从事马克思主义研究时,必须坚持"一整块钢铁"的原则,整体性地理解马克思主义的精神实质。

那么,如何深化这种整体性理解呢?在研究马克思早期著作的过程中,孙先生已经清楚地意识到,马克思哲学思想的形成发展过程是同他的经济学研究密切相关的:如果不了解古典政治经济学,想要读懂并准确评价《1844年手稿》的哲学思想是非常困难的;如果缺少经济学支撑,想要准确理解《德意志意识形态》《哲学的贫困》《雇佣劳动与资本》等著作的思想也是很难的;而后期的经济学著作尤其是《资本论》本身就是马克思运用唯物辩证法全面透视特定的经济社会形态的光辉典范。也是在此基础上，孙先生认为，如果不认真读懂马克思的经济学，就根本无法深入理解马克思的哲学。因此，他主张从经济学与哲学的双重互动出发，深入阐发马克思哲学思想的形成和发展过程，并倡导基于经济学深入挖掘马克思哲学思想的科学内涵及其精髓。

20 世纪 80 年代，随着马克思大量经济学手稿的发表和《马克思恩格斯全集》补卷的陆续出版，孙先生对马克思的经济学文本进行了系统研究，对其中的哲学思想展开了深入挖掘。这些研究成果主要体现在《马克思主义哲学的历史和现状》第 1 卷①和我国马克思主义哲学史学科的奠基之作《马克思主义哲学史》(八卷本)的第 2 卷②之中。在"《资本论》中的历史唯物主义"和"《资本论》中的科学方法论"两章中，孙先生与姚顺良教授从哲学视角解读了马克思经济学研究的两大时期和《资本论》创作的四个阶段；严格以文本为依据，深入挖掘和系统阐发了马克思的社会结构理论、历史进程思想和关于人的学说，阐明了新经济学方法论的创立过程、基本内容、理论实质及其哲学意义。其中，"关于历史规律和历史唯物主义原理本身的历史性、三大社会形态与四种经济形态、人的本质与经济关系的人格化、异化和人道主义、马克思自由观的实质，以及科学的方法只能是从抽象到具体的方法，对辩证法、认识论和逻辑学相统一的新见解，马克思在创立新经济学方法论过程中对英国经验主义和黑格尔辩证法的双重批判和辩证综合，还有马克思主义新自然观的实质是以实践为中介的自然观，等等，可以说都是

① 孙伯鍨、侯惠勤主编：《马克思主义哲学的历史和现状》第 1 卷，南京大学出版社 1988 年版。

② 庄福龄、孙伯鍨主编：《马克思主义哲学史》第 2 卷，北京出版社 1991 年版。

孙先生独立或合作得出的新观点"①。在孙先生看来,后期的经济学著作不仅是运用唯物史观的光辉典范,更是对唯物史观和科学方法论的进一步深化。

孙先生所提出的经济学与哲学的双螺旋方法,已经内化为南京大学马克思主义哲学学科的方法论传统;从经济学语境深度挖掘、深化对马克思哲学思想的理解,也构成了我们学科的专业优势和特色。在孙先生的指引下,经过多年耕耘,学科团队在这一领域取得了一系列具有重要影响力的学术成果:从张一兵教授的《回到马克思》、唐正东教授的《从斯密到马克思》,再到张一兵教授主编的六卷本的《资本主义理解史》,无疑都是这一方法孕育出来的果实。就像张一兵教授指出的那样:"到现在为止,我依然将孙先生的话奉为金玉良言。因此,很长一段时间以来,我思考得最多的问题就是,如何运用更自觉的研究方法,如何依据更全面的文本资源,完整地诠释马克思经济学与哲学之间的内在关联。而《回到马克思》就是这种长期思索的理论结晶,本书最为独特的研究视角,就是从马克思经济学研究的深层语境中重新探索他的哲学话语的转变,这也是本书的副标题'经济学语境中的哲学话语'所彰显出来的全新视域。"②目前,张一兵教授已经完成了《回到马克思》第2卷的写作,我相信,这部著作的出版将会为学界进一步深化对经济学与哲学关系、《资本论》及其手稿中的哲学思想及哲学革命的理解提供重要借鉴。

此外,值得欣喜的是,新生代学者也已经自觉地从传统教科书

---

① 吕世荣、姚顺良:《立足文本,关注现实——孙伯鍨先生学术思想的价值和启示》,载《哲学研究》2004 年第 3 期。

② 张一兵主编:《马克思哲学思想发展史》(六卷本),中央编译出版社 2018 年版,"总序"。

体系和"一分为三"的框架中走出来,开始注重马克思思想发展的整体性研究,尤其是注重从经济学维度来深入挖掘《资本论》及其手稿的哲学思想,这是中国马克思主义哲学研究长期发展和积淀的结果。时至今日,当我们再谈到《资本论》的哲学革命时,已经不会再有人感到意外了!如果说 20 世纪 80 年代的《资本论》研究主要集中在认识论、逻辑学和辩证法,那么,近十年来,这种研究已经远远超出了认识论和方法论范围,上升到历史观和哲学革命的高度,其中关于政治经济学批判与唯物史观之关系研究、《资本论》的哲学思想及其当代效应研究等等,已经突破了原有框架,取得了突破性进展。这也是对孙先生最好的纪念!

三、"两条腿走路":在对话中深化对马克思哲学的理解

除了文本解读法以及经济学与哲学的互动外,孙先生也给南京大学马克思主义哲学学科留下了另一份遗产,即始终坚持"两条腿走路"的学术道路。

孙先生认为,马克思主义绝不是一种封闭的思想学说,而是不断发展的开放理论和方法,"马克思主义哲学自觉地把这个观点应用于自身以及整个马克思主义学说的发展,因此它从不自认为已经结束了真理,而是致力于为开拓人类认识和发展真理的道路提供正确的出发点和普遍有效的方法。这个意义上说,马克思主义哲学永远是开放的,永远处在不断的开拓与发展之中"[①]。就学术研究而言,孙先生认为,必须秉持一种开放性的心态来认知西方最

---

① 孙伯鍨:《马克思主义哲学的开放性与党性原则》,载《学术月刊》2002 年第 6 期。

新哲学思潮,既不能一概否定,也不能全盘照搬,应当坚持中国立场,以马克思主义方法为指导,辩证认识西方最新哲学思潮,在对话和交流中进一步深化对马克思主义哲学的理解。

一部西方马克思主义史就是一部马克思主义与资本主义现实变化、西方文化相互交融的历史,不论是从卢卡奇到阿多诺的经典西方马克思主义,还是20世纪70年代以来的当代国外马克思主义思潮,它们在不同的历史时期,结合资本主义新变化新发展,将马克思主义与西方不同的本土资源嫁接起来,在新的语境中提出了新问题,对马克思主义作出了各种原创性解读:黑格尔主义马克思主义、人本主义马克思主义、精神分析马克思主义、科学主义马克思主义、自治主义马克思主义、后现代主义马克思主义、英国文化唯物主义……无疑都是马克思主义与西方本土文化嫁接的理论产物。回应它们提出的新问题新解读,能够为我们进一步深化对马克思主义哲学及其当代价值的研究,提供重要的理论资源和借鉴,或者说,世界马克思主义思潮研究是推动中国马克思主义研究不断走向深入的重要参照系和学术资源。第一,就思想层面来说,它们结合资本主义新变化新发展,重新回到马克思主义经典著作,深入挖掘马克思恩格斯当年涉及但并没有系统阐述的相关思想,包括物化、文化、启蒙、生态、空间、性别、正义、后殖民、生命政治、非物质劳动、一般智力等思想,进一步拓展了马克思主义经典著作思想研究的新视角新论域,有效挖掘了马克思主义经典著作思想的当代价值,为当前国内学界深入研究马克思主义经典著作的丰富思想提供了新思路新启示。第二,就理论层面而言,它们在西方语境中,将本土资源与马克思主义嫁接起来,建构了富有西方特色的社会批判理论,如物化批判、文化霸权理论、科学技术批判、启蒙批判、消费主义批判、景观批判、符号政治经济学批判等等,虽然它们在一定程度上存在修正、否定或解构马克思主义基本理论的倾向，但不可否认，它们将马克思主义同西方本土资源、不同民族国家的具体实践和文化传统结合起来，探索出了多元化、多样化的马克思主义理论形态，形成了具有鲜明民族特征和地区特色的理论范式，有力推动了马克思主义的"本土化""民族化"和"世界化"，是世界马克思主义发展谱系中不可分割的重要组成部分。第三，就现实层面而言，大部分国外马克思主义学者都生活在资本主义世界，对资本主义发展变化及其内在矛盾有着切身体验和理性认知，他们的研究成果能够为我们系统解剖当代资本主义的发展演变、结构性矛盾及其发展趋势提供重要借鉴。

就此而言，密切关注世界马克思主义思潮最新进展，积极吸收和借鉴它们最新研究成果的合理成分，深入推进当代中国马克思主义研究的创新发展，深化对当代资本主义的批判性认识，服务于中国社会主义现代化建设，是完全必要的。因此，孙先生始终告诫团队，马克思主义哲学研究绝不能闭门造车，应当保持一种开放性的心态，密切关注西方哲学和国外马克思主义的最新动态，积极回应它们提出的新问题，在对话中充分挖掘、深化对马克思主义哲学思想及其当代价值的研究。

此外，孙先生更加清楚地意识到，当代西方哲学和国外马克思主义思潮都是在资本主义的语境中生成的，它们对马克思主义经典著作和马克思哲学思想的理解不可避免地打上了鲜明的西方烙印。当它们将马克思主义与本土资源嫁接起来时，不可避免地蕴含着对马克思主义方法论的本土改造或修正，譬如卢卡奇和阿尔都塞等人对历史唯物主义的理解、哈贝马斯对历史唯物主义的重构等等，这必然会损伤马克思主义哲学的内在精神；有些学者虽然坚持左翼立场，坚持批判资本主义，但在如何对待马克思主义的问题上,走向了极端,不仅不承认自己是马克思主义者,反而彻底批判和解构马克思主义立场、观点、方法。有的学者直接宣告"工人阶级消亡论",彻底否定革命主体生成的可能性,陷入极度的悲观主义;有的学者直接试图在阶级逻辑之外,重新探寻新的斗争主体,却走向了思辨的主体哲学、经验主义、文化批判或后现代主义;更值得警惕的是,他们提出的"替代方案"和斗争策略基本上都放弃了传统的政党组织和革命政治逻辑,带有明显的修正主义、无政府主义、折中主义或改良主义倾向,无法实现"批判的武器"与"武器的批判"的有机融合,陷入理论与实践的二元分裂。

因此,孙先生在强调开放性的同时,更加强调批判性和反思性:要突出中国立场,不能把西方学者的观点照搬到中国人地上,更不能将它们奉为圭臬,用于指导中国马克思主义哲学学科建设;要突出问题意识,不能以贴标签的方式,停留在外在反思上,而应该以平等的学理对话,准确评价它们的不足和缺陷,在思想史的坐标中实现对它们的客观定位。孙先生不仅是这样说的,更是这样做的。在1987年出版的《西方最新哲学流派20讲》(与张一兵教授合作)中,他系统阐释、评价和反思了西方学界较为流行的各种学术观点;1992年出版的《西方"马克思学"》(与曹幼华等人合作),对国外学界的所谓"马克思学"的观点与方法进行了深刻梳理与剖析;1999年出版的学术专著《卢卡奇与马克思》,运用历史唯物主义方法论对卢卡奇与马克思在物化与异化等11个问题上的观点之间的区别和联系进行了深入探析,在学界产生了重要影响。①

基于此,孙先生认为,哲学研究应始终坚持"两条腿走路"的方

---

① 唐正东:《推动马克思主义哲学的创新发展——孙伯鍨哲学思想与贡献研究》,载《光明日报》2022年9月19日第15版。

法：在马克思主义哲学与国外最新思潮的双重互动中，不断推进马克思主义哲学研究的创新发展。如果没有开放的学术视野，不去关注当代最新思潮，我们就无法把握新问题新动向新论域，就无法更好地推进马克思哲学的当代性研究。反过来，任何一位国外马克思主义学者对马克思文本的熟悉和研究程度都是相当精深的，如果没有马克思主义文本作为支撑，我们根本无法与国外马克思主义展开直接对话，甚至根本进入不了它们的文本语境和话语体系，更不要说客观评价或回应它们提出的新问题了。如果没有马克思主义文本功底作为支撑，对国外思潮的研究往往会导致如下后果：丧失对国外马克思主义的总体判断力，人云亦云，甚至会带着猎奇心态，一味地求新求变，贩卖一些新奇的概念，制造一些空洞的文字游戏。这是值得我们高度重视、反思和警惕的现象。

可以说，从孙先生到中青年一代再到现在成长起来的新一代，南京大学马哲学科团队始终秉持这一传统，坚持"两条腿走路"，逐渐形成自己的研究特色和核心竞争力，极大地保证了团队的整体活力和学术创新力，使我们在马克思主义哲学与国外马克思主义研究方面均取得了不错的学术反响。道路已经开启，未来就在脚下，我辈定当努力！

二、卢卡奇哲学思想研究

重温孙伯鍨先生的卢卡奇研究

——纪念孙伯鍨先生逝世 20 周年

吴晓明*

自 1982 年在洛阳初识孙伯鍨先生,忽忽已 40 年。彼时我是作为一名研究生去参加全国马克思主义哲学史学会的年会,而孙伯鍨先生作为学有成就的著名专家则担任了年会的华东组组长。先生持论俨然,即之也温,给我们后辈很多谆谆的教诲。自此以后,便时常有机会向先生请益了。这倒并不仅仅是因为南大与复旦地理位置相近且两家马哲过从甚密,对于我来说,特别是因为先生治学的谨严以及对卢卡奇的独到研究。当时"西方马克思主义"还只是刚刚进入我们的视野,而卢卡奇作为西方马克思主义的奠基者,《历史与阶级意识》作为西方马克思主义的开山之作,对于我们这一代马克思主义哲学的研究者来说,是不可回避且必须消化的思想资源。当我们如饥似渴地——甚至是不加咀嚼地——大口吞咽着卢卡奇、柯尔施和葛兰西等人的著作时,先生作为国内马克思主义哲学史学科的前辈学者和开创者之一,能够就我们兴趣环绕的主题时常给出建议、批评和指点,实在是非常有益的,也是在学术上让人感觉亲近的。"孙先生是我国研究马克思主义哲学的著名专家,他既有对马克思主义经典深度解读的深厚功底,又有对当代

---

* 作者简介:吴晓明,复旦大学文科资深教授,哲学学院教授。

西方哲学文化的广泛了解。"①回想起来,当孙伯鍨先生讲论马克思主义哲学史的各种议题时,当时让我特别关注留意且有颇多感受启发的,往往是他对西方马克思主义(特别是对卢卡奇《历史与阶级意识》)的阐说评论。这样的阐说评论不断在理论上得到加深和提炼,后来便系统化地呈现在他的《卢卡奇与马克思》(1999年)一著中。

今天,当我有机会为纪念孙先生写点什么的时候,还是最希望就他的卢卡奇研究谈几点体会。因为在我自己研究马克思主义哲学的起步和酝酿时期(可说是思想上的疾风骤雨时期),来自卢卡奇的刺激无论如何是非常重要、非常深刻的;而孙伯鍨先生在这方面的研究和阐述无论如何又是给予我许多积极启示的。回顾地说来,这样的启示大致有三:(1) 对西方马克思主义需要有一种批评性的理解,而这就要求理论上的"返回步伐"和阐释上的"自我主张"。(2) 卢卡奇的阐释方案敞开出德国古典哲学的广大区域,除非能够通过并占有这一区域,否则对马克思哲学的理论把握就会是薄弱的和有缺陷的。(3) 无论是对于马克思哲学的把握来说,还是对于西方马克思主义的批评性理解来说,问题的关键总在于:能否通达并深入社会—历史的现实之中。

一

在孙伯鍨先生早先谈论西方马克思主义时,或者更经常地讨论卢卡奇的《历史与阶级意识》时,给我留下一个非常深刻的印象,即始终要求对讨论的对象形成一种批评性的理解(批评性甚至要

---

① 孙伯鍨:《卢卡奇与马克思》,南京大学出版社 1999 年版,序言第 10 页。

求成为一种"基本态度")。这样的批评性大体诉诸两个方面：第一，要求从马克思哲学本身，要求从马克思哲学的经典中去取得必要的尺度或衡准，来形成对西方马克思主义立场、观点和方法的基本判断。而这就要求一个向着马克思哲学本身的"返回步伐"。第二，要求我们立足于自身的时代状况和现实处境，来面对问题本身，来经验和思考由西方马克思主义所揭示、发明的问题，以便与之形成积极的对话，而这就意味着在阐释立场上的"自我主张"。不消说，这两个方面是至为密切地联系在一起的；同样不消说，只有当这两个方面实际地贯彻在学术理论的进程中时，对于西方马克思主义的批评性理解才是真正可能的。虽说这还只是当时对先生相关见解的大体印象，但后来在《卢卡奇与马克思》中是得到了明确的印证。例如，在"马克思的物化和异化理论"一节中，孙先生指出："异化问题，在马克思那里也带有价值批判的性质，但是这种价值批判是以对历史事实的科学分析为基础的。例如马克思对商品拜物教的批判就是在对商品价值的历史起源做了严格科学的分析之后才作出的。……在我国 40 多年的社会主义建设历史中，有一个很深刻的思想理论问题，即什么是乌托邦，什么不是乌托邦。并不是任何社会理想都是乌托邦，只有那些没有客观依据、没有实现可能的理想才是乌托邦。"[①]

这是一种批评性理解的基本态度，这种态度诉诸马克思的哲学立场，诉诸我们立足于自身之上的历史性实践。正是从这种基本态度出发，孙先生得以同卢卡奇的诸多重要观点开展出积极的批评性对话，得以对西方马克思主义的哲学立场作出多重的批评性分析。我们一开始对于这种基本态度并不特别在意，甚至或多

---

① 孙伯鍨：《卢卡奇与马克思》，南京大学出版社 1999 年版，第 5—6 页。

或少还觉得有点碍手碍脚——也许是因为当我们见到一种与先前迥异的理解方案时太过兴奋了:我们急切地希望从西方马克思主义那里找到一种更新了的理论动力,以便尽快地从第二国际理论家已经僵化了的理解方案中摆脱出来。但是不久以后,情形就发生了改变。至少对我来说,我并不全部赞同由批评性态度而来的每一种分析和结论,但孙先生一力主张并付诸实行的这种批评性态度本身,不仅是正确的,而且在当时是难能可贵的。对于我的马克思主义哲学探索来说,西方马克思主义(首先是卢卡奇的《历史与阶级意识》)所形成的刺激可说是无与伦比的,但是,那更新了的理论动力并不现成地来自西方马克思主义,而毋宁说是来自对西方马克思主义的批评性理解所产生出来的问题线索。

在这里特别重要的是:一开始就为理论思考定向的引导性问题。对我来说,研究马克思哲学的本体论基础一事起源于某些颇为深入的理论矛盾,而且随着思考的逐渐展开,这样的矛盾似乎表现得愈加尖锐。我们今天可以清晰地看到,在对马克思哲学的阐释过程中,第二国际理论家和西方马克思主义者(首先是其早期领袖)是多方面彼此对立的。当前者依循"经济决定论"类型的实证科学定向来理解和发挥马克思主义哲学时,后者则猛烈抨击了"梅林—普列汉诺夫正统"的"庸俗马克思主义"倾向,并试图从所谓批判的和革命的方面对马克思哲学作出决定性的阐述,从而与前者那种非批判的实证主义构成显著的对立。这样的对立在某种意义上似乎又都能成立,也就是说,彼此相反的方面——实证的和批判的、客观定向和主观定向、科学因素和价值因素等等——似乎都可以在马克思的思想中找到根据,就像施特劳斯的"实体"和鲍威尔的"自我意识"都可以在黑格尔哲学中找到根据一样。这样一来,上述的对立是否就因此解除了呢?某种轻易的观点可以出来调解说,其实两者之间并不存在真正的对立,它们是能够"辩证地"统一的;这种说法固然"不错",却实在是不及根本的。关键的问题总在于:如果上述的对立是可以统一的,那么,它们在马克思那里将立足于怎样的哲学基础之上方始能够实现其统一?

于是我们会发现:第二国际理论家和西方马克思主义早期领袖之间的诸多对立,最终将不可避免地被归结为某种更加根本的哲学基础上的对立——主要表现为两者在对马克思哲学基础之理解和阐释上的对立。这里所说的"哲学基础",首先是指哲学本体论(存在论)的基础。马克思的哲学本体论基础是唯物主义的,这似乎没有疑问,但实际的理解方案和解释方案大相径庭。第二国际理论家的重点是费尔巴哈,是依循费尔巴哈来阐释马克思哲学的本体论基础。梅林论证了机械唯物主义和历史唯物主义在基础上的统一性,而当普列汉诺夫把马克思和费尔巴哈的唯物主义等同起来时,他一方面将这种唯物主义经由 18 世纪一直追溯到斯宾诺莎那里,另一方面又在基础的外部附加了黑格尔的辩证法。这样一种阐释定向很快便遭到了来自西方马克思主义的早期领袖——首先是卢卡奇和柯尔施——的坚决反驳,他们的重点是黑格尔,他们否认费尔巴哈具有本质重要的作用而要求使对"基础"的理解直接衔接着黑格尔。这意味着,黑格尔的辩证法不能被设定在马克思哲学本体论的外部,而应当直接成为其内部的本质与核心。但这样一种哲学本体论将如何构成,并在何种意义上方始能够是唯物主义的?

这使我意识到,无论如何,在对马克思哲学唯物主义基础的理解方面,事实上存在着尖锐的对立,而这种对立看来并不是可以轻易解除的,除非我们能够就此作出更为深入的和批判性的本体论考察。以下的例证是特别能够说明问题的,并且在当时是让我倍感惊讶与惶惑的。《关于费尔巴哈的提纲》的"实践"概念,即"感性的活动"或"对象性的活动",无疑在马克思哲学的唯物主义基础中居于最关本质的、决定性的地位;当普列汉诺夫将这一"实践"概念与费尔巴哈所呼之同名者混为一谈时,卢卡奇却将马克思的实践原则主要地发挥为费希特式的、主观主义的"行动主义"。

正是在这样的背景中,我试图在本体论的根基处对马克思的哲学唯物主义进行更加深入的探讨,并由此对马克思哲学革命的性质和意义作出积极的重估。这方面的探讨使我注意到,就事情的实质而言,对马克思哲学进行阐释的上述两个基本路向都未能真正摆脱近代哲学的主导框架,亦即都还从属于现代形而上学的基本建制。就像第二国际的理论家把马克思哲学的本质性导回到前康德的唯物主义基础中去一样,西方马克思主义的早期领袖依循黑格尔主义(或是其整体,或是其主观片段)来为重新阐释制定方向。这里展现出来的引导性问题长久地支配着我对马克思哲学基础的思考。如果说这样的引导性问题,一方面来自卢卡奇、柯尔施等对第二国际理论家的"袭击"(这一"袭击"是卓有成效并且富于成果的),那么,它的另一方面则来自对西方马克思主义的批评性理解。批评性理解的重要性正在于:除非以这样的理解作为前提,否则就根本无法形成真正的——对于理论思考来说具有推动作用的——引导性问题。

二

孙伯鍨先生的卢卡奇研究不仅要求一种批评性的理解,而且指示出德国观念论哲学对于把握马克思哲学来说非同寻常的重要意义。真正说来,德国观念论对于我们的马克思主义哲学界来说,直到今天仍然是颇为陌生和有待深入的。对于这种作为马克思思想最重要源头之一的哲学,我们长期以来滞留在一些虽说"不错"却非常表面且无关乎内容的简单断言之中。如果说第二国际的理论家在这方面乃是十分薄弱的,那么卢卡奇对马克思哲学的阐释方案——无论其得失成败——就有一个巨大贡献:它敞开了德国古典哲学的广大区域,并且以其自身——或者正确或者错误——的尝试表明,除非能够在学术理论上实际地通过并占有这一区域,否则对马克思哲学的把握就会是无根基的和有缺陷的。正如列宁曾提示过的那样,如果不读黑格尔的《逻辑学》,就无法真正理解马克思的《资本论》。

孙先生在这方面的贡献绝不仅仅是复述卢卡奇关于德国古典哲学的种种见解,他不仅身体力行地钻研这一哲学(甚至比年轻的学者更加认真和努力),而且试图通过对卢卡奇思想的批评性理解来表明:我们的马克思主义哲学界必须能够实际地进入并且积极地占有德国古典哲学的整个区域。这是一个呼吁,是我们今天的马克思主义哲学研究尤须倾听的呼吁。虽说我先前也曾准备性地研习了一点德国古典哲学,但在读到《卢卡奇与马克思》之后,我愈加认识到从根本上进入这个领域的绝对必要性,意识到如果避开或疏忽德国古典哲学,我们对马克思哲学的把握就不可能再深入一步,我们对西方马克思主义的批评性理解也就不可能有积极的进展。如果说,我后来在马克思哲学的阐述中力图较为系统地借重德国古典哲学的思想资源,那么,这至少应当部分地归功于孙先生给出的有力提示。

在德国古典哲学的领域中,大体说来,关键之点是康德和黑格尔(费希特被看作"康德哲学的完成",而谢林和黑格尔则在绝对者的反思形式上存在差别),是这两位大哲的联系与分野。在《卢卡奇与马克思》的第五章，孙先生写道："根据卢卡奇的理解，康德的'自在之物'和'二律背反'学说，本质上是资产阶级社会物化现象和物化意识在哲学上的反映。康德哲学的历史功绩就是他最终发现并深刻地阐发了资产阶级社会的这种主体和客体、思维和存在的二元对立和内在矛盾。"①卢卡奇特别从人在世界中行动的可能性来揭示这种二元对立和内在矛盾：（1）被宿命论地接受的、不可改变的"规律"用于人的一定目的（例如技术）；（2）完全向内的行动，即在人本身中去改变世界（单纯的"应当"，伦理学）。如果说，黑格尔由于试图调和并扬弃这种二元对立和内在矛盾从而表现出同康德哲学的重大分别，那么，这两位大哲的思想联系就不仅保持在先验观念论向绝对观念论的进展过程中，而且保持在先验主体的"纯粹活动"向绝对主体的"自我活动"的转变过程中（海德格尔认为，在黑格尔哲学中，康德—费希特的"主体"较之于斯宾诺莎的"实体"尤为重要）。

在这里，一般的共同之点无疑是存在的，而且是特别重要的，以至于确实可以说，先验观念论构成思辨观念论的直接的理论前提（甚至"在关键的地方，黑格尔未能超过康德"）。但是，正如马克思所说，差别乃是引导前进的东西。就此需要去问：在黑格尔那里得到继续推进从而与康德哲学形成突出差别的东西究竟是什么？一个简要而直白的回答是：若从理解和把握马克思哲学的本质来看，这种差别就特别地体现为在先验观念论中尚未被发明，而在思辨观念论中才得以真正建立的观点——"社会—历史之现实的观点"。可以肯定的是，这一观点的去取存留最关本质地植根于特定哲学的本体论基础之中，同样可以肯定的是，社会—历史之现实的观点与辩证法是互为表里的。因为所谓"现实"，既不是在知

---

① 孙伯鍨：《卢卡奇与马克思》，南京大学出版社 1999 年版，第 140—141 页。

觉中能够直接给予我们的东西,也不是抽象普遍性的外在反思所能通达的;而在意识的进程中超越抽象普遍性的外在反思(知性反思)就是思辨的反思,亦即被黑格尔称为辩证法的东西。

在这里,我们只能满足于通过如下的一个简要比照来提示问题的意义领域。如果说,通达社会—历史之现实的道路也就是辩证法,那么,这恰恰是因为,唯当知性的反思为思辨的反思所超越时,那作为实体性内容的现实(社会—历史的现实)才第一次能够被揭示着前来同我们照面。伽达默尔很正确地观察到,正是在对主观思想—外在反思的持续批判中,黑格尔开辟了一条理解人类社会现实的道路,而我们今天依然生活在这样的社会现实中。很明显,在康德所论述的"理论理性"和"实践理性"的领域中,我们还看不到社会—历史之现实的观点在起作用;这绝不意味着要苛责前辈,毋宁更准确地说,关于这种现实的观点还有待构成。同样很明显,在费尔巴哈的宗教人本学批判和伦理学中,我们也发现不了社会—历史之现实的观点有什么意义和效准,毋宁更准确地说,那已被构成的现实概念却是再度丢失了。黑格尔正是在这里显示出他的伟大之处,显示出他对马克思学说的决定性影响:黑格尔将作为实体性内容的社会—历史现实史无前例地引入哲学中,引入真正的哲学思考中。这宗遗产是如此丰厚并具有决定性意义,以至于在理论上任何弃置这一遗产的做法都不能不是时代的错误,就像费尔巴哈由于无能占有这一遗产而不能不表现出"惊人的贫乏"(恩格斯语)或"思维的野蛮化"(洛维特语)一样。

然而,黑格尔的这一思想创制却被封闭在绝对观念论—思辨神学的桎梏之中。所以海德格尔谈到了"黑格尔的立足点和原则非同寻常之丰硕及其同时彻头彻尾的枯燥乏味"①。黑格尔的现实

---

① [德]海德格尔:《黑格尔》,赵卫国译,南京大学出版社 2018 年版,第 49 页。

概念在哲学上开辟出一个无限广阔的、具有实体性内容并因而生机勃勃的领域，但那个力图通达事物自身的普遍者，那个能够自相差别并具体化自身的普遍者，在本体论上被完全神秘化了。正是马克思完成了这一拯救行动。就像恩格斯所说的那样，在黑格尔去世之后，这位大思想家的学生们面对着老师的宏伟构造却茫然失措，不知道拿它派什么用场；唯有马克思将其中所包含的伟大思想继续推向前进——而剩下的那个庞大的体系的躯壳，只是留待食腐动物去慢慢咀嚼。很明显，唯当一种思想能够被积极地拯救之际，才谈得上将之推向前进；同样明显的是，只有在思辨观念论——它充当着一般意识形态的哲学后盾——彻底颠覆之时，社会—历史之现实的观点才能够被批判地拯救和占有，黑格尔的"划时代的历史观"才能够成为"新的唯物主义观点的直接的理论前提"。

时下有一种颇为时髦的理论诉求，据说是要对马克思的学说进行某种康德式的解释。尽管将两位大哲关联起来容易让人感到惬意，但我们仍须辨明这样的解释究竟意味着什么。对马克思学说的康德式解释意味着将马克思和康德在哲学上直接联系起来，而这种"直接联系"又意味着在解释中排除黑格尔哲学的意义，也就是说，意味着排除社会—历史之现实的观点对于马克思哲学来说的决定性意义。确实，只要社会—历史之现实的本质重要性被全体消除，那么，对马克思学说的康德式解释也就顺理成章并且通行无阻了。但是必须深思的是：这样一来，马克思的学说将成为什么样的并具有何种性质呢？正像它的一部分将沦为单纯的知性知识一样，它的另一部分就变成了单纯的"应当"，亦即变成所谓的"伦理社会主义"。仅此一端即已表明，对马克思学说的这种解释，在灾难性地贬低康德（将其变革性前行的筚路蓝缕转换成阻遏前行的负隅顽抗)的同时,从一开始就已经误入歧途了。而这种误入歧途的解释之所以一直存在,是因为它总已先行地屈从于并且听命于现代性意识形态了。现代性意识形态所具有的正确直觉是:对马克思学说的康德式解释将使这种学说成为完全无害的。

从中可以识别出来的问题不仅是复杂的,而且是极具挑战性的。如果说,卢卡奇通过"马克思学说的黑格尔渊源"敞开了德国观念论哲学的广大区域,并且突出了这个区域的本质重要性,那么,孙伯鍨先生的卢卡奇研究则将这个区域连同它本身的矛盾和问题,以下述方式再度突出地呈现给我们:除非马克思主义哲学的研究者能够自行深入这个区域,否则我们就既不可能整全而深入地把握马克思主义哲学本身,也不可能对西方马克思主义形成真正的批评性理解。

三

随着马克思从黑格尔哲学中批判地拯救出社会—历史之现实的观点,马克思哲学的基本取向就意味着要求实际地进入并把握这一现实本身。如果说思辨观念论最终仍然只是遮蔽——而不是真正揭示——这一现实,那么,马克思的全部学说恰恰就是围绕着社会—历史之现实这一枢轴展开的。《历史与阶级意识》虽说展示了黑格尔—马克思哲学相关的诸多重要方面,如"总体性""辩证法—历史性""实践""阶级意识"等等,但确实很少真正触及特定的社会—历史现实,因而其一力主张的"阶级意识"的观点事实上也大体只是得到了主观主义的发挥。孙先生在《卢卡奇与马克思》一著中特别就此进行了批评性的分析,并且还主要通过从《历史与阶级意识》到《关于社会存在本体论》的积极转向,在"存在与价值"的主题上强调了马克思学说立足其上的社会—历史现实,强调了社会存在领域的基础地位。"马克思认为,要揭示人的精神观念的直接生产过程,首先必须在生产力发展的一定基础上揭示人的生活的直接生产过程和由此形成的社会关系总和。……因此,联系到精神观念的存在基础和存在根据,评价活动范围就不应该仅仅停留在文化和意识形态领域,而必须进一步深入到存在领域,即社会关系领域。"①

这听起来像是一种老生常谈,却是一个相当重要的、意义深远的提示。它意味着马克思主义哲学最关本质地生存于社会—历史的现实中,只要这一哲学疏离于这一"生命线",那它可以是任何一种其他哲学,但唯独不再是马克思的哲学。正是在这个意义上,马克思曾说,"我只知道我自己不是马克思主义者"②。西方马克思主义者在何种程度上深入这一现实? 我们的马克思主义哲学研究者在何种程度上触动过这一现实? 由于"现实"乃是"本质与实存的统一",是"展开过程的必然性",所以只有在诉诸一种很高的理论要求时,"现实"才成为实际上可通达的东西。这里的核心要义不仅是社会—历史之现实的观点,而且是这种观点的付诸实行——对于马克思主义哲学来说,就是在理论上导向"历史科学"的研究,在实践上导向"改变世界"的活动。回想起来,孙伯鍨先生的这个提示是给我以积极启发的,至少在我后来的研究过程中曾一再努力去呼应这一提示。因此,我在 2007 年的一篇论文中写道:"回到社会现实本身,应当成为马克思主义哲学研究的主旨和基本口号。之所以如此,是因为马克思主义哲学正是依循这一主旨而得以成

---

① 孙伯鍨:《卢卡奇与马克思》,南京大学出版社 1999 年版,第 422—423 页。
② 《马克思恩格斯文集》第 10 卷,人民出版社 2009 年版,第 590 页。

立,并由此而开展出其研究的全部路径、方法和问题领域。"①

对于马克思主义哲学来说,社会现实本身之积极呈现的可能性不仅取决于对黑格尔哲学的决定性批判,而且取决于同低于黑格尔哲学的抽象观念作战。这种抽象观念在完全局限于知性反思的流俗学术中占据统治地位,并且至今仍到处盛行;所以黑格尔说,哲学就是"反对抽象的斗争,是与知性反思的持久战"②。此外,还有那种冒充的、漫画式的黑格尔主义,例如蒲鲁东的经济学形而上学。这种形而上学之所以是黑格尔式的,是因为它把现实的关系只是当作一系列原理或范畴的"化身";这种形而上学之所以只是伪造的黑格尔主义,是因为各种观念并不能在其"自我运动"中互相区分,从而一笔勾销了由黑格尔注入其中的具体性和历史性。正是在对这种经济学形而上学的批判中,马克思最坚决地要求反转一开始就被当作出发点的永恒的范畴或原理,而回到真正的出发点,也就是回到社会—历史现实本身。因此,举例来说,要从社会现实的方面来理解何以"权威原理"出现在 11 世纪,而"个人主义原理"出现在 18 世纪,"我们就必然要仔细研究一下:11 世纪的人们是怎样的,18 世纪的人们是怎样的,他们各自的需要、他们的生产力、生产方式以及生产中使用的原料是怎样的;最后,由这一切生存条件所产生的人与人之间的关系是怎样的"③。

由此可见,马克思的全部学说,自始至终都把揭示和切中社会现实作为与自身不可须臾相失的、最根本的思想任务和实践任务指示出来;并且也因此之故,任何对这一任务的放弃、疏离和弱化,都不能不意味着马克思学说从根本上的瓦解和坍塌。特别应当指

---

① 吴晓明:《回到社会现实本身》,载《学术月刊》2007 年第 5 期。
② [德]海德格尔:《路标》,孙周兴译,商务印书馆 2000 年版,第 514 页。
③ 《马克思恩格斯选集》第 1 卷,人民出版社 2012 年版,第 227 页。

出的是,在现代形而上学依然具有普遍支配力的时代状况下,社会现实的藏匿和遮蔽就会成为一种顽固的常态,并且往往在社会现实刚刚有可能绽露之时,就立即被汪洋大海般的意识形态幻觉推回到晦暗之中。因此,回到社会现实本身,将不能不是一项艰巨而长期的任务;马克思主义的整个学说,也只有在这一任务的持续开展中才能够持之不坠。海德格尔在其晚期讨论班中,虽然错估了马克思哲学的本体论性质,但他还是正确指出了现代性意识形态对社会现实的强势掩盖,从而提示了马克思主义的独特意义:"现今的'哲学'满足于跟在科学[知性科学]后面亦步亦趋,这种哲学误解了这个时代的两重独特现实:经济发展与这种发展所需要的架构。马克思主义懂得这[双重]现实。"①

如果说,在《历史与阶级意识》中,卢卡奇确实是在很大程度上怠忽了特定的社会—历史现实(他所特别阐扬的无产阶级的"阶级意识"并未真正植根于这一现实之中),那么,西方马克思主义在往后的发展中,这种情形在一些重要的代表性学派那里就表现得愈加充分,也愈加清晰了。雷蒙·阿隆在《想象的马克思主义:从一个神圣家族到另一个神圣家族》中,对以萨特为代表的现象学—存在主义的马克思主义和以阿尔都塞为代表的结构主义的马克思主义进行了尖锐的批评。这一批评是多方面的,但就其指责萨特和阿尔都塞的学派从未真正关注特定的社会—历史现实来说,雷蒙·阿隆是完全正确的,并且是击中要害的。"这两个学派与其说对历史实在感兴趣,还不如说对哲学的先天条件感兴趣。根据其著作来判断,萨特和阿尔都塞都没有一点政治经济学的知识,都不

---

① [法]F.费迪耶等辑录:《晚期海德格尔的三天讨论班纪要》,丁耘摘译,载《哲学译丛》2001年第3期。

研究计划经济或市场机制。……他们都不试图把《资本论》的批判分析用于我们的时代。他们考察的问题看来不是马克思的著作或思想和我们生活在其中的社会之间的关系,而是巴黎高等师范学校学生称之为康德的问题,恩格斯可能称之为小资产阶级的问题:马克思主义何以是可能的?"①确实,这样的"空论主义"并未真正触动特定的——作为"实在主体"的——社会—历史现实;换句话说,这两个学派并未真正分析过当时的欧洲社会或法国社会。在这样的意义上,马克思的学说就失去了社会—历史之现实的那一度,也就是说,成为无根的了。所以雷蒙·阿隆说,"只要历史—社会学的研究没有充实它并为它奠定基础,阿尔都塞的结构主义就仍然是一个没有内容、没有根据的空洞计划"②。他还进一步引证了巴迪欧对阿尔都塞主义者的质问:"被思维的对象"和"实在主体"之间的一致,是属于斯宾诺莎的模式还是康德的模式?"问题既是合理的也是无意义的:在这种抽象的水平上,在一切'经验'研究和一切'历史'研究之外,没有人能回答一个更多地属于学校练习、而不是属于哲学的问题。"③

在这里我们不能展开更多的理论讨论了。总而言之,孙伯鍨先生的卢卡奇研究对于我们这一代马克思哲学的研究者来说是特别重要的,因为当时我们正被深深卷入由于西方马克思主义的来临而开始的学习和探索过程中;这样的过程不仅是非常必要的,而且是成果丰硕的和意义深远的。至少对我的学徒生涯来说,孙先

---

① [法]雷蒙·阿隆:《想象的马克思主义:从一个神圣家族到另一个神圣家族》,姜志辉译,上海译文出版社 2007 年版,第 98 页。

② [法]雷蒙·阿隆:《想象的马克思主义:从一个神圣家族到另一个神圣家族》,姜志辉译,上海译文出版社 2007 年版,第 170 页。

③ [法]雷蒙·阿隆:《想象的马克思主义:从一个神圣家族到另一个神圣家族》,姜志辉译,上海译文出版社 2007 年版,第 171 页。

生的卢卡奇研究给出了许多积极的启示，使我后来的学术研究能够在同西方马克思主义的对话中逐渐地具备批评性的尺度，能够更多地探入德国古典哲学的区域，并且能够愈益牢固地将马克思哲学的主旨置放在社会—历史现实的基础之上。因此，我要向孙伯鍨先生致以深深的谢意，并且同时也致以由衷的敬意，以此作为晚辈对先生学术贡献的一个纪念。

研究卢卡奇的一座丰碑

——评孙伯鍨先生对《历史与阶级意识》的研究

陈学明[*]

一

2023 年是卢卡奇的《历史与阶级意识》一书问世 100 周年。卢卡奇的《历史与阶级意识》以及整个卢卡奇的思想,对一个世纪以来马克思主义的发展,乃至对一个世纪以来的整个人类思想的发展产生了重大、深远的影响,这是不言而喻的。对中国的影响同样不例外,正如孙伯鍨先生所说:"从 20 世纪 80 年代初期开始,《历史与阶级意识》被翻译介绍到国内,在我国青年学者中产生了热烈的反响,对我国马克思主义的研究形成了不小的冲击,正面的推动和负面的影响都是显而易见的。"①而且随着时间的推移,这种"推动"和"影响"非但不见减弱,反而愈演愈烈。我预料,2023 年学术界围绕着对该书出版 100 周年的纪念,会展开很多新的研究和争论。为了对这一学术界的"盛宴"有一个思想准备,我花了一些时间,把40 多年来学界研究卢卡奇的学术成果大致浏览了一遍。我惊喜地

---

* 作者简介:陈学明,复旦大学哲学学院教授。

① 孙伯鍨:《孙伯鍨哲学文存》第 2 卷,江苏人民出版社 2010 年版,第 371 页。

发现,在所有的成果中,孙伯鍨先生的研究成果分外引人注目,在一定意义上,他的研究成果为中国学界对卢卡奇的研究树立了一座丰碑。张一兵教授评价孙伯鍨先生对卢卡奇的研究,"从一个方面代表了"国内学界卢卡奇研究、西方马克思主义研究的"深度研究的原创性开拓"①。张一兵教授的这一评判是言之有据的。

孙先生对卢卡奇的研究,主要包括三个方面:一是对卢卡奇早期的被人誉为西方马克思主义"圣经"的《历史与阶级意识》的研究;二是对卢卡奇晚年以抱病之躯写下的《社会存在本体论》的研究;三是对卢卡奇从《历史与阶级意识》到《社会存在本体论》的思想历程的研究。他对这三个方面的研究都有鞭辟入里的深刻见解,但无疑,最有创意的还是第一个方面,即对卢卡奇的《历史与阶级意识》的研究。我在这里就主要评述一下孙先生对《历史与阶级意识》一书的研究。

二

对卢卡奇的《历史与阶级意识》的研究,是有着一定的难度的。卢卡奇一生面临着极其复杂的国际国内环境,自身的道路也十分曲折,尤其是在 1918 年至 1923 年间,即匈牙利革命期间以及革命失败后几年内,他一方面处于资产阶级复辟后的反动政府的追捕中,另一方面身临党内激烈的斗争;他一方面要批判第二国际的投降主义路线,另一方面又急于与第三国际的教条主义划清界限。他在痛苦、迷惘中陆续写下了八篇论文,于 1923 年汇编成册出版,论文集的正题是"历史与阶级意识",副题是"马克思主义辩证法的

---

① 孙伯鍨:《孙伯鍨哲学文存》第 2 卷,江苏人民出版社 2010 年版,序第 8 页。

研究"。从他对论文集所起的书名可以看出,在他看来,他的这八篇论文的宗旨就是通过对"马克思主义辩证法"的研究来论证阶级意识在历史上的作用,以此说明人的主观能动性对推动历史发展的决定性作用。他对革命何以陷于失败进行了"哲学上"的总结,提出了一系列既遭到第二国际理论家所批判,又为第三国际理论家所不认可的别出心裁、面目一新的理论观点。研究《历史与阶级意识》就是研究这些具有创意的理论观点。但是,很多研究者面对这些理论观点都感到无所适从,关键就在于,辨别不清它们与马克思主义究竟是什么关系。从表面上看,它们来自马克思主义,与马克思主义的相应观点有着千丝万缕的联系,但深入一分析,它们与马克思主义又是那么格格不入。虽然人们对卢卡奇的《历史与阶级意识》做出了那么多的研究,但很少有人能够说清楚卢卡奇在这一著作中所提出的一系列理论观点与马克思主义的相应理论的界限究竟在哪里。孙先生对卢卡奇的《历史与阶级意识》的研究正是从划清卢卡奇的观点与马克思主义的相应观点的界限入手,展开深入的阐述。我认为,孙先生真正把两者的关系说清楚了,把两者的联系与区别明明白白地呈现在我们面前。特别指出的是,孙先生在阐述两者的关系时,并不是如通常一些人所做的那样,将卢卡奇的观点与马克思主义经典作家的相关论述简单地加以对照,即"直接转述"卢卡奇的观点,"然后再进行一种有支援参照系的否定性的宣判"①,而是真正深入马克思主义著作和卢卡奇著作的内部,在根基上进行比较分析。这是对卢卡奇的研究,特别是对卢卡奇的《历史与阶级意识》研究的重大突破,也是重大的贡献。

---

① 孙伯鍨:《孙伯鍨哲学文存》第 2 卷,江苏人民出版社 2010 年版,序第 2 页。

三

正如孙先生所指出的,异化是卢卡奇在《历史与阶级意识》一书中讨论的重要问题,而在马克思那里,实际上对异化的论述贯穿于他的著作的始终,他们都通过对异化的探讨来批判资本主义社会,那么两者究竟区别在哪里呢? 孙先生一下子把这种区别的根本点揭示出来了,即"卢卡奇的批判主要是价值批判,而马克思的批判则主要是建立在科学分析基础之上的科学批判"①。他认为,在马克思那里也带有价值批判的东西,但是这种批判是以对历史事实的科学分析为基础的,也就是说,马克思总是从历史事实、现实发展的客观规律出发去引申价值问题。而卢卡奇没有正确地提出和解决科学与价值的关系问题,他和康德乃至休谟一样,把科学与价值对立起来,似乎强调科学就意味着反对和削弱价值,以为价值只是重视纯粹意志,而科学则使人屈服于和人相异化的物的规律。

孙先生进而追溯到,马克思与卢卡奇在科学与价值关系问题上的分歧,与他们两人是否把物化与异化区别开来密切相关。马克思没有把物化与异化混为一谈,马克思区分物化有两种:一种是对象化的物化,一种是异化的物化。前者不仅不是对人的否定,还是对人的肯定,而后者才在某种意义上是对人的否定。孙先生在论述后者时特别指出必须注意到两种情况:一种是由于分工、交换的发展而形成的社会关系的物化、异化,这种异化就是所谓货币的异化、商品的异化;另一种是社会权力同人相异化,社会财富集中

---

① 孙伯鍨:《孙伯鍨哲学文存》第 2 卷,江苏人民出版社 2010 年版,第 5 页。

到少数人手中,被少数人所支配,用来控制、支配和奴役社会上的大多数劳动者,其突出的表现就是资本的异化。由于卢卡奇没有把物化与异化严格区别开来,从而非但不能把货币的异化、商品的异化与资本的异化区别开来,甚至还不能把对象化的物化与异化的物化加以区分,这样他对异化的批判,我们可以看到,他有时批判的是作为对象化的物化,有时即使涉及异化的物化,也主要集中于批判货币的异化、商品的异化。在孙先生看来,马克思与卢卡奇围绕着异化所展开的批判,两者的界限是明确的:马克思"没有泛泛地批判货币,也没有泛泛地批判商品,而是集中地批判资本",卢卡奇则"着重地批判商品结构","马克思的批判重点是指向奴役、压迫和经济上的榨取,卢卡奇批判的重点则是人的独立主体地位和自由意志的丧失","卢卡奇所关注的人的价值马克思当然也关注到了,但是它在二者的理论体系中所占有的次序和位置根本不一样"。① 试问,至今我们从哪里还能找到如孙先生那样将马克思与卢卡奇对异化的批判的内容的区别,以及造成这种区别的缘由,论述得如此清楚明白的呢?

孙先生还特别提醒人们必须深刻认识到,马克思在论述物化和异化问题时,主要是从历史发展、社会进步,特别是从物质生产的进步方面去论证和考察的。"所以马克思的物化、异化理论是他的整个社会发展理论的一个侧面。物化和异化问题只有从整个社会发展的角度才能得到正确、合理的解释。"②然而卢卡奇并没有这样做,他不仅没有把劳动的对象化即物质生产力的发展作为克服和扬弃异化的社会条件与物质基础,反而把对象化、物化和异化混

---

① 孙伯鍨:《孙伯鍨哲学文存》第2卷,江苏人民出版社2010年版,第6页。
② 孙伯鍨:《孙伯鍨哲学文存》第2卷,江苏人民出版社2010年版,第7页。

为一谈，形而上学地把人和物、思维和存在、自由和必然绝对对立起来，把独立于人的物质存在和物质规律一概视为和人相异化的，是人的自由的界限和限制。孙先生认为，对于卢卡奇批判物化、异化，其指向是否要否定社会历史发展的客观性，卢卡奇对物化、异化的批判是否就是对客观的历史规律的批判，这一点尚待进一步的研究。但是，说他具有这样的倾向与可能性则并没有冤枉他。历史唯物主义不仅要求从根本上把握住物质生活的生产和再生产这个人类历史的源头，而且要求客观地去研究历史发展和变化的全过程，追寻以往历史发展的足迹，绝不用想象的联系来填补事实的联系。在这个问题上，卢卡奇似乎也从黑格尔和马克思的著作中得到了启示，一再表示他对历史的重视和强调。孙先生要求不能仅仅看到卢卡奇所表示的对历史的重视和强调，而应当分析他事实上是怎么做的。事实上，卢卡奇与马克思有着很大的不同，"他没有把人类历史首先看成是物质生产发展的历史，没有试图通过对物质生产发展史即经济史的研究来寻求对问题的解决"，"他的历史观就仍然停留在黑格尔思辨哲学的历史辩证法的阴影里，把历史理解为同一的主体—客体在自身范围内相互作用的历史，区别仅仅在于他用现实的'无产阶级'取代了抽象的'世界精神'"，"他就把客观的有物质内容的现实的人类史变成了无实际内容的思辨的主客体关系辩证法"。① 由于孙先生是在经过深入的分析后对卢卡奇提出这样的尖锐的批评的，因此没有给人以强词夺理的感觉。

① 孙伯鍨:《孙伯鍨哲学文存》第 2 卷，江苏人民出版社 2010 年版，第 15 页。

四

孙先生辨析卢卡奇与马克思的区别的第二个概念就是"自在之物",也正如孙先生所说的,"自在之物"这个概念在卢卡奇那里极其重要,因为这是"卢卡奇用来批判资产阶级社会的物化结构和物化意识的重要范畴"[①]。那么,究竟什么是"自在之物"? 如何看待"自在之物"? 在孙先生看来,只要抓住这一问题进行深入的探讨,就能真正看清卢卡奇与马克思哲学的根本区别。众所周知,"自在之物"这个概念是康德首先提出来的。对康德来说,一边是认识主体,一边是"自在之物",二者是不能沟通的。孙先生指出,"卢卡奇的自在之物概念基本上沿袭了康德的这样一种解释"[②]。在他看来,卢卡奇正是从康德的"自在之物"的概念出发,提出"自在之物"的问题主要表现为形式与内容的关系问题。而卢卡奇把"自在之物"归结为形式和内容的关系问题,其目的就在于批判资产阶级形式理性主义的狭隘性,力求用无产阶级的总体性的辩证法来取代它。马克思同样使用"自在之物"这一概念,也同样取自"康德",但马克思使用这一概念时,只吸取了康德的这一概念的第一层含义,即认为它存在于我们的意识之外,不为我们的意识所控制,同时又对我们的感性直观能力产生某种作用,而摈弃了这一概念的第二层含义,即认为它是不可认识的。这样在马克思那里,"自在之物"就只有已经认识和尚未认识之分,而没有不可认识的"自在之物"。按照马克思对"自在之物"的这一基本看法,必然得

---

footnote① 孙伯鍨:《孙伯鍨哲学文存》第 2 卷,江苏人民出版社 2010 年版,第 24 页。
② 孙伯鍨:《孙伯鍨哲学文存》第 2 卷,江苏人民出版社 2010 年版,第 31 页。

出结论,"自在之物不仅存在于自然界,在人类社会中也存在"①。

孙先生认为,正是在这一点上,卢卡奇与马克思产生了尖锐的分歧。在自然界中存在着"自在之物",对此卢卡奇与马克思似乎都赞同,但卢卡奇就是不赞同社会中也存在"自在之物"。卢卡奇的主要理由:在人类历史发展到一定阶段,由于出现了物化、异化现象,这种"社会的物"虽然与自然物有着不同的性质,但是具有了"自在之物"的特性,关键在于历史发展的辩证法是要消除这种物化结构的"自在之物"的特性。孙先生认为,马克思主义者是不能认可卢卡奇的这种看法的。他分析说,马克思认为历史中的物化有两类,即劳动对象的物化或对象化和社会关系的物化。对前者来说,它与自然物没有多少区别这是十分清楚的,因为劳动的对象化、物化是人对自然物的加工、改造的结果,这类物就其物理、化学性质特性而言仍然服从于自然界的规律。关键在于后者,卢卡奇所讲的"社会的物"可能主要指的是后者,即物化的社会关系、经济规律之类。孙先生强调,实际上按照马克思的看法,"作为物化的社会关系和体现这种关系的经济范畴、经济规律,的确也具有自在之物的特性"②。孙先生还特地强调,"无论对于资产阶级经济学家还是对于马克思主义者,资产阶级社会的经济关系和经济规律都始终是存在于他们的意识之外的。从这个意义上说,它们依然是'自在之物'",而卢卡奇竭力否定这一点,"卢卡奇幻想着把整个无产阶级的自我意识提升到辩证的历史的高度,把历史的主体和客体融于一身,同时通过直接把意识转变为实践来改变周围世界,但是这样一来,他的黑格尔主义的思想痕迹便暴露无遗了"③。

---

① 孙伯鍨:《孙伯鍨哲学文存》第 2 卷,江苏人民出版社 2010 年版,第 34 页。
② 孙伯鍨:《孙伯鍨哲学文存》第 2 卷,江苏人民出版社 2010 年版,第 34 页。
③ 孙伯鍨:《孙伯鍨哲学文存》第 2 卷,江苏人民出版社 2010 年版,第 35—36 页。

我们平时阅读卢卡奇的《历史与阶级意识》,可能对他为什么要向恩格斯"叫板",为什么要批判恩格斯的自然辩证法,感到费解。在孙先生看来,只要弄懂了卢卡奇的"自在之物"的概念,对此实际上是不难理解的。他指出,从"自在之物"的认识论的观点来看,人们对"自在之物"能采取的态度只能是直观的,因为"自在之物"对我们来说是先验的、既定的,它不是我们的实践所能创造、介入的。用直观的态度来对待"自在之物"意味着只能接受、顺应它,只能用数学和几何学的方法把它纳入某种形式化的认知体系之中,使它成为可以推论、可以预见和可以计算的,以便从中捕捉到一些可以利用的联系、关系和机遇,但不能把它改变成我们意识所能支配和控制的客体。卢卡奇正是基于这样一种观点,对恩格斯提出了批评。卢卡奇认为,恩格斯把工业作为对"自在之物"进行驳斥的证明是站不住脚的。因为在卢卡奇看来,工业本身在资本主义条件下是客体,而不是主体。工业不能消除资产阶级社会中的"自在之物",因为工业本身在资本主义社会中也受类似于自然界的盲目规律的支配。孙先生强调,"从卢卡奇对恩格斯的批评中可以看出,他们在自在之物问题上的观点是正相反对的","卢卡奇要消除的自在之物是指必须加以扬弃的资产阶级社会的物化、异化现象,这种扬弃必须依赖无产阶级的自觉革命实践"。① 在孙先生看来,关键在于,从根本的哲学立场来说,卢卡奇在这里对"自在之物"的理解已经偏离了马克思主义的唯物主义基础,而恩格斯正是从一般唯物主义的立场出发来谈论这个问题的。

---

① 孙伯鍨:《孙伯鍨哲学文存》第 2 卷,江苏人民出版社 2010 年版,第 33 页。

五

　　"总体性"概念无疑是卢卡奇思想中的一个亮点。孙先生辨析卢卡奇与马克思的区别的第三个概念就是"总体性"。孙先生充分肯定卢卡奇在"总体性"问题上所做出的重大贡献。例如,他把"总体性"意识与物化意识对立起来,用前者来批判和否定后者。又如,他看到了总体性思维是德国古典哲学的发展的内在趋势,"卢卡奇对德国哲学的独特看法是:从康德开始到黑格尔为止,试图在方法论上实现一次彻底的革命"①,这就是推崇总体性思维。再如,德国古典哲学尽管推崇总体性思维,但始终未能找到真正的历史主体,马克思最后把它找到了,这就是无产阶级。卢卡奇和马克思一样认为,"无产阶级就是资产阶级社会中的主体—客体,通过它,主体和客体、思维和存在、理论和实践、自由和必然等等的僵硬对立和二重性就将得到最终的扬弃和彻底的解决"②。孙先生在归纳了卢卡奇在总体性问题上的九个主要观点后指出,卢卡奇对总体性的论述如他的诸多其他论述一样,确实反映了"他怀有强烈的革命意识和激情,反映了他具有良好的愿望"③。

　　孙先生在肯定卢卡奇的总体性思想所包含的正确的成分后马上剖析了这一理论的失足之处。他指出,关键就在于,"卢卡奇的总体性方法是建立在德国同一哲学的基础之上的"④。所谓同一哲学就是一种把主体与客体、思维与存在、自由与必然、"应该"与

---

① 孙伯鍨:《孙伯鍨哲学文存》第 2 卷,江苏人民出版社 2010 年版,第 65 页。
② 孙伯鍨:《孙伯鍨哲学文存》第 2 卷,江苏人民出版社 2010 年版,第 66 页。
③ 孙伯鍨:《孙伯鍨哲学文存》第 2 卷,江苏人民出版社 2010 年版,第 74 页。
④ 孙伯鍨:《孙伯鍨哲学文存》第 2 卷,江苏人民出版社 2010 年版,第 74 页。

"是"完全统一起来的哲学体系。而卢卡奇强调总体性方法，就是要通过这一方法获得一种理论、一种意识，用这种理论和意识去唤醒无产阶级。这样，无产阶级就能在这种理论的推动下，去实现自身和人类的解放。孙先生认为，正是在这一点上，构成了卢卡奇与马克思在总体性问题上的根本的区别。按照马克思主义的观点，对于现实的无产阶级来说，这种理论依然只能是从外面灌输给他们的，而不可能是他们在现实的历史发展过程中达到的自我意识。这就是说，在资产阶级社会中有着相同的阶级地位和共同的经济利益与思想倾向的无产阶级群众，不可能成为"集体的哲学家"，也就是说，不可能借助于某种同一哲学就能产生总体的意识。孙先生认为，卢卡奇在这里表现出"突出哲学人本主义方法来主导无产阶级的思想和行动"，这反映了卢卡奇本身的"救世主义"思想，对于这一点，实际上，卢卡奇在后来也"充分意识到并为此作了自我批评"[1]。

孙先生指出，马克思确实也非常重视总体性思维。"提出并坚持用总体性观点来研究社会历史，这是马克思的重大理论贡献。如果要问马克思在历史观上所做的贡献最重要的究竟是什么，我以为这是他的关于社会关系的思想。"[2]孙先生通过引用马克思从早期到晚期的大量论述来说明这一点。在马克思那里，毫无疑问，社会关系是人们在世代相传的历史活动中共同创造的，同样毫无疑问，这种创造不是在预先设定的目的引导下有意识进行的，而是在个体有意识、总体无意识的情况下进行的。从而这种关系的异己性和独立性只是证明，人们创造历史的活动还不是作为无数个

---

① 孙伯鍨：《孙伯鍨哲学文存》第2卷，江苏人民出版社2010年版，第74页。
② 孙伯鍨：《孙伯鍨哲学文存》第2卷，江苏人民出版社2010年版，第80页。

研究卢卡奇的一座丰碑

人联合起来的自由自觉的共同活动,而是处在盲目的交互作用中的个人的分散活动。在马克思看来,"只有当这些个人开始自觉联合起来,把已经建立起来的社会关系当作他们共同的关系而自觉地加以控制和驾驭的时候,社会关系对人的异己性和独立性才能被扬弃,只有这时,人才真正地上升为历史的主体"①。可见,马克思对总体意识重要性的强调,与卢卡奇相比,有过之而无不及。全部的关键在于,要做到马克思所说的这一点,无产阶级必须具有总体意识,而这种总体意识究竟是如何产生的? 正是在这关键之处,马克思与卢卡奇走的并不是同一条道路,卢卡奇认为这"决定于意识的改变",而在马克思看来,"并不仅仅决定于意识的改变,更为基本的还在于生产力的发展"②。就这样,孙先生把卢卡奇与马克思在总体性问题上的根本区别揭示出来了。孙先生在清楚地揭示出两者的区别后特地指出:"当卢卡奇强调要用总体的方法来揭示资产阶级社会拜物教现象的本质时,他在方向上是完全正确的,缺点和错误之处是他没有把他的历史主义和辩证法置于真正的历史唯物主义的基础之上。"③

六

孙先生认为,理论与实践的统一是一个极为复杂而又异常重要的理论问题。卢卡奇在《历史与阶级意识》一书中对此做出了独特的论述。他对卢卡奇与马克思之间第四个方面区别的辨析,正是围绕着理论与实践的统一问题展开的。孙先生独树一帜着重揭

---

① 孙伯鍨:《孙伯鍨哲学文存》第 2 卷,江苏人民出版社 2010 年版,第 80 页。
② 孙伯鍨:《孙伯鍨哲学文存》第 2 卷,江苏人民出版社 2010 年版,第 80 页。
③ 孙伯鍨:《孙伯鍨哲学文存》第 2 卷,江苏人民出版社 2010 年版,第 82 页。

示了卢卡奇所提出的关于实现理论和实践统一的历史前提。他认为,卢卡奇所提出的历史前提既有客观的前提又有主观的前提,客观的前提就是:理论与实践的统一只有在一定的历史阶段才能实现,即必须是在历史发展到这样一个阶段,一方面出现了一个统一的作为总体的历史的主体,另一方面又产生了一个统一的作为总体的历史客体,理论与实践的统一才有可能性,这个历史阶段就是资本主义社会,这个主体就是无产阶级,而客体就是资产阶级社会的现实。这就是说,卢卡奇把理论与实践的统一的历史条件限定在资产阶级社会范围内。但这一客观的历史前提仅仅是从可能性来讲的,而要把这种可能性变为现实性,还需要有着主观条件。卢卡奇所说的主观条件就是对历史辩证法的把握。"只有把资产阶级社会当作一个总体历史过程来认识的辩证方法,才能使无产阶级既上升为自觉的认识主体,又上升为自觉的实践客体,实现理论和实践的真正统一。"①孙先生在归纳出卢卡奇所提出的实现理论与实践统一的两个前提以后,接着就马上指出,这有"很大的片面性和错误","其错误是在强调总体性辩证方法的时候忽视了这种方法借以发生作用的唯物主义的现实基础,把辩证方法以及它借以表现其作用的历史条件完全理想化了"。②

孙先生认为,贯穿于卢卡奇的理论与实践的统一的是"黑格尔式的思辨与人本主义基调"③,正是这一基调构成了在理论与实践统一问题上他的观点与马克思主义截然有别。卢卡奇在理论与实践统一问题上所持的观点导源于他关于历史中同一的主体—客体这个更基本的提法。而卢卡奇的这个提法,是采用了黑格尔的表

---

① 孙伯鍨:《孙伯鍨哲学文存》第 2 卷,江苏人民出版社 2010 年版,第 97 页。
② 孙伯鍨:《孙伯鍨哲学文存》第 2 卷,江苏人民出版社 2010 年版,第 99 页。
③ 孙伯鍨:《孙伯鍨哲学文存》第 2 卷,江苏人民出版社 2010 年版,第 99 页。

述方式,而不是历史唯物主义的表述方式。马克思在早期也曾经采用这种黑格尔主义的表述方式,但到了后来,马克思不再运用这种方式,而是采用历史唯物主义的表述方式了。而卢卡奇的表述方式则"和青年马克思"的表述方式"处在同一个水平上","二者都是渊源于黑格尔,渊源于黑格尔的思维和存在同一性的思想"。①孙先生提出,国际共产主义运动的历史证明,无产阶级革命理论在多大程度上能够变成无产阶级的大众意识,使科学社会主义理论和工人运动在越来越大的规模上结合起来,还要取决于许多复杂的因素,并不是像卢卡奇所设想的那样,理论只要把握住"人"就能掌握群众,进一步就能变为物质力量。卢卡奇"把一个现实的历史问题变成了一套抽象的逻辑推论"②。

  孙先生在这里所说的"许多复杂的因素",其中一个重要因素就是"生产力的发展"。孙先生直截了当地指出:"卢卡奇在理论和实践统一的问题上忽视了生产力的作用。"③这就是说,卢卡奇在谈到理论问题时仅仅讲到生产关系和经济结构,对生产力发展在历史过程中的决定性作用没有给予足够的重视。卢卡奇就理论与实践问题所做的论述,表明他深刻地把握到了资产阶级认识方法与马克思主义认识方法之间是有区别的,但在把资产阶级社会当作一个总体的历史过程来加以分析的过程中,他并未把生产力作为一个现实的变动因素放在他的总体考察之中。孙先生提出,按照历史唯物主义的方法,随着生产力的发展,资产阶级社会的经济结构也会表现出不同程度的量和质的变化,生产力与生产关系之间的矛盾、各社会阶级和集团之间的矛盾、资本主义各国之间的矛

---

① 孙伯鍨:《孙伯鍨哲学文存》第2卷,江苏人民出版社2010年版,第100页。
② 孙伯鍨:《孙伯鍨哲学文存》第2卷,江苏人民出版社2010年版,第101页。
③ 孙伯鍨:《孙伯鍨哲学文存》第2卷,江苏人民出版社2010年版,第108页。

盾以及发达国家和发展中国家之间的矛盾等等,有的会缓和,有的会激化和加剧,这些不能不对无产阶级的命运和人类解放事业产生影响。研究理论与实践的统一问题,就要研究总体性,但总体性作为一种辩证的认识方法,不仅应当把生产关系作为一个总体,而且应当把生产力在内的整个社会生产体系当作一个有机的整体来把握。孙先生最后这样来揭示卢卡奇在理论与实践问题上的错误以及与马克思的根本区别:"当卢卡奇把理论和实践的统一仅仅归结为无产阶级的阶级意识,视无产阶级是否具备了阶级意识为革命成败的首要条件的时候,他就抽掉了无产阶级革命的深刻的物质基础——生产力与生产关系的矛盾与冲突。"①

七

孙先生认为,主体性问题涉及若干基本的哲学问题,在当前的哲学界这个问题是个热点。他所辨析的卢卡奇与马克思区别的最后一个问题也就是主体性问题。他开宗明义地指出,根据卢卡奇的看法,哲学中的主体和主体性问题应限定于历史范围之内。孙先生指出,实际上卢卡奇所讲的"历史"也仅仅是资产阶级的历史而已,他并未像马克思那样把资产阶级社会产生和发展的历史放到整个人类历史的大背景中去加以研究。在卢卡奇看来,只是到了资产阶级社会这个特定的历史发展阶段,历史的主体—客体才统一到一个阶级即无产阶级身上。这样,卢卡奇在讨论主体性和社会革命问题时,其视野从未超出资产阶级社会。卢卡奇对历史的主体—客体进行了简单化的处理。"卢卡奇的历史主体理论基

---

① 孙伯鍨:《孙伯鍨哲学文存》第 2 卷,江苏人民出版社 2010 年版,第 108 页。

本上没有回答社会历史的起源和发展问题。"①

孙先生提出,研究主体性问题,一个重要的内容就是研究历史主体的评价问题,即追问历史中的事实和事件究竟具有什么样的意义与价值。这个问题长期以来一直是"历史之谜",直到马克思主义产生以后才有了正确的答案。而卢卡奇在《历史与阶级意识》中对此也做出了详细的论述,可惜他的观点在很大程度上背离了马克思。马克思是把对历史的科学认识和价值评判辩证地结合起来的,马克思根据历史自身的发展规律和现实历史中具有发展能力的要素提出评判历史的尺度标准。问题在于,卢卡奇在接受马克思的影响的同时,又深受黑格尔的影响。"他从黑格尔的思维和存在同一性的立场出发,片面夸大了意识对存在的优先地位。"②孙先生指出,如果说黑格尔把人等同于自我意识,把自我意识当作历史的真正主体的话,那么卢卡奇则似乎是把无产阶级放在了和自我意识相同的位置上,无产阶级成为历史主体的决定性条件是它必须获得无产阶级意识。这样,"他和黑格尔一样地认为,只要存在一旦被意识所掌握,它就会按照意识的本性而改变自己的面貌"③。这种看法显然已经远离马克思主义了。

在孙先生看来,卢卡奇论述主体性问题实际上其中心议题还是关于社会主义革命中的历史主体问题。这样,孙先生也着重围绕着社会主义革命中的历史主体问题对卢卡奇的相关观点展开了评述。孙先生认为,卢卡奇关于社会主义革命中的历史主体问题的观点是有着合理性的,他把这种合理性归结为以下四点:其一,卢卡奇提出,在现代社会条件下,只有无产阶级才能肩负起变革社

---

① 孙伯鍨:《孙伯鍨哲学文存》第 2 卷,江苏人民出版社 2010 年版,第 134 页。
② 孙伯鍨:《孙伯鍨哲学文存》第 2 卷,江苏人民出版社 2010 年版,第 142 页。
③ 孙伯鍨:《孙伯鍨哲学文存》第 2 卷,江苏人民出版社 2010 年版,第 142 页。

会的任务;其二,卢卡奇强调,无产阶级要完成作为历史主体的历史使命,必须把自己看作一个阶级,而不是单独的个人;其三,在卢卡奇看来,无产阶级作为一个阶级必须具有自我意识——无产阶级意识;其四,卢卡奇还论证了,无产阶级要成为这样一个主体,必须要把理论意识和革命实践密切结合起来。

孙先生在肯定卢卡奇的这些合理性以后马上指出,这并不意味着卢卡奇在社会主义革命中的历史主体问题上与马克思主义的观点完全一致,实际上,与马克思主义的相关观点一对照,卢卡奇的理论的不足之处就暴露无遗。他认为,起码有以下两个方面可以说明卢卡奇的理论与马克思主义的观点有着明显的分歧:其一,在卢卡奇看来,无产阶级一旦具备了无产阶级的意识,即无产阶级只要对自己在资本主义社会中的被当作商品的这种真实处境,觉察、领悟到了,而且仅仅是具有了意识,那么革命的主观条件就成熟了,革命的时机就到来了。"在这种情况下,理论不需要过渡就能变为实践。"①孙先生指出,卢卡奇在这里忽视了对下面诸因素的重视:无产阶级要变革资本主义社会,必须正确把握人类历史发展的一般规律和资本主义社会发展的特殊规律;必须深入研究资本主义社会中生产力和生产关系、经济基础与上层建筑这些对抗性矛盾的具体表现形式和发展程度。这就是说,"卢卡奇忽视了在无产阶级革命中必须面对的整个外部世界的各种敌对力量的严重性和复杂性"②。其二,卢卡奇带着一种浪漫的情调来看待无产阶级,从而把现实的无产阶级理想化了。卢卡奇显然没有看到,在资产阶级社会中,只有少数先进的知识分子才能达到对人类历史发展

① 孙伯鍨:《孙伯鍨哲学文存》第 2 卷,江苏人民出版社 2010 年版,第 143 页。
② 孙伯鍨:《孙伯鍨哲学文存》第 2 卷,江苏人民出版社 2010 年版,第 143 页。

规律的正确认识,关于无产阶级革命所需要的经济、政治条件的正确认识,对于广大无产阶级来说必须从外部灌输,也就是说,要对他们进行耐心的教育、组织和说服工作,一步一步地使其走上革命的道路。孙先生强调,这是"因为马克思从来也没有把无产阶级理想化,无产阶级永远也不可能成为集体的理论家、哲学家"①。他认为,只有在黑格尔哲学中,我们才能看到这种情况:人等同于"自我意识",它是无人身的理性。黑格尔的自我意识是从他的思想逻辑中推演出来的纯粹的理论认识,我们在这里再次可以看到,卢卡奇的基本立论来自黑格尔哲学。孙先生反复强调,马克思对此是看得十分清楚的:现实的无产阶级是一个个具体的人,要求他们在思想上达到对整个社会历史发展的自我意识是不可能的。孙先生的结论是:"卢卡奇的错误就在于他把社会发展理论即事实上的历史主体、社会批判理论即价值评判中的历史主体和社会变革理论即革命运动中的历史主体不加区别地混为一谈。"②欲问在革命主体问题上,卢卡奇与马克思究竟有着怎样的分歧,那么只要仔细地了解一下孙先生的这些论述,就一定会有茅塞顿开、豁然开朗之感。

<h2 style="text-align:center">八</h2>

可以说,孙先生是彻底澄清了卢卡奇与马克思之间的分界线。他对两者分歧的论述是如此地洞见症结、入木三分绝不是偶然的。在我看来,这源自孙先生以下三个方面的"底气"。

首先,孙先生对马克思主义的基本理论融会贯通,深刻把握。

---

① 孙伯鍨:《孙伯鍨哲学文存》第 2 卷,江苏人民出版社 2010 年版,第 144 页。
② 孙伯鍨:《孙伯鍨哲学文存》第 2 卷,江苏人民出版社 2010 年版,第 145 页。

要对卢卡奇的论述真正做出确当的评价,关键还在于评论者必须具有马克思主义理论的深厚功底。评述卢卡奇理论的是是非非,必须具有正确的评价标准,这个评价标准就是马克思主义的基本理论。能否正确、全面、深刻地把握这一标准,决定了能否正确、全面、深刻地对卢卡奇的理论做出评判。我相信,只要你一进入孙先生对卢卡奇的研究之中,马上会被孙先生的深厚的马克思主义理论功底所折服。你会发现,在这里,你不仅可以清楚地了解到卢卡奇与马克思的区别究竟在哪里,而且实际上接受了一次极其深刻的马克思主义基本理论教育。孙先生在这里论述了卢卡奇与马克思分歧点的五个方面,实际上涉及马克思主义五个方面的基本理论,孙先生论述这五个方面的分歧点时,对马克思主义的这五个方面的基本理论相应做出了阐述,这些阐述我可以说在其他任何场合都是很难看到的。它们不是简单地对马克思的一些词句的堆积,而是在真正深刻把握的基础上做出的言近旨远、条分缕析的阐述。

其次,孙先生对卢卡奇的基本观点和思路了解透彻。孙先生在评述卢卡奇的观点时,没有大段引用卢卡奇的语录,而是抓住卢卡奇的精神实质做文章。他是在真正弄明白卢卡奇的观点的基础上才对其进行评判的,这里确实看不到对卢卡奇观点的曲解。这与通常所见的那种只是引了几段卢卡奇的词句就对其轻率地或者批评或者颂扬形成了鲜明的对照。孙先生在就每一个问题展开卢卡奇与马克思的对比分析时,我们总能看到,在论述的一开头会有一段十分精辟的文字概括卢卡奇在这一问题上的基本观点。如论述"异化"问题,首先把卢卡奇的观点概括成有着内在逻辑联系的七个方面;又如论述"总体性"问题,把卢卡奇的基本思路和哲学倾向概括为九个方面呈现在人们面前;再如论述"主体性"问题,从六个方面概述了卢卡奇的基本观点。所有这一切都是对卢卡奇观点的精辟理解,对如此丰富、复杂的卢卡奇的相关论述,用如此简单明了的语言正确地表述出来,足见孙先生的理论功力之深厚。必须特别指出的是,孙先生论述卢卡奇的相关观点时,不是就卢卡奇谈卢卡奇,而是放到广阔的时代背景和理论背景中来加以理解,这样来理解的卢卡奇才是一个真实的卢卡奇。可以说,没有对当代西方文化的深刻和广泛的了解,是理解不了卢卡奇的,而孙先生显然具备这一条件。例如,在论述"自在之物"问题时,孙先生是从"自在之物"问题在德国古典哲学的历史走向中讲起的,然后再分析卢卡奇为何起用"自在之物"这个概念,这样一下就把卢卡奇观点的"真面目"清清楚楚地让人们看明白了。

最后,孙先生对学术界的热点了然在胸。不要认为孙先生研究卢卡奇与马克思之关系是为了研究而研究,或者说只是为了给国内"卢卡奇热"凑个热闹。从孙先生整个研究来看,他之所以要在卢卡奇与马克思之间划一个界限,他之所以要选择这五个问题作为辨析卢卡奇与马克思之间的区别,他之所以对每一个问题的论述决不回避要害,越是模糊之处越是尽力说清,根本目的在于对学术界当下的一系列有争论的热点做出自己的回答。自从卢卡奇的《历史与阶级意识》一书被译成中文在国内广泛流传以来,围绕着该书的一系列观点在国内引起了激烈的争论。随着改革开放的推进,国内学术界,特别是马克思主义学术界空前活跃。马克思主义学术界出现了许多热点问题,这些热点问题不仅源自理论本身,也与我国的现实紧密相连。而围绕着卢卡奇的《历史与阶级意识》一书所展开的争论,迅速地融入我国整个马克思主义学术界的争议之中。马克思主义学术界原有的一些争论有时候竟然转变为对卢卡奇的《历史与阶级意识》一书的争论,或者说,围绕着卢卡奇

《历史与阶级意识》一书的争论再不仅仅涉及对卢卡奇本人的认识与评价，而是蕴含着一系列对我国马克思主义学术界的重大问题的把握。孙先生深切地了解马克思主义学术界的这一状况，深切地知道围绕着卢卡奇的《历史与阶级意识》所展开的争论究竟意味着什么。这样，孙先生在本书中名义上是在研究卢卡奇与马克思之关系，是在论述两者的区别之处，但实际上他是就国内马克思主义学术界的一系列重大理论问题亮出自己的观点和做出自己的论述。本书所论述的卢卡奇与马克思之间区别的五个问题，正是国内马克思主义学术界长期争论不休而同时必须阐述清楚的五个问题。孙先生在这里以特有的方式，对这五个问题进行了富有说服力的阐述。如果说原先对这些问题尚没有统一的认识，争论还在继续，那么随着孙先生在这里所做出的其味无穷、一目了然的论述，这一争论应当可以告一段落了。这正是孙先生对卢卡奇与马克思关系研究的根本意义之所在，也是孙先生的这一研究之所以产生如此大的影响、具有如此大的"力度"的原因之所在。

物化与异化：一种历史唯物主义的科学观察

——孙伯鍨《卢卡奇与马克思》研究

张一兵 *

孙伯鍨教授已经离开我们 20 年了。作为中国马克思主义哲学史的重要奠基者之一，他也是南京大学马克思主义哲学学科的创始人之一。孙先生为我们开创了马克思主义经典文本的历史解读构式，探索了从经济学语境中提炼和抽象马克思方法论的重要路径，同时，他也为我们学科打开国际视域进而研究当代国外马克思主义思潮，铺垫了最初的路基。打开孙先生的经典论著《探索者道路的探索：青年马克思恩格斯哲学思想研究》一书的绪言，首先映入眼帘就是他对 A.施米特、以赛亚·伯林和 R.阿隆评论马克思的相关引述，随即他批判性地分析了弗罗姆和德曼等人眼中的"两个马克思观"①，这是一种国际眼光。在他那一辈先哲中，这是并不多见的理论态度。而且，孙先生自己也直接参与批判"西方马克思学"②的学术活动，研究国外马克思主义学者及其重要的文本，比如他关于卢卡奇的专题研究成果《卢卡奇与马克思》，在这一论著中，他全面评述了卢卡奇《历史与阶级意识》等书中的哲学观点，并以

---

* 作者简介：张一兵，南京大学文科资深教授，马克思主义社会理论研究中心主任，哲学系博士生导师。

① 孙伯鍨：《探索者道路的探索：青年马克思恩格斯哲学思想研究》，北京师范大学出版社 2017 年版，第 1—3 页。

② 参见孙伯鍨主编：《西方"马克思学"》，江苏人民出版社 1992 年版。

历史唯物主义的观点进行了极富针对性的批评和深入分析。这些形成了我们学科国外马克思主义研究逻辑的基本立场和观点。在此，本文仅就孙先生在《卢卡奇与马克思》一书中，对卢卡奇物化和异化理论的批判性研究进行一些初步的探讨，以期引发更加深入的思考。谨以此纪念孙先生逝世 20 周年。

一

实际上，早在孙先生为我出版于 1990 年的《折断的理性翅膀——"西方马克思主义"哲学批判》所写的序言中，他就表达了对西方马克思主义思潮的基本态度，"如果说马克思本人的思想发展是从哲学到政治学再到经济学，那么西方马克思主义却把这个顺序重新颠倒了过来"[①]。这是在逻辑构序方向上的异质性。对于西方马克思主义在学术思想逻辑上的这种颠倒，孙先生当然是持否定态度的。在孙先生看来，西方马克思主义学者积极地批判当代资本主义现实，这当然是值得肯定的，可他们中的一些人，在面对资本主义制度下统治和压迫人的物质力量时，只是"满足于宣称这种物质力量只是人的本质的异化、物化，并傲然地责备用唯物主义的科学态度去研究其起源和发展规律的哲学是'见物不见人'的机械论，是为'物化意识'所蒙蔽的丧失'主体性'的哲学，那么这种貌似深刻的哲学'洞见'，恰恰是被马克思本人所彻底清算了的德国唯心主义的时髦伪装"[②]。可以看到，西方马克思主义思潮中重新

[①] 张一兵：《折断的理性翅膀——"西方马克思主义"哲学批判》，南京出版社 1990 年版，"序言"，第 2 页。
[②] 张一兵：《折断的理性翅膀——"西方马克思主义"哲学批判》，南京出版社 1990 年版，"序言"，第 4—5 页。

热炒起来的物化和异化批判问题,从一开始就引起了孙先生的高度关注,并一针见血地指出了这些观点的错误实质。

打开《卢卡奇与马克思》一书,我们可以看到孙先生第一个专题性的思考就是关于卢卡奇的物化、异化思想的评述。在卢卡奇那里,这一理论分为客观现实中"资产阶级社会中的物化现象",以及在主观上"与之相适应的物化意识"。对此,孙先生以历史唯物主义的科学态度,对其进行了深入的理论研究和批判性的分析。

首先,卢卡奇混淆了物化与异化的界限。孙先生发现,在《历史与阶级意识》一书中,卢卡奇指认"物化和物化意识都是在社会生活中发生的,是历史现象,不是自然现象",这是一个正确的判断,但是,他并没有科学地区分物化与异化,在卢卡奇那里,"物化和异化是一回事,物化即异化"。[1] 而孙先生认为,马克思是严格区分了物化与异化的。"马克思认为物化有两种:一种是指劳动的对象化,另一种是指异化。异化是指生产者的劳动在社会规定性上的物化,亦即社会关系的物化,而对象化则是指劳动在其自然规定上的物化。"[2] 因为在马克思那里,他在《1844 年经济学哲学手稿》(以下简称《1844 年手稿》)中就区分了对象化活动的物化与异化,在历史唯物主义创立后,作为物质生产对象化的物化活动始终是社会历史的真实基础,它是贯穿所有人类社会历史的"自然必然性",而"异化是人类历史发展到一定阶段的必然现象,又是由历史的进一步发展所必然要超越的现象"。[3] 这二者当然是根本不同的。然而,当卢卡奇混淆物化与异化的界限时,也就使他将流水线

---

① 孙伯鍨:《卢卡奇与马克思》,南京大学出版社 1999 年版,第 1 页。
② 孙伯鍨:《卢卡奇与马克思》,南京大学出版社 1999 年版,第 1 页。
③ 孙伯鍨:《探索者道路的探索:青年马克思恩格斯哲学思想研究》,北京师范大学出版社 2017 年版,第 475—476 页。

生产本身判定为新型的标准化规训中的物化(异化),而看不到"无罪"的科学技术只是在资本主义生产关系之下,才会转变为资本盘剥工人的力量。

其次,是卢卡奇的所谓"第二自然"(Die zweite Natur)物化观。依孙先生的看法,卢卡奇指认了社会历史发展中"物化、异化的结果造成了一个存在于人之外的第二自然。这个自然以其和人相异化、相外在的自然规律的形式来支配和主宰人的活动"①。应该说,这是一种深刻的观点。我们知道,这个所谓的"第二自然"是黑格尔的概念。在黑格尔那里,人所创造的经济活动中出现了某种"自在的自然状态",当然已经是异化的(entfremdet)"第二自然"。孙先生注意到,卢卡奇并没有否认通常意义上的自然界,即"第一自然",正因为它是存在于人之外的,它的自然规律既不是人们自己所创造的,也不为人们的活动所改变。

然而,现在的问题是,社会历史是人们自己所创造的,就其是人的创造活动的产物这一点来说,它本质上具有人的行为特征。可是在商品生产特别是资产阶级社会中,社会存在作为社会活动的结果,却失去了人的行为特征,变成了一种不是由人的活动所控制,反而支配和主宰着人们的意识和行为的第二自然。从这一点来说,人的社会活动的结果就变成了类似于第一自然那样的第二自然,也以其独立于人的自然规律来支配人们、主宰人们。在这种情况下,人就只能像对待第一自然那样以直观的、抽象反思的方式来面对这些规律。②

---

① 孙伯鍨:《卢卡奇与马克思》,南京大学出版社 1999 年版,第 1—2 页。
② 孙伯鍨:《卢卡奇与马克思》,南京大学出版社 1999 年版,第 2 页。

显然，孙先生对卢卡奇的分析是实事求是的。对卢卡奇理论思想的深刻之处，都是充分肯定的。与自然界的自在运动不同，人类社会历史发展是人的活动结果，可在商品—市场经济中，特别是在资本主义生产方式中，人所创造的社会生活却表现为"一种不是由人的活动所控制，反而支配和主宰着人们的意识和行为的第二自然"①。在这种状态下，人们就只能以直观和非反思的方式面对这种不是出现在自然界中的社会"自然规律"。这当然就是异化。卢卡奇的这一观点有其合理和深刻之处。

　　最后，卢卡奇的二元对立的异化观和量化的物化意识。孙先生认为，在卢卡奇那里，资产阶级经济过程中出现的物化现象，导致了社会历史中普遍存在的二元对立。一是"主体和客体、思维和存在、自由和必然的对立"，所以，资本主义社会是一个普遍对抗、异化和分裂的社会。这应该是一个基本正确的看法。而且，卢卡奇是在没有看到《1844年手稿》和《资本论》以外的大量经济学手稿的情况下，得出上述结论的。在当时，这是一件重要的理论事件。二是这种社会生活中的对立反映在人的主观世界中，也就"表现为自在之物和二律背反。意识中的二律背反表现为思维形式和概念内容的完全脱节，表现为自在之物的非理性和不可克服性，表现为人们对总体性把握的不可能性，以及理论和实践的分离和割裂"②。这也是孙先生重点分析和讨论的问题。在卢卡奇那里，资产阶级社会中出现的社会分裂，在哲学上就集中表现在康德的自在之物和二律背反观念之中。这也就是说，"康德的不可认识的'自在之物'恰好是这个社会的不可克服的物化和异化状态的真实写照"③。

---

　　①　孙伯鍨：《卢卡奇与马克思》，南京大学出版社1999年版，第2页。
　　②　孙伯鍨：《卢卡奇与马克思》，南京大学出版社1999年版，第2—3页。
　　③　孙伯鍨：《卢卡奇与马克思》，南京大学出版社1999年版，第3页。

依孙先生的看法：

> 康德哲学的主要特征是在认识论上重视数学和数学化的自然科学，以为认识的本质就在于使对象符合构成这类精密科学之基础的直观形式和先验范畴。所有这些认识的结果在知识宝库中都表现为抽象的、形式理性主义的东西，理性变成了一堆脱离内容的抽象形式和公式。能够融入这种抽象的理性容器的就是可知的，不能融入理性之中的就是不可知的、非理性的内容，即自在之物。①

这是一个极其深刻的哲学分析。一是康德哲学的本质就是可操作的量化意识，这是一种以数学和量化实证科学为基础认识论观念，这应该也是所有现代资产阶级实证的直观认识论的原则。二是凡无法进入量化实证理性框架中的东西，则会变成不可知的"自在之物"被排除。在后来奠定了整个资产阶级学理基石的韦伯那里，一切不可量化和进入操作性程序的价值合理性，都是被现代性（形式化的工具理性）所祛魅的。这些理论判断，构成了卢卡奇关于资产阶级物化意识批判的理论主线。应该说，其中也包含着一些深刻的见解。

可以看到，孙先生在分析完卢卡奇的一般物化、异化观点后，他立刻转到自己对马克思异化理论的理解上来，因为这是我们科学地批判式解读卢卡奇思想的理论尺度。第一，他告诉我们："马克思的历史观是科学的唯物主义的历史观，卢卡奇的历史观基本

---

① 孙伯鍨：《卢卡奇与马克思》，南京大学出版社 1999 年版，第 3 页。

上还是唯心主义的,反映在物化和异化问题上也是如此。"①这是一个基本的判断。卢卡奇的物化—异化理论与马克思关于异化的观点,在哲学前提上是根本不同的。第二,具体到异化理论的逻辑构式上来,"异化问题,在马克思那里也带有价值批判的性质,但是这种价值批判是以对历史事实的科学分析为基础的。例如马克思对商品拜物教的批判就是在对商品价值的历史起源作了严格科学的分析之后才作出的。而在卢卡奇那里,价值问题却成了核心问题、要害问题"②。这也意味着,在马克思那里,他对资本主义生产关系的价值批判,是以"对历史事实的科学分析为基础的",或者说,"在历史研究中,价值批判虽然可以起导向作用,表现人们的道德意向,但这不能作为历史研究的基础和出发点。马克思总是从历史事实、从现实发展的客观规律出发去引申出价值问题"。③ 然而,卢卡奇的物化理论是以价值批判为核心问题的。可是,要说清楚这两个方面的问题,就不得不回到马克思哲学思想发展的复杂进程中去。

显然,这里存在着一个重大的思想史上的难题,即孙先生这里所指认的马克思的异化理论,并非指他早期《1844 年手稿》中的人本主义异化史观,而是指在历史唯物主义创立之后,特别是马克思在经济学理论革命中,对资本主义社会中历史发生的异化现象的科学说明。因为在《1844 年手稿》中出现的劳动异化理论,同样也是从价值批判出发的。所以,为了较好地理解孙先生对西方马克思主义异化观,特别是对卢卡奇的物化—异化理论的批判性研究,我们有必要先来看一下孙先生对马克思异化理论历史线索的基本

---

① 孙伯鍨:《卢卡奇与马克思》,南京大学出版社 1999 年版,第 5 页。
② 孙伯鍨:《卢卡奇与马克思》,南京大学出版社 1999 年版,第 5—6 页。
③ 孙伯鍨:《卢卡奇与马克思》,南京大学出版社 1999 年版,第 6 页。

看法。这是一个方法论上的前提条件。

二

我以为,孙先生对马克思异化理论的科学分析,是中国马克思主义哲学史中极其重要的原创性思想之一。早在 1932 年,当青年马克思的早期著作《1844 年手稿》出版以来,国际学术界就出现了一种以马克思的早期论著来重新解释马克思的理论倾向,其中,用青年马克思的《1844 年手稿》中的人本学劳动异化理论,将马克思主义重新"人本主义化"是一种主导性的观点,如西方马克思主义思潮中的弗罗姆、早期列菲伏尔和萨特。对此,孙先生一针见血地评论说:

> 马克思并不是天生的马克思主义者,他是从资产阶级社会有教养的人们中间,经过艰苦的探索,自觉地转到无产阶级方面来的先进知识分子的典型代表。他的早期著作集中地反映了他的阶级立场和世界观转变的曲折过程。在这些著作中,旧信念和新思想,唯心主义和唯物主义,经历了一系列错综交织和矛盾转化的辩证发展过程,如果不是客观地、科学地、历史主义地深入分析和考察这些著作,那么很显然,抱着不同立场和世界观的人们都会轻而易举地从中找到自己所需要的论据,以便按照自己的观点来解释和评价马克思的学说。①

---

① 孙伯鍨:《探索者道路的探索:青年马克思恩格斯哲学思想研究》,北京师范大学出版社 2017 年版,第 2—3 页。

马克思不是天生的马克思主义者，这是一句响亮的理论断言。这极富针对性地证伪了那种将马克思的思想畸变成"一句顶一万句"的绝对真理的教条主义解释构式，深刻阐明了马克思的思想发展中也存在着一个从唯心主义转向唯物主义、从资产阶级民主主义转向无产阶级立场的复杂历史过程。所以，我们绝不能将马克思的早期文本简单地当作现成的正确观点，特别是对于马克思在《1844 年手稿》中提出的劳动异化理论，也必须本着历史的态度科学地加以分析。

在孙先生看来，马克思对异化概念的使用，经历了一个十分复杂的三阶段思想变化过程。第一个阶段从 1843 年夏至 1844 年底。这个时期的主要著作有：① 发表在《德法年鉴》上的文章，如《论犹太人问题》《黑格尔法哲学批判导言》，以及《黑格尔法哲学批判》（手稿）；②《1844 年手稿》；③《神圣家族》。当然，其中形成完整的劳动异化理论的，当属《1844 年手稿》。依我的理解，这应该还包括《巴黎笔记》中的"穆勒笔记"。孙先生认为，《1844 年手稿》中，马克思在阐述劳动异化时，马克思把自由自觉的活动（劳动）看作人的类本质。他接受了政治经济学家关于劳动创造价值的观点，并且和黑格尔一样，把这个观点上升到历史哲学的层面，认为以往的全部人类历史就是人通过劳动而自我诞生的过程，而劳动的异化及其扬弃正是为揭开"真正人类历史"的序幕而进行准备的"前史"。这样，他就把共产主义革命和社会主义的实现归结为"劳动异化的积极扬弃"。①

这是一个十分精准的理论分析。因为在孙先生看来，马克思

---

① 孙伯鍨：《探索者道路的探索：青年马克思恩格斯哲学思想研究》，北京师范大学出版社 2017 年版，第 182—186 页。

此时的劳动异化理论中,作为价值悬设的理想化"自由自觉的活动(劳动)",被当作人本真性的类本质,这是人本主义劳动异化理论的逻辑起点。而当马克思用这样一个价值尺度去观察资产阶级的雇佣制度的时候,他就发现了工人劳动类本质的异化:这表现为工人同他的劳动产品的关系是同一个异化的对象、独立的力量、敌对的对立物之间的关系,而劳动产品的异化的根源在于劳动本身和类本质的异化,这种异化最终表现为工人与资本家的异化关系,明明是工人创造财富养活资本家,却颠倒地表现为资本家发给工人工资养活工人。由此,扬弃劳动异化也就是彻底否定资产阶级私有制,进而实现"真正的人类历史"——共产主义。可是,依孙先生的看法,当马克思在这里

> 把劳动看作人的本质的时候,并不是指任何一种劳动,不是指在一定历史阶段和社会关系中的具体现实的劳动,而是抽象地理解的劳动,是劳动本身。根据马克思的解释,只有这种摆脱了一切现实社会关系的本来意义上的劳动,亦即作为人的生命活动和人格体现的自由、自觉的创造性活动,才是人的类本质。而迄今存在过的现实的劳动恰恰都是异化劳动,它们不仅不是人的本质的体现,而且是它的歪曲和丧失。这就表明,当把劳动纳入人本主义异化理论的逻辑框架时,它就被抽去一切现实的内容,成为纯粹的概念和高度理想化的状态。①

---

① 孙伯鍨:《探索者道路的探索:青年马克思恩格斯哲学思想研究》,北京师范大学出版社 2017 年版,第 185—186 页。

显然,在孙先生看来,虽然此时的马克思已经从哲学立场上转到了哲学唯物主义,在政治立场上坚定地站在了无产阶级的观点上,但青年马克思这里的"摆脱了一切现实社会关系的本来意义上的劳动",还是一种人本主义话语中的抽象价值悬设,从这种抽去了一切现实内容的"纯粹的概念和高度理想化的状态"出发观察社会历史,当然不会是科学的观点。这也意味着,《1844年手稿》中的劳动异化理论的基本特征就在于:"用真正的人的类本质来和现实的人的存在相对立,用作为人的本质力量之表现的劳动来和异化劳动相对立。因此在这里,无论是对人或人的劳动的看法,都必然带有抽象的形而上学的性质。"①归根到底,这还是一种非科学的"人本主义异化论的历史哲学体系"。我完全赞同孙先生的上述理论判断。在整个马克思主义哲学史的发展中,这些学术理论判断具有重要的理论意义。因为,在传统教条主义马克思主义思想史研究中,人们对马克思的《1844年手稿》的观点,始终停留在含糊其词和模糊异质性观点之间界限的黑暗状态中,这才有了西方马克思主义人本学派有机可乘的机会。孙先生的观点,第一次从根本上说清楚了青年马克思在《1844年手稿》中提出的劳动异化理论的实质。这是马克思主义思想史研究中的重大突破。

　　在孙先生的眼里,马克思异化思想发展的第二个阶段,是马克思恩格斯共同创立历史唯物主义后一直到《共产党宣言》的时期。其中,集中体现科学异化理论新观点的,主要是《德意志意识形态》一书。虽然在这一文本中,马克思恩格斯并没有正面使用异化概念,但是,他们在历史唯物主义的基础上第一次科学地说明了异化

---

　　① 孙伯鍨:《探索者道路的探索:青年马克思恩格斯哲学思想研究》,北京师范大学出版社2017年版,第187页。

现象。孙先生指出,与《1844 年手稿》中的"人本主义异化逻辑"不同,一是马克思不再从一种被设定的人的先验本质出发来谈论异化,把异化视为"一种抽象主体的自我背离、自我丧失、自我否定,而异化的扬弃则意味着这种抽象主体的自我复归、重新获得和自我实现"①,这意味着,马克思关于异化现象的说明已经摆脱了人本主义的非历史抽象观点;二是马克思恩格斯不再用异化来说明历史,而是用历史来说明异化,推动人类历史发展的不是人的类本质的异化和异化之扬弃,而是以生产活动为基础的生产力的发展和生产关系的变革。异化反映的是力图把生产力的发展置于自己的自觉调节之下的人与现行生产关系之间的矛盾和对抗。造成这种对抗并使之不断尖锐化的原因,既不应归结于生产力的发展,也不应归结于工具理性的统治,而只能是在生产力和生产关系之间的矛盾运动中寻求理解。②

这也就是说,马克思恩格斯是在历史唯物主义的基础上,通过现实社会中生产力与生产关系的客观矛盾来说明异化现象。孙先生认为,"马克思从历史唯物主义观点对异化问题所做的最权威、最经典的表述。归结起来可以概括为两句话:异化是人类历史发展到一定阶段的必然现象,又是由历史的进一步发展所必然要超越的现象"③。这是十分精辟的论断。

马克思异化理论的第三个阶段,是 1857 年之后,从《1857—1858 年经济学手稿》(以下简称《大纲》)一直到《资本论》,这是马克

---

① 孙伯鍨:《探索者道路的探索:青年马克思恩格斯哲学思想研究》,北京师范大学出版社 2017 年版,第 472—473 页。
② 孙伯鍨:《探索者道路的探索:青年马克思恩格斯哲学思想研究》,北京师范大学出版社 2017 年版,第 474 页。
③ 孙伯鍨:《探索者道路的探索:青年马克思恩格斯哲学思想研究》,北京师范大学出版社 2017 年版,第 475—476 页。

思最重要的经济学研究的时期。在孙先生看来：

> 马克思彻底解开异化之谜是在他完成了对政治经济学的批判研究之后，这时他的价值理论、货币理论、剩余价值以及工资、利润、地租等理论都已经趋于成熟，从而对异化如何在历史发展中产生并在资产阶级社会中获得最尖锐的表现，做出最科学、最精湛的分析，这在他《1857—1858 年经济学手稿》中有最清晰的表述。[①]

这也就是说，在马克思实现政治经济学的伟大革命的时候，他也完成了对资产阶级经济关系中复杂异化现象的科学说明。在马克思那里，正是通过对资本主义商品—市场经济关系中历史性出现的商品、货币、资本关系颠倒和异化的科学透视，获得了"价值理论、货币理论、剩余价值以及工资、利润、地租等理论"，使经济关系中的异化现象得到科学的说明。而且，孙先生特别强调了马克思科学的异化概念的方法论前提和问题领域。

首先，孙先生认为，虽然这期间马克思使用了异化概念，但是，这"并不意味着他再度回到早期著作中的人本主义观点"，因为此时出现在马克思经济学论著中的异化概念，已经是在历史唯物主义的基础上，观察资本主义经济关系现实的结果。所以，这里马克思对"异化概念的使用不再有任何思辨的和人本主义的色彩，它不再是某种先验的主体性辩证法，而是作为描述事物和现象之运动和变化的过程性辩证法，这种运动和变化的主体不是先验的、抽象

[①] 孙伯鍨：《探索者道路的探索：青年马克思恩格斯哲学思想研究》，北京师范大学出版社 2017 年版，第 474 页。

的、绝对的,而是现实的、具体的、相对的,是现实的个人或事物"。①
这是一个大的方法论前提。因为,马克思在《大纲》中重新使用的
异化概念,与他早先在《1844年手稿》中的人本主义异化史观是完
全异质性的,这也杜绝了那种用人本主义重构马克思的偏向。其
次,在孙先生看来,马克思经济学论著中出现的异化概念,主要集
中在对商品与货币、资本与劳动关系的分析中。如果说,"货币作
为从商品中异化和外化出来的东西而与商品相对立,那末资本则
作为劳动异化的产物而与劳动相对立"②。这是说,异化不再是人
的本真类本质的异化,而是人们在资产阶级经济关系中客观遭遇
的客观现实,在这里,商品交换关系中被客观抽象出来的劳动价值
关系,颠倒地异化为货币,并成为支配现实生活的神性权力。而
且,当作为资本的货币重新投入生产过程中,也就成为汲取活劳动
剩余价值的客观异化力量。孙先生深刻地指出,在马克思那里,资
本作为一种生产关系是全部先行历史发展的结果,单独的个人面
对资本关系就如同面对异己的力量一样。在这里,"异化概念都被
运用于描述资本主义生产的矛盾性质,丝毫没有把它同人的抽象
本质联系在一起"③。孙先生进一步指出:

> 货币和资本所以能够成为支配一切的社会权力,是因为
> 它们作为生产者的社会关系的物化表现而与他们自己异化,
> 这是以交换价值为基础的生产所必然导致的结果。在商品生
> 产条件下,不同商品所包含的劳动(个人劳动)必须表现为同

① 孙伯鍨:《孙伯鍨文存》第3卷,江苏人民出版社2010年版,第144页。
② 孙伯鍨:《孙伯鍨文存》第3卷,江苏人民出版社2010年版,第145页。
③ 孙伯鍨:《孙伯鍨文存》第3卷,江苏人民出版社2010年版,第145页。

一的社会劳动，即"异化的个人劳动"，才能成为可交换的。①

在这里，孙先生对马克思经济学研究中异化问题的分析，深刻体现了一种对资本主义生产方式本质的科学认识：资产阶级市场经济中商品交换出现的价值关系抽象，使人的"社会关系物化表现"（货币）与他们自己异化，由此，资本主义社会中居统治地位的资本关系才成为"支配一切的社会权力"。我以为，孙先生关于马克思异化问题的历史分析，不仅是我们正确理解马克思思想发展进程的重要基础，也是面对西方马克思主义异化、物化理论的方法论前提。这对于我们更加深入地理解孙先生对卢卡奇物化—异化理论的批判性解读，具有重要的指导意义。

三

我们再回到《卢卡奇与马克思》一书中孙先生对卢卡奇的批判性理解语境中来。可以看到，这正是基于我们上面展开讨论的孙先生对马克思异化理论的历史分析之上的。因为孙先生对卢卡奇物化、异化理论的批判性分析，并不是独立地简单评说这一观点的是非曲直，而是将卢卡奇的观点与马克思的相近思想进行一种对照性的评判。

首先，针对卢卡奇混淆物化与异化的错误，孙先生明确指出，马克思从来没有把物化和异化混为一谈，具体来说，马克思的科学异化理论包括两个重要层面。一是出现在流通领域中的商品—货币关系异化。这是在经济的社会形态中，

---

① 孙伯鍨：《孙伯鍨文存》第 3 卷，江苏人民出版社 2010 年版，第 145 页。

由于分工、交换的发展而形成的社会关系的物化、异化。社会关系的异化在相当长的历史时期里是人们普遍面临的现象，不管你处于什么样的一种社会地位上。这种异化是指社会关系在由人与人的关系变为物与物的关系之后，成为一种独立于人的意识之外，支配着人的意识，并进一步支配人的行为的社会力量（如商品拜物教、货币拜物教等）。①

这是说，资本主义经济关系中出现的第一种异化关系，是由于特定历史条件下劳动分工与交换充分发展之后，人们的劳动交换关系颠倒为"物与物的关系"，并成为人的意识之外，并反过来支配人的社会力量，这是商品—货币结构中的异化。二是出现在资本主义生产过程中的资本异化关系。这是上述异化了的货币开始转化为在生产中支配活劳动的资本，也就出现了"社会权力同人相异化，社会财富集中到少数人手中，被少数人所支配，用来控制、支配和奴役社会上的大多数劳动者，其突出的表现就是资本的异化"②。我自己体会到，这是孙先生对马克思异化理论讨论的一个新的深入。这使得他对卢卡奇物化、异化理论批判获得了一个重要的理论制高点。孙先生说，马克思在《资本论》中没有"泛泛地批判货币，也没有泛泛地批判商品，而是集中地批判资本，而卢卡奇则着重地批判商品结构。马克思的批判重点是指向奴役、压迫和经济上的榨取，卢卡奇批判的重点则是人的独立主体地位和自由意志的丧失"③。这就是一个根本的不同了。我以为，孙先生是抓住了

---

① 孙伯鍨：《卢卡奇与马克思》，南京大学出版社1999年版，第7页。
② 孙伯鍨：《卢卡奇与马克思》，南京大学出版社1999年版，第7页。
③ 孙伯鍨：《卢卡奇与马克思》，南京大学出版社1999年版，第6页。

卢卡奇物化、异化理论中存在着的重大缺陷的。因为依我的看法，在历史现象学的视角上，马克思由表层到本质地揭露了商品物化、货币物化和资本物化所导致的资本主义社会关系的对象性颠倒。他同时指认了资产阶级经济学的拜物教性质（三大拜物教）。① 而青年卢卡奇则主要是**从哲学的角度**仅仅说明"商品结构"中的物化，以及由此形成的当代资产阶级意识形态的商品拜物教特征。从实质上看，这只是马克思物化理论**第一个现象层面**和三大拜物教理论中的**孤立的**商品拜物教。必须指出的是，只要青年卢卡奇不能捕捉到更深一层的货币与资本关系物化以及货币拜物教和资本拜物教，他的分析就注定是肤浅的，也必然由此陷入一种理论逻辑上的混乱迷阵之中。

其次，针对卢卡奇观察物化、异化问题的价值批判立场，孙先生告诉我们，"马克思在研究物化和异化问题时，主要是从历史发展、社会进步，特别是从物质生产的发展和进步方面去论证和考察的"②。这是一种历史唯物主义的根本立场。

一是在马克思那里，物化、异化理论是他观察整个社会发展的一个侧面。从历史唯物主义的观点出发，物化和异化问题只能从整个社会发展的客观角度才能得到正确、合理的解释。"如果撇开人类物质生产的历史过程，用抽象的价值观念作标准去观察和评价过去的历史，把以往的全部人类史看成是一部异化史，是人的本质的自我异化和扬弃异化的历史，那就把产生物化和异化的物质基础都抽象地否定掉了。这样的观点当然不是什么唯物史观，而

---

① 详见张一兵：《回到马克思——经济学语境中的哲学话语》，江苏人民出版社2014年第3版，第8—9章。

② 孙伯鍨：《卢卡奇与马克思》，南京大学出版社1999年版，第7—8页。

是把现实的人类史仅仅当作意识发展史的唯心史观"①。在我看来,孙先生这里的讨论是意味深长的。因为按照我们上面已经充分讨论的马克思思想史中前后期异化理论的异质性分析,这里对于"用抽象的价值观念作标准去观察和评价过去的历史,把以往的全部人类史看成是一部异化史,是人的本质的自我异化和扬弃异化的历史"的批评,当然也包含对《1844 年手稿》的深层反思。而从"人类物质生产的历史过程"出发,考察异化现象的历史发生和随着资本主义生产方式一并消失,则是马克思的科学异化观。

> 卢卡奇却没有这样做,他不仅没有把劳动的对象化即物质生产力的发展作为克服和扬弃异化的必要的社会条件和物质基础,反而把对象化、物化和异化混为一谈,形而上学地把人和物、思维和存在、自由和必然绝对对立起来,把独立于人的物质存在和物质规律一概视为是和人相异化,是人的自由的界限和限制。②

这是说,卢卡奇的物化、异化观不是从"人类物质生产的历史过程"出发,而是从价值尺度出发,将"独立于人的物质存在和物质规律一概视为和人相异化,是人的自由的界限和限制",这就是唯心主义的做法了。

二是在孙先生看来,与卢卡奇的简单价值判断不同,马克思认为"物化和异化这种现象的出现不仅有其历史的必然性,而且有其相对的合理性",比如,"货币的出现标志着社会关系的物化、异化,

---

① 孙伯鍨:《卢卡奇与马克思》,南京大学出版社 1999 年版,第 8 页。
② 孙伯鍨:《卢卡奇与马克思》,南京大学出版社 1999 年版,第 8 页。

导致货币拜物教和拜金主义的盛行。如果因为它有后一个方面的消极的、坏的作用，而把它过早地消除掉，这种做法既不现实也不可取"。① 依我的理解，这也是孙先生对马克思异化理论的一个新看法。他甚至说，在马克思那里，面对发生异化现象的资本主义经济过程，"历史地来看，这个物的依赖关系比当初没有这种关系要好，比原始的、狭隘的、地方性联系以及封建的奴役关系要好。同样毫无疑问的是，如果不首先创造出这种全面物化的社会关系，人们就不可能去占有它，把它置于自由个人联合体的自觉控制和支配之下"②。所以，卢卡奇非历史地简单否定物化和异化是不对的，因为，没有资本主义创造出来的"全面物化的社会关系"，人们就不可能在充分发展的生产力上彻底打破"原始的、狭隘的、地方性联系以及封建的奴役关系"，也不可能创造新型的社会化联系，也就没有创造人的解放的客观条件。这是一种深刻的历史辩证法的观点。

最后，针对卢卡奇在物化和异化问题上对待客观规律的态度，孙先生提出了自己的批评性意见。在孙先生看来，卢卡奇在批评资本主义社会中出现的所谓"第二自然"时，没有科学地区分客观性的一般社会规律和特殊历史现象，在他那里，"批判物化、异化同批判历史规律或许就是一回事"，孙先生认为，"卢卡奇对资产阶级经济学的规律和无产阶级政治经济学的规律不加区分，笼统地认为承认客观经济规律就不能得出革命的结论，要得出革命的结论就必须否定经济规律的客观性，这其实是非常错误的"。③ 这是入木三分的透视。孙先生还认为，在批判资本主义生产方式中出现

① 孙伯鍨：《卢卡奇与马克思》，南京大学出版社 1999 年版，第 9—10 页。
② 孙伯鍨：《卢卡奇与马克思》，南京大学出版社 1999 年版，第 10 页。
③ 孙伯鍨：《卢卡奇与马克思》，南京大学出版社 1999 年版，第 11 页。

孙伯鍨哲学思想研究文集

的物化和异化现象上,卢卡奇与马克思是站在完全不同的方法论立场上的:马克思的批判是以历史唯物主义为基础的,而卢卡奇的批判却遵循着一条"人本主义的哲学路线"。

> 在马克思看来,由经济规律(不论是资产阶级经济学家还是马克思本人所进一步改造和深化的)所反映的社会关系,不管它们异化与否,都是一种客观存在的社会对象性。这种社会对象性(社会的物)的存在从形式上来讲不同于自然物,也不同于对自然物的改造而获得的劳动生产物,它们仅仅是作为关系而存在的。但这种关系同样是不依赖于人的意志而存在着的客观实在。它们只合乎规律地从历史中产生,并合乎规律地在历史中发展和改变。①

这是极其深刻的理论分析。这是说,卢卡奇所简单否定的资本主义经济关系中的物化和异化现象,本身就是一种特定历史条件下客观的社会关系,作为对象性的客观存在,它不同于自然物或者经过人的劳动改造过的"劳动生产物",无论卢卡奇是否喜欢,这种历史现象"只合乎规律地从历史中产生,并合乎规律地在历史中发展和改变"②。而卢卡奇的问题恰恰在于不能正确的区分这二者:

> 在他的眼光里,物化就是异化,没有进一步研究物化和对象化对于人在社会生活中的思想和行为,以及对于无产阶级

---

① 孙伯鍨:《卢卡奇与马克思》,南京大学出版社 1999 年版,第 12 页。
② 孙伯鍨:《卢卡奇与马克思》,南京大学出版社 1999 年版,第 13 页。

和人类的解放运动所具有的不可扬弃的制约作用。所以在他那里,只有价值分析,没有事实分析,只有价值判断和评价,没有科学的探讨和研究。这就反映了马克思和早期卢卡奇所采取的不同立场,前者是唯物主义历史观,后者是人本主义历史观。①

面对资本主义生产方式中的物化和异化现象,卢卡奇和马克思的态度是完全不同的。他与马克思的根本差异在于,他不能"把人类历史首先看成是物质生产发展的历史,没有试图通过对物质生产发展史即经济史的研究来寻求对问题的解决。这样,他的历史观就仍然停留在黑格尔思辨哲学的历史辩证法的阴影里"②。这是中肯的分析。

实际上,通过上面的分析,我们对孙先生《卢卡奇与马克思》一书中关于卢卡奇物化、异化理论的深入讨论已经有了一个初步的了解。一方面,我们看到了卢卡奇在没有看到青年马克思的《1844年手稿》和《资本论》之外大量经济学手稿的情况下,能够提炼出马克思的物化批判观点,这本身是一个了不起的学术事件,这对后来西方学界和整个马克思主义思想史研究都起到了重要的引导作用。另一方面,孙先生运用了历史唯物主义的方法,比较了卢卡奇与马克思在对待物化和异化问题上的诸多差异,批判性地分析了卢卡奇理论中存在的问题,这对于我们批判性地研究西方马克思主义思潮具有典范性的作用,也给今天我们科学地思考异化理论提供了极具启发性的思考方向。当然,我们对马克思异化理论的研究,也必须在孙先生开辟的道路上积极地向前推进。

---

① 孙伯鍨:《卢卡奇与马克思》,南京大学出版社 1999 年版,第 15 页。
② 孙伯鍨:《卢卡奇与马克思》,南京大学出版社 1999 年版,第 17 页。

论孙伯鍨先生对卢卡奇社会存在本体论思想的深度解读

李庆钧*

卢卡奇在"马克思主义学徒期"所写的《历史与阶级意识》,是他影响最大的著作,但这部著作是"反对马克思主义的本体论的根基的"①。1964 年,79 岁高龄的卢卡奇开始了他自认为一生"最重要的著作"——《关于社会存在的本体论》的写作。卢卡奇认为,虽然在马克思那里找不到对本体论问题系统化的专门论述,但实际上"从来没有人像马克思那样全面地研究过社会存在本体论"②。在《关于社会存在的本体论》这部著作中,卢卡奇不仅清理了《历史与阶级意识》的理论错误,而且提出了一个重新理解的马克思主义哲学体系,把社会存在本体论确定为马克思主义的真正哲学基础,因此,有学者把《关于社会存在的本体论》看作卢卡奇"最后的和权威的自我批评"③。《关于社会存在的本体论》是一部未竟鸿篇巨制,充满冗长、重复的论述,但它仍是"一部令人钦佩的不朽巨著",

---

　* 作者简介:李庆钧,扬州大学社会发展学院院长、教授。
　① ［匈］卢卡奇:《历史与阶级意识——关于马克思主义辩证法的研究》,杜章智、任立、燕宏远译,商务印书馆 1992 年版,第 10 页。
　② ［匈］卢卡奇著,［德］本泽勒编:《关于社会存在的本体论·上卷——社会存在本体论引论》,白锡堃、张西平等译,重庆出版社 1993 年版,第 370 页。
　③ ［匈］卢卡奇著,［德］本泽勒编:《关于社会存在的本体论·上卷——社会存在本体论引论》,白锡堃、张西平等译,重庆出版社 1993 年版,第 14 页。

是"马克思主义的纲领"。① 当然,我们不能运用进化论、目的论的思维,简单地把《关于社会存在的本体论》看作卢卡奇思想线性发展的顶点和最终归宿,而是要对卢卡奇的思想进行类似于考古学的深层历史解读。② 1999 年,孙伯鍨先生出版的《卢卡奇与马克思》一书,就是运用深层历史解读法来研究西方马克思主义的一个典范,是在唯物辩证法基础上对卢卡奇思想"深度研究的原创性开拓"③。

一

孙先生晚年对卢卡奇的思想进行系统深入的研究,并不是一时心血来潮赶时髦,而是有着非常重要的考虑。孙先生说:"我出版《卢卡奇与马克思》这本书,即是试图纠正国内外在类似研究上的基本误区:一是把卢卡奇简单化,把他视为'西方马克思主义'的开创者而忽视了他后期向马克思立场的回复;二是在研究过程中看不到卢卡奇与马克思之间的一致性与差异所在,形成对辩证法的误解。"④孙先生对卢卡奇思想的研究,重点解决两个问题:一是如何认识青年卢卡奇和晚年卢卡奇的关系,涉及分析解读卢卡奇思想演变的方法问题;二是如何认识卢卡奇与马克思的异同,涉及对卢卡奇思想的评价标准问题。前者指的是孙先生独特的深层历

---

① [匈]F.L.伦德威:《卢卡奇的社会存在本体论和马克思的社会观》,燕宏远译,载《哲学译丛》1991 年第 5 期。
② 张亮:《让卢卡奇从晚年自传的阴影中走出来:一种方法论反思》,载《学术研究》2005 年第 3 期。
③ 孙伯鍨:《卢卡奇与马克思》,南京大学出版社 1999 年版,序言第 10 页。
④ 胡大平:《孙伯鍨教授哲学思想访谈录》,载张一兵主编《高校理论战线》2001年第 10 期。

史解读法,后者指的是孙先生对唯物辩证法的世界观和方法论的深刻洞见。

1. 分析方法:深层历史解读法

深层历史解读法是孙先生开创的独特学术研究传统。早在 20 世纪 80 年代出版的《探索者道路的探索》中,孙先生就以详尽的文本考评和深邃的历史分析为依据,指出马克思早期思想经历了"两次转变"观点,这体现出一种解读马克思早期文本的新方法、新进路,即深层历史解读法。这种方法就是在深入钻研文本的基础上,"分析每一时期、每一阶段不同文本中的问题提法、解决思路、特殊语境以及每一个重要哲学术语的具体内涵,运用历史主义发生学的方法进行分析和推理"[①],从中挖掘文本生成过程中所体现出来的话语逻辑,把握文本作者本人思想的深层变化,从而克服了传统哲学解释框架的局限。基于深层历史解读法,孙先生提出《1844 年经济学哲学手稿》中存在着"两条逻辑",认定该手稿是一部具有过渡性质的著作而不是成熟的历史唯物主义著作,从而厘清了这部手稿的定性问题。

在《卢卡奇与马克思》一书和其他论文中,孙先生运用深层历史解读法,"坚持以'历史'作为'文本'与'解释'的中介"[②],从卢卡奇思想的产生、发展及背景变化中分析了其一生的思想演变和理论成就,把握了卢卡奇思想发展的内在逻辑及深层矛盾,并进行了客观公正的评价。

孙先生重点抓住《历史与阶级意识》和《关于社会存在的本体论》两个文本,历史地呈现了卢卡奇思想的形成、发展的宏观轨迹,

---

① 胡大平:《孙伯鍨教授哲学思想访谈录》,载《高校理论战线》2001 年第 10 期。
② 姚顺良:《继承和推进孙伯鍨先生开创的马哲史研究传统》,载张一兵主编:《社会批判理论纪事》第 1 辑,中央编译出版社 2006 年版,第 249—258 页。

同时从 11 个关键问题入手，具体地描述了卢卡奇思想发展的微观演变，构建了卢卡奇思想发展的整体图景，勾画出卢卡奇研究社会存在问题的思路历程。孙先生认为，卢卡奇不同时期的思想有着内在必然联系，《历史与阶级意识》和《关于社会存在的本体论》两书写作宗旨和目标一致，①但是卢卡奇在两书中遵循的哲学路线是不同的。在《历史与阶级意识》中，卢卡奇论证了历史中主客体的相互作用和辩证统一，他的"客体"是与自然割裂的，这实际上是一种"抽掉了自然唯物主义基础的历史唯物主义"②，基本偏离了唯物主义方向。在《关于社会存在的本体论》中，卢卡奇把自然唯物主义当作研究社会存在本体论的一般前提和出发点，比较自觉地贯彻马克思主义唯物主义路线。在对卢卡奇思想演变过程进行抽丝剥茧式解析的基础上，孙先生得出一个结论：在《关于社会存在的本体论》中，卢卡奇抓住了社会存在的本体论关联，"明确而坚定地回到了马克思主义的唯物主义立场上来。这是一次思想的回归，是卢卡奇一生的思想演变中最重要的一次立场转变。经过这一次转变，他的哲学立场已经和马克思大为接近了"③。因此，孙先生把卢卡奇视作"当代西方最著名的马克思主义哲学家"④。

2. 评价标准：对唯物辩证法的世界观和方法论的科学理解

孙伯鍨先生是我国老一辈马克思主义哲学家的杰出代表，是马克思主义的坚定信仰者和实践者。⑤ 孙先生对马哲史、西方"马克思学"、西方马克思主义代表人物的研究，"都贯穿着唯物辩证法

---

① 孙伯鍨：《卢卡奇与马克思》，南京大学出版社 1999 年版，第 172 页。
② 孙伯鍨：《卢卡奇与马克思》，南京大学出版社 1999 年版，第 174 页。
③ 孙伯鍨：《卢卡奇与马克思》，南京大学出版社 1999 年版，第 175 页。
④ 孙伯鍨：《卢卡奇与马克思》，南京大学出版社 1999 年版，第 428 页。
⑤ 秦益成：《坚持马克思主义哲学的党性原则和改变世界的理论特质》，载《马克思主义研究》2011 年第 1 期。

的世界观和方法论这条主线"①。

对唯物辩证法的世界观和方法论的独到理解是孙先生批判性研究西方马克思主义的标尺。孙先生指出："如果不懂马克思就试图说清'西方马克思主义'是不可能的。"②20世纪80年代孙先生就提出过"回归马克思"，90年代提出"走进马克思"，在孙先生晚年，"他所做的一件最有意义的事情就是对唯物辩证法的世界观与方法论本身进行了系统而又深刻的梳理"③。孙先生强调马克思主义哲学不是体系哲学，而是方法，因为"马克思所实现的哲学变革的实质，恰恰是以科学的革命的方法论，冲破了体系哲学的牢笼"④。孙先生始终坚持认为"马克思主义哲学的核心是唯物辩证法的世界观和方法论"⑤，并深刻阐释了唯物辩证法与其他各种哲学方法论之间的异质性区别。所以，《卢卡奇与马克思》这部书的价值，不仅在于"展示了卢卡奇从'反马克思主义到信马克思'的逻辑发展过程"，而且"从学理和内涵审视马克思，向知识界报告马克思主义真谛和精髓所在"。⑥

根据唯物辩证法这个标准，孙先生指出卢卡奇社会存在本体论确有缺陷，"但这个缺陷不在于卢卡奇向马克思的走近，而在于

---

① 唐正东：《马克思主义哲学研究中的信念维度》，载《南京大学学报(哲学·人文科学·社会科学版)》2004年第3期。

② 胡大平：《孙伯鍨教授哲学思想访谈录》，载《高校理论战线》2001年第10期。

③ 张一兵、唐正东：《孙伯鍨哲学思想的方法论源起和内在逻辑》，载《马克思主义研究》2004年第2期。

④ 孙伯鍨、张一兵、仰海峰：《体系哲学还是科学的革命的方法论》，载《天津社会科学》1997年第6期。

⑤ 张一兵、唐正东：《孙伯鍨哲学思想的方法论源起和内在逻辑》，载《马克思主义研究》2004年第2期。

⑥ 刘学文：《从解读马克思追寻者的角度来解读马克思主义本体——读〈卢卡奇与马克思〉有感》，载《南京社会科学》2002年第8期。

他终究没有全面地把握马克思思想的精神实质"①。

二

《关于社会存在的本体论》是一本未竟之作,其内容有不少重复甚至前后矛盾。要准确把握卢卡奇的思想脉络,勾画出他的理论框架,不是一件容易的事。孙先生高屋建瓴,在解读卢卡奇的文本时不拘泥于个别词句而抓住其精神实质,既准确把握了卢卡奇关于社会存在本体论的宏观构架,又在微观层面上阐述了卢卡奇在一系列重大理论问题上的基本观点及其与马克思思想的异同。这就既克服了对卢卡奇社会存在本体论教条式的批判,又防止了根据文本中的只言片语就断章取义地进行理解。

1. 对卢卡奇社会存在本体论思想的总体评价

卢卡奇提出"本体论是马克思主义的真正哲学基础"②,他认为能够把马克思主义哲学与资产阶级哲学思潮从根本上区别开来的是本体论。晚年卢卡奇在许多重大理论思考上"又重新返回到了他青年时代所感兴趣的问题"③,问题虽然相同,答案却有根本区别。在《关于社会存在的本体论》中,卢卡奇反思了《历史与阶级意识》的理论失误,从自然唯物主义基本立场出发,把自然唯物主义看作研究社会存在本体论的一般前提和最基础的出发点。这样卢卡奇就超出了单纯的历史领域,而把考察范围扩大到与以劳动、再

---

① 周宏:《略论孙伯鍨先生的卢卡奇观——孙伯鍨先生逝世三周年祭》,载《常熟理工学院学报》2006 年第 1 期。

② 杜章智编:《卢卡奇自传》,李渚青、莫立知译,社会科学文献出版社 1986 年版,第 42 页。

③ [美]罗伯特·戈尔曼编:《"新马克思主义"传记辞典》,赵培杰等译,重庆出版社 1990 年版,第 543 页。

生产为基础的社会生活有着本体论关联的一切领域。孙先生认为,这时的卢卡奇"比较自觉地、有意识地贯穿马克思主义哲学的唯物主义路线,他重视在研究社会存在这个问题上运用唯物主义的辩证方法,这与他早期的哲学方法有很大不同"①。孙先生认为,卢卡奇抓住了社会存在的本体论关联,把研究范围扩大到整个外部世界,包括了自然史和人类史,"看起来卢卡奇是扯远了,谈到了无机自然、有机自然,但是如果要从更加全面的角度来把握人类发展的基本规律和趋势,更加彻底地思考在当代出现的诸多问题,不这样做是不能从根本上解决问题的"②。

孙先生对卢卡奇社会存在本体论的评价,时刻紧扣哲学基本问题。一是关于社会存在概念的解释。卢卡奇所说的社会存在并非仅仅是指经济结构,而是指"社会存在的总体性",因而他认为不能从社会存在中把观念因素剔除。只有这样,才能既坚持了马克思主义的物质本体论,又反对了庸俗马克思主义对社会存在和社会意识关系所作的机械论解释。孙先生认为,卢卡奇的这个观点,"易于导致把物质生产过程和精神生产过程混为一谈,并轻率地否定把经济基础和上层建筑从原则上区分开来的观点"③。二是关于对自然辩证法的承认问题。在《历史与阶级意识》中,卢卡奇不承认自然辩证法的合法性,而晚年卢卡奇承认自然辩证法是马克思主义哲学不可分割的一部分,承认辩证法的重要范畴在自然领域和社会存在领域的普遍的客观有效性,历史运动辩证法不再仅仅是主客体辩证法,而是通过整个社会存在中的诸多局部整体以及它们和整个社会存在整体之间的相互依存、相互作用来表现,因而

① 孙伯鍨:《卢卡奇与马克思》,南京大学出版社1999年版,第172页。
② 孙伯鍨:《卢卡奇与马克思》,南京大学出版社1999年版,第176页。
③ 孙伯鍨:《卢卡奇与马克思》,南京大学出版社1999年版,第206页。

具有了广泛的社会客观性。孙先生认为,承认了这一点,实际上就回到辩证唯物主义的立场上来了。[①] 三是关于对反映论的承认问题。在《历史与阶级意识》中,卢卡奇实际上是反对反映论的,晚年卢卡奇认为,唯物主义反映论是唯物主义的社会存在本体论的必然逻辑结论。[②] 四是关于对意识问题的认识。孙先生认为卢卡奇对意识问题的分析似乎陷于左右为难的困难处境,而且对这个问题的论证前后不一致。在梳理卢卡奇关于意识问题的基本思路的基础上,孙先生认为,卢卡奇"既不是单纯把意识,也不是单纯把物质当作社会存在的本体论起源,而是把意识和物质、观念因素和实在因素在劳动过程中的具体的相互作用作为社会存在的起源,这样他就在社会存在范围内回避了对哲学基本问题的回答"[③]。卢卡奇之所以选择劳动作为社会存在本体论的基石,原因就在于劳动作为"跨界因素"既构成了意识发展的根据,又构成了物质发展的根据,这样,卢卡奇实质上回避了关于意识的本质和作用等棘手问题。

2. 对卢卡奇社会存在本体论理论构架的分析

《关于社会存在的本体论》一书内容庞杂,就连卢卡奇的学生赫勒都认为"这本长达数千页的巨著充满了逻辑矛盾,充满了关于同一个问题完全对立的构想,充满了空洞的重复,论证过程中充满了断裂"[④]。孙先生运用深层历史解读法,披沙拣金,概括了卢卡奇社会存在本体论的理论框架,包括劳动、合类性与异化三个方面,其中劳动是理论基础,合类性是贯彻始终的线索,异化则是落脚点

---

① 孙伯鍨:《卢卡奇与马克思》,南京大学出版社 1999 年版,第 208 页。
② 孙伯鍨:《卢卡奇与马克思》,南京大学出版社 1999 年版,第 210 页。
③ 孙伯鍨:《卢卡奇与马克思》,南京大学出版社 1999 年版,第 216 页。
④ [匈]阿格妮丝·赫勒主编:《卢卡奇再评价》,衣俊卿等译,黑龙江大学出版社 2011 年版,第 245 页。

和归结。① 劳动是卢卡奇社会存在本体论的核心范畴,也是他构建社会存在本体论的原初出发点。在劳动中自然限制退却,人的社会性增长。卢卡奇认为马克思始终把"合类性的发展视为在衡量人类发展过程时在本体论上起着决定作用的标准"②,并归纳出两个转变,即从"无声的合类性"向"非无声的合类性"的转变以及从"自在的合类性"向"自为的合类性"的转变。人类作为非无声的类,与动物的类相区别,前提是人由于劳动而超越了动物界,超越了动物个体之间的纯自然联系。但是,当劳动仍屈从于人的肉体生活即"动物机能"时,即在异化条件下,人类还不能从根本上消除类的无声性。孙先生认为这个分析与马克思对异化劳动的批判基本是吻合的。卢卡奇把人的"非无声的合类性"划分为两个阶段,即"自在的合类性"和"自为的合类性",这个划分原则上也来自马克思,类似于马克思主义哲学所说的从必然王国向自由王国的飞跃。从劳动、合类性和异化三个方面梳理卢卡奇的社会存在本体论的理论构架,是孙先生首先提出来的独特观点。但卢卡奇的这个理论体系没有解决的问题是:"能够推动人的合类性的发展,即能够促成人类共同价值目标的产生和实现的真正的机制是什么呢?"③卢卡奇在这个问题上"从阶级意识转而诉诸人类意识"④,因此,革命的激情和锐气大大销蚀了。

3. 对卢卡奇社会存在本体论方法的分析

卢卡奇认为,本体论方法和认识论方法不同,后者把客体看作

---

① 孙伯鍨:《卢卡奇与马克思》,南京大学出版社 1999 年版,第 382 页。

② [匈]卢卡奇:《关于社会存在的本体论·上卷——社会存在本体论引论》,白锡堃、张西平等译,重庆出版社 1993 年版,第 43 页。

③ 孙伯鍨:《卢卡奇与马克思》,南京大学出版社 1999 年版,第 280 页。

④ 孙伯鍨:《卢卡奇与马克思》,南京大学出版社 1999 年版,第 300 页。

现成给定的,而前者是把客体和一切存在形式看作历史地发生和发展起来的。卢卡奇研究本体论的方法,包括发生学方法和整体性方法。发生学方法的要点是:"找出区别人和动物(有机界)的最本质的特征,然后通过对这种特征的结构性的动态分析,发现其中具有超越自身的发展能力的萌芽,运用从抽象上升到具体的辩证方法揭示整个社会存在发生、发展的历史过程。"①孙先生认为发生学方法相当于马克思从抽象上升到具体的方法,同样都是认识现实的方法。马克思在《资本论》中把商品当作分析资本主义经济形态总体的原初形式,卢卡奇在《关于社会存在的本体论》中把劳动当作研究社会存在本体论的出发点。但是,马克思在《资本论》中实现了辩证法、逻辑学、唯物主义认识论的结合和统一,但卢卡奇并未实现这种统一,而"主要是一种模式化的推论和类比",因此,孙先生认为卢卡奇"把整个社会存在视为是从原初的劳动模式中发展而来的这个判断是简单化的、轻率的"②。

在卢卡奇关于社会存在本体论的研究中,发生学方法与整体性方法是联系在一起的。整体性方法是"把事实和规律、现象和本质统一起来,把握住客体或对象的'实存'。这就是说,把它们作为处于整体联系和充满活力的过程之中的活生生的现实来把握"③。卢卡奇认为只有从整体性方法角度才能理解《资本论》的结构,但他又指出《资本论》并未达到完全现实的资本主义社会的具体总体性,即他所说的社会存在整体。在卢卡奇看来,"马克思的本体论只是在经济领域内完成了对具体总体性的综合,而对整个社会存

---

① 孙伯鍨:《卢卡奇与马克思》,南京大学出版社 1999 年版,第 195 页。
② 孙伯鍨:《卢卡奇与马克思》,南京大学出版社 1999 年版,第 198 页。
③ 孙伯鍨:《卢卡奇与马克思》,南京大学出版社 1999 年版,第 200 页。

在整体的综合则需要由他的社会存在本体论来加以发展和完成"①。孙先生肯定了卢卡奇在这个方向上的工作取得了许多成就,尤其是对意识形态和异化的分析,更加贴近现实、贴近现代,但对社会存在和社会意识、经济基础和上层建筑之间关系的理解仍存在许多模糊、矛盾和不恰当之处。

三

孙先生对卢卡奇社会存在本体论相关具体问题的分析有以下几个方面。

1. 对社会存在概念的分析

卢卡奇对社会存在概念作了许多新解释,但他始终未能给社会存在下一个确切的定义。

第一,社会存在以自然存在为前提和基础。在《关于社会存在的本体论》中,卢卡奇不再把自然和社会对立起来,而是认为"社会存在在整体上和在所有个别过程中都以无机自然和有机自然的存在为前提"②。卢卡奇认为要克服两种错误:一种是像绝大多数资产阶级哲学那样把社会存在作为一个"精神的领域",把社会存在与自然存在对立起来,忽视了两者之间的相互衔接和依赖关系;另一种是像庸俗唯物主义那样,直接把自然的规律移植到社会中,看不到社会存在和自然存在两者之间的区别。因此,既要把自然存在看作社会存在产生和发展的基础,也是看到社会存在与自然存在的根本性区别。

---

① 孙伯鍨:《卢卡奇与马克思》,南京大学出版社 1999 年版,第 202 页。
② [匈]卢卡奇:《关于社会存在的本体论·上卷——社会存在本体论引论》,白锡堃、张西平等译,重庆出版社 1993 年版,第 642—643 页。

卢卡奇认为,社会存在相对于自然存在产生了一个飞跃,即这是一个目的论设定的过程,形成这个飞跃的决定性关键是劳动。卢卡奇把劳动看作"马克思的社会存在本体论的出发点"①,"只有当我们理解到,社会存在的形成过程、它对自己的基础的超越以及获得独立的过程,都是以劳动,就是说,都是以不断实现目的论设定为基础的,我们才能合理地谈论社会存在"②。当然,卢卡奇也看到,劳动的目的论设定"归根到底总是物质地实现的"③,作为一种"物质性现实的物质性改变形式"④,目的论设定形式不是一种先验的东西,它是一种全新的东西,但又植根于自然。

第二,社会存在是一个有机的整体。卢卡奇认为社会存在是指"社会存在的总体性","社会存在即使在它最原始的阶段上也表现为一个由诸多整体组成的整体"⑤。也就是说,从本体论观点看,"现实地执行着一定的社会职能并发挥着有效作用的,都应当被认为是社会存在的有机组成部分"⑥。对此,孙先生指出卢卡奇"不是在传统意义上作为和意识、思维、精神相对立的范畴使用存在这个概念的。对他来说,在社会领域中衡量存在或非存在的标准只有一个,那就是它是否作为现实生活中的一个部分、成分或因素发挥着实际的作用"⑦。

---

① [匈]卢卡奇:《关于社会存在的本体论·上卷——社会存在本体论引论》,白锡堃、张西平、张秋零等译,重庆出版社1993年版,第642页。

② [匈]卢卡奇著,[德]本泽勒编:《关于社会存在的本体论·下卷——若干最重要的综合问题》,白锡堃、张西平等译,重庆出版社1993年版,第13页。

③ [匈]卢卡奇著,[德]本泽勒编:《关于社会存在的本体论·下卷——若干最重要的综合问题》,白锡堃、张西平等译,重庆出版社1993年版,第7页。

④ [匈]卢卡奇著,[德]本泽勒编:《关于社会存在的本体论·上卷——社会存在本体论引论》,白锡堃、张西平等译,重庆出版社1993年版,第643页。

⑤ [匈]卢卡奇著,[德]本泽勒编:《关于社会存在的本体论·下卷——若干最重要的综合问题》,白锡堃、张西平等译,重庆出版社1993年版,第143页。

⑥ 孙伯鍨:《卢卡奇与马克思》,南京大学出版社1999年版,第184页。

⑦ 孙伯鍨:《卢卡奇与马克思》,南京大学出版社1999年版,第183页。

第三,社会存在是存在和意识的统一体。卢卡奇认为意识、观念的因素也是社会存在中的现实部分,观念因素和实在因素的结合是社会存在的首要特征。卢卡奇认为自己的理解不同于第二国际、斯大林主义的偏见,这种偏见认为"经济乃是一种同社会存在的其他组成部分,同被称之为上层建筑、意识形态的那种东西,在结构和活力方面有着质的区别的第二自然,并且同它们处在一种严格的、互相排除的对立关系之中"①。卢卡奇认为这种把整个社会存在分成经济基础和上层建筑两个部分的观点是站不住脚的,应该把劳动目的论设定模式拓展到整个社会存在上,以保持所谓的社会存在在本体论上的统一性。孙先生认为卢卡奇对经济基础和上层建筑之间的本质区别与矛盾的轻率否定,不符合马克思本人的经典阐述,陷入令人费解的混乱和摇摆不定的尴尬局面之中。

孙先生指出理解社会存在概念,不是在"存在"概念前面简单加上"社会"两个字就足够了。当马克思受费尔巴哈"感性""对象性"理论影响而转向唯物主义时,形成了初步的新物质观,但其思维方式仍然是旧本体论的。1845 年以后,马克思的"新物质观就伴随着哲学的革命而获得了科学内涵和崭新形式:它不仅充分肯定自然界的客观性和优先性,而且把以生产的社会关系为核心的社会关系的总和作为自己的基本界定"②。孙先生认为,虽然马克思自己从来未曾定义过一个社会存在概念,但是"承认现实生活的生产和再生产是人类历史中起决定作用的东西。我以为,这个可以

---

① ［匈］卢卡奇:《关于社会存在的本体论·下卷——若干最重要的综合问题》,白锡堃、张西平等译,重庆出版社 1993 年版,第 392 页。
② 孙伯鍨:《马克思的社会存在论——兼评卢卡奇的社会存在概念》,载《江苏行政学院学报》2001 年第 2 期。

理解为马克思哲学关于社会存在问题的权威说明"①。基于对马克思社会存在概念内涵的理解,孙先生认为卢卡奇社会存在本体论概念仍有"形而上学残余"②。

2. 对劳动模式论的分析

卢卡奇把劳动视为社会存在本体论的核心范畴,并通过对思想史的回顾,充分肯定了马克思把目的性和因果性的关系问题放在劳动过程中加以分析的首创贡献。卢卡奇把劳动分为两种类型:一种是原始形态的劳动,另一种泛指其他社会实践。原始形态劳动的基本结构是目的性和因果性并存,相互联结、相互作用,这个基本结构方式可以进一步扩展到社会生活的其他领域中去,成为一切社会实践的基本模式。

孙先生认为,"卢卡奇把劳动作为社会存在的出发点,从方法论上说,这是对的"③。卢卡奇对劳动的目的性和因果性关系的分析,是对马克思思想的正确阐述,总体上是"站在马克思的历史唯物主义的立场之上的"④。

孙先生同时指出卢卡奇的劳动模式论存在一些理论局限。第一,卢卡奇把劳动当作一切社会实践的模式,"在理论逻辑上偏离了马克思思想的轨道"⑤。主要原因在于"卢卡奇把劳动和生产混为一谈,把对生产的社会结构的分析变成了对单纯的劳动结构的分析"⑥。孙先生认为,马克思在《1844年经济学哲学手稿》时期还

---

① 孙伯鍨:《存在范畴与马克思主义哲学的本体论问题》,载《南京大学学报(哲学·人文科学·社会科学版)》2022年第3期。
② 孙伯鍨:《马克思的社会存在论——兼评卢卡奇的社会存在概念》,载《江苏行政学院学报》2001年第2期。
③ 孙伯鍨:《卢卡奇与马克思》,南京大学出版社1999年版,第221页。
④ 孙伯鍨:《卢卡奇与马克思》,南京大学出版社1999年版,第236页。
⑤ 孙伯鍨:《卢卡奇与马克思》,南京大学出版社1999年版,第242页。
⑥ 孙伯鍨:《卢卡奇与马克思》,南京大学出版社1999年版,第241—242页。

只是在劳动的人类学意义上分析劳动,1845 年以后马克思把物质生活资料的生产和再生产看作决定性的东西,从生产而不是劳动出发来研究社会存在,"马克思的生产概念是个大概念,它本身包括了狭义的生产活动及其引发的其它一切社会物质活动。它一方面包括人和自然之间的关系,另一方面包括全部的社会物质关系"①。马克思研究人和自然界之间的关系(生产力),以及人与人之间的关系(生产关系),并把生产力和生产关系联系起来分析,把这两者之间的关系看成内容和形式的关系。而卢卡奇的劳动模式论"把全部人类活动都统一到劳动这个单一的概念中去,这就必然要忽视在人类历史上起重要作用的生产关系问题"②。而且在生产过程中,人与自然界之间的关系和人与人之间的关系是同时发生的,这两种关系之间并没有派生隶属关系,卢卡奇认为"人与人之间的社会关系是从劳动的基本结构中派生出来的,这不是事实"③。第二,卢卡奇把目的论和因果性作为两个对立因素纳入劳动中并视为整个社会存在的基础,这样就把社会存在看成始终是一种二元结构,这与马克思的一元论立场不符。当然卢卡奇也承认客体、因果性对于目的论设定具有本体论上的优先性,但他对这个问题的阐述较为模糊,没有一个一以贯之的立场。因此,孙先生认为,卢卡奇的社会存在本体论"实质上就是一种劳动本体论,而不是唯物主义的本体论"④。

3. 对合类性的分析

卢卡奇紧扣劳动,把合类性理解为过程,认为整个人类社会发

---

① 孙伯鍨、张一兵、陈胜云:《从"实践"转向"物质生产"的逻辑过渡》,载《江苏社会科学》1997 年第 1 期。
② 孙伯鍨:《卢卡奇与马克思》,南京大学出版社 1999 年版,第 245 页。
③ 孙伯鍨:《卢卡奇与马克思》,南京大学出版社 1999 年版,第 242 页。
④ 孙伯鍨:《卢卡奇与马克思》,南京大学出版社 1999 年版,第 250 页。

展的过程是人作为"类"的自我实现过程。合类性的发展经过两次根本转变：一是从"无声的类"向"非无声的类"的转变，二是从"自在的类"向"自为的类"的转变。

　　孙先生认为，卢卡奇的分析总体上接近马克思，如对类的无声性的分析同马克思对异化劳动的批判相吻合。[①] 卢卡奇排除了把人性或人的本质当作人的合类性发展的最后依据，始终坚持以生产和再生产为核心的整个社会总体过程的客观因果性和非目的论性质，这就自觉反对了历史目的论。[②] 但孙先生同时也指出，卢卡奇对合类性的阐述框架大体上是以《1844 年经济学哲学手稿》为根据而确定的，同时又吸收了马克思成熟时期的思想，因此，常常出现概念使用上的歧义和观点的混乱。孙先生深刻阐述了"类"和"社会"这两个概念在马克思不同时期的准确涵义，[③] 明确指出《1844 年经济学哲学手稿》中的"类"和"社会"概念都是抽象的。从1845 年《关于费尔巴哈的提纲》开始，马克思的"社会"概念不再是从"人类"概念中推演出来的抽象范畴，而是从现实的社会发展中概括出来的具体的、历史的范畴。孙先生因此认为，卢卡奇对合类性的阐述"还没有完全脱离哲学人本学的立场"[④]。

4. 对异化理论的分析

　　对异化问题的分析是卢卡奇社会存在本体论的重要内容，也是孙先生关注的重点之一。孙先生梳理了卢卡奇异化思想的演变历程，总结了卢卡奇晚年异化理论的新特点，分析了卢卡奇与马克思异化理论的异同。

---

　　① 孙伯鍨：《卢卡奇与马克思》，南京大学出版社 1999 年版，第 274 页。
　　② 孙伯鍨：《卢卡奇与马克思》，南京大学出版社 1999 年版，第 280 页。
　　③ 孙伯鍨：《谈谈"类"与"社会"》，载《南京大学学报（哲学·人文科学·社会科学版）》1998 年第 1 期。
　　④ 孙伯鍨：《卢卡奇与马克思》，南京大学出版社 1999 年版，第 316 页。

卢卡奇在《历史与阶级意识》中并未明确区分物化、异化和对象化这几个概念,而是混同使用,这就模糊了马克思和黑格尔在异化观点上的本质区别。卢卡奇认为异化的主体是无产阶级,无产阶级的阶级意识是冲破物化的保障、革命与解放的前提。孙先生认为:"卢卡奇把消除异化、实现无产阶级革命和对资本主义社会的改造加以一体化的思考,这就不可避免地要把一个复杂的社会历史问题简单化和片面化。"①

卢卡奇在《关于社会存在的本体论》中的异化思想发生了较大变化。卢卡奇对物化、异化、对象化三个概念进行了区分,并把异化视作一定社会历史条件下产生的具体现象。同时,异化的主体也不再是像《历史与阶级意识》中那样明确指向无产阶级,而是包括无产阶级和社会大众在内。卢卡奇思考异化问题的基点已不再是阶级,而是人的个性。异化不仅表现在生产劳动中,而且普遍地表现在日常生活的一切方面,形成当代"日常生活异化"。

卢卡奇认为,当今社会与马克思所处的时代大不相同,人的个性问题突显出来了,因此,实现无产阶级解放的第一步,就是通过培育有个性的个人从而把人的社会实践提高到自觉的水平上。卢卡奇之所以有这样的看法,是因为他把异化问题与人的个性发展以及合类性的发展结合起来进行考察。人的"非无声的合类性"发展经历了"自在的合类性"和"自为的合类性"两个发展阶段。在"自在的合类性"发展阶段,人的活动受人的自然性即生物学基础的限制,人的个体行为的目的性和社会整体活动的因果性经常处于对立之中,使社会生活陷入个人活动的自觉性和总体的社会活动的自发性的辩证矛盾,而异化就是这种辩证矛盾的具体表现。

---

① 孙伯鍨:《卢卡奇与马克思》,南京大学出版社 1999 年版,第 320 页。

人类社会从"自在的合类性"发展到"自为的合类性",异化才能最终扬弃。孙先生评价道:卢卡奇"比较集中地注意到了历史发展中的辩证矛盾问题,结合历史发展中的客观矛盾来考察异化问题。这样,他就摆脱了早期从主客体关系出发的人本学的异化观,过渡到从客观历史出发的辩证异化观,用历史辩证法的观点来考察异化问题。这是他在后期向马克思更加接近的一个方面"[1]。

卢卡奇的异化观点引发了许多争议,但不可否认,他的探讨拓展了当代异化问题的研究空间。卢卡奇研究异化问题,充分汲取了马克思早期和晚期著作中的营养,但问题是卢卡奇并未把早期马克思的异化思想和晚期马克思的异化思想区别开来,而是"把具有不同世界观和方法论基础、具有不同的'问题系'和理论逻辑的马克思的早期(1845 年前)著作与后期(1845 年后)著作不加区别、混为一谈"[2],这就使得晚年卢卡奇的异化思想陷入理论上的混乱和矛盾。孙先生认为,马克思使用异化概念可以分为三个阶段:第一个阶段是从 1843 年夏至 1844 年底,马克思用人本主义、人道主义、思辨哲学的概念和方法来分析异化,特别是在《1844 年经济学哲学手稿》中建立了劳动异化理论;第二个阶段从 1845 年开始,马克思在《德意志意识形态》等著作中对异化概念的使用完全是以对人类社会历史发展和资产阶级社会的历史唯物主义分析为基础的;第三个阶段是 1857—1858 年以后,马克思在一系列著作包括《资本论》中不少地方使用了异化概念,对异化如何在历史发展中产生并在资产阶级社会中获得最尖锐的表现,在历史唯物主义和政治经济学的基础上作出了最科学、最精湛的分析。[3] "马克思后

---

① 孙伯鍨:《卢卡奇与马克思》,南京大学出版社 1999 年版,第 337 页。
② 孙伯鍨:《卢卡奇与马克思》,南京大学出版社 1999 年版,第 384 页。
③ 孙伯鍨:《用马克思主义观点研究"异化"问题》,载《江苏社联通讯》1983 年第 14 期。

期的异化理论主要是社会关系异化理论"①,要扬弃异化,唯一的办法是结束资本的统治,推翻资本主义私有制。据此,孙先生认为,卢卡奇晚年在《关于社会存在的本体论》中的异化思想,"与马克思的后期思想相左而与马克思的早期异化思想有更密切的关系"②。

孙先生一直关注国内外马克思主义研究的动态,特别对卢卡奇思想研究领域许多似成定论的观点作了再考察、再评价,提出了大量新见解。孙先生对卢卡奇哲学思想的解读,"达到了国内学界所能够达到的理论最高点"③。

---

① 孙伯鍨:《卢卡奇与马克思》,南京大学出版社 1999 年版,第 387 页。
② 孙伯鍨:《卢卡奇与马克思》,南京大学出版社 1999 年版,第 384 页。
③ 张亮:《国内卢卡奇研究七十年:一个批判的回顾》,载《现代哲学》2003 年第 4 期。

如何把握作为马克思主义者的卢卡奇
——回望孙伯鍨先生的《卢卡奇与马克思》

张 亮 赵 立*

以 1923 年《历史与阶级意识》在柏林马立克出版社付梓为标志,"西方马克思主义"思潮孕育而生,并在其后的发展中超越了"西方"的地理界限和"马克思主义"的理论界限,成为 20 世纪思想史中一道极为强劲的思想激流。作为"西方马克思主义"思潮的开山鼻祖,卢卡奇一跃成为 20 世纪最知名、最有影响力的思想家之一。众所周知,卢卡奇并非以马克思主义者的身份登上理论舞台的,在其思想发展的早期,文学、美学与新康德主义哲学构成了他最深沉的理论底色,并凭借马克斯·韦伯的举荐,一跃成为资产阶级学院受人瞩目的哲学新星。但是在席卷东欧的无产阶级革命浪潮的鼓舞下,卢卡奇出人意料地加入了匈牙利共产党,在理论立场上也坚定转向马克思主义。"疾风知劲草",在其后超过半个多世纪的时间里,卢卡奇虽屡遭波澜,但不改其志,以一个真正的马克思主义者的身份著书立说,并作为"真正的马克思主义'思想家'"[1]进入 20 世纪思想史的最高殿堂。

---

* 作者简介:张亮,南京大学研究生院副院长,马克思主义社会理论研究中心暨哲学系教授;赵立,南京大学哲学系助理研究员。

① 张亮:《作为马克思主义"思想家"的卢卡奇——纪念卢卡奇逝世 50 周年》,载《马克思主义理论教学与研究》2021 年第 2 期。

我们看到,卢卡奇的作品虽然早在 20 世纪 30 年代就被译介到了国内,但只是到了中国直面现代化的转型时刻,卢卡奇才真正作为一种批判性的理论资源,深刻参与到当代中国马克思主义理论形态与学术形态的重塑过程之中,并持续发挥着巨大的学术效力。在这一过程中,伴随着卢卡奇两部最重要的哲学论著《历史与阶级意识》和《关于社会存在的本体论》的出版,围绕着卢卡奇与马克思主义的关系问题的学术争鸣一时不绝于耳。不过,我们若是现在回过头去仔细翻阅当时的诸多研究成果,却会发现真正具有理论洞见的著作并不多,一方面固然有那一时期学术研究先天条件不足的限制;另一方面也不得不为相当数量的研究成果止步于问题的表层而扼腕叹息。但排沙简金,同样有一批前辈学人凭借扎实的马克思主义理论功底和"十年冷坐"的钻研精神,留下了时至今日依然堪称研究标杆的作品!在这些作品中,南京大学哲学系已故的孙伯鍨先生的《卢卡奇与马克思》(南京大学出版社 1999 年版)一书更是其中的佼佼者。时至今日,我们依然能够从《卢卡奇与马克思》中不断汲取到所需的理论养分,进而为我们在新时代完整把握作为马克思主义者的卢卡奇提供思想指引。究其原因,《卢卡奇与马克思》充分揭示了作为马克思主义者的卢卡奇对于马克思主义理论真谛的时代宏思,并从学理上厘清了晚年卢卡奇在《关于社会存在的本体论》中对马克思主义哲学的宏大探索。在国内卢卡奇研究走向新阶段的当下,《卢卡奇与马克思》依然在指引着我们前行的方向。

一、多面卢卡奇与逐渐被遗忘的晚年形象

国内学界对卢卡奇的"第一印象"并不是作为马克思主义者的

卢卡奇,而是作为文艺理论家的卢卡奇。国内学界没有首先关注到卢卡奇的马克思主义者形象并不难理解。首先,在卢卡奇漫长的思想生涯中,从获得最广泛认同的思想分期来看,在卢卡奇历史性地走过的早年、青年、中年和晚年时期,他的心灵思想性地演化出"浪漫主义的反资本主义""救世主式的马克思主义""斯大林主义"和"批判的改良主义的马克思主义"四个阶段,在人文社会科学的哲学、文学、美学、政治学和文学社会学等诸多领域中留下了深刻的理论烙印。① 因此,马克思主义者的形象固然是卢卡奇的主要形象,但并不是唯一形象,人们完全有可能首先接触到卢卡奇的其他形象。其次,在"走向马克思的道路"中,卢卡奇并非阔步走在"一马平川"的坦途,而是潜行在"重峦复嶂"的幽径中,由此,卢卡奇就在应对复杂的国内国际形势和变幻的理论斗争风云中,在不同的思想阶段形成了不同的理论面相,屹立在不同的理论着力点上。这样,虽然卢卡奇自从转向了马克思主义就不曾动摇,但其不同思想阶段的异质性是不容否认的,由此也在客观上塑造了卢卡奇的多面形象,并直接影响到人们对卢卡奇的研判与接受。

我们看到,只是到了改革开放的新时期,西方马克思主义被作为一种重要的理论资源引入国内,在"历史唯物主义发展内部"开辟了"一个完全崭新的学术结构"②的卢卡奇才以对马克思主义哲学的 20 世纪理解跃入了国内哲学界的视野,并就此引领了国内马克思主义哲学研究的当代革新。在此过程中,随着卢卡奇最为重

---

① [美]罗伯特·戈尔曼:《"新马克思主义"传记辞典》,赵培杰等译,重庆出版社 1990 年版,第 540 页。
② [英]佩里·安德森:《西方马克思主义探讨》,高铦等译,人民出版社 1981 年版,第 36 页。

要的两部哲学文本的陆续翻译①,围绕着卢卡奇的形象与定位问题,国内学界展开了一场"针尖对麦芒"的理论争锋。具体来说,一种观点认为,正如卢卡奇所自述的,在其思想发展中"没有任何非有机的成分"②,因而,《关于社会存在的本体论》理所当然地应被视为卢卡奇哲学思想的最高峰,这种观点强调的是对卢卡奇的"马克思主义式"的释读;另一种观点则指出,在话语的断裂处才能呈现思想的本真意涵,卢卡奇的晚年自传因其修饰性太强反而遮蔽了真实的卢卡奇,从思想史的理论效应来看,《历史与阶级意识》才能真正"定义"卢卡奇,这种观点无疑是对卢卡奇的"西方马克思主义式"画像。大致以 20 世纪 90 年代初期为转折点,在此之前,对卢卡奇的"马克思主义式"解读无疑占据了上风,但是对晚年卢卡奇的肯定与重视从高点逐渐滑落也是不争的事实;相应地,当前国内学界高度重视的是青年卢卡奇,或者说,是作为"西方马克思主义鼻祖"的卢卡奇。关于这一点,基于 CSSCI 数据库的实证研究提供了有力的佐证,在 1998—2019 年的较长时间段中,《历史与阶级意识》和《关于社会存在的本体论》的"学术出镜率"可谓天差地别,《历史与阶级意识》被引次数高达 1872 次,而《关于社会存在的本体论》只有 275 次。③ 这当然不是说《关于社会存在的本体论》的学术价值远比不上《历史与阶级意识》,而是晚年卢卡奇的形象在国内学界的研究中被逐渐"遗忘"了。

①　《历史与阶级意识》与《社会存在本体论导论》都于 1989 年出版了第一个中译本,后来被较为广泛使用的杜章智版《历史与阶级意识》和白锡堃等译的《关于社会存在的本体论》也是在 1992 年、1993 年前后脚问世的。

②　杜章智编:《卢卡奇自传》,李渚青、莫立知译,社会科学文献出版社 1986 年版,第 124 页。

③　李灿等:《卢卡奇研究在中国——基于 CSSCI 数据库(1998—2019)的实证分析》,载《山东社会科学》2021 年第 6 期。

我们必须承认，卢卡奇具有多重理论身份，思想横跨多个研究领域，思想发展横贯大半个 20 世纪，因此，多面卢卡奇总会有被人遗忘或关注不够的地方。但是，国内学界对卢卡奇的研究，从"马克思主义式"和"西方马克思主义式"的双峰对峙，再到当前"青热晚冷"的鲜明对照，我们必须要追问，为什么近二三十年来，晚年卢卡奇逐渐被国内学界边缘化，甚至遗忘了？质言之，卢卡奇研究固然不可能面面俱到，但是为什么被遗忘的是"曾经顶流"的晚年卢卡奇，这就需要我们深入思考了。大致想来，原因不外乎三点。

　　第一，从中国社会发展的内外背景看，伴随着冷战的落幕，意识形态斗争的形式与格局出现了大变动；深化改革开放迎来新局面，建立社会主义市场经济体制成为中国现代化建设的新任务。时代精神深刻影响着哲学思考，作为理论"支援背景"的苏联马克思主义的遽然"退场"使得发下阐释清楚"马克思主义本体论原则"理论宏愿的《关于社会存在的本体论》陷入了尴尬的境地，马克思主义本身遭遇了来自各方的质疑，面临着重大挑战。很自然，卢卡奇满心以为"包含着马克思主义的最深刻的真理"的《关于社会存在的本体论》再不能唤起人们的研究兴趣，从而在事实上画出了一道趋于被遗忘的学术影响力曲线。但这并不意味着卢卡奇要被遗忘了，恰恰相反，在中国走向现代化建设的道路上，我们迎面撞上了《历史与阶级意识》所揭示的那个世界，对于青年卢卡奇的理论需求前所未有地迫切了起来。

　　第二，西方马克思主义的研究成为"显学"，作为"开山祖师"的青年卢卡奇自然而然地受到了追捧。随着社会主义市场经济体制的深入建设，人们愈发意识到，只是到了这个时刻，我们才算是真正成为西方马克思主义的同时代人，西方马克思主义研究就此乘势而上,进入深化发展、走向繁荣的黄金期。① 在国内学界深度汲取西方马克思主义理论养分的过程中,青年卢卡奇不可避免地引起越来越多的理论关注。我们看到,《历史与阶级意识》因其对马克思辩证法的再发现、再阐释以及对西方学院派思想的融合阐发,并在此基础上提供了一种 20 世纪的资本主义批判理论,不仅收获了西方左派知识分子的高度肯定,也为改革开放后的中国马克思主义者提供了丰厚的理论资源,成为当代中国马克思主义理论与学术传统的有机组成部分。

第三,虽然卢卡奇强调自己青年时期的著作充斥着"马克思主义学徒期的特征",而晚年时期的著作才发现了"真正的马克思主义",但是两个时期著作的影响力与吸引力显然是不可同日而语的。20 世纪 50 年代末 60 年代初,吕西安·戈德曼就已经明确指出,卢卡奇已然成为 20 世纪最有影响力的西方思想家之一。② 这种思想史地位的确立无疑是由《历史与阶级意识》所奠定的,只是卢卡奇并不乐见于此,甚至一再拒绝再版包括《历史与阶级意识》在内的早年著作。③ 卢卡奇念兹在兹的是对马克思主义哲学本体论的建构,"遵照马克思的思想,我把本体论设想为哲学本身"④。只不过,东西方的学者乃至于包括卢卡奇的学生们,对于《关于社会存在的本体论》都争论不休,无法达成统一的意见。⑤ 显而易见,

---

① 张亮:《国外马克思主义哲学研究 70 年:回顾与展望》,载《武汉大学学报(哲学社会科学版)》2019 年第 7 期。

② Lucien Goldmann, "The early writings of Georg Lukacs," *Tri-quarterly*, No. 9, Spring, 1967, pp.165–181.

③ 杜章智编:《卢卡奇自传》,李渚青、莫立知译,社会科学文献出版社 1986 年版,第 177 页。

④ 杜章智编:《卢卡奇自传》,李渚青、莫立知译,社会科学文献出版社 1986 年版,第 203 页。

⑤ [匈]卢卡奇:《关于社会存在的本体论》上卷,白锡堃等译,重庆出版社 1993 年版,中译本序第 25—37 页。

卢卡奇的理论尝试没能收获他预想的思想效果。在中国走向改革开放的背景下,国内学界显然会去拥抱卢卡奇的早年思想,在更具有西方思想谱系特点和新鲜感的马克思主义话语中丰富、滋养自身。反观卢卡奇晚年的马克思主义本体论话语,国内学界感到的可能更多的是熟悉与重复。此消彼长之下,晚年卢卡奇慢慢就被遗忘了。

二、"黄昏起飞的猫头鹰":对国内卢卡奇研究的三点思考

作为一个有机体,学术的发展自然有其内在的发展逻辑和历史分期,因而,在恰当的时间节点上回溯既往的学术研究就具有了必要性,唯其如此,我们才能准确把脉既有研究的成就与不足,进而有针对性地开出通向未来的"药方"。2023 年,我们就将迎来《历史与阶级意识》付梓百年纪念,这为我们深入思考国内卢卡奇研究提供了历史性契机。纵观国内卢卡奇研究近九十年来的风风雨雨,从蹒跚起步到阔步向前,我们的研究在质量和数量上都取得了长足进步。但无法回避的是,即使自 20 世纪 90 年代以来,国内卢卡奇研究进入客观的学理研究阶段并呈现出持续增长的火热态势,当我们回顾那一时期的卢卡奇研究时,依然可以发现,当时的卢卡奇研究是有一定的问题的。

第一,没有能够从西方思想史的总体图景出发,全面理解卢卡奇的理论主旨。作为 20 世纪最著名、最有影响力的哲学家和思想家之一,卢卡奇的身份与面相本来就是极为复杂、极难理解的,如果离开了西方思想史的总体图景,那么我们难免会一叶障目,难以识得卢卡奇的思想全貌。当我们回顾卢卡奇的思想历程,从无意间开创西方马克思主义的新传统,到自觉在"运用"中开辟马克思

主义学术的新领域,再到对马克思主义哲学的回归与探索,卢卡奇思想发展的每个阶段都是深深扎根于西方的社会史、思想史之上的,离开了这一地基,我们是无法完整、准确地把握作为马克思主义思想家的卢卡奇的,也就更谈不上理解卢卡奇的深厚思想内涵了。① 当前,我们已经从刚刚遭遇卢卡奇所面对的时代问题,到能够深度理解卢卡奇所遭遇的时代问题,作为卢卡奇的"同时代"人,我们有理由相信,在完成了对西方思想史总体图景"补课"工作的前提下,我们能够在真实的历史与思想语境中把握卢卡奇的理论真谛,将卢卡奇定位在思想史的正确位置上。

　　第二,没有能够形成对卢卡奇思想形象的完整把握,全面图绘卢卡奇的思想画像。国内学界一开始对卢卡奇的认识就由于语言、政治等多方面因素的影响,在"管中窥豹"中形成了一系列"误读""误判"。带着这种认识的惯性,在改革开放的新时期里,国内学界虽然陆陆续续翻译、出版了卢卡奇各个思想阶段的代表性论著,但是既有的认识很难快速被扭转,"马克思主义式"和"西方马克思主义式"这两种对立的解读模式的形成就是最好的注脚。结果就是,由于"忽略了卢卡奇不同思想发展阶段的具体性质特征,以偏概全地用一种思想定位来面对其复杂多变的一生"②,因而无法从总体性的视野和系统性的论著出发,深入系统地理解、把握卢卡奇复杂思想发展过程中的差异性与多变性。可以看到,卢卡奇思想发展的每个阶段都有着独特的理论魅力,而且贯穿其中的是卢卡奇在 20 世纪对马克思主义的持续性探索,因此,我们对于卢卡奇的认识也内在反映了我们对于马克思主义的理解与把握。我

---

① 张亮:《作为马克思主义"思想家"的卢卡奇——纪念卢卡奇逝世 50 周年》,载《马克思主义理论教学与研究》2021 年第 2 期。

② 张亮:《国内卢卡奇研究的两种模式及其超越》,载《河北学刊》2009 年第 4 期。

们不能以割裂卢卡奇的完整形象为代价,塑造"为我所用"的卢卡奇,有意无意地忽视卢卡奇多面的客观实际。在卢卡奇研究新的高潮蓄势待发的当下,我们的着眼目标必然是建构具有中国研究特色的卢卡奇的全面思想形象。

第三,没有能够形成一个合理的评价标准,全面把握作为马克思主义者的卢卡奇。我们看到,对卢卡奇的评价之所以会形成对立的认识,卢卡奇本人在晚年以政治和思想立场为标准所做出的自我评价是一个极为重要的诱因。卢卡奇对于自己思想发展的总结遮蔽了真实发展过程的"偶然性、复杂性和不确定性",反而是将其"虚构成了一个向着马克思主义绝对真理不断进化的线性过程"。① 那么问题就来了,卢卡奇的"虚构"所塑造的向着马克思主义不断前进的卢卡奇还是"本真"的卢卡奇吗?从这一"虚构"的卢卡奇出发,我们还能够全面把握卢卡奇的马克思主义者身份吗?答案必然是否定的。于我们而言,未来研究的任务就在于"跳出"卢卡奇晚年自传所设下的思想"陷阱",寻回本真的、作为马克思主义者的卢卡奇。对于这个任务,孙伯镳先生早于二十多年前就已经在《卢卡奇与马克思》中为我们指明了前进的方向。

三、《卢卡奇与马克思》:把握两人本真关系的时代力作

"黄昏起飞的猫头鹰"可以反思既往研究出现的问题,但是能够在问题出现的时刻就发现问题并解决问题,这就对学者的学术功力提出了更高的要求。作为我国著名的马克思主义哲学家,孙

---

① 张亮:《让卢卡奇从晚年自传的阴影中走出来:一种方法论反思》,载《学术研究》2005 年第 3 期。

伯镶先生直面"马克思主义哲学在当代西方社会思潮冲击下所面临的尖锐挑战"①，以古稀之龄、带病之躯、数载之力，依仗马克思主义哲学的历史原像为思想标尺，思入20世纪西方社会思潮的宏大思想史图景之中，悉心挖掘卢卡奇最具代表性的《历史与阶级意识》和《关于社会存在的本体论》这两部哲学著作的文本深处，历史地再现了作为一个真正的马克思主义者的卢卡奇的本来面目，以客观公允的态度评析了卢卡奇所建树的思想业绩。具体来看，《卢卡奇与马克思》以两人思想关系中的11个核心问题为阐释基点，以"连点成线、聚线成面"的功力细致描摹了两人思想关系的瑰丽画卷，并就此成为国内学界卢卡奇研究的一座绕不开的理论高峰，也为作为后世学者的我们树立了永恒的榜样，无愧为"哲学名家""后生师范"。

　　孙伯镶先生在四十余载的治学生涯中，始终强调从马克思恩格斯的经典著作出发，运用"深层历史解读法"研究马克思主义哲学的生成史，进而厘清马克思主义的基本理论和基本方法。面对改革开放后西方马克思主义研究的兴起与发展，孙伯镶先生坚持以马克思主义哲学的基本立场和方法论为依据，在批判对话的过程中引导人们"回到马克思"，真正实现马克思主义哲学的时代发展。秉承对马克思主义哲学的坚定信仰，孙伯镶先生出版《卢卡奇与马克思》，希望"唤起国内马克思主义哲学研究中的立场意识和方法意识"②，纠正国内外相关研究的误区，从学理层面回应对马克思主义哲学的深重误解。这一误解在各色西方思潮如管涌般进入国内那个时期尤为明显，关于人道主义与异化问题、对"实践"概

　　① 孙伯镶：《卢卡奇与马克思》，南京大学出版社1999年版，第428页。
　　② 胡大平：《孙伯镶教授哲学思想访谈录》，载《高校理论战线》2001年第10期。

念的争论等相关问题就是当时马克思主义哲学所面临的严峻挑战。孙伯鍨先生敏锐地抓住了回应这一挑战的关节点,以剖析卢卡奇不同时期对马克思主义哲学的解读为切入点,在马克思主义哲学的立场上对相关问题进行了有理有据的驳斥与批判。

整体来看,《卢卡奇与马克思》一书从三个维度着手,充分展现了卢卡奇作为一个马克思主义者的思想真意,切实把握到了两人之间的本真思想关系。

第一,站在思想的高点上驾驭西方的整体思想史图景,精准解读卢卡奇对马克思思想的阐发。对于卢卡奇与马克思思想关系的研究,绝不能离开西方思想史的整体地平,否则就会误入歧途而不自知。在《卢卡奇与马克思》中,孙伯鍨先生在对"物化和异化""自在之物""总体性与辩证法""理论与实践""主体性""价值"等诸多问题的解读中,首先回到了西方哲学史尤其是德国古典哲学的问题域之中,条分缕析相关问题的思想史脉络,从而为我们展现了卢卡奇是以何种思想棱镜折射的马克思的思想,并将这一折射过程产生的思想扭曲明白无误地呈现到我们面前。对于"价值"问题的讨论就充分展现了这一点,孙伯鍨先生从康德的实践理性出发,一步步论证出"价值"是如何成为新康德主义学者的主要课题的,进而说明卢卡奇在《关于社会存在的本体论》中的理论努力是"力图根据马克思的观点对现代西方哲学所提出的包括价值哲学在内的若干重大问题作出正面的回应和阐述"[1]。而孙伯鍨先生能够做到这一点的原因就在于其对西方整体思想史图景的高超驾驭能力,也是由此才能够剥离卢卡奇所开创的西方马克思主义的理论迷雾,清晰展现出卢卡奇对马克思解读的来龙去脉。

---

[1] 孙伯鍨:《卢卡奇与马克思》,南京大学出版社 1999 年版,第 401 页。

第二,立足细致踏实的文本学功夫,历史分析卢卡奇对马克思思想的理解。虽然卢卡奇对于马克思主义的研究只是"半路出家",但是这并不意味着卢卡奇是在离开马克思主义经典文献的基础上思考马克思的思想的。我们看到,无论是在《历史与阶级意识》还是在《关于社会存在的本体论》中,卢卡奇都是以马克思主义经典文献为立论依据的。这就要求我们在把握卢卡奇与马克思思想关系的时候,既要认真研读卢卡奇的著作,更要牢牢屹立在马克思主义经典文献的地基上。关于这一点,黄枬森教授在追思"孙伯鍨教授的学术道路"时明确指出,孙伯鍨先生研究的一大特色即是"坚持以经典著作为根据,对问题进行独立思考,实事求是地从中引出固有的而不是强加的结论"①。孙伯鍨先生正是以这种细致踏实的文本学功夫来考证卢卡奇与马克思的思想关系的,也是因为如此,方才能够还原卢卡奇的完整思想画像,历史性地展示出卢卡奇理解马克思的思想踪迹。

第三,打破对卢卡奇思想发展的线性的、目的论式的解读,工笔图绘卢卡奇对马克思思想的追寻。对于国内的卢卡奇研究来说,科学把握卢卡奇与马克思的思想关系是一个需要持续探索的重大课题。在既往的研究中,一个比较突出的特点是,将晚年卢卡奇的《关于社会存在的本体论》设定为卢卡奇思想线性发展的终点,以此比照卢卡奇每个阶段的思想孕育萌芽及发育情况,从而论证卢卡奇始终是沿着"走向马克思的道路"前进的。这种认识无疑会对理解卢卡奇,乃至理解马克思主义造成巨大困扰。针对这一问题,孙伯鍨先生首先提出,对于卢卡奇研究,要从全面、总体的视

---

① 张异宾、唐正东:《探索与反思:哲学家孙伯鍨》,南京大学出版社2004年版,第36页。

角展开,深入考察卢卡奇思想发展的异质性与连续性的辩证关系,在平滑的连续性基底上探索非连续性、在对非连续性的阐明中凸显卢卡奇的本真思想,进而明确揭示卢卡奇的理论抱负始终在于"划出一条区别马克思主义哲学与种种非马克思主义哲学的界限"①,《历史与阶级意识》是如此,《关于社会存在的本体论》亦是如此。如此一来,我们就能够客观公正地评价卢卡奇对马克思思想长达五十余年的矢志不渝的追寻,真正把握作为一个马克思主义者的卢卡奇。

四、我们应该如何沿着探索者的道路继续前进?

斯人已逝二十载,思想传承无绝期。探索者是我们前进道路上的指向路标,持续激励着我们沿着路标指引的方向前进。在《历史与阶级意识》即将迎来百年纪念的时间节点上,回望孙伯鍨先生的《卢卡奇与马克思》,对于我们展望卢卡奇研究的未来走向,有着不可估量的指导意义。

第一,牢固站稳马克思主义哲学的立场,与西方学者的观点自信交锋而非盲从。孙伯鍨先生反复强调,我们的研究"必须以马克思主义哲学的基本立场和方法论原则为依据"②,在此基础上与西方学者展开理论对话。西方学者对于卢卡奇研究自然有着天然优势,因而能够在卢卡奇研究中不断抛出新观点、新问题,提出一系列令人眼花缭乱的概念、范畴与行话。但是,这并不意味着我们无法做出高质量的卢卡奇研究成果,因为卢卡奇并非仅仅是一个普

---

① 孙伯鍨:《卢卡奇与马克思》,南京大学出版社 1999 年版,第 170 页。
② 胡大平:《孙伯鍨教授哲学思想访谈录》,载《高校理论战线》2001 年第 10 期。

通的西方思想家,他还是一个马克思主义的思想家。这就要求我们对于西方学者的研究要有分析、有鉴别,思考其是否能够与马克思主义哲学的立场和方法相容,而不能不加批判地、一股脑地全盘接收。总之,我们要站稳马克思主义的立场,基于科学的研究,自信地建构我们与西方学者的全新的平等对话关系,在未来的卢卡奇研究中提出中国观点。

第二,持续提高对于马克思主义理论的掌握水平,留下经得起时间检验的理论成果。我们看到,卢卡奇虽然已经逝世超过了五十年,但是卢卡奇研究远未达到可以画上休止符的时刻。新世纪以来,卢卡奇研究在国际范围内出现了全面复兴的迹象,而中国的卢卡奇研究更是有望成为世界卢卡奇研究的新中心。① 在卢卡奇研究中心历史性交接棒的时刻,我们如何才能接好、接稳这一棒呢?孙伯鍨先生的科研精神、态度与实践值得我们认真学习,那就是"板凳坐得十年冷",如此方能"文章不写半句空"。孙伯鍨先生正是下得真功夫,才能既打下对马克思主义经典文献的深厚功底,又开阔对西方思想史整体图景的宽广视野,两相合力方才铸就了《卢卡奇与马克思》这一力作。这就要求我们,扎扎实实练好马克思主义的理论内功,以扎实的学术积累书写中国卢卡奇研究的新篇章。

第三,始终坚持中国视野下的卢卡奇研究,不能以西方学者对卢卡奇的理解作为我们的认识标尺。卢卡奇在《历史与阶级意识》中反复强调,马克思主义者的研究绝不能"像对圣经那样进行学究

---

① 刘健:《作为 21 世纪同时代人的卢卡奇——纪念卢卡奇逝世 50 周年系列国际学术会议综述》,载《国外理论动态》2021 年第 4 期。

式的解释"，而是要坚持批判的辩证方法"这样一种科学的信念"。①
我们对于卢卡奇的研究更应如此。很明显，我们研究卢卡奇，就是
要像他那样做一个真正的而非教条的马克思主义者，作为"同时代
的人"，我们要敢于挑战西方学者对卢卡奇研究做出的理论"定
论"，在深刻历史变革的时代背景下，从中国视野出发，发出中国卢
卡奇研究的理论声音。在来路上，以孙伯鍨先生为代表的一代前
辈学人已经指明了方向，我们要做的就是，沿着探索者的道路继续
大踏步前进！

---

① ［匈］卢卡奇：《历史与阶级意识——关于马克思主义辩证法的研究》，杜章智、任立、燕宏远译，商务印书馆 1999 年版，第 48—49 页。

从物化批判到无产阶级意识
——重读孙伯鍨先生的《卢卡奇与马克思》

蓝 江*

对于什么是历史,什么是历史唯物主义的问题,在马克思主义哲学的发展史中,存在着多种不同的理解。其中一种比较独特的理解是由西方马克思主义的开山鼻祖卢卡奇提供的,在《历史与阶级意识》一书中,卢卡奇曾十分明确地指出:"经典形式的历史唯物主义意味着资本主义社会的自我认识……更确切地说,这一意识形态问题本身只不过是客观经济事实情况的思想表达。在这种意义上,历史唯物主义的决定性结论是,资本主义的总体和推动力不能被资产阶级科学粗糙的、抽象的、非历史的和肤浅的范畴所把握,即为资产阶级自己所理解。因此,历史唯物主义首先是资产阶级社会及其经济结构的一种理论。"①简单来说,卢卡奇将一种庸俗的历史唯物主义等同于资本主义社会之下的自我认识,即一种资产阶级意识形态在社会知识体系中的映射,这种意识形态并不是以道德的说教和空泛教条为形式,而是披上了一种准科学的外衣,例如经济科学、社会学、政治科学等等。然而,在卢卡奇看来,这些所谓的"科学"并不是人类社会发展到一定历史阶段的产物,它们

---

* 作者简介:蓝江,南京大学马克思主义社会理论研究中心暨哲学系教授。
① [匈]卢卡奇:《历史与阶级意识——关于马克思主义辩证法的研究》,杜章智、任立、燕宏远译,商务印书馆1992年版,第312页。

并不能真正地代表人类社会总体性的科学,相反,它们只能以某种历史形态的面貌,即在资本主义社会下,只能以资产阶级意识形态的物化形式表现出来。在这个意义上,与其说历史唯物主义是一种贯穿人类历史的普遍性规律,不如说是在一定的历史阶段上,资产阶级意识形态的物化表象。那么,我们只能透过历史的棱镜来折射出所谓的社会科学,而自然科学也只能在这种物化的历史唯物主义棱镜下折射出来。换言之,当马克思主义被理解为历史唯物主义和辩证唯物主义的有机结合的时候,卢卡奇将马克思主义哲学纳入他自己的历史唯物主义框架之中,并在这个框架下来理解自然和辩证唯物主义。关键在于,卢卡奇的这种历史唯物主义的理解,在后来影响了不少所谓的西方马克思主义者。无论是柯尔施、本雅明,还是法兰克福学派,抑或法国的萨特、梅洛-庞蒂等人,在一定程度上都受到了卢卡奇的历史唯物主义的影响,这就不难理解,本雅明在《历史哲学论纲》中用操纵傀儡的侏儒的形象来理解"历史唯物主义"时,指出"历史唯物主义希望,在危急时刻被历史单独挑选出来的过去的形象突然出现在人们面前的时候把它留存下来"[①]时,我们知道,卢卡奇式的历史唯物主义的理解已经深深地蚀刻在西方马克思主义思潮的内核之中。

历史唯物主义真的是一个操纵着现实世界傀儡的隐匿的侏儒吗?是否黑格尔的绝对精神已经以新的方式在西方马克思主义那里道成肉身?事实上,孙伯鍨先生在 1999 年出版的《卢卡奇与马克思》中,立足于对卢卡奇的《历史与阶级意识》和《关于社会存在的本体论》等著作的文本研究,一方面对卢卡奇在马克思主义发展

---

① [德]本雅明:《本雅明文选》,陈永国、马海良编译,中国社会科学出版社 1999 年版,第 405—406 页。

史上的贡献给出了正面肯定,另一方面,孙伯鍨先生也注意到卢卡奇的"历史"和"无产阶级"等概念中潜在的唯心主义倾向。可以说,在《卢卡奇与马克思》一书中,孙先生在马克思的原著基础上,对马克思的历史唯物主义的阐释和厘清,澄清了卢卡奇的《历史与阶级意识》中所存在的问题,并提出在摒除这些唯心主义成分的基础上,如何结合中国当代的社会现实,尤其在新时代中国特色社会主义建设的背景下来理解马克思的历史唯物主义的合理内涵。

一、自在之物的资本主义社会的物化

马克思在《德意志意识形态》中,曾经对费尔巴哈的唯物主义哲学给出了一个经典的评价:"当费尔巴哈是一个唯物主义者的时候,历史在他的视野之外;当他去探讨历史的时候,他不是一个唯物主义者。在他那里,唯物主义和历史是彼此完全脱离的。"[①]在《卢卡奇与马克思》一书中,孙伯鍨先生也用这个判断来批判卢卡奇。[②] 我们知道,在马克思那里,费尔巴哈尽管通过感性直观来恢复此岸世界的现实性,但是他的感性直观和人的概念是孤立于历史之外的,是一种静态的,缺乏变化的物质形态,在这个静态的物质形态上,只是抓住了物质在某个历史阶段上的痕迹,仿佛刻舟求剑的楚人在舟楫上刻下的痕迹一样,他并没有看到真实历史的流变,没有真正理解历史的内涵,从而将物质概念形而上学化。尽管马克思恩格斯曾经一度成为"费尔巴哈派",但新的世界观的出现,让马克思恩格斯在《关于费尔巴哈的提纲》以及《德意志意识形态》

---

① 《马克思恩格斯选集》第 1 卷,人民出版社 2012 年版,第 158 页。
② 孙伯鍨:《卢卡奇与马克思》,南京大学出版社 1999 年版,第 179 页。

的写作中与费尔巴哈的形而上学的唯物主义拉开了距离,走向了一条真实的历史唯物主义道路。

那么,为什么孙伯鍨先生对卢卡奇也有此评价呢? 我们需要回到《历史与阶级意识》中来思考这个问题。对于卢卡奇来说,最重要的概念是"物化"(Versachlichung),而之所以提出这样的概念,在孙伯鍨先生看来,卢卡奇有一个十分重要的对话对象,就是自康德以来的德国唯心主义的认识论哲学传统。例如,卢卡奇注意到,康德"一再强调,纯粹理性并不能提出任何一个综合的、构造对象的命题,即其原理决不能'直接从概念中获得,而始终只能间接地通过这些概念对某些完全偶然的东西,即可能的经验的关系中才能获得'"①。这相当于是说,从康德开始,哲学的任务已经发生了根本性畸变,从原初苏格拉底、柏拉图、亚里士多德等人对世界的实在性的研究,在康德言明纯粹理性与经验原则毫无关系时,最为关键的是在纯粹主体的理性之下,构造出一个对象,而现实世界的材料不过是对这个对象的填充时,哲学已经彻底地变成了认识论哲学。也就是说,前启蒙的哲学是主体与外在实在世界的关系,而在康德之后,这种关系变成了主体与主体构造出来的对象之间的认识关系,最重要的不再是外在的实在世界的确实性,而是主体及其构造对象之间的对应性和统一性。

由于康德的认识论转向,必然带来一个矛盾,即主体构造的对象或客体与真实世界之间存在着不一致性,尽管康德将其纳入二律背反的范畴,但他还是在一定意义上命名了这个无法被主体认识的物的存在,即"自在之物"(das Ding an sich),与传统的德国哲

---

① [匈]卢卡奇:《历史与阶级意识——关于马克思主义辩证法的研究》,杜章智、任立、燕宏远译,商务印书馆 1992 年版,第 184 页。

学关心主体和对象之间的统一关系不同,卢卡奇显然更关注这个"自在之物",在《历史与阶级意识》中,卢卡奇说道:"自在之物的概念对康德的整个体系来说是不可或缺的。人们已经作了多方面的尝试,以指出自在之物在康德体系中所起的相互完全不同的作用。这些不同作用的共同点则表现为,每一种作用都说明了抽象的、形式的理性化的'人'的认识能力的一种界限或一种局限。然而,各种界限和局限相互之间看起来是如此的不同,以致于它们在自在之物的——即使是抽象消极的——概念之下的统一,只有在弄清楚了'人'的认识虽然有多种不同表现,但这些界限和局限的最终的决定性根据本身是统一的时候,才能变得真正可以理解。"[①]在卢卡奇看来,康德的认识论,以及由这种抽象主体构造出来的对象,必然是片面的、僵化的、脱离现实的,由于主体不能彻底穷尽世界的可能性,那么这种带有专断主义色彩的认识论哲学实际上必然为"自在之物"留下空间,而批判德国古典唯心主义的关键也正好在于这一神秘的"自在之物",因为自在之物恰恰是在一种抽象的认识论基础上形成的,而缺乏面向此岸世界的实践维度,即便康德声称《实践理性批判》为人类建立了普遍的实践法则,但康德的实践法则仍然是被抽象主体构造出来的,从而让"人的自由意志、实践主体也相应地被限定在另一个狭小的范围内,即纯粹道德活动的领域内"[②]。这种实践活动恰恰是被康德严重束缚的主体的实践,而不是面向世界的实践活动。在马克思恩格斯看来,我们已经将整个世界的现实存在看成人类实践活动产物,终结神秘的"自在之物"最好的武器不是什么普遍性的理性原则,而是体现人类自由

---

① [匈]卢卡奇:《历史与阶级意识——关于马克思主义辩证法的研究》,杜章智、任立、燕宏远译,商务印书馆1992年版,第182页。
② 孙伯鍨:《卢卡奇与马克思》,南京大学出版社1999年版,第38页。

从物化批判到无产阶级意识　　　　　　　　　　　　　　　　　|235|

意志的实践活动,所以,恩格斯指出:"对这些以及其他一切哲学上的怪论的最令人信服的驳斥是实践,即实验和工业。既然我们自己能够制造出某一自然过程,按照它的条件把它生产出来,并使它为我们的目的服务,从而证明我们对这一过程的理解是正确的,那么康德的不可捉摸的'自在之物'就完结了。"①换言之,一旦不再将人类的行为局限于抽象的主体认识,而是从具体的人类实践活动出发,那么就不再存在什么神秘的"自在之物",因为在认识论中不可触及的自在之物,最终会随着人类历史实践的变化而变化。

不过,卢卡奇对康德的"自在之物"的关心,并不在于如何去重新确立一种全面的理性认识论哲学,恰恰相反,卢卡奇更关心的是一种"非自然"的"自在之物"。一般来说,自然科学承认存在着当下人类认识所无法触及的领域,而在现在的自然科学认识论之下,显然存在着暂时无法触及的"自在之物"。不过,卢卡奇指向的是另一种"科学",即在资本主义意识形态下打着科学旗号的科学,这些科学建立了一种新的"自在之物",但这些自在之物与自然科学认识论意义上的自在之物有着云泥之别。例如,资本主义的政治经济学,在卢卡奇看来,就是资本主义意识形态性的自我映射,其科学性的保障并不在于外部世界的实在性,而是在于现实的人在资本主义内部构成的"客观"自然,这种自然不同于自然界的自然,而是一种"第二自然",用卢卡奇的话来说就是"经济关系的纯客观性的拜物教外表掩盖住它作为人之间关系的性质,并使它变为一种以其宿命论的规律环绕着人的第二自然"②。第二自然如同一面

---

① 《马克思恩格斯选集》第4卷,人民出版社2012年版,第232页。
② [匈]卢卡奇:《历史与阶级意识——关于马克思主义辩证法的研究》,杜章智、任立、燕宏远译,商务印书馆1992年版,第326页。

镜子,它映射的不是客观事实,而是资本主义社会特有的内在状态及其形态,也就是说,资本主义的不平等的社会关系和等级结构,恰恰是通过这种"第二自然",并以"客观"政治科学的名义建立起来的,也正是在这个经济科学的名义下,资本主义社会通过物化的方式,为主体实践和自由意志设定了界限,实践主体只能在这种抽象的和高度形式化的"第二自然"的科学的名义下来实现自己的意志和行为,任何超越"第二自然"界限的行为都被标上了"非理性"和疯癫的标签。也正是在这里,卢卡奇在《历史与阶级意识》中完成了两个概念的偷渡行为,一个是将自然认识论意义上的"自在之物"偷渡到经济科学领域,从而动摇了当代资本主义经济科学的合理性,另一个是认为资本主义意识形态所构造的"第二自然"科学都是资本主义意识形态的物化,这样,如果要消除资本主义之下的二律背反,即消除"第二自然"下的自在之物,就必须从根本上摧毁资本主义社会制度本身。孙伯鍨先生十分敏锐地指出了这一点:"卢卡奇要消除的自在之物是指必须加以扬弃的资产阶级社会的物化、异化现象,这种扬弃必须依赖无产阶级的自觉革命实践。但是从根本的哲学立场来说,他对自在之物的理解已经偏离了马克思主义的唯物主义基础。"①

尽管卢卡奇将经济学、政治学等社会科学的问题变成了资本主义社会下的物化现象,指出当代资本主义社会用物与物的关系取代了人与人的直接关系,从而将人与社会的现象凝聚成物化的"第二自然",这样,所有的经济科学(包括马克思的政治经济学)和社会科学,都毫无例外地成了卢卡奇笔下的资本主义社会的物化的"第二自然"形态,从而必然会产生"第二自然"的自在之物,从而

---

① 孙伯鍨:《卢卡奇与马克思》,南京大学出版社 1999 年版,第 39 页。

偏离了他所谓的历史发展的总体性原则。在孙伯鍨先生看来,这也正是以卢卡奇为代表的西方马克思主义与真正的马克思主义分道扬镳的地方,因为当卢卡奇将所谓的"第二自然"都看成一定历史阶段的资本主义意识形态的构造时,忽略了社会历史本身也有着自身特有的自然规律,也就是说,即便在所谓的"第二自然"中,也有符合历史客观性的存在,而卢卡奇以及之后的许多西方马克思主义者不加甄别地将所有的"第二自然"都看成了一种资本主义意识形态,试图在他的总体性逻辑下加以消灭,这恰恰就是孙伯鍨先生指出的卢卡奇的"历史在他的视野之外",因为卢卡奇实际上没有认识到,这种将自然和历史二分的方法,其实本身就是形而上学的,是历史在一定阶段上的产物,当卢卡奇将自然和历史对立起来,也势必将主客体对立起来,没有从真正的历史角度思考"自在之物"的客观本质。孙伯鍨先生指出:"马克思主义之所以不同于卢卡奇的观点,是因为它没有把主体和客体绝对地对立起来,而是把它们放到现实的历史之中,具体地考察它们之间的相互关系。"①所以,当卢卡奇揭露资产阶级只是获得了物与物之间商品交换下的自由的时候,他没有看到在这种经济现象之下也流淌着客观的历史规律,当他将所有的经济学内容作为人为构造的"第二自然"时,真实的历史已经在卢卡奇的视野之外,他眼中只剩下用无产阶级的意识去摧毁整个资本主义的所有架构,包括整个"第二自然"的架构。在这个意义上,卢卡奇已经走向了一种形而上学,即绝对地将自然和历史二分的形而上学。

---

① 孙伯鍨:《卢卡奇与马克思》,南京大学出版社 1999 年版,第 42 页。

二、被历史吞噬的自然：自然历史二分的形而上学残余

如果说卢卡奇对"自在之物"和"第二自然"的物化的考察，实际上意味着他的历史唯物主义是一种断章取义式的唯物主义，在本质上，真正的历史和具体的人类实践在他的考察之外。他试图将康德的唯心主义认识论倒置过来，并偷偷挪至作为社会科学和经济科学的"第二自然"之上，从而强化他的历史结构。因此，在孙伯鍨先生那里，需要解决的第二个问题，就是卢卡奇的"历史"问题，换言之，即当卢卡奇转向"历史"的时候，为什么他并不是一个唯物主义者？

在具体分析卢卡奇的历史观之前，我们需要回到马克思那里，来理解马克思的历史唯物主义的历史是什么意思。在《德意志意识形态》中，马克思对费尔巴哈有一个精彩的批判，生活在伊萨尔河畔的费尔巴哈，以他天天能见到的樱桃树为例，说明感性直观的确定性，而马克思提醒费尔巴哈先生，他眼前的这棵樱桃树，从来不是自始至终就存在于他所在的莱茵地区，存在于伊萨尔河畔的，马克思的原话是："大家知道，樱桃树和几乎所有的果树一样，只是在几个世纪以前由于商业才移植到我们这个地区。由此可见，樱桃树只是由于一定的社会在一定时期的这种活动才为费尔巴哈的'感性确定性'所感知。"[①]从这个案例中我们不难看出，马克思的意思是，历史唯物主义的历史从来不是一种抽象的观念，更不是什么绝对精神的产物，而是现实世界中直接发生的历史，历史的发生仅仅存在于市民社会之中，不仅仅带有人为的痕迹，更重要的是，那

---

① 《马克思恩格斯选集》第 1 卷，人民出版社 2012 年版，第 155—156 页。

些被我们认为具有自然属性的事物,如费尔巴哈眼前的这棵樱桃树,本身也是历史的产物。莱茵地区本来没有任何樱桃树,因为历史的发展,由于莱茵联盟及其工商业的逐步发展,让莱茵地区产生了食用樱桃的需求。那么,那些擅于捕捉商机的商人就将樱桃树从中东地区逐步移植到莱茵地区,因为这一系列的历史过程,费尔巴哈先生才能有幸在他漫步的伊萨尔河畔看到他心心念念的樱桃树。因此,在马克思的历史唯物主义中,历史从来不是什么抽象主体的历史,任何历史都是在具体的人类实践中逐渐展开的历史,脱离了人类的交往活动和生产实践,我们根本无法看到我们眼前出现的被视为自然的一切事物。即便在数字化的今天,我们已经十分熟悉了电脑和智能手机的使用,习惯了用移动支付而不是现金来购买商品,但这一切在十多年前都是无法想象的。这就是历史,历史从来不是什么教科书上的教条,也不是什么符合三位一体原理的神秘法则,而是现实地在我们日常生活中通过人类的交往实践和生产实践不断发展而来的历史,也正因为如此,真正的历史唯物主义的发展和解放,一定是在某种现实的社会生产和交往的力量推动下发展和解放的,马克思明确指出:"只有在现实的世界中并使用现实的手段才能实现真正的解放;没有蒸汽机和珍妮走锭精纺机就不能消灭奴隶制;没有改良的农业就不能消灭农奴制;当人们还不能使自己的吃喝住穿在质和量方面得到充分保证的时候,人们就根本不能获得解放。'解放'是一种历史活动,不是思想活动,'解放'是由历史的关系,是由工业状况、商业状况、农业状况、交往状况促成的……"①历史从来不是从天而降的祥瑞,而是现实中的人类社会的结果,也就是说,当我们谈到历史一词的时候,

---

① 《马克思恩格斯选集》第 1 卷,人民出版社 2012 年版,第 154 页。

指的是我们从降生那一刻起，从前人那里承袭而来的全部现实的结果，在这个结果的基础上，不能将其划分成自然物和历史物，正如孙伯鍨先生所指出的，马克思意义上的历史，"从硬件来说，是高度发达的科学技术和物质基础；从软件来说，是广阔的社会关系和联系，即一种能满足人们全面发展的充分发达的社会交往和人文环境，这种广阔的、全面的社会交往和联系是个人全面发展的必要条件。这两个方面的条件首先都必须由人们创造出来，然后才能加以占有，才能以它们为凭借和手段来发展自身。所以整个人类历史只有经历了两大发展阶段（以人的依赖关系为特征的社会和以物的依赖关系为特征的社会）之后，才能最后进入自由全面发展的新时代"[①]。由此可见，在马克思那里，历史唯物主义并没有真正地将自然物和人类历史的产物截然分开，相反，它们都是人类历史的产物，人类的历史性创造和生产，不仅生产出有史以来最繁荣的市民社会，也同样生产着大自然的状态，让物质出现在不同的领域之中，让自然物以不同的样貌与人类社会形成关系，历史在人类的交往和生产活动中共同向我们呈现为人类的历史。

这恰恰是卢卡奇的历史分析的最大问题所在，让我们回到《历史与阶级意识》的文本之中，当然，卢卡奇并不会像费尔巴哈那样，从感性确定性的角度来确立自然物的存在。卢卡奇自己的说法是："历史一方面主要是人自身活动的产物（当然迄今为止还是不自觉的），另一方面又是一连串的过程，人的活动形式，人对自我（对自然和对其他人）的关系就在这一串过程中发生着彻底的变化。因此，如同前面强调的那样，如果关于社会状态的范畴结构不直接地就是历史的，也就是说，如果经验的历史事件顺序根本就不

[①]　孙伯鍨：《卢卡奇与马克思》，南京大学出版社 1999 年版，第 25 页。

足以说明和使人理解某种存在的和思维的形式的真正由来,那末尽管如此,或者更确切地说,正因为如此,每一个这样的范畴体系总的来讲是整个社会某一发展阶段的标志。而历史正是在于,任何固定化都会沦为幻想:历史恰恰就是人的具体生存形式不断彻底变化的历史。"(着重号为原文所加)①在一定程度上,卢卡奇对历史的理解是进步,也就是说,历史不是一个静态的现实,也不是某种恒定不变的形式或事实,这也正是卢卡奇坚决认为当下的经济科学和社会科学不具有普遍性的原因所在,因为这些所谓的科学的普遍性仅仅是在当下资本主义社会下的伪普遍性,随着资本主义社会的消逝,这些所谓的经济学规律和社会规律也将不复存在。当一种新的人类的具体生存形态取代了旧的生存形态时,意味着那些曾经被人们视为亘古不变的法则也随之发生了变化,在所谓的人类学体系中,历史展现为人类不同生存形态的变化过程。在这个意义上,卢卡奇深受黑格尔的历史哲学以及马克斯·韦伯(Max Weber)、格奥尔格·西美尔(Georg Simmel)的社会思潮的影响,看到了历史的变动以及作为主体的人的生存形态不过是其中的沧海一粟。

然而,在卢卡奇继承马克思的历史概念过程中,仍然产生了明显的区别,而孙伯鍨先生的《卢卡奇和马克思》指出了这个区别。在《资本论》第一卷的一个注释中,马克思曾引用意大利人文学者维柯关于自然史和人类史的区分,马克思的原话是:"如维科所说的那样,人类史同自然史的区别在于,人类史是我们自己创造的,而自然史不是我们自己创造的。"②卢卡奇也注意到了马克思引述

---

① [匈]卢卡奇:《历史与阶级意识——关于马克思主义辩证法的研究》,杜章智、任立、燕宏远译,商务印书馆 1992 年版,第 274—275 页。

② 《马克思恩格斯全集》第 44 卷,人民出版社 2001 年版,第 429 页。

了人类史和自然史的区分,但是,卢卡奇对这个区分做出了自己的推断,由于近代资产阶级区分了自然史和人类史,从而也区分了自然和历史,这样就形成了自然和历史二分的形而上学。在这一点上,卢卡奇的观察还是十分敏锐的,因为这的确是近代启蒙哲学的一个重要基础。不过,卢卡奇并不仅限于指出自然和历史的二分,他更想指出的是,自启蒙以来的自然并不是真正的自然,那个带有客观性的自然不过是带有资产阶级印记的自然,卢卡奇说:"自然从根本上来讲打上了资产阶级革命斗争的印记:即将到来的,发展着的资产阶级社会的'合规律的'、能预计的、形式上抽象的特点作为自然的东西出现在封建主义和极权主义的虚伪、专擅、混乱的旁边。"①其实卢卡奇想说的是,我们自近代启蒙以来的自然都是一种带有历史痕迹的自然,所有的自然科学和哲学问题,其实都是历史问题,也就是说,卢卡奇试图用自己的历史辩证法吞噬自然辩证法,因为只要人类活动涉及的辩证法,无论是否是自然事物,都属于自然辩证法。所以,孙伯鍨先生指出:"卢卡奇之所以否定自然辩证法,首先是因为他对自然辩证法有一种错误的理解,他想用实践来中介历史中主体和客体的关系,把辩证法描述为是在主体实践统率下的主客体辩证法,而自然界却是实践所不能介入的,它不能被视作是由主体实践所创造的客体。"②换言之,孙伯鍨先生十分清楚地看到,尽管卢卡奇试图用历史概念来消化自启蒙以来的自然和历史的二分,但实际上他并没有完成这个过程,也就是说,一旦他承袭了维柯的自然史和人类史的区分,一旦他误读了马克思对维柯的引述,一定会将历史概念引向另一个

---

① [匈]卢卡奇:《历史与阶级意识——关于马克思主义辩证法的研究》,杜章智、任立、燕宏远译,商务印书馆1992年版,第210页。
② 孙伯鍨:《卢卡奇与马克思》,南京大学出版社1999年版,第61页。

方面。

　　这里的奥秘就在于维柯的定义上，即"人类史是我们自己创造的，而自然史不是我们自己创造的"。不过，卢卡奇对自然史和人类史的区分，看重的不是创造，而是实践性的参与。卢卡奇指出："社会的辩证法中，主体也被纳入到了辩证的相互关系之中，理论和实践之间的相互关系也变得辩证了等等。（对自然的认识的发展，作为社会形式属于第二种类型的辩证法，这是不言而喻的。）"①所以，可以看出，卢卡奇尽管将自然辩证法纳入历史辩证法之中，但其前提是人类主体参与了辩证的相互关系之中，自然不再是纯粹的自然，而是被人类的参与实践中介的自然，在这个意义上，被中介后的自然也就是历史辩证法的一部分。不过，这样必然会留下一个后遗症，即是否存在没有人类参与的自然呢？显然，卢卡奇仍然延续了康德的自在之物的思考方式，对于这种自在之物，我们只能作为无能为力的旁观者而存在，我们不参与它们，它们也无法进入我们的历史之中。因此，卢卡奇实际上隐含地承认了我们作为旁观者面对的自在之物。不过，卢卡奇坚决不同意存在着恩格斯意义上的自然辩证法，其中的原因恰恰在于当我们作为旁观者思考自在之物的时候，这些自然的自在之物无法进入辩证过程之中，因此不可能存在自然辩证法，因为我们无法认识它们，也无法参与和操作它们。孙伯鍨先生的说法是，在卢卡奇那里，"自然的辩证法是决不能超出独立的旁观者眼中的运动的辩证法的高度的，因此这种辩证法要继续往前发展就是不可能的了。为了把辩证法推进到历史中去，就必须在方法论上把自然的辩证法和社会的辩证法分离开来，而关键的一点是必须把主体纳入到辩证的过

---

① 孙伯鍨：《卢卡奇与马克思》，南京大学出版社 1999 年版，第 303 页。

程之中"①。无论如何,卢卡奇并没有思考真正的历史,而是将历史视为人类主体的参与和实践的直接后果,这样,势必为人类并没有参与的自在之物留下地盘。尽管他坚持用历史辩证法将经过人类实践中介的自然物纳入历史之中,但是正如孙伯鍨先生所看到的那样,卢卡奇这种用历史辩证法来消化自然辩证法的态度不可能从一而终,因为他的历史观念仍然是从抽象的主体观念来区分的历史,即是否是历史取决于人类是否参与其中,而只要仍然留存着人类主体的痕迹,就会留下维柯区分的残余物,一个人类没有参与,仅仅作为旁观者的自然史和一个人类自己实践创造的人类史。而卢卡奇的区分只不过扩大了之前人类学的地盘,仍然保留了人类作为旁观者的自在之物(无论他是否称之为自然辩证法)和人类参与的历史的形而上学的区分。在这个意义上,孙伯鍨先生十分明确地指出了卢卡奇的历史观从一开始就是传承了德国古典唯心主义的历史观,坚持从历史和自然二分的形而上学出发,设定了抽象的人类参与所区分的历史和自在之物。这与马克思在《德意志意识形态》以及后来的《资本论》中关于历史的思考是截然不同的。也正是在这里,我们可以说,当卢卡奇思考历史的时候,他不是一个唯物主义者。

三、总体性:戴上面具的绝对精神

根据前文的分析,我们从孙伯鍨先生的《卢卡奇与马克思》中可以临时得出如下结论。

(1)由于卢卡奇用历史辩证法来消化自然辩证法,而历史进一

---

① 孙伯鍨:《卢卡奇与马克思》,南京大学出版社 1999 年版,第 61 页。

步被卢卡奇视为资产阶级意识形态的物化表现,那么,自康德以来的科学认识,除了经济科学和社会科学之外,甚至包括部分自然科学,都是这种意识形态的物化表现。所以卢卡奇才会说:"自然科学的认识理想被运用于自然时,它只是促进科学的进步。但是当它被运用于社会时,它就会成为资产阶级的思想武器。"①那么,对于卢卡奇来说,如果我们要摧毁整个资本主义制度,不仅仅需要从政治上和经济上摧毁资本主义的统治和压迫,更重要的是要从认识上摧毁物化的资本主义意识形态,从而摧毁资产阶级的思想武器。在这个意义上,后来的阿尔都塞的"国家意识形态机器"的设定与卢卡奇的"资产阶级的思想武器"有着异曲同工之妙。

(2) 在将当代科学认识,包括自然科学在内的大部分人类的认识都看成物化的意识形态之后,必然造成一个结果,即资产阶级的科学认识不是全面的,而是片面的,不是总体的,而是局部的,不是解放的,而是压迫的认识。那么,当我们试图从内部摧毁资本主义的思想武器的压迫,就需要打破这种物化认识的片面性和局部性,用总体性的认识来取代局部的认识。之所以存在总体性,其奥秘恰恰在于资本主义物化的科学认识分割留下的自在之物,对于康德的认识论来说,自在之物是物化的认识不能触及的领域。因此,就必须用总体性的范畴来取代片面和局部的范畴,也正如卢卡奇所说:"如果说理论作为对总体的认识,为克服这些矛盾、为扬弃它们指明道路,那是通过揭示社会发展过程的真正趋势。"②

---

① 〔匈〕卢卡奇:《历史与阶级意识——关于马克思主义辩证法的研究》,杜章智、任立、燕宏远译,商务印书馆1992年版,第59页。

② 〔匈〕卢卡奇:《历史与阶级意识——关于马克思主义辩证法的研究》,杜章智、任立、燕宏远译,商务印书馆1992年版,第58页。

（3）那么，对于卢卡奇来说，历史的运动并不在于现实人类的生产实践和交往实践，而是在于不断从总体性出发来克服片面和局部物化形态的历史，这是卢卡奇的历史生成之源。在这里，卢卡奇将已经被马克思的历史唯物主义清除掉的神秘的黑格尔的绝对精神的残余再次复活，不过，卢卡奇并没有用绝对精神的名号，而是给它戴上了一个面具，这个面具就是总体性，让德国古典哲学的那些徒子徒孙们不再能认出其样貌，而卢卡奇成功地将黑格尔哲学潜渡到他的历史唯物主义之中，正如孙伯鍨先生批判指出："卢卡奇的总体性方法是建立在德国同一哲学的基础之上的。"①于是，当总体对片面的克服变成了一种观念化的历史运动时，与其说卢卡奇的解放是马克思的政治经济学意义上的解放，不如说是黑格尔意义上的绝对精神式的解放。

这或许是后来人们将卢卡奇称为黑格尔式马克思主义的原因，正如阿尔弗雷德·施密特（Alfred Schmidt）指出："在他的文章《物化和无产阶级意识》中（这篇文章对未来马克思主义历史方法的构建特别有指导意义），卢卡奇陷入了黑格尔式的困境，因为绝对精神和历史（'世界精神'）之间的关系仍然没有得到解释。通过悬置真实的历史，黑格尔的哲学来到了一种永恒的概念性的创世（Genesis），一种从现实中接管，但同时又否认现实世界的创世，一种从逻辑通过自然到精神的创世。"②在这一点上，阿尔弗雷德·施密特对卢卡奇的批判是正确的，因为卢卡奇尽管没有像费尔巴哈一样，将现实世界的历史看成静态的感性确定性，而是从动态变

---

① 孙伯鍨：《卢卡奇与马克思》，南京大学出版社 1999 年版，第 85 页。

② Alfred Schmidt. *History and Structure：An Essay on Hegelian-Marxist and Structuralist Theories of History*. Trans. Jeffrey Herf. Cambridge, MA.：MIT Press，1981，p.119.

化,从总体性克服片面性的角度去思考历史的演变,在这个意义上,卢卡奇的《历史与阶级意识》的确是优于许多青年黑格尔派和费尔巴哈的判断的。但是,卢卡奇的总体性对片面和局部的历史,对物化意识的克服存在一个巨大问题,他并没有具体解释,这种物化的历史究竟是如何在现实中被克服掉的。我们不可能仅仅在一个总体性概念的光芒照耀下,自然而然地走向未来的共产主义社会,更不可能通过自发的社会运动来实现社会主义革命。因此,卢卡奇的《历史与阶级意识》最大的问题也正在于此,正如孙伯鍨先生十分正确地指出:"所有这些,仍然没有超出纯思想的范围,因而他也没有认真去讨论资产阶级社会的实际生活。"①总体性概念,尽管卢卡奇赋予了它克服物化意识的外表,但在根本上,总体性并不是纯粹的现实社会的概念,而是一种在观念上承诺的主体和客体的统一、认识和实在的统一,那么,只要总体性还停留在主客体统一的德国古典哲学式的设定之上,卢卡奇就没有真正超越黑格尔的绝对精神的历史。

在这里,孙伯鍨先生在《卢卡奇与马克思》中指出了卢卡奇与马克思的历史观的一个关键不同之处。我们知道,在对费尔巴哈进行批判之后,马克思在《哲学的贫困》中对带有无政府主义印记的蒲鲁东主义进行了更为彻底的批判,而无论是德国的费尔巴哈,还是法国的蒲鲁东,其根本问题在于,他们没有真正去探索和研究资本主义的生产机制及其政治经济学体系,从一开始,这些理论家们就从观念上设定了抽象的历史目的,而他们只需要让这个天国之中的历史目的降临,让人们理解其中的观念,便可以让主体觉醒,走向他们所希冀的理想社会。然而,马克思并没有选择这条道

---

① 孙伯鍨:《卢卡奇与马克思》,南京大学出版社 1999 年版,第 76 页。

路,他选择的是进一步深入现实资本主义社会的运行机制之中,从资本主义的政治经济学中探索走出资本主义的奥秘,这就是马克思的《资本论》的贡献所在。如果说总体性的话,对马克思而言,真正的总体性只能在现实的资本主义之中,让资本主义社会凝结为一个复杂而多样的整体,孙伯镕先生说:"《资本论》的研究对象是一个作为总体存在着的资本主义社会,这样一个社会是人类有史以来最复杂的社会机体,一个具有多方面内容和规定的整体。这个整体的每一个部分都不是彼此孤立的,而是内在地相互联系的。通过它们的内在联系,部分成为整体的一个环节、一个规定。"[1]与马克思相反,蒲鲁东虽然也谈及资本主义的经济体系,但"不是把经济范畴看成是与物质生产的一定发展阶段相适应的生产关系的理论表现,而是看成体现平等原则的永恒观念,因而它们不是在历史中产生和消失的,而是历来存在的,超越时间和空间的"[2]。因此,在马克思的历史唯物主义之中,历史的演变和发展,从来不是什么总体精神或总体性思想对之前片面的和局部的思想的克服,更不是对物化的社会认识的解放,而是现实的生产关系和生产方式的革命,只有在资本主义生产的内在矛盾之中,只有在资本主义的生产关系无法满足现实历史的发展之后,社会革命才是可能的。

于是,当卢卡奇指出通过总体性不断克服物化意识的历史运动的同时,进一步带来的问题是,谁能充当主体来引导历史运动,即谁是实现总体性革命的历史主体? 在马克思那里,历史变化的动因不是由主体来引发的,历史只能是现实的历史,即通过现实市民社会中的矛盾变化来实现历史的演进,孙伯镕先生认为,"在研

---

① 孙伯镕:《卢卡奇与马克思》,南京大学出版社 1999 年版,第 88 页。
② 孙伯镕:《卢卡奇与马克思》,南京大学出版社 1999 年版,第 89 页。

究直到资本主义以前整个人类历史发展的一般规律时,马克思从未想到要回答谁是历史的主体这个问题,他着重研究并获得解决的是历史发展的动力问题。和历来的历史学家不同,马克思并不是把人类历史发展的真正动力归结为人们的表面动机,而是归结为生产物质生活资料的生产方式"①。孙先生的这个辨析十分重要,因为马克思的历史唯物主义并不会在历史进程中放大主体的作用,即便存在着主体,也是在历史现实的关键时刻,作为推动力出现的主体,如无产阶级革命不可能发展在资本主义统治十分巩固的时期,只有在资本主义生产关系走向没落、不断脱离生产发展的历史轨道时,作为主体的无产阶级才能发挥最大的效用。

而这决定了卢卡奇的无产阶级主体和马克思的无产阶级的概念有着天壤之别。尽管卢卡奇使用了无产阶级的概念,但是他的无产阶级是一种没有面目的无产阶级,他的无产阶级概念不是生活在贫民窟,在具体的生产和消费过程中,被资本家和统治者压迫的无产阶级,他的无产阶级是一种浪漫化和概念化的无产阶级。在卢卡奇的描述中,他的无产阶级虽然与马克思主义的无产阶级有一定的交集,但更像是总体性的天使,降临在苦难的大地上,他们需要使用总体性的观念,来摧毁物化的资本主义意识,因此,卢卡奇写道:"当向'自由王国'过渡的时刻客观上到来的时候,这一点就更明显地表现为,真正意义上的盲目力量将盲目地、用不断增长的、看来是不可抗拒的力量冲向死亡,而只有无产阶级的自觉意志才能使人类免遭灾祸。……革命的命运(以及与此相关联的是人类的命运)要取决于无产阶级在意识形态上的成熟程度,即取决

---

① 孙伯鍨:《卢卡奇与马克思》,南京大学出版社 1999 年版,第 159 页。

于它的阶级意识。"①

　　简言之,卢卡奇似乎不仅将无产阶级作为历史的主体,也作为总体性的使者,因此,孙伯鍨先生一针见血地指出:"卢卡奇带着一种浪漫的情调来看待无产阶级,从而把现实的无产阶级理想化了。一方面,作为一个阶级,无产阶级有其相同的阶级地位,他们的经济、政治利益在根本上是一致的;另一方面,无产阶级也是由一个个具体的现实个人所组成的,要使一个个具体现实的个人都能自觉地让眼前利益服从长远利益、个人利益服从阶级利益,放弃个人暂时的局部的利益,服从根本的长远的利益,普遍达到和他们的阶级地位相一致的理论意识,完全成为一个在理论和实践上都统一到无产阶级意识上来的自觉的革命阶级,这未免太理想化了。卢卡奇显然没有看到,在资产阶级社会中,只有少数先进的知识分子才能达到对人类历史发展规律的正确认识,关于无产阶级革命所需要的经济、政治条件的正确认识,对广大无产阶级来说必须要从外部加以灌输。"②也就是说,在孙伯鍨先生看来,卢卡奇的无产阶级根本不是真正的无产阶级,而是一种总体观念的道成肉身,即便在卢卡奇那里,他们拥有着"无产阶级"之名,但他们不具有马克思式的政治经济学下的无产阶级之实。卢卡奇由于没有看到马克思的政治经济学批判的真正价值所在,没有理解马克思对资本主义内在矛盾分析的根源,从而将从资本主义向社会主义革命过渡的期望,仅仅寄托在一个浪漫化的无产阶级的观念之上。由于这种无产阶级的概念不具有现实性,因此,卢卡奇并没有在现实的资本主义运动中找到历史运动的真正动力,所以,他不得不将这种动力

---

①　[匈]卢卡奇:《历史与阶级意识——关于马克思主义辩证法的研究》,杜章智、任立、燕宏远译,商务印书馆1992年版,第129页。
②　孙伯鍨:《卢卡奇与马克思》,南京大学出版社1999年版,第165页。

从物化批判到无产阶级意识|　　　　　　　　　　　　　　　　　　　　　|251|

寄托于更为抽象的"无产阶级的阶级意识",尽管他试图为"无产阶级意识"找到唯物主义的根基,但在根本上,只有拥有了"无产阶级意识"的无产阶级才能成为真正的历史主体,卢卡奇说:"只有变成了实践的无产阶级的阶级意识才具有这种变化事物的功能。"①这样,"无产阶级的阶级意识"反而成了无产阶级化的前提,如果没有"无产阶级意识",无产阶级即便拥有现实的无产阶级身份,他们仍然会囿于物化的资本主义意识之中,无法真正摧毁资本主义制度,只有"无产阶级意识"在无产阶级那里得到实现,无产阶级才打破了自己的局限性,成为真正的全人类和总体性的化身。

孙伯鍨先生指出了卢卡奇的无产阶级和"无产阶级的阶级意识"的非现实性,他指出:"无产阶级也是由一个个具体的现实个人所组成的,要使一个个具体现实的个人都能自觉地让眼前利益服从长远利益、个人利益服从阶级利益,放弃个人暂时的局部的利益,服从根本的长远的利益,普遍达到和他们的阶级地位相一致的理论意识,完全成为一个在理论和实践上都统一到无产阶级意识上来的自觉的革命阶级,这未免太理想化了。"②孙伯鍨先生对卢卡奇的无产阶级概念的理想化的批判,也表明了以卢卡奇为代表的西方马克思主义与马克思的历史唯物主义的根本区别。卢卡奇虽然也谈物化、历史和无产阶级,但马克思的物化、历史和无产阶级是立足于市民社会的内在矛盾,以现实世界的分析来解开资本主义社会运行的奥秘,进一步找到走向社会主义革命的道路。而卢卡奇的物化、历史和无产阶级是在他的总体性的形而上学之下,重新走向了形而上学,用戴着总体性面具的绝对精神,复活了黑格尔

---

① [匈]卢卡奇:《历史与阶级意识——关于马克思主义辩证法的研究》,杜章智、任立、燕宏远译,商务印书馆 1992 年版,第 299—300 页。

② 孙伯鍨:《卢卡奇与马克思》,南京大学出版社 1999 年版,第 165 页。

的幽灵,从而试图在人间点燃业已没落的观念论的篝火。这样,我们无疑可以看出,孙伯鍨先生的《卢卡奇和马克思》一书的价值所在,在清除了以卢卡奇为代表的黑格尔式马克思主义的形而上学残余之后,一方面肯定了西方马克思主义的革命性价值,另一方面,重新用真正的马克思的历史唯物主义恢复了物化、历史和无产阶级等概念的原貌。在一定意义上,孙伯鍨先生对卢卡奇给出了中允的评价,在社会批判理论上,卢卡奇是一个合格的马克思主义社会批判理论家,他对资本主义及其物化的意识形态的批判仍然是掷地有声的,但在社会革命理论上,卢卡奇却误入歧途,由于摒弃了政治经济学批判的工具,他只能诉诸黑格尔的观念工具,即用总体性的"无产阶级意识"来作为历史运动的动力。可以说,孙伯鍨先生一语中的:"卢卡奇的思想中不仅有马克思的影响,而且有黑格尔的影响。他从黑格尔的思维和存在同一性的立场出发,片面夸大了意识对存在的优先地位。如果说黑格尔把人等同于自我意识,把自我意识当作历史的真正主体的话,那么卢卡奇则似乎是把无产阶级放在了和自我意识相同的位置上,无产阶级成为历史主体的决定性条件是它必须获得无产阶级意识。"[①]一言以蔽之,真正的历史运动只有在现实的生产和交往实践中才能实现,不可能通过抽象的"无产阶级意识"来达到总体性,只有现实的资本主义生产关系的矛盾才能让我们看见黎明的曙光。

---

① 孙伯鍨:《卢卡奇与马克思》,南京大学出版社 1999 年版,第 163 页。

三、马克思主义哲学基本问题研究

"双重逻辑"说所开启的当代中国马克思主义哲学探索之路

王南湜*

中国马克思主义哲学自适配改革开放之能动精神而将主体性原则引入理论体系之中以来，便须面对如何适当地处理能动论原则与决定论原则之间的关系问题。① 对于这一重大问题，孙伯鍨先生的独特贡献是以其"双重逻辑"说而开启了一条基于对相关经典著作的深入系统的研读而把握马克思主义哲学创立过程之思想进展方向与节点，从中探寻解决此问题的道路。这一探索解决问题之方式深刻地影响了中国马克思主义哲学研究者的探索之路，从而也就富有成效地引导了中国马克思主义哲学理论的深入发展。② 孙伯鍨先生的这一探讨方式亦使笔者受益匪浅，缘于此，③特撰此小文俾使孙先生所开启的此一探讨方式得以进一步彰显，以使之

---

* 作者简介：王南湜，南开大学杰出教授，哲学院教授。谨以此文纪念孙伯鍨先生逝世二十周年。

① 一种哲学若只是意在解释世界，至少是能够以某种方式构造出一种不包含矛盾的理论体系，因为解释世界意味着将世界设定为一个为决定论规律所支配的体系；但若要指向有效地改变世界，便须同时包含对于世界的决定论性的科学描述和允许能动性的总体性描述。这样便不可避免地会包含着两种描述方式之间的内在张力。

② 张一兵教授的评论颇为到位：孙伯鍨先生"提出的《1844年经济学哲学手稿》之'双重逻辑'说成了我国马克思主义哲学史研究的一个重大成果，他的研究方法亦成为马克思主义经典文本解读的一个独特模式。"（张一兵主编：《马克思哲学的历史原像》，人民出版社2009年版，第4页）

③ 尽管笔者未曾有缘获得孙伯鍨先生的耳提面命，但孙先生的"双重逻辑"说的确对笔者的学术致思方向产生了深刻的影响。

为推进中国马克思主义哲学理论之发展持续贡献其思想力量。

一、"双重逻辑"说的缘起

中国马克思主义学界近几十年来所持续关注的一个中心问题，便是如何理解和处理马克思哲学之中的能动论与决定论的关系问题。正是在对这一重大问题的探讨之中，中国马克思主义学界在很大程度上受益于孙伯鍨先生以其对马克思早期著作的精深解读所阐发的"双重逻辑"说。也正是这一"双重逻辑"说使笔者对这一问题的探讨陷入停滞不前之际，被引导向了一条可深入展开的正途。不仅如此，在笔者看来，事实上这一"双重逻辑"说及其研究方法，亦在整个中国马克思主义哲学界开启了一条富有成效的探索之路，引导了一大批研究者真正地"走进马克思"，对马克思主义哲学这座蕴量无穷的理论宝藏进行深度开掘。

要理解孙伯鍨先生所开启的这条思想探索之路的意义，还得从二十世纪八十年代的"实践唯物主义"大讨论开始说起。众所周知，二十世纪八十年代中国马克思主义学界展开了一场声势浩大的关于"实践唯物主义"的大讨论，其参与者数量之广，持续时间之长，在学术史上都是空前的。虽然讨论的高潮时期已经过去，但至今每年仍有若干篇以之为题的讨论文章发表。这一大讨论的初衷无疑是对于苏联教科书体系中能动性原则缺失的不满，意图为以改变世界为鹄的马克思主义哲学引进能动性方面，以使得改变世界的原则在理论逻辑上能够贯通，而不至于在理论上自相矛盾，即一方面肯定世界不以人们的意志为转移的决定论性，另一方面又主张人能够能动地改变世界。但要从理论上说明人是能够能动地改变世界的，便须引进能动的主体性原则对苏联教科书体系中单纯的决定论原则予以限制。同时,这种限制又须为唯物主义的决定论原则保留地位,而不能走到另一极端,滑向唯心主义。显而易见,此时中国马克思主义哲学界所面临的这一问题是十分困难的。

这一问题的困难性从这一理论境况在马克思主义哲学发展史上反复出现便能见出。它首次出现在马克思主义创始人的哲学变革之始。人们不难看出,中国马克思主义学界此时所面临的这一境况,与马克思主义哲学创始人当时所面对的一方面是缺乏能动性的旧唯物主义,另一方面则是持抽象能动性的唯心主义的理论境况是非常相似的。这也就难怪在"实践唯物主义"大讨论中人们引用马克思时最多的话语便是被称为"包含着新世界观的天才萌芽的第一个文献"①的《关于费尔巴哈的提纲》的第一条。正是在这第一条中,马克思一方面批评了包括费尔巴哈在内的旧唯物主义对主体性的忽略,另一方面又批评了唯心主义只是抓住了抽象的能动性,而他则要从现实的对象性活动开始。② 这一新的思想起点,在随后的《德意志意识形态》中又被表述为人与其环境的双向交互创造:"人创造环境,同样,环境也创造人。"③人们反复引用此一论断,亦正是为了从马克思这里找到解决问题之道。但是,马克思的这一人与环境交互创造的观念作为对旧唯物主义和唯心主义的超越,是十分革命性的,因而对这一观念之精髓的把握便须是跳出旧唯物主义与唯心主义之形而上学的窠臼。显然,对于旧哲学的超越并非轻而易举之事。由于这一把握上的困难,第二国际以来的一些马克思主义解释者们便采取了一种简化还原的方式,将马克思的这一革命性思想强行塞回到了旧唯物主义套路之中,这便导致了一个极大的悖论:以改变世界为鹄的哲学却缺失了能动

① 《马克思恩格斯全集》第 28 卷,人民出版社 2018 年版,第 534 页。
② 参见《马克思恩格斯选集》第 1 卷,人民出版社 1995 年版,第 54 页。
③ 《马克思恩格斯选集》第 1 卷,人民出版社 1995 年版,第 92 页。

性。而这一悖谬，又导致了卢卡奇等早期西方马克思主义者片面强调能动性的反拨。但这种反拨又陷入了黑格尔主义的误区：其所发展的乃是脱离了现实的、感性的活动本身的抽象的能动性。当中国马克思主义学界着手将能动的主体性引入以克服教科书体系的机械决定论之时，在马克思主义哲学发展史上便又一次面临这一困难的理论境况。

当然，起初人们未必能意识到这一理论问题的困难性，至少对之未必能有充分的意识，但无论如何，中国马克思主义学界即时承担起了解决这一事关中国现实实践的重大理论问题的历史使命，富有创造性地提出了种种解决方案。回顾一下改革开放四十多年来的学术思想史，就会看到，中国马克思主义哲学的理论进展，事实上也正是围绕着如何处理能动论与决定论之间的关系问题而进行的。这一问题有过多种表述形式，但实质仍是处理人的活动的能动性与受动性之间的关系问题。"实践唯物主义"这一概念和命题的提出，本身即是要将强调能动性的"实践"与强调客观性的"唯物主义"两方面综合在一起，以形成一种既有能动性又包含客观性的概念。但将之放置在一起组成一个复合概念并不意味着就能消除能动性与客观性之间的张力，且从理论体系所要求的内在一致性看，这一概念自身所包含着的内在张力又是必须予以消除的。由此最初对于这一困难问题的解决便大致上是围绕着如何解决"实践"与"物质"这两个概念的关系展开的。为此，研究者们提出了一系列创新性的概念，诸如"实践本体论""实践观点的思维方式""人的感性活动原则""物质—实践本体论""物质实践一元论"①

①　对这类意在消除"实践唯物主义"所内含的"实践"与"物质"之间张力的理论尝试较为详细的考察，可参见拙作《"实践唯物主义"的源起、意义变异与面临的问题》，载《马克思主义与现实》2015年第4期。

等等。进而，在稍后一些时间，学界还就主观能动性与客观规律的关系问题展开了规模颇为可观的讨论。其中亦提出了诸多解决问题之新的命题，如统计决定论、系统决定论、可能性空间理论等等。毫无疑问，这类概念是颇富创新性的，但若细究起来，就不难发现，这些概念仍然是内含张力的，因而并未能解决其中的问题，只是将问题作了某种移位，包裹到了组合概念的内部。更令人疑虑的是，这些概念一般而言并不能在马克思主义创始人的著作中找到坚实的依据，而只是研究者为了解决所面临的理论困难，通过对马克思的某些思想的发挥而即时创设出来的。这也就意味着这一时期我们在探讨如何解决马克思主义哲学理论之中的问题时，并未认真地通过系统研读马克思主义经典著作而从中寻求答案，并未认真地通过考察马克思自己在其思想发展中对这一问题的思考和推进，就匆忙地提出了自己的远未深思熟虑的解决方案。换言之，我们在没有能够做到切实地"照着讲"之前就匆忙地试图"接着讲"了。这样的匆忙披挂上阵并未能解决问题，自然也就不足为奇了。这一进路虽未能解决问题自身，却也指明了此一进路的问题所在，即从中告诉人们，要想真正切中问题，至少能真正接近问题，就必须先"回到马克思"，看看马克思是如何处理这些问题的。如果问题在马克思那里已经得到了某种解决或推进，那么，首要的工作便是将马克思的推进解决问题之道发掘出来，以由之出发在新的历史条件下予以推进发展。这便需要回过头来认真地研读马克思主义创始人的著作。而为了能够真正深刻地理解这些著作，必须进一步了解这些著作创作之时所处的理论环境，甚至还必须将这些理论背景追溯到更久远的时代。显而易见，与通过思辨构造新概念相比，这一工作是极其艰苦困难且耗费时日的。但不如此，就不可能真正推进中国马克思主义哲学的理论进展。而这，就真正显示出了孙伯鍨先生研究进路的重要性了。

孙伯鍨先生之所以能率先走上这条学术研究之正途，无疑是得益于他所受到的学术训练。正如张一兵教授所言，"孙先生是学历史出身，这使他的教学和科研带着非常浓的历史学方法论色彩，与上一阶段国内某些国外马克思主义哲学研究时常做得既大且空，动不动洋洋千言读起来却言之无物的情况相比，孙先生的思路相当值得提倡"[①]。孙先生亦并非只是一个只会"复读"的研究者，而是一个带有一整套研读方法的理论视野十分开阔的研读者和阐释者。"一方面，孙先生十分重视在每个点上的深入，重视典籍，重视原始的文本，这是历史考据学的功夫。早在语录、口号和原理在学界当道的时代，孙先生就提出回到文本、回到典籍的口号，他要求自己、也要求我们直接去面对原著。……另一方面，在每个'点'上打下扎实基础的同时，他非常重视一条'线'以及一个'面'上的视野和逻辑，这又是拜史学的叙事逻辑所赐。在第一手史料的基础上，学史的根基使他拥有非常宏观大气的眼光，非常注重把一个个原始文本、一个个思想家、一段段思想史经纬相织，寻找出其间内在的关联。"[②]这一"点""线""面"的研读方式，意味着要把握马克思的本原思想，仍然需要某种创新，但这种创新不是思辨地构造新的理论，而是研究和阐释的方法论上的创新。这种创新性的研读方式所带来的理论收获，于中国马克思主义学界所面临的主体性与客观性关系问题的理论难题而言，便是"双重逻辑"说的提出。

---

① 张异宾、唐正东编：《探索与反思——哲学家孙伯鍨》，南京大学出版社 2004 年版，第 120 页。

② 张异宾、唐正东编：《探索与反思——哲学家孙伯鍨》，南京大学出版社 2004 年版，第 120—121 页。

马克思哲学之中存在"双重逻辑"之说,在这一问题被长达几十年的讨论之后,人们多半不会觉得有何新异之处,但在二十世纪八十年代提出此一问题也颇为需要一些追求对马克思哲学精深理解的理论探索精神的。尽管在马克思主义传入中国之初,李大钊便对其中能动性与客观规律性之间的张力有所意识,[①]对马克思的所谓的"历史决定论"进行批判的波普尔也曾在二十世纪三十年代从另一角度和立场提出类似的问题,[②]但从苏俄传入的延续了第二国际阐释进路的理论体系居于主导地位,使得长期以来人们对这一内在张力并无意识。因而,要在这样的历史背景下明确地提出这一问题,不仅需要精深的认知能力,亦需要足够的历史担当。因为要恢复马克思主义哲学之本真精神,发展中国马克思主义哲学,便首先须认识到这一内在张力,进而真正把握到马克思主义哲学创始人之革命性的哲学观念。而在当代中国马克思主义哲学界,正是孙伯镁先生首先意识到这一张力,并系统地开启了探索如

---

① 李大钊写道:"马氏学说受人非难的地方很多,这唯物史观与阶级竞争说的矛盾冲突,算是一个最重要的点。盖马氏一方既确认历史——马氏主张无变化即无历史——的原动力为生产力;一方又说从来的历史都是阶级竞争的历史,就是说阶级竞争是历史的终极法则,造成历史的就是阶级竞争。一方否认阶级的活动,无论是直接在经济现象本身上的活动,是间接由财产法或一般法制上的限制,常可以有些决定经济行程的效力;一方又说阶级竞争的活动,可以产出历史上根本的事实,决定社会进化全体的方向。"(《李大钊全集》第 3 卷,人民出版社 2006 年版,第 30—31 页)

② 波普尔一方面在其著对对所谓的马克思的历史主义大加挞伐,另一方面却认为,"在马克思的一些早期著作中,要求人们必须在行动中证明自身,这是特别明显。这种态度——它可以被描述为马克思的行动主义——在他的《关于费尔巴哈的提纲》的最后一条中得到最明显的阐述:'哲学家们只是用不同的方式解释世界,而问题在于改变世界'"。但又接着声言:"马克思著作中的这些强烈的'行动主义'倾向受到了他的历史主义的抑制。"(〔英〕波普尔:《开放社会及其敌人》第 2 卷,陆衡等译,中国社会科学出版社 1999 年版,第 312—313 页)

何把握马克思革命性的哲学观念的道路的。[①]

孙先生在其系统地探讨马克思早期思想发展的《探索者道路的探索》这部重要著作中,通过仔细研读发现,"当马克思仅仅执着于对异化劳动的批判时,他总是尽可能地把劳动理想化,为的是要用一种真正的人本质(自由、自觉的劳动)来和人的现实存在(异化劳动)相对立,因而不可避免地陷入思辨的想象之中。而当他着眼于分析对象化劳动时,他便能够根据唯物主义的观点,深刻地说明人类的生产劳动不论其异化与否,对于整个社会生活和全部人类历史都有着决定的作用。这个非常重要的观点恰恰是正在生长中的历史唯物主义的一棵苗壮的幼芽"[②]。孙先生由此得出结论:"《手稿》中确实存在着两种截然相反的逻辑:以抽象的人的本质为出发点的思辨逻辑,和以现实的经济事实为出发点的科学逻辑。"[③]孙先生认为,在马克思思想发展中,人本逻辑和科学逻辑之间的关

---

① 虽然自二十世纪八十年代以来,国内马克思主义学界有过多次涉及能动性与客观规律性关系的讨论,但孙伯镆先生提出"双重逻辑"说要更早一些。尽管孙先生提出这一思想的著作《探索者道路的探索:青年马克思恩格斯哲学思想研究》是 1985 年正式出版的,但孙先生在该书初版后记中说明这部著作写作由来和时间:"1962 年起,我在北京大学讲授马克思恩格斯的早期著作,至"文化大革命"前夕而中断。1978 年以来,我又在南京大学哲学系讲授马克思主义哲学史的马克思恩格斯阶段,陆续写出了约四十余万字的讲义。"(参见孙伯镆《探索者道路的探索:青年马克思恩格斯哲学思想研究》,安徽人民出版社 1985 年版,第 388 页)可见这一思想的提出至晚是在 1978 年之时,这无疑比后来的有关讨论的时间要更早一些。在西方马克思主义者之中,似乎霍耐特也明确提出过类似于波普尔的问题,但也迟至 1992 年了。他在其《为承认而斗争》一书中一方面批评马克思的经济决定功利主义倾向,另一方面则认为"马克思在《路易波拿巴的雾月十八日》或《法兰西内战》中提供的是一种"表现主义"模式",而"马克思本人在任何地方都没有把经济学著作的功利主义途径与历史研究的表现主义途径系统地联系起来,尽管这两种模式在他的成熟著作中发生了冲撞。经济决定的利益冲突,与根据自我实现的不同追求所做出的对全部冲突的相对主义解释,比肩而立,而且没有任何中介"。([德]霍耐特《为承认而斗争》,胡继华译,上海世纪出版集团 2005 年版,第 156—157 页)

② 孙伯镆:《探索者道路的探索:青年马克思恩格斯哲学思想研究》,安徽人民出版社 1985 年版,第 169 页。

③ 孙伯镆:《探索者道路的探索:青年马克思恩格斯哲学思想研究》,安徽人民出版社 1985 年版,第 177 页。

系是一个此消彼长的过程，即科学逻辑逐渐发展并取得支配地位的过程，且"历史唯物主义只有在后一种逻辑的基础上才能逐渐产生出来"①。

孙伯鍨先生的这一发现，包含两个方面的内容：一个方面是指出了在马克思的《1844年经济学哲学手稿》中"确实存在着两种截然相反的逻辑"，一者是从人的本质出发的思辨逻辑，另一者则是从经济事实出发的科学逻辑；另一方面则是指出了这两种逻辑之间的相互关系是一种"此消彼长"的变化过程，即马克思这一阶段的思想变化是从人本逻辑逐渐走向科学逻辑。这一"双重逻辑"说自然是孙伯鍨先生对于马克思早期思想发展中所蕴含的内在张力问题之解决方式的一种阐发，是孙先生自己对这一问题的解决之道，但它同时亦是中国马克思主义学界所展现出来的对此一能动性与客观性之内在张力问题的一种更具发展前景的解决之道。故而，这一理论进路一经提出，便很快展现出了自己的生命力，即将这一研究进路在中国马克思主义学界逐渐扩展了开来，并由之产生了重要的影响，在很大力度上推进了中国马克思主义哲学的理论进展。由此看来，人们关于二十世纪九十年代是"思想淡出，学术登场"的贬低性评论，在某种意义上乃是一种偏颇之见，未能见到其积极意义。而若从积极意义上看，正是这一举动抛弃了那种争创新潮，动辄构造体系的"速成"繁荣的方便法门，而走向了一种立足于硬性事实资料的实实在在的学术生产之道。而孙伯鍨先生的"双重逻辑"说在这一转向过程中所产生的重要影响或理论回响，是具有典范意义的，从而有必要特别加以阐发。

---

① 孙伯鍨：《探索者道路的探索：青年马克思恩格斯哲学思想研究》，安徽人民出版社1985年版，第177页。

二、"双重逻辑"说之学术效应史

"双重逻辑"说的上述两个方面的内容在孙伯鍨先生的论说中虽然是密切相关的一个整体,但就其后所产生或引发的理论回响或学术效应来看,却是相当不同的,因而须分别论述之。

我们先看孙伯鍨先生着重要从"双重逻辑"说引出的从人本逻辑逐渐走向科学逻辑的"此消彼长"说。"此消彼长"说之中必然包含着一个"消"与"长"的关节点,即在何时马克思从人本逻辑全然转到了科学逻辑。这个问题,还往往被表述为马克思的科学理论何时真正达到成熟。孙伯鍨先生指出,"在《德意志意识形态》中,异化劳动和它的扬弃就是按照经济发展的客观规律而加以阐明了。黑格尔的否定之否定的规律不再是当作证明的工具被运用于历史,而是作为研究的结果从现实历史抽象出来并获得了说明。因此,它也不再具有任何思辨和神秘的色彩。同时,费尔巴哈人本主义的影响也最终被消除了。"[1]这也就意味着,"在《德意志意识形态》中,历史唯物主义作为一种科学的世界观已经完整地呈现出来了"[2]。这是说,在《德意志意识形态》之中,马克思哲学思想中的科学逻辑已经臻于完善。毫无疑问,这是孙先生精研马克思思想发展史所得出的有根据的结论,亦是为学界所普遍认可的。但这里涉及"双重逻辑"说之中的"科学逻辑"这一概念,"科学"一词含义的丰富性和在不同语境之中的意义之变化,却会导向对这一概念

① 孙伯鍨:《探索者道路的探索:青年马克思恩格斯哲学思想研究》,安徽人民出版社1985年版,第285页。

② 孙伯鍨:《探索者道路的探索:青年马克思恩格斯哲学思想研究》,安徽人民出版社1985年版,第288页。

的不同理解。在"科学"一词比较宽泛的意义上,亦即如马克思在《德意志意识形态》中所言,对于所研究的对象"可以用纯粹经验的方法来确认",并由之构成理论体系,那便即是"实证科学"的了。① 显然,马克思这里所理解的"实证科学"与他后来真正进入政治经济学研究时所理解的"科学"的意思是有所不同的。因为从古典政治经济学的创始人配第开始,便自觉地按照自然科学的方法来进行研究,②斯密,特别是李嘉图又进一步发展这种"抽象的纯演绎的论证方法",③因此,马克思此时所理解的"科学"便可以说是明显地以自然科学为范本的。

基于马克思思想中"科学"一词含义的变化,便有必要进一步探讨在此"科学"意义上的"科学逻辑"完全实现的时期。这一工作是由孙伯鍨先生的弟子唐正东教授首先推进的。在《斯密到马克思——经济哲学方法的历史性诠释》一书中,唐正东教授写道:"如果认为马克思的新唯物主义的获得只是在于对费尔巴哈式的自然唯物主义的扬弃,那么,从感性的存在过渡到感性的活动,便是马克思超越费尔巴哈唯物主义的本质要义了。但如果能够在理解马克思新唯物主义的生成史时,注意到在原有的从哲学到哲学的解读线索中容易忽略的经济学领域的开辟对哲学思想形成的冲击力的话,那么,马克思新唯物主义中的一些更深的理论层面就会清晰地呈现在我们面前。"④唐正东教授特别强调,"李嘉图是英国古典经济学派中最深刻的一位唯物主义者。与他相比,斯密的经济思

---

① 参见《马克思恩格斯选集》第 1 卷,人民出版社 1995 年版,第 67、73 页。
② 参见马涛:《经济思想史教程》,复旦大学出版社 2002 年版,第 83—84 页。
③ 参见[英]巴克豪斯:《现代经济分析史》,晏智杰译,四川人民出版社 1992 年版,第 35、33 页。
④ 唐正东:《斯密到马克思——经济哲学方法的历史性诠释》,南京大学出版社 2002 年版,第 118 页。

想中更多地具有人本主义的成分……李嘉图所表达的是一种在古典经济学的话语中对资本主义本质现实的真实的唯物主义剖析"①。因此,"李嘉图经济理论中现有的几条相互分开的线索如果能够被有机地组合起来,并加以有效的发展,那是极可能生长出一种新型的哲学理论的,也就是说,李嘉图的经济理论为一种新哲学的诞生提供了极有潜力的理论生长空间"②。而"马克思是从1843年10月开始接触经济学的。除了在这之前的很短一段时间外,马克思哲学思想的发展都是与经济学的研究紧密结合在一起的,也就是说,他正是在经济学研究的推进中推进其哲学思想的发展的,因此,严格地说,马克思的哲学就是他的经济哲学"③。因此,"马克思政治经济学的科学化之时,也是他的哲学思想的成熟之日。从这样的思路来看马克思的《1857—1858年经济学手稿》,我们就会对他在马克思哲学思想发展过程中的地位和意义获得崭新的理解。马克思在这部著作中凭借着在生产关系问题上的重要突破,一举完成了历史唯物主义经济哲学方法的最终建构"④。这也就是说,马克思思想发展的"科学逻辑",就"科学"一词的严格意义来说,到了《1857—1858年经济学手稿》中方才完成的。不言而喻,唐正东教授的这一"科学逻辑"至《1857—1858年经济学手稿》方才完成之说,是在颇大程度上推进和深化了孙伯鍨先生的"双重逻辑"

---

① 唐正东:《斯密到马克思——经济哲学方法的历史性诠释》,南京大学出版社2002年版,第98页。

② 唐正东:《斯密到马克思——经济哲学方法的历史性诠释》,南京大学出版社2002年版,第116页。

③ 唐正东:《斯密到马克思——经济哲学方法的历史性诠释》,南京大学出版社2002年版,第265页。

④ 唐正东:《斯密到马克思——经济哲学方法的历史性诠释》,南京大学出版社2002年版,第386页。

说,因而亦得到了孙伯镃先生颇高的称赞。①

　　另外一位出身于南京大学的仰海峰教授,则从另一个角度推进了"双重逻辑"之"此消彼长"说。仰海峰教授的问题意识并非直接来自孙伯镃先生的著作,但其源头亦可归之于孙先生之说。其中的问题是,如果"科学逻辑"的完全实现,意味着研究的对象须是超越"人的主体性及其自由"的全然客观的存在,那么,以此为衡量标准,"科学逻辑"何时完全实现便还须进一步核定。仰海峰教授考察的结论是,"《政治经济学批判大纲》以劳动本体论为基础,强调人的主体性与自由;《资本论》则揭示出资本是一个结构化的形式体系,主体或者是资本的人格化,或者是资本增殖的工具。相比于作为主体的人来说,资本才是真正的主体,或者说是绝对客体,这是与劳动本体论完全不同的哲学构架。《资本论》与《政治经济学批判大纲》虽然有诸多的思想连续性,但在深层构架上是有差异的"②。这是因为,"《大纲》的哲学基础是人类学意义上的生产逻辑,这种逻辑具体化为劳动本体论,强调人的主体性与自由。这构成了全篇的深层逻辑。从马克思思想发展的连续性来看,这种劳动本体论是对人类学意义上的生产逻辑的完成与实现,也是这一逻辑在其思想中的顶点"③。与之不同,"如果说在劳动本体论中,确证的是人的主体性及其自由,那么在资本逻辑中,资本才是真正的主体"④。也就是说,只是到了《资本论》之中,"科学逻辑"方才得

---

　　① 参见唐正东:《斯密到马克思——经济哲学方法的历史性诠释》,南京大学出版社 2002 年版,序言。
　　② 仰海峰:《〈资本论〉与〈政治经济学批判大纲〉的逻辑差异》,载《哲学研究》2016年第 8 期。
　　③ 仰海峰:《〈资本论〉与〈政治经济学批判大纲〉的逻辑差异》,载《哲学研究》2016年第 8 期。
　　④ 仰海峰:《〈资本论〉与〈政治经济学批判大纲〉的逻辑差异》,载《哲学研究》2016年第 8 期。

到了完全的实现。

在"科学逻辑"何时得到完全实现的问题上，仰海峰教授与唐正东教授的意见显然是有所不同的，尽管如此，这两种关于"科学逻辑"何时完全实现的结论，却又都可以说是在孙伯镔先生的"双重逻辑"说所开启的理论进路之中展开的。之所以会出现不同的意见，是因为对"科学逻辑"之实现标准理解的不同。而既然"科学"一词自身具有颇为不同的含义，那么，据之以进行判断得出不同的结论也就是情理之中的事了。而且，正是这种不同意见的展开，显示出了这一理论进路自身所具有的丰富的创生性内涵。

就直接理论思路的指向而言，孙伯镔先生所提出的"双重逻辑"说是为了给马克思早期思想中"思辨逻辑"和"科学逻辑"的"此消彼长"提供一个得以展开的前提，因而，在孙先生的书中，他所关注的重点便主要的是在"此消彼长"这一方面。而且，就这一方面及其后续影响来说，"此消彼长"说的确揭示出了一个马克思思想发展史的事实，那就是马克思的研究对象事实上正是从早期的人类对象性活动整体逐渐转向作为社会生活之基础的经济生活领域。而"思辨逻辑"与"科学逻辑"的"此消彼长"，亦是由于人类对象性活动作为整体，是无法以科学的方式去研究的，只能以思辨的方式去把握；而经济生活领域则是如马克思在《政治经济学批判序言》中所指明的那样，是能够"用自然科学的精确性"①加以描述的，因而，研究领域的转移自然同时也就是"思辨逻辑"与"科学逻辑"的"此消彼长"了。但这里更为重要的是，孙伯镔先生关于《1844年经济学哲学手稿》之中"确实存在着两种截然相反的逻辑：以抽象的人的本质为出发点的思辨逻辑，和以现实的经济事实为出发点

---

① 参见《马克思恩格斯选集》第2卷，人民出版社1995年版，第33页。

的科学逻辑"①的论断,却从一个更为深刻的层面上启示着人们去思考或追问这样一些问题:这一"双重逻辑"存在于同一个理论体系之中,到底意味着什么? 是马克思思想发展过程中的一种过渡性的现象,还是有着更为深刻的意义? 或者说,是一个处在思想变化过程之中的思想家独有的阶段性问题,还是植根于马克思所承接并作了革命性改变的西方哲学之内在结构的一种体现? 更为具体的问题则是:在马克思后来的思想中克服了早期的"抽象的人的本质"论,而从"现实中的人"出发,将"以现实的经济事实为出发点的科学逻辑"逐步地转变成了《资本论》之中完全的"科学逻辑"之时,这种超越了"抽象的人的本质"的"现实中的人"与"科学逻辑"所描述的经济生活领域又是一种什么样的关系,是否能够全然用"科学逻辑"加以把握。如果"现实中的人"不能仅仅归结为"经济人",那么,是否还需要一种既非"思辨逻辑"又不同于"科学逻辑"的方式来把握这一"现实中的人"? 如果《1844年经济学哲学手稿》之中存在着"思辨逻辑"与"科学逻辑"这"两种截然相反的逻辑",那么,在马克思后来的思想中,是否亦存在着某种不同于早期的"双重逻辑"的"双重逻辑"? 笔者以为,孙伯鍨先生率先提出此"双重逻辑"说,此后学界对上述问题的追问、思考、探讨乃至争辩,当是孙伯鍨先生"双重逻辑"对于中国马克思主义哲学发展的最为重要的积极影响和效果史。

对孙伯鍨先生的"双重逻辑"说之意蕴所作的深度开掘,是张一兵教授在《马克思历史辩证法的主体向度》一书中的工作。

张一兵教授揭示出了马克思主义哲学所内含的一种"双重逻

① 孙伯鍨:《探索者道路的探索:青年马克思恩格斯哲学思想研究》,安徽人民出版社1985年版,第177页。

辑"："马克思的科学历史观应该有两个重要的理论逻辑层面：既科学说明了人类主体的能动性和主导地位，又坚持了社会历史发展的一般物质生产基础的和客观必然性。马克思的科学历史观应该是历史的肯定人类历史作用的历史辩证法与坚持从现实的物质生产出发的历史唯物主义的完整统一。"①而"关于马克思哲学思想革命的两次转变和双重逻辑矛盾的论述都直接受到了孙先生《探索者道路的探索》一书相同论见的启发。算是弟子循着先生的脚印向前走的同一学脉"②。张一兵教授的问题意识是，"马克思主义哲学不是为了解释世界，而是为了改变世界，这就是写在马克思实践唯物主义旗帜上的唯一口号"③。然而，"传统哲学解释框架由于仅仅只是关注马克思社会历史观的一个侧面，即历史唯物主义的基础性的原则，而极大地忽略了马克思同样十分重视的以研究社会历史过程的主导性因素，即历史辩证法逻辑主体向度这一深层理论视角……不能科学地理解马克思科学历史观中这两种不同理论逻辑视角的辩证关系，是导致对马克思科学历史观本质错误理解的关键"④。因此，必须对传统的解释框架予以纠正，给予主体向度以应有的位置。其具体阐释方式便是将历史唯物主义区分广义与狭义两个层面，区分的依据则在于客体视角与主体视角两种视角的不同："马克思的科学历史观首先揭示了人类社会历史发展中客观物质生产这一一般基础，科学地说明了历史辩证法的客观规律，这是历史唯物主义的客体视角，（也是马克思历史观的广义层面）。在这一前提下，马克思还站在现实的人类社会主体视角上，探寻了

---

① 张一兵：《马克思历史辩证法的主体向度》，河南人民出版社 1995 年版，第 2 页。
② 张一兵：《马克思历史辩证法的主体向度》，河南人民出版社 1995 年版，第 14 页。
③ 张一兵：《马克思历史辩证法的主体向度》，河南人民出版社 1995 年版，第 12 页。
④ 张一兵：《马克思历史辩证法的主体向度》，河南人民出版社 1995 年版，第 11—12 页。

在不同社会历史时期中起支配作用的主导因素。在他对人类文明史主体视角的考察中，马克思特别指出了在社会经济的形同中经济力量是不以人的意志为转移的决定性和支配的主导性因素（这是马克思历史观的狭义层面）。而这并不是人类社会历史发展的永恒状态。随着人类社会生产力的发展，人类主题当然会超越这种被决定的历史状况，成为自觉创造历史的主人。"①这样一来，历史唯物主义之中长期以来被忽略了的主体性视角也就得到了复位。对于张一兵教授的这一工作，一位评论者写道："作者从他的老师孙伯鍨教授的双重逻辑互动说出发……从经济学、哲学、历史学等多重视角来透析马克思思想的内在逻辑进程……是以'复调'式解读代替了传统哲学研究中的'独白'式解读。"②而孙伯鍨先生亦对之予以了充分肯定："在这本书中，作者意在恢复马克思主义哲学的主体性原则，但并不忽视它的客体性原则；意在宏扬马克思主义哲学的人文精神，但毫不贬损它的科学精神。"③

《马克思历史辩证法的主体向度》之中所发挥的"双重逻辑"思想，在《回到马克思——经济学语境中的哲学话语》中，得到了新的发挥。在后一部著作中，作者指出，《1844年经济学哲学手稿》《德意志意识形态》与《1857—1858年经济学手稿》这三部著作，可视为马克思思想发展中的三个"理论制高点"，而每一个发展阶段中马克思思想中所存在的双重逻辑之间的复杂关联和情势消长又各有不同：在第一个阶段中"在人本主义逻辑统摄下那条从客观现实出发的隐性逻辑的经济学社会唯物主义的来源"；第二阶段中"存在于《德意志意识形态》中的两种思路，即哲学逻辑与经济学现实批

---

① 张一兵：《马克思历史辩证法的主体向度》，河南人民出版社1995年版，第3—4页。
② 仰天：《读张一兵〈马克思历史辩证法的主体向度〉》，载《江海学刊》1998年第1期。
③ 张一兵：《马克思历史辩证法的主体向度》，河南人民出版社1995年版，第3—4页。

判的分立";而在第三阶段,马克思则以"科学的社会历史的现象学,阐明了资本主义经济现象中的这种颠倒是如何历史的形成的,它试图揭露资本主义生产方式中客观颠倒的社会关系,以便最终揭露资本主义经济剥削的秘密"①。这就将"双重逻辑"说推向了一个新的"理论制高点"。

孙伯鍨先生的"双重逻辑"说的影响力在张一兵教授主编的《马克思哲学的历史原像》的创作过程中,在张一兵、姚顺良、唐正东等学者之间所进行的三次争辩性讨论中得到了充分的展现。这一不同理解之间所展开的争辩表明,"双重逻辑"说所可能产生的影响力绝不只是某种单向的展开,而是激发出了深刻的问题意识。正是在这种问题意识引导下,三位学者就马克思哲学思想的"第一次转变"问题②,《1844年经济学哲学手稿》的内在结构到底是"两条逻辑的互相消长还是共同消解"③,以及马克思主义新世界观的本质是"实践"还是"物质生产"④等问题进行了深入的争辩性讨论。讨论者自己设定的出发点是"这个讨论不一定会有什么同一性的共同结论,关键是想让同学们知道,在我们这样一个学术共同体中,虽然有相近的研究方向和思考方式,但我们每一位老师的具体看法都是有一定差异的。讨论,是让这种差异表现出来,从而互动性地启发每一个人"⑤。事实证明,不仅这种"互动性地启发"极具

---

① 参见张一兵:《回到马克思——经济学语境中的哲学话语》,江苏人民出版社2009年版,序第3—8页。

② 参见张一兵、姚顺良:《法权唯物主义与一般唯物主义——析马克思哲学思想的"第一次转变"(学术对话)》,载《南京社会科学》2006年第6期。

③ 参见张一兵、姚顺良:《两条逻辑的相互消长还是共同消解?——析青年马克思〈1844年经济学哲学手稿〉的内在结构(学术对话)》,载《理论探讨》2006年第3期。

④ 参见张一兵、姚顺良、唐正东:《实践与物质生产——析马克思主义新世界观的本质》,载《学术月刊》2006年第7期。

⑤ 张一兵、姚顺良:《法权唯物主义与一般唯物主义——析马克思哲学思想的"第一次转变"(学术对话)》,载《南京社会科学》2006年第6期。

催化思想之效能,且讨论之成果亦是令人欣喜的:"通过这些讨论,我们的观点显然是继续在前进的。"①

"双重逻辑"说的学术史效应当然不仅仅限于此,而是极为深入而广泛的,这里不可能一一加以评述,只再泛举几例以显之:

仰海峰教授在《〈资本论〉与〈政治经济学批判大纲〉的逻辑差异》一文中,便指明了"以劳动本体论为基础的人类学的生产逻辑与资本作为主体的资本逻辑是两个不同的逻辑构架,这是隐藏在《大纲》中的逻辑差异,但这种差异此时并没有完全展现出来,而是体现为以劳动本体论为基础的二元构架。但这种二元对立的构架,在《资本论》中让位于资本逻辑的构架,从而将《大纲》中的内在差异展现为《资本论》与《大纲》的差异"②。这是说,在《大纲》中,仍然存在着一种与《手稿》中表现形式有所不同的"双重逻辑"。

笔者亦曾在《从主体行动的逻辑到客观结构的逻辑——〈资本论〉"商品和货币"篇的辩证法》一文中指出,"从主体行动出发去理解事物的存在和发展变化,是马克思从其青年时代直到晚年都一直持有的理论原则,但要对资本主义进行科学研究,却不能直接以主体行动作为对象,而是只能以作为主体行动之结果的客观结构为对象,这便要求有一个从主体行动的逻辑向客观结构的逻辑的过渡或转换,如此方能够合理地建构起关于资本主义的科学体系,而《资本论》'商品和货币'篇,特别是其中的'价值形式'分析,便正是马克思精心构造起来的这一过渡环节或'转换枢纽'"③。笔者这里意在说明的是,《资本论》所表达的尽管已是一种客观结构的逻

①　张一兵主编:《马克思哲学的历史原像》,人民出版社 2006 年版,第 493 页。
②　仰海峰:《〈资本论〉与〈政治经济学批判大纲〉的逻辑差异》,载《哲学研究》2016年第 8 期。
③　王南湜、夏钊:《从主体行动的逻辑到客观结构的逻辑——〈资本论〉"商品和货币"篇的辩证法》,载《哲学研究》2019 年第 3 期。

辑,但主体行动的逻辑是构成这一客观结构逻辑的前提,因而《资本论》之中"双重逻辑"仍然是以隐含的形式存在的。

此外,近些年来国内学界关于马克思哲学与康德、黑格尔哲学关系的讨论,在某种意义上也是从"双重逻辑"说出发的,可以说是对于这种"双重逻辑"的一种溯源式的追问。

三、"双重逻辑"说所开启的可进一步拓展的理论空间

以上我们所讨论的几个学术案例主要地仍是出自孙伯鍨先生的"门下",但就其所涉及问题的深度广度而言,足见"双重逻辑"说的巨大的开创性影响力了。然而,"双重逻辑"说所展现出来的理论空间远不限于此。其缘由在于,一旦人们走上这一探索之路,便不能不被引导向思考和追问这样一个问题,那就是,既然"双重逻辑"存在于马克思哲学思想之中,而马克思哲学又是基于对近现代哲学的批判继承,则这一"双重逻辑"在马克思所批判继承的既往哲学中是否有其源头,马克思又是如何对之批判继承的,这便是一个不能不予以深思的问题。这种思想的进展之路意味着,一种思想一旦提出,便有了自己客观的展现逻辑,有了自己的"理由空间"。

如前所述,"双重逻辑"说所展现的乃是马克思主义哲学之中能动性与客观性的双重诉求所蕴含的内在张力结构,尽管这一张力结构是以改变世界为鹄的哲学所必然内蕴的,却也在其所批判继承的哲学之中有其根由。这根由若从远处说,便可追溯到基督教哲学所内含的意志主义与理性主义之间的张力。基督教哲学的核心问题是上帝以何种方式创世的问题,是以希腊理性主义哲学所设想的那样,按照某种永恒的理念创造,还是上帝全凭其意志而自由创造。若是以前一种方式,则上帝在创世之时亦是为既有的

理性规则所限定的;若是以后一种方式创世,则上帝的创始全然无所依凭,纯出于自身之自由意志。前一种方式从逻辑上必然导致上帝亦是无自由的,其创世活动不过是一种工匠式的按设计图纸进行加工产品的神圣工匠的劳作而已;而后一种方式则导致上帝所创造的世界的规律性的不可理解性。中世纪哲学之中的实在论与唯名论大致上代表了这两种理论倾向。而在近代哲学中,这两种倾向则在英国经验论与大陆唯理论之中得到了发展。这两种哲学倾向各自的理论困难导致了德国古典哲学的创新性发展。由康德所开启的德国古典哲学最重要的创新之处乃是突出了主体的创造活动。这种创造在康德那里还是以二元论的方式表达的,即将主体分别为理论理性与实践理性,且将各自的活动分别放置在了现象和本体两个领域,前者属于必然性领域,后者则属于自由领域。这种将作为整体的人的活动二元分割的方式自然是不能令人满意的,于是,自费希特起的德国唯心主义便极力要将两者统一起来。亨利希指出,后康德哲学家们普遍地被克服康德哲学的二元论,建构起一种证成自由的一元论所深深地吸引住了。这种一元论试图"把斯宾诺莎的决定论——或者像莱布尼茨描述的那样,宿命论(fatalism)——与康德一切必须从属于自由的公式统一起来……对于黑格尔、谢林和他们的朋友这代人来说,尽管斯宾诺莎主义与康德主义明显不相容,但是它们似乎是可以结盟的"。但正如亨利希所指出的那样,问题是"在这个纲领的范围内,两个学说——内在无限(ensoph)的学说和自由经验的学说——之间仍存在着张力"[①]。而黑格尔绝对唯心主义也无法避免出现在费希特哲学中的自我指称悖论,因为"黑格尔的体系也是建立在一种自我指

---

① 参见[德]亨利希:《在康德与黑格尔之间——德国观念论讲座》,乐小军译,商务印书馆 2013 年版,第 188—190 页。

"双重逻辑"说所开启的当代中国马克思主义哲学探索之路　　　277

称的结构——自律的否定的结构——之上……因此,我们通过使用黑格尔的否定的自我指称的结构,也将无法避免心智的自我指称的悖论"①。亨利希的指认表明,这种自我指称的悖论乃是德国唯心主义试图以绝对主体的本原性行动来克服康德的二元论所不可避免的结果,从而也是这些哲学体系自身所无法解决的问题。既然如此,这也就给马克思哲学的研究者提出了一个极其重要的问题,即马克思哲学思想之中的双重逻辑与他所批判地继承的德国古典哲学之中的二元论和自我指称的悖论,或者说双重逻辑之间是一种什么样的关系,或者说马克思哲学中的双重逻辑从思想史上看是如何从之前的哲学体系中演变而来的,更为重要的是,这种历史性关联在更深层次上到底有何意味。对这些问题的追问,当能在极大程度上深化对于马克思哲学以及西方哲学发展史的理解。

进一步看,马克思对于以黑格尔为集大成者的德国古典哲学的批判实际上包含两个层面。就理论体系逻辑构造的层面,马克思指出黑格尔并未真正克服对立面,即只是做了一种虚假的统一,这就是"神秘的主体—客体,或笼罩在客体上的主体性,作为过程的绝对主体,作为使自己外化并且从这种外化返回到自身的、但同时又使外化回到自身的主体,以及作为这一过程的主体;这就是在自身内部的纯粹的、不停息的旋转"②。但马克思并未停留于此,而是进一步深刨了绝对唯心主义之陷于如此境地的根由。这根由非他,便是这类哲学的"非对象性"的"绝对"性,即"无对"性。而既然"无对"乃至"绝对",那么,这样一种绝对存在物便只能绝对封闭于

---

① [德]亨利希:《在康德与黑格尔之间——德国观念论讲座》,乐小军译,商务印书馆 2013 年版,第 502 页

② 《马克思恩格斯全集》第 42 卷,人民出版社 1979 年版,第 176 页。

自身之内,其对象便只能是纯然内部的虚幻之物,而不可能真正地把握住真实的对象,走出其内在性。正由于此,这样的存在物便非真正的存在物:"一个存在物如果在自身之外没有自己的自然界,就不是自然存在物,就不能参加自然界的生活,一个存在如果在自身之外没有对象,就不是对象性的存在物。一个存在物如果本身不是第三者的对象,就没有任何存在物作为自己的对象,也就是说,它没有对象性的关系,它的存在就不是对象性的存在。"①因而,"非对象性的存在物是非存在物"②。马克思既然否定了绝对唯心主义之内在性进路,那就意味着他必须将活动主体理解为"对象性的存在物",将其理解为真实的对象所限定、规定的有限的存在物,从而其活动便也只能是"对象性的活动",与其对象在相互作用中存在发展,是一种"人创造环境,同样,环境也创造人"③的交互作用中的发展,因而活动的结果便不可能是达致绝对的统一,而只能是有限的统一。具体地说来,便是"这种统一在每一个时代都随着工业或慢或快的发展而不断改变"④。而既然人的活动是对象性的,即为其对象所限制和规定,那么,对于这种活动便能够用一种具有客观确定性的科学语言加以描述,也只有这样,才能真正为改变资本主义世界提供客观的有效性的指引。这也便是马克思在此后转向政治经济学批判之科学研究的缘由所在。但这样一来,在马克思的思想中便出现了两种理论描述,一种是将资本主义经济体系从现实生活中抽象出来加以科学描述,另一种则仍是对于特定情形下的资本主义社会生活从总体上予以描述。前者自然便是《资

---

① 《马克思恩格斯全集》第42卷,人民出版社1979年版,第168页。
② 《马克思恩格斯全集》第42卷,人民出版社1979年版,第168页。
③ 《马克思恩格斯选集》第1卷,人民出版社1995年版,第92页。
④ 《马克思恩格斯选集》第1卷,人民出版社1995年版,第76—77页。

本论》这部巨著及其手稿,而后者则有马克思的《路易·波拿巴的雾月十八日》《法兰西内战》和恩格斯的《德国的革命和反革命》《德国农民战争》等。显而易见,这两类著作在描述逻辑上是全然不同的:前者乃是探寻资本主义运行之客观的逻辑结构,考察其发展变化的可能趋势,在这种考察中,主体只是被看作为客观结构所支配的"结构元素",其能动性是被抽象掉了的;后者则是将行动主体放置在一定历史条件下分析其成败得失,因而是不能不同时考虑到主体的能动性与活动的客观条件两个方面的。而这便提出了另一个更为重要的问题,那就是这两种逻辑之间到底是一种什么关系,是并列的还是在其本原上是统一的? 若本原上是统一的,那么,两者之间又是如何统一的,转换的机制又是什么? 等等。事实上,这些问题也正是近几十年来马克思主义哲学界所持续关注的问题,提出了诸多解决方案,只是这些方案距问题的深入解决尚有不少难点需要克服。由于这方面的问题事关现实实践,具有更大的急迫性,因而需要我们给予更多的关注,付出更多的努力。

总之,由孙伯鍨先生在当代中国马克思主义哲学研究中所开启的这一"双重逻辑"说的探索之路,不仅极大地推动了中国马克思主义哲学研究的进展,而且亦为马克思主义哲学的发展展现出了一个极其广阔的理论拓展空间,召唤着我们去把这一可能的理论空间转变为现实的理论空间。

弘扬孙伯鍨先生对哲学时代化的探索精神

谭培文 *

　　时代是一定社会发展所处的历史方位,是人类行为活动的时间坐标。孙中山感怀海宁观潮(碑记)曰:"世界潮流,浩浩荡荡,顺之则昌,逆之则亡。"(1916 年 9 月 15 日)时代是世界潮流与历史大势,小则做人做事,大则国家、民族、政党的发展进步,务必审时度势,顺势而为,倘若倒行逆施,将为历史吞没。能否实事求是地认识、把握、引领世界潮流与历史大势,是一个政党能否担当领导革命与建设重任,推进文明进步的前提。党的十九届六中全会指出:"党的百年奋斗锻造了走在时代前列的中国共产党"①。这即是说,中国共产党是始终走在时代前列的政党,是时代锻造了中国共产党。走在时代前列的党领导人民百年奋斗,创造了中国式现代化新道路,创造了人类文明新形态。走在时代前列是中国共产党的突出特征,是其百年奋斗取得辉煌成就的基本经验。哲学是时代精神之精华。哲学家生来就与时代有不解之缘。而与时代同频共振,富有时代精神,或以时代精神探索哲学时代化,是孙伯鍨先生治学与著述的一个突出特征。

---

　　* 作者简介:谭培文,广西师范大学马克思主义学院教授。
　　① 中国共产党第十九届六中全会:《中共中央关于党的百年奋斗重大成就和历史经验的决议》,《人民日报》2021 年 11 月 17 日。

一、以时代精神探索哲学时代化

打开《马克思主义哲学的历史和现状》卷首导言,孙伯鍨先生即指出:"时代问题就是个关键问题,它是我们坚持和发展马克思主义的根本依据。正如马克思恩格斯指出的:'一切划时代的体系的真正的内容都是由于产生这些体系的那个时期的需要而形成起来的。'"①马克思对那些远离时代的哲学家进行深刻批判,在他看来,以往的"哲学,尤其是德国哲学,爱好宁静孤独,追求体系的完满,喜欢冷静的自我审视",但它不是通俗易懂的,其抽象思辨常常"超出常规""不切实际",甚至"就像一个巫师,煞有介事地念着咒语,谁也不懂他在念叨什么"。马克思认为,真正的哲学家"他们是自己的时代、自己的人民的产物,人民的最美好、最珍贵、最隐蔽的精髓都汇集在哲学思想里"②。"任何真正的哲学都是自己时代的精神上的精华。"③这即是说,哲学是时代精神的概括。哲学作为哲学,是一种精神。哲学不是先天的毫无根据的构想。哲学,犹如黑格尔比喻的雅典娜身边的猫头鹰,只有在傍晚到来之前起飞。哲学作为一种精神,总是在时代成熟之后,对这种时代精神的概括、抽象。哲学既然是时代精神的概括,那么,哲学就是把握在思想中满足时代需要的时代化精神。黑格尔虽把哲学称为"把握在思想中的它的时代"④,但在他那里,时代最终消融在他的绝对观念中。

---

① 孙伯鍨、侯惠勤主编:《马克思主义哲学的历史和现状》上卷,南京大学出版社2004年版,第2页。马克思恩格斯原文出自《马克思恩格斯全集》第1卷,人民出版社1960年版,第544页。

② 《马克思恩格斯全集》第1卷,人民出版社1995年版,第219—220页。

③ 《马克思恩格斯全集》第1卷,人民出版社1995年版,第220页。

④ [德]黑格尔:《法哲学原理》,邓安庆译,人民出版社2016年版,序言第13页。

哲学作为时代的精神，是说任何时代都有其时代的需要。任何一个时代，都有其时代的哲学，而非满足抽象思辨的概念游戏。任何哲学必须适应与满足时代的需要与要求，将哲学时代化，创新性发展为时代所需要的哲学。哲学作为时代的精神不仅要创新性发展为时代所需要的哲学，而且要创造性发展为时代化的哲学。马克思主义中国化、时代化、大众化，中国化是核心，大众化是基础，而时代化是其关键问题。马克思主义哲学中国化是马克思主义哲学与中国具体实际相结合的过程，结合的关键是使哲学时代化。马克思主义哲学只有具有哲学的时代精神，才可能与时代接轨、拥抱而成为大众化的哲学。这是一个二合一的问题。马克思主义时代化是展示马克思主义中国化和大众化的重要标识。马克思主义哲学只有着眼于时代发展与进步，把握住时代精神，才能应对时代的变化和挑战，不断丰富和发展新时代的马克思主义哲学。

1978 年我国进入改革开放新时代，既然马克思主义哲学是适应时代需要产生的，那么，改革开放新时代对马克思主义哲学提出哪些需要及要求？问题是时代的声音和回响，以时代精神探索哲学时代化，首先就要破解时代对哲学提出的问题。

1. 马克思主义哲学必须回应时代提出的重大问题

马克思主义哲学必须时代化，而具有改革开放时代精神的时代化哲学是什么样的？改革开放，国门洞开，各种西方思潮蜂拥而入，诸如唯意志主义、存在主义、后现代哲学、国外马克思主义等，大有挑战与抢占中国马克思主义话语的课堂讲坛与各种学术论坛之势。对马克思主义挑战最大的是国外马克思主义。他们从马克思早期出发，将马克思主义解读为两个马克思，一个是人道主义的青年马克思，一个是传统的老年马克思。这是改革开放初期我国遇到的与苏联的马克思解读不同的另类的马克思。这是一个改革开放时代,需要回答的是要不要坚持马克思主义,坚持什么样的马克思主义的重大问题。为了回应时代提出的重大问题,孙伯鍨先生写作学术专著——《探索者道路的探索:青年马克思恩格斯哲学思想研究》,以马克思的早期文献为根据,批判了西方制造的两个马克思的误读,批判了西方以人道主义的青年马克思,制造一个与之对立的所谓创造力蜕化的老年马克思,企图否认历史唯物主义的错误。

2. 马克思主义哲学必须与时俱进

孙伯鍨先生说,21 世纪,"与马克思恩格斯以及列宁在世时相比,历史发生了许多新变化,时代增添了许多新内容,必须与时俱进,跟上潮流"[①]。与时俱进,对于马克思主义哲学有其特殊含义。改革开放以后,所谓马克思主义哲学的与时俱进,首先是指如何正确对待苏联的马克思主义哲学问题。与时俱进,不是随波逐流,全盘推倒,全盘否认,而是实事求是,乘时代潮流而上,守正创新。如在苏联的哲学史中,从马克思到马克思主义,其学术观点是"一次转变论",认为马克思在《德法年鉴》即完成了从唯心主义到唯物主义的转变。改革开放的时代精神是实事求是,如何以实事求是的精神阐述马克思主义哲学的发展? 孙伯鍨先生以马克思文本为依据认为,马克思作为马克思主义者不是天赋的,而是以时代实践为现实前提,适应时代实践需要,通过对德国古典哲学、英国古典政治经济学与法国空想社会主义的批判与改造,逐步由一个非马克思主义者发展为马克思主义者。在哲学上,马克思主义哲学的发展与形成不是苏联的"一次完成论",而是通过了"两次转变",即从

---

① 孙伯鍨、侯惠勤主编:《马克思主义哲学的历史和现状》上卷,南京大学出版社 2004 年版,第 2 页。

黑格尔唯心主义转变为费尔巴哈的一般唯物主义，由一般唯物主义转变为历史唯物主义。前一个转变以马克思的《黑格尔法哲学原理批判》为代表，后一个转变主要是从马克思转向政治经济学研究开始，并以《关于费尔巴哈的提纲》《德意志意识形态》等著作为依据。

3. 马克思主义哲学要与时代同频共振

马克思说，哲学作为时代的精神之精华，"不仅在内部通过自己的内容，而且在外部通过自己的表现，同自己时代的现实世界接触并相互作用"①。如果说，与时俱进是哲学时代化，那么，哲学同自己时代的现实世界接触并相互作用，则是哲学与时代同频共振，或者说要有与时代共振的时代化哲学。如果把哲学时代化理解为解释世界的哲学，那么，时代化的哲学即是改变世界的哲学。哲学时代化不是最终目的，而是适应这个时代的要求，创造性转化为时代化的哲学。哲学不能成为古墓派，疏离自己时代的世界，亦非象牙塔里的纯概念思辨游戏。哲学必须同自己时代的现实世界接触并相互作用，此即同频共振。所谓同频共振，即哲学把时代的精神之精华凝练在哲学中，哲学是这个时代的时代化哲学；时代化的哲学作为这个时代精神照耀这个时代，引领时代的发展，使这个时代成为充满哲学光辉的时代、文明灿烂的时代。孙伯鍨先生毕生是以马克思主义哲学时代化为路径，其目标追求则是通过哲学时代化的创新转化，创造一个改革开放时代化的马克思主义哲学。

二、哲学时代化探索者的探索

孙伯鍨先生是哲学时代化探索者。其作为哲学时代化探索者

---

① 《马克思恩格斯全集》第 1 卷，人民出版社 1995 年版，第 220 页。

的探索,可以分为几个阶段:改革开放初期对青年马克思的探索;20 世纪 90 年代以只争朝夕、不舍昼夜精神对马克思恩格斯哲学时代化的探索;21 世纪初殚精竭虑地对西方马克思主义时代化批判性审视的探索。在改革开放初期,对青年马克思的探索,出版了《探索者道路的探索:青年马克思恩格斯哲学思想研究》。20 世纪 90 年代以只争朝夕、不舍昼夜精神对马克思恩格斯哲学时代化的探索,出版《马克思主义哲学的历史和现状》;与庄福龄先生承担了黄楠森先生主编的《马克思主义哲学史》第二卷本撰写任务。21 世纪初殚精竭虑地对西方马克思主义时代化批判性审视的探索,出版了《卢卡奇与马克思》等学术专著。这些代表性、标志性成果,体现的一个总的精神,就是对马克思主义哲学时代化的探索。

作为马克思主义哲学时代化探索者,孙伯鍨先生之探索有三:

1. 以实事求是的时代精神破解马克思主义面临的时代问题

改革开放以后,实事求是作为党的思想路线,是改革开放时代的时代精神。实事求是本是我国古人的一种治学精神,如《汉书·河间献王刘德传》:"修学好古,实事求是。"1941 年,毛泽东同志在《改造我们的学习》一文中指出,"实事"是客观存在着的一切事物;"是"是客观事物的内部联系,即规律性;"求"就是我们去研究。随后,"实事求是"被确定为中央党校校训。毛泽东将我国古代学者的治学精神,提升为中国共产党人的思想路线。在改革开放时代,不仅对学者治学有重要的世界观、方法论的指导意义,而且成为改革开放时代的一种时代化的时代精神。

改革开放初期,拨乱返正,本是指拨"文化大革命"极左思潮之乱,返正即统一到党的十一届三中全会精神之正。但是,在对待马克思主义哲学上,怀疑论者有之,全盘否认者有之,以西方人道主义、存在主义、唯意志主义等哲学批判与颠覆马克思主义哲学者亦有之。

在孙伯鍨先生看来,破解国内外错误的学术观点,不能停留于简单的观点 PK,而应弘扬实事求是的治学精神,从文本文献的第一手资料出发,通过马克思主义的文献来回答这些问题。这是实事求是的治学路线,亦是实事求是的治学方法。由于孙先生对这一方法的倡导,当时在学术界,就昵称南京大学马克思主义研究学派为中国的"文本学派"。通过对马克思主义早期文本文献研究,孙伯鍨先生得出了马克思主义哲学不同于西方,有别于苏联哲学等两种完全不同的结论。西方马克思主义对马克思的人道主义误读,其主要依据是马克思的《1844 年经济学哲学手稿》,以青年马克思的人道主义来遮蔽马克思的历史唯物主义。在孙伯鍨先生看来,《1844 年经济学哲学手稿》对异化劳动的批判的确是以费尔巴哈人道主义唯物主义为哲学基础的批判。但是,在对劳动的分析研究中,包含了"两条逻辑"[1]。马克思对对象化劳动与异化劳动做了区分。从对象化劳动看工业,工业实践则是一本打开了人的本质力量的书。他说:"人的自由的实现离不开工业的发展。"[2]这就是说,从对象化劳动出发,这里表现出来的就不是抽象的人本主义的思想逻辑,而是现实的历史主义科学逻辑。事实是,马克思从现实的历史主义科学逻辑出发,创造了历史唯物主义。而青年马克思的人道主义思想逻辑,只是马克思从费尔巴哈人本唯物主义到历史唯物主义的一个过渡性环节,而并非西方马克思主义渲染的人道主义。人道主义作为价值观虽有一定的时代意义,但在历史

---

① 孙伯鍨:《探索者道路的探索:青年马克思恩格斯哲学思想研究》,南京大学出版社 2002 年版,第 470 页。

② 孙伯鍨:《探索者道路的探索:青年马克思恩格斯哲学思想研究》,南京大学出版社 2002 年版,第 471 页。

唯物主义创立以后,人道主义作为历史观已经过时。

2. 与时俱进,探索中国式现代化道路的哲学精神

坚持实事求是的时代精神,马克思主义哲学必须与时俱进。马克思主义哲学与时俱进,在改革开放的 80、90 年代具有特殊含义。改革开放以后,实现“四个现代化”是最大的政治。实现“四个现代化”,首先面对的是时代问题,即如何正确对待西方现代化中的西方现代性思潮问题。西方思潮作为现代化的最初思想源流,是一切试图实现现代化的文明国家不得不面对的西方现代性思潮。实现“四个现代化”为西方现代性思潮涌入打开了大门。或者说,现代化裹挟着各种西方现代性思潮乘势而入。他们用所谓的价值中立、澄明、体验、释义、祛魅、去蔽等去解构马克思主义,然后重建马克思主义,将马克思主义哲学边缘化。实现“四个现代化”的第二个时代问题,即如何正确对待苏联的马克思主义哲学问题。苏联是第一个将马克思主义付诸实践的社会主义国家。在领导俄国革命的实践中,列宁将马克思主义哲学基本原理与时代的具体实际结合起来,创新了时代化的列宁主义。列宁主义是帝国主义和无产阶级革命时代的马克思主义。但是,在列宁逝世以后,苏联适应计划经济的需要建构的马克思主义哲学,在我国改革开放时代,遇到了前所未有的学术质疑与挑战。尤其是在苏联解体与东欧剧变以后,马克思主义哲学时代化,在国内外甚至出现了追问其合法性、合理性的问题。

孙伯鍨先生认为,真正的哲学在于其深刻的时代关怀。他说,《走进马克思》只是为了说明,“本书的写作是严格依据马克思主义经典文本的原意进行的,决不代表任何一种标新立异的‘解读模式’”[1]。按

---

① 孙伯鍨、张一兵主编:《走进马克思》,江苏人民出版社 2001 年版,第 5 页。

孙先生的本意,所谓"走进马克思"是指面对苏联建构的与我国改革开放以前的马克思主义,改革开放以后国内外出现了各种各样的马克思主义解读模式,究竟如何以马克思主义经典文本为根据,与时俱进地实事求是地认识、理解、把握马克思主义?马克思主义哲学时代化是将马克思主义哲学基本原理与时代的具体实际结合起来,与时代主题俱进,与时代特征共振,与时代实际同频,使之成为回答时代挑战、改造世界的时代精神。是以,孙伯鍨先生的《走进马克思》,回答的是改革开放时代,实现"四个现代化",如何对待时代化的马克思主义哲学问题。如何使哲学成为时代化的哲学,既不是沿袭西方现代化中现代性的西方哲学思潮,亦非照搬苏联计划经济时代的苏联哲学教科书式的马克思主义哲学,而是从马克思主义经典文本、文献出发,与时俱进、实事求是地"走进马克思",按照马克思恩格斯的文献文本阐述的哲学,结合具体实际,建构体现中国式现代化新道路哲学精神的马克思主义哲学。

3. 聚焦实践、历史、社会,让哲学与时代同频共振

马克思主义哲学与时代相互作用,与时代同频共振,这是时代化的实质。孙伯鍨先生说,马克思主义哲学"从不满足于构造解释世界的逻辑体系,而是随着世界本身的发展变化。紧扣时代精神,为自觉地参与世界历史的实践'创新'提供理论指南"[①]。紧扣时代精神,即改革开放时代的时代精神,使哲学成为时代化的哲学。自觉参与世界历史的实践,为创新提供理论指南,即哲学要与时代相互作用,与时代同频共振,成为指导与引领社会主义新时代的实践创新的世界观、方法论、价值观。孙伯鍨先生的《走进马克思》,聚焦实践、历史、社会三个概念,触及了马克思主义哲学与时代同频

[①] 孙伯鍨、张一兵主编:《走进马克思》,江苏人民出版社 2001 年版,第 65 页。

共振三个焦点问题。

其一,实践是马克思主义哲学时代化逻辑起点。

《走进马克思》认为,实践是马克思主义新世界观的逻辑起点。这一观点概括了改革开放时代的时代精神,彰显了孙先生对马克思主义哲学时代化与时代同频共振的深刻感悟。而实践乃是极易引起误解的哲学范畴。在亚里士多德那里,就有了实践概念。康德的三大批判,其二即《实践理性批判》。在各种学术思潮竞相呈现的改革开放时代,有一种学术倾向是"形而上学地把'实践'概念抽象化,从本质主义的立场出发,把实践看作是世界的本原,把它与主体性哲学进行简单嫁接,取消马克思主义哲学对旧形而上学本体论的革命"[①]。这一倾向看上去是重视了实践,而实际上是形而上学地把"实践"概念抽象化,将实践转化为康德式的与现实毫无关系的道德意志。把实践看作世界的本原,迎合了西方马克思主义解构与重建历史唯物主义的路线图。他说,实践作为马克思新世界观的逻辑起点,不是抽象的实践范畴,"而是每个特定历史时代的有着具体、现实的社会规定性的实践"[②]。这就是说,实践是马克思主义哲学与时代同频共振的实践活动,实践是马克思主义哲学与时代同频共振的时代精神。改革开放时代,实践是具体、现实的社会规定性的实践。首先,实践是检验真理的唯一标准,破除了"两个凡是"的思想禁锢,吹响了解放思想、实事求是、团结一致向前看的号角。其次,实践是认识的根源,成为"摸着石头过河",探索中国式现代化新道路的理论支点。实践是认识发展的动力,为在实践中检验真理、在实践中发展真理,不断改革创新,推动马

---

① 孙伯鍨、张一兵主编:《走进马克思》,江苏人民出版社 2001 年版,第 21 页。

② 孙伯鍨、张一兵主编:《走进马克思》,江苏人民出版社 2001 年版,第 22 页。

克思主义中国化,实现新时代中国化马克思主义新飞跃,提供了动力源。实践是马克思主义新世界观的逻辑起点,实践是马克思主义时代化与时代同频共振的中介与桥梁。

其二,历史是马克思主义哲学时代化的实践空间与理论空间。

实践是马克思主义新世界观的逻辑起点,是马克思主义哲学时代化的开端。列宁说,开端就是"从最简单的基本的东西[存在、无、变异(das Werden)(不要其他东西)出发,引申出范畴(不是任意地或机械地搬用)(不是'叙述',不是'断言',而是证明)(第 24 页),——在这里,在这些基本的东西里,'全部发展就在这个萌芽中'(第 23 页)"①。实践是一定历史条件下的具体实践,历史唯物主义的历史是以物质生产实践为现实前提的历史。物质生产实践为历史提供了前提,历史是以物质生产实践为开端的历史,人类历史的全部发展都孕育在这个萌芽中。历史展现的不是黑格尔世界历史的自我意识自由驰骋的精神空间,而是以物质生产实践为开端的实践空间。就马克思主义哲学时代化而言,历史首先展现的是马克思主义哲学时代化的实践空间。有鉴于此,与其说历史是马克思主义哲学的基本理论空间,不如说以物质生产实践为开端的历史展现了马克思主义哲学的基本理论空间。从共时性来看,以物质生产实践为开端的历史说明,社会不过是生产实践历史发展到一定阶段的结果。从历时性来展现,历史本质上是生产发展的历史,②是不同社会形态合规律发展的历史,历史展现出人类历史过去、现在与未来广阔的历史过程与理论空间。以物质生产实践为开端的历史展现了马克思主义哲学基本历史空间与理论空

---

① 列宁:《哲学笔记》,人民出版社 1993 年版,第 79 页。

② 孙伯鍨、张一兵主编:《走进马克思》,江苏人民出版社 2001 年版,第 153、180 页。

间,为马克思主义哲学认识时代的发展矛盾与规律,把握时代特征与时代主题,了解时代发展主要任务与使命,掌握历史主动,提供了理论指南。

其三,社会是马克思主义哲学时代化的核心内容。

社会,即马克思主义哲学的核心内容。孙伯鍨先生说:"社会不仅是人类实践活动的基本空间,而且是历史运动的真实主体。如果人类希望真实地认识自身及其历史,那么首先就必须要具体地、历史地认识社会。"[①]社会内含人的发展与物的发展诸多方面。人的发展涉及制度设置、教育、社会保障等;物的发展包括物质、经济、政治、文化、社会、自然生态等方面。社会是人的活动平台,是人的发展与物的发展相互作用的空间。马克思说:"哲学家们只是用不同的方式解释世界,问题在于改变世界。"[②]世界包括自然与社会,社会是以物质生产方式为基础的经济基础与上层建筑的统一体。但世界与社会有一致性。世界是社会的世界,因为社会离不开自然。社会是世界的社会,因为世界亦离不开社会。世界在狭义上就是指社会,社会在广义上即是世界。在这里,马克思所说的改变世界,亦可以说是指改变社会。在旧时代,马克思主义哲学时代化的核心内容是改变世界。在中国特色社会主义新时代,马克思主义哲学时代化的核心内容是改革开放,改变社会,以改变世界。社会主义制度作为人类文明的进步制度,通过改革开放,吸收、消化、借鉴人类文明的成果,首先改变了中国社会。中国社会翻天覆地的变化,已经深刻地影响与改变了世界。

孙伯鍨先生是马克思主义哲学时代化的探索者。他聚焦实

---

① 孙伯鍨、张一兵主编:《走进马克思》,江苏人民出版社 2001 年版,第 345 页。
② 《马克思恩格斯文集》第 1 卷,人民出版社 2009 年版,第 502 页。

践、历史、社会三个哲学概念，走进了改革开放时代的马克思，矢志于让马克思主义哲学与时代相互作用，与时代同频共振，使马克思主义哲学真正成为时代化的理论指南。

三、从哲学时代化到时代化哲学的探索

自马克思主义哲学诞生到 21 世纪 20 年代，将近跨越两个世纪。苏联解体，东欧剧变，在我国，改革开放后，亦存在马克思主义过时论、共产主义渺茫论等错误观点。马克思主义是全世界无产者联合起来，反对资本主义，争取全人类解放的思想武器。只要资本主义还存在，全人类解放就是进行时，而不是完成时或过去时。马克思主义哲学就是这个时代的时代精神。马克思主义哲学没有过时，亦不会过时。在百年未有之大变局与世界动荡期，马克思主义哲学作为世界观、方法论、价值观，更加具有时代指导引领作用。问题是，马克思主义虽然是时代的精神，但马克思恩格斯已离开我们两个世纪，静态观之，马克思恩格斯与我们所处时代好像存在时空距离。但是，马克思主义不是静止的马克思主义，马克思主义在发展，马克思主义在不同时代经历了时代化进程。马克思主义时代化与时代化马克思主义，消除了马克思主义同时代、同中国的时空距离。如两个世纪以来，苏联就建构社会主义计划经济时代的马克思主义哲学，西方马克思主义则推出以西方时代条件语境中的与苏联不同的西方马克思主义（哲学），等等。在我国，亦出现既不同于苏联辩证唯物主义与历史唯物主义，又有别于国外马克思主义的实践唯物主义。无论他们是否是时代化的马克思主义哲学，最终只说明了一个问题，时代化的哲学是哲学时代化的终极追求。马克思主义哲学作为时代的精神精华，并不是让马克思哲学

回到马克思生活的那个时代，而是要让马克思主义在哲学时代化的过程中，创造性地发展为时代化的马克思主义，从而体现我们所处时代的时代精神或指导思想。

孙伯鍨先生对哲学时代化的探索，亦体现了他对建构时代化马克思主义哲学的追求，尤其是在其《走进马克思》一书中，他所探索的几个问题，切中了时代化马克思主义哲学究竟是什么的核心要义。

1. 时代化哲学的总纲领是马克思主义方法论

在孙伯鍨看来，马克思主义哲学时代化是为了探索时代化的马克思主义哲学。时代化的哲学与其他哲学的不同，在于马克思主义哲学不是教条、体系，而是方法。时代化哲学的问题不是旧哲学式的"解释世界"，而"问题在于改变世界"。这不是说，解释世界不必要，解释世界也是必要的。他说："由于旧哲学总想从永恒不变的终极真理出发来规范现存的秩序，因而它最多只是完成了关于现存世界的思想体系，这种体系的自我封闭性意味着它穷尽了历史发展的一切可能性，从而把对现存世界的解释变成了对现存世界的辩护。"①黑格尔是如此，青年黑格尔派如此，费尔巴哈的唯物主义最终还是如此。时代化的马克思主义哲学不是体系、教条，而是方法。马克思把参与无产阶级推翻资本主义社会的解放事业当作其毕生奋斗的目标。"他无意于构架任何一种最终解释世界的哲学体系，而是全身心地关注着无产阶级在现存秩序中的真正处境和历史命运，致力于对资本主义社会的历史考察和科学分析，为无产阶级认识和改造现存社会制度提供革命的、科学的方法

---

① 孙伯鍨、张一兵主编：《走进马克思》，江苏人民出版社 2001 年版，第 475 页。

论。"①方法是马克思主义哲学的灵魂与实质。各种哲学派别的划分不取决于研究对象的不同,而取决于立场和方法的不同。这是对的,尤其是马克思主义哲学。所谓立场,即世界观。马克思主义哲学是世界观的学问,这是马克思主义哲学的根本立场。而世界观的灵魂与实质是方法论。马克思主义哲学(历史唯物主义)基本问题是社会存在与社会意识的关系问题。《德意志意识形态》是历史唯物主义创立的经典之作。《德意志意识形态》的主题是论述了社会存在决定社会意识的根本立场与方法论。② 有学者曾认为,《德意志意识形态》的主题说明:意识形态都是虚假意识形态。这是误读,意识形态并非都是虚假的。一切剥削阶级的意识形态是虚假的。无产阶级政党代表全人类的根本利益,而没有自己的特殊利益。无产阶级政党没有必要用虚假意识形态来欺骗无产阶级,无产阶级政党的意识形态是真实的。马克思恩格斯批判了德国的以青年黑格尔派为代表的资本主义虚假意识形态,从而阐述《德意志意识形态》的主题。马克思说:"不是意识决定生活,而是生活决定意识。前一种考察方法从意识出发,把意识看做有生命的个人。后一种符合现实生活的考察方法则从现实的、有生命的个人本身出发,把意识仅仅看做是他们的意识。"③在阐述社会存在决定社会意识作为历史唯物主义的世界观根本立场之后,突出的即是历史唯物主义方法论与资本主义哲学方法论的对立。时代化马克思主义哲学的问题在于改变世界。"改变世界"要求以科学方法来改变。改变世界不仅需要科学的世界观立场,更为重要的是

---

① 孙伯鍨、张一兵主编:《走进马克思》,江苏人民出版社 2001 年版,第 476 页。
② 谭培文:《论马克思的意识形态主题》,载《中国社会科学内部文稿》2011 年第 4 期。
③ 《马克思恩格斯文集》第 1 卷,人民出版社 2009 年版,第 525 页。

需要马克思主义的方法论。因此,"在从'解释'世界进而走向'改造'世界的过程中,马克思主义哲学方法论不是构造体系的工具,而是实际地研究和解决现实社会中的矛盾和对抗的指南"①。

2. 时代化哲学基础是马克思的政治经济学研究

方法只能是事物的方法,实践是认识的源泉与动力,不存在与具体研究对象相脱离的纯粹方法。《资本论》的逻辑是时代化哲学方法论成功运用的典范。时代化的马克思主义哲学是方法论的哲学与科学的统一。这种统一,不仅体现在其研究对象和领域上,而且体现在研究的立场观点与方法上。马克思对政治经济学的研究,"既从一般历史观点和逻辑方法出发,去批判地分析感性的经验材料;又从顽强的经济事实出发,辩证地综合为经济学的理性范畴和理论体系,以达到对现实经济关系的辩证的把握"②。马克思以其一生最宝贵的 15 年黄金时间研究政治经济学,从亚当·斯密开始的对资产阶级政治经济学方法论批判,并通过方法论具体地再现了资本主义经济形态,揭露了资本主义统治的方法论实质。古典政治经济学研究的方法论成就,即是从具体到抽象。抽象是古典经济学基本方法,这一方法,不是脱离资本主义经济形态的方法,而是资本主义经济形态统治与剥削无产阶级的基本方法。资本主义剥削即是抽象剥削,资本主义统治即是抽象统治。在经济上,改变了封建社会人对人的直接剥削,通过抽象的对劳动力商品的等价交换,掩盖了对劳动力的劳动使用的剥削;在政治上,改变了封建社会对人的专制统治,以一人一票的抽象的形式民主的平等自由,掩盖了私有制经济上实质的不平等不自由;在意识形态

① 孙伯鍨、张一兵主编:《走进马克思》,江苏人民出版社 2001 年版,第 480 页。
② 黄楠森等主编:《马克思主义哲学史》第 2 卷,北京出版社 1996 年版,第 127 页。

上,改变了封建社会宗教意识形态,以虚幻的抽象的人的自私本性,为资本主义损害他人肥硕自己的利己主义披上"普世价值"的外衣。时代化哲学方法论,就是要以马克思的政治经济学研究为基础,批判资本主义资本逻辑的抽象统治法,具体地再现资本主义经济形态,从而揭露资本主义发展必然灭亡的趋势,探索新时代中国特色社会主义具体经济形态、具体政治形态、具体文化形态的发展规律。

3. 时代化哲学的核心内容是唯物辩证法

孙伯鍨先生说:"唯物辩证法是马克思主义哲学的基本特征,也是马克思主义哲学研究自然及社会历史现象的根本立场和方法论原则。"①这不是说唯物辩证法是可以脱离历史而存在的逻辑法则,它本身即是人类历史辩证发展的规律。在马克思那里,认识论、逻辑学、唯物辩证法是统一的。它们统一之典范是《资本论》。在《资本论》,"马克思强调自己的研究旨在揭示现代社会的经济运动的独特规律,而不是'一般社会',他强调《资本论》所揭示的'历史必然性'限于西欧各国"②。现代资本主义社会经济运动规律,用21世纪的话语来解读,即是现代化道路的规律。资本主义现代化发展规律,是基于西方历史环境的独特规律,而非"一般社会"的普遍规律。通往现代化之路,并非"华山一条道"。而在西方,如古典政治经济学、实证主义,尤其是新自由主义等,都关注这个主题。不同的是,它们却将资本主义经济运动规律或现代化发展规律与一般社会等同起来,这就凸显了方法论的对立。马克思之所以把

---

① 孙伯鍨、张一兵主编:《走进马克思》,江苏人民出版社 2001 年版,第 568—569 页。

② 孙伯鍨、张一兵主编:《走进马克思》,江苏人民出版社 2001 年版,第 568 页。

唯物辩证法研究基点放在历史具体性与不同社会之间的差别上，而不是抽掉其质的差别的同一性和一般性，是因为它不是一个可以忽略的次要问题，而是其认识论的实质与核心。

唯物辩证法的基本特征是实践性、历史性、方法论的具体性。实践性是唯物辩证法的内在本质。认识是随着实践的发展而不断深入的过程。实践"是人类在遵循客观辩证法（自然与人类历史发展的规律）的条件下改变客观世纪的过程"[①]。历史性是唯物辩证法的理论取向。唯物辩证法是关于自然、人类社会与思维发展一般规律的学说。所谓发展规律，即是历史规律。规律是人类对自然、社会、人自身内在联系的认识。认识是实践的，而实践是一个历史过程。实践的历史性决定人们对历史认识的相对性，而不是绝对真理。具体性体现在对资本主义经济形态的具体性的总体把握上。[②] 总体性方法是揭示事物内部的辩证联系，再上升到现象总体的方法。[③] 在马克思对资本主义经济社会形态的总体把握中，认识论、逻辑学与唯物辩证法是同一的。

唯物辩证法的具体性，体现在对现代社会经济形态具体性的总体把握，它为建构时代化的马克思主义哲学规定了核心内容。时代化马克思主义哲学，不是体系与教条，而是对现代社会经济形态、政治形态、文化形态的具体性的总体把握。中国特色社会主义是现代社会典型的经济形态、政治形态与文化形态。时代化马克思主义哲学，应是对中国特色社会主义社会的经济形态、政治形态

---

① 参见孙伯鍨、张一兵主编：《走进马克思》，江苏人民出版社 2001 年版，第 569 页。

② 参见孙伯鍨、张一兵主编：《走进马克思》，江苏人民出版社 2001 年版，第 571 页。

③ 参见孙伯鍨：《卢卡奇与马克思》，南京大学出版社 1999 年版，第 3 章。

与文化形态的具体性的总体把握的时代精神,或者说,是对社会主义建设规律、共产党执政规律、人类社会发展规律的总体把握的时代精神。

　　总之,时代化的马克思主义哲学究竟如何,仅为一家之言,而非绝对真理。"在从'解释'世界进而走向'改造'世界的过程中,马克思主义哲学方法论不是构造体系的工具,而是实际地研究和解决现实社会中的矛盾和对抗的指南。"①从哲学时代化到时代化的哲学的追求,体现的只是孙伯鍨先生作为哲学时代化探索者的时代化哲学的探索精神。

　　孙伯鍨先生是新中国成立后国家培养起来的知识分子。孙先生说,1962年起,他在北京大学讲授马克思恩格斯的早期著作,至"文化大革命"前夕而中断,直至1978年,再登南京大学哲学系讲坛。"文化大革命",十年耽误。十年耽误的正是其学术研究黄金时代。1978年以后重返大学讲坛,"文化大革命"结束以后那个时代的知识分子,他们的胸怀、使命、担当,是"90后"知识分子难以体悟的。记得中国人民大学李秀林先生由于不舍昼夜,终因积劳成疾,英年早逝,而业界却传出了"要长寿,不要教授"的感叹。既要长寿,又要教授,此乃普通人通晓的人生哲理。但是,对于孙先生的那一代知识分子,则是一个例外。十年对于新中国成立以后成长起来的那一代知识分子何等重要,无论怎样去体会,已难尽然。他们中间,不知有多少像李秀林先生那样,恨白天时间太短,冀晚上工作时间无穷,甚至通宵达旦者。孙伯鍨先生重返大学讲坛,亦是机会,亦是危机:是机会,彰显了他对哲学时代化的不息探索与

---

　　①　孙伯鍨、张一兵主编:《走进马克思》,江苏人民出版社2001年版,第480页。

对时代化哲学终极追求的学术精神;是危机,由于其辛劳过度,竟然何时身患肝癌而不自知。春蚕到死丝方尽,蜡炬成灰泪始干。呜呼!哲人已逝,精神永存!

最后,以李叔同先生《送别》①为借鉴,寄托学生对孙先生永远无法忘却的怀念:

北大楼,鼓楼边,青藤碧连天。②

春分拂书声悠扬,但闻先生扣洪钟。

天之上,地之下,阴阳两隔离。

一樽清茶祭恩师③,停云霭霭忆光辉④。

---

① 李叔同《送别》:长城外,古道边,芳草碧连天。晚风拂柳笛声残,夕阳山外山。天之涯,地之角,知交半零落。一瓢浊酒尽余欢,今宵别梦寒。

② 北大楼,鼓楼边,青藤碧连天。北大楼,原为南京大学鼓楼校区的办公楼,北大楼长满了常春藤。

③ 一樽清茶祭恩师:祭师本应以酒敬祭,但孙先生不幸为肝癌所致命。肝病忌酒,故以茶代之。清茶之清,亦代表孙先生清洁、清静、清身、清心、清醒、清廉之清。孙老师的遗产,仅为南京大学分配的南秀村两室一厅住房,而精神永存!

④ 引自孙先生逝世后挽联:"人伦楷模,后生师范,九畹芳菲,曾思长扣洪钟,清韵悠悠听逸响;哲学名家,马列忠臣,一身磊落,讵料顿收晚照,停云霭霭想光辉。"

马克思社会发展理论是马克思主义理论的"中轴"

——孙伯镌先生学术思想研究

吕世荣 *

发展问题是人类社会的永恒话题,也是当今世界人们共同关注的重大理论和实践问题。在孙伯镌先生的精心指导下,我顺利完成了博士论文《马克思社会发展理论研究》的写作。在专门为我博士论文出版所写的"序"中,他提出了许多值得继续研究的问题,例如,马克思社会发展理论与马克思主义理论、历史唯物主义的关系,中国道路相对于资本主义道路而言的独特性等。针对第一个问题,他认为:"对于马克思主义来说,社会发展理论是贯穿整个理论的中轴。"[1]针对第二个问题,他指出:"在未来的几十年里中国社会在总体上如何推进,中国能不能在经济技术现代化的同时,开辟一条独特的不同于西方资本主义的社会主义现代化道路,这依然是摆在人们面前的重大的现实理论课题。"[2]同时,他还强调,中国社会国情和发展道路的特殊性,"使中国不得不在经济、政治和文化还十分落后的情况下奋起反抗国内外黑暗势力的统治,并率先实现了社会主义革命,这就决定了中国的社会主义建设不会是一帆风顺的,成功和挫折、欢欣和沮丧交替发生不过是意料之中的事

---

* 作者简介:吕世荣,河南大学哲学与公共管理学院教授。

① 孙伯镌:《孙伯镌哲学文存》第3卷,江苏人民出版社2010年版,第412页。
② 孙伯镌:《孙伯镌哲学文存》第3卷,江苏人民出版社2010年版,第412页。

情。最重要的应当坚定地相信'我们的事业是正义的,而正义的事业是不可战胜的'。我们之所以能够确立这样的信念,就在于我们立足于对马克思主义社会发展理论的正确把握和对中国社会发展的历史和现状的深刻理解"①。

恩格斯指出:"马克思的整个世界观不是教义,而是方法。它提供的不是现成的教条,而是进一步研究的出发点和供这种研究使用的方法。"②在实践和理论的互动中不断推动自身的发展,是马克思主义理论始终保持旺盛生命力的关键所在。而且,实践的新变化和理论的新发展,又使得马克思的社会发展理论成为当代马克思主义必须直面的基本课题。显然,在上述背景下,回归孙先生关于社会发展理论是马克思主义理论的中轴的论断,以此回答马克思社会发展理论在马克思主义理论中的位置问题,并对"中轴"一词的核心含义进行具体阐述,对于重新理解马克思主义基本原理和马克思社会发展理论均具有重要意义。

一、马克思主义理论的基本定位和精神实质

关于什么是马克思主义,国内学界主要有以下代表性观点:其一,认为马克思主义是"国际无产阶级领袖与导师马克思与恩格斯创立的无产阶级与全人类解放的科学"③;其二,认为"马克思主义就是一门历史科学,就是一门迄今为止我们所获得的具有最高视野的阐述人类历史发展的科学,也就是一门人类社会发展规律的

---

① 孙伯鍨:《孙伯鍨哲学文存》第 3 卷,江苏人民出版社 2010 年版,第 412—413 页。

② 《马克思恩格斯选集》第 4 卷,人民出版社 2012 年版,第 664 页。

③ 高放:《马克思主义与社会主义新论》,黑龙江人民出版社 2007 年版,第 54 页。

大史学,其中包括着关于人类解放的学说"①;其三,认为"马克思主义就是关于社会历史发展普遍规律的科学,特别就是关于历史发展的科学,更特别就是关于资本主义发展与转变为社会主义以及社会主义与共产主义发展规律的科学"②。这些定义虽然把握到马克思主义的某些精髓,具有一定的合理性,但都不十分全面。

马克思主义经典作家对该问题有过明确论述。恩格斯在《社会主义从空想到科学的发展》中主张:马克思主义学说是马克思主义哲学、剩余价值理论和科学社会主义相互统一的有机整体。他阐述了唯物史观的内容,强调社会主义之所以由空想变为科学,主要在于"唯物主义历史观及其在现代的无产阶级和资产阶级之间的阶级斗争上的特别应用"③。在他看来,马克思主义哲学是世界观、方法论,是马克思主义全部学说的理论基础;剩余价值理论"本质上是建立在唯物主义历史观的基础上的"④,它揭露了资本主义生产方式"一直还隐蔽着的内在性质",是马克思政治经济学的基石;科学社会主义则阐发了社会主义代替资本主义的历史必然性,探讨了实现人类解放的根据、条件和途径等问题,是马克思主义全部学说的核心和目的。⑤ 列宁认为马克思主义具有哲学、经济学和科学社会主义三个组成部分,强调"只有马克思的哲学唯物主义,才给无产阶级指明了如何摆脱一切被压迫阶级至今深受其害的精神奴役的出路","只有马克思的经济理论,才阐明了无产阶级在整个资本主义制度中的真正地位",只有马克思的科学社会主义才会

---

① 吴江:《马克思主义是一门大史学——和青年朋友讨论马克思主义》,中央编译出版社 2002 年版,第 1 页。
② 段若非:《马克思主义是完整的科学世界观》,载《当代思潮》2004 年第 4 期。
③ 《马克思恩格斯选集》第 3 卷,人民出版社 2012 年版,第 746—747 页。
④ 《马克思恩格斯选集》第 2 卷,人民出版社 2012 年版,第 8 页。
⑤ 《马克思恩格斯文集》第 9 卷,人民出版社 2009 年版,第 357 页。

"发现资本主义发展的规律","找到能够成为新社会的创造者的社会力量",指出替代资本主义的"真正的出路"。① 斯大林在《联共(布)党史简明教程》结束语中指出:"马克思列宁主义的理论是关于社会发展的科学,关于工人运动的科学,关于无产阶级革命的科学,关于共产主义社会建设的科学。"②他在《马克思主义与语言学问题》中又认为:"马克思主义是关于自然和社会的发展规律的科学,是关于被压迫和被剥削群众的革命的科学,是关于社会主义在一切国家中胜利的科学,是关于建设共产主义社会的科学。"③从上述的概括中可以看出,马克思主义是包括哲学、经济学和科学社会主义在内的"理论"体系:在理论性质方面,它是完备而严密的科学世界观和方法论,是无产阶级认识世界和改造世界的理论武器;在核心思想方面,它是关于无产阶级运动和人类解放的学说;在阶级属性方面,它是对无产阶级利益的科学表达;在历史使命方面,它旨在为从资本主义走向社会主义和共产主义提供理论指引;在精神实质方面,它是世界观和方法论的统一、价值性和科学性的统一、阶级性和革命性的统一。这些方面从不同角度深刻展现出马克思主义理论同其他社会历史理论的根本区别。

2015 年版和 2018 年版中央实施马克思主义理论研究和建设工程教材《马克思主义基本原理概论》对马克思主义做出了更加全面的定义。2015 年版《马克思主义基本原理概论》中指出:"从它的创造者、继承者的认识成果讲,马克思主义是由马克思、恩格斯创立的,而由其后各个时代、各个民族的马克思主义者不断丰富和发展的观点和学说的体系。从它的阶级属性讲,马克思主义是无产

---

① 《列宁专题文集:论马克思主义》,人民出版社 2009 年版,第 71 页。
② 斯大林:《斯大林选集》下卷,人民出版社 1979 年版,第 615 页。
③ 斯大林:《斯大林文集》,人民出版社 1985 年版,第 586 页。

阶级争取自身解放和整个人类解放的科学理论,是关于无产阶级斗争的性质、目的和解放条件的学说。从它的研究对象和主要内容讲,马克思主义是无产阶级的科学世界观和方法论,是关于自然、社会和人类思维发展一般规律的学说,是关于资本主义发展及其转变为社会主义以及社会主义和共产主义发展规律的学说。"①习近平同志也有一个相似的概括。他指出,"马克思主义理论体系和知识体系博大精深,涉及自然界、人类社会、人类思维各个领域,涉及历史、经济、政治、文化、社会、生态、科技、军事、党建等各个方面,不下大力气、不下苦功夫是难以掌握真谛、融会贯通的"②。这涉及马克思主义自身的范围、对象和内容,还指明了正确学习马克思主义理论的方式。简言之,马克思主义是由马克思恩格斯创立并被他们的后继者所发展的,以批判资本主义、建设社会主义和实现共产主义为目标的科学理论体系,是关于无产阶级运动和人类解放的科学。在这个意义上,它还应包括中国共产党人将它同中国实际相结合、不断推进其中国化和当代化的一系列理论成果。

二、马克思社会发展理论的基本视域

顾名思义,马克思的社会发展理论就是马克思关于人类社会"发展"的学说,主要包括社会发展的动力、规律、道路、过程、趋势及评价标准等问题,它最大的特点在于,在人类实践活动基础上实现了科学和价值的统一。

---

① 《马克思主义基本原理概论》编写组:《马克思主义基本原理概论》,高等教育出版社 2015 年版,第 2 页。
② 习近平:《在哲学社会科学工作座谈会上的讲话》,载《人民日报》,2016 年 5 月 19 日。

孙伯鍨先生十分强调马克思社会发展理论的精神实质以及它和唯心史观的区别。他指出:"在马克思以前历史研究领域向来是由唯心主义观点统治的。旧唯物主义者虽然力图按照唯物主义的观点解释社会生活,但由于他们未能把握社会生活的本质,不了解历史运动辩证性,因而始终在人的自然本质的物质性和伦理本质的精神性之间摇来摆去,在历史观上无一例外地仍然都是唯心主义者。因此,在他们那里,一切科学与价值的问题始终是对立的两极,永远无法统一起来。这种情况发展到上世纪中叶,在西方形成了相互对峙的两种哲学流派,即科学主义与人文主义。与此相关联,马克思本身也遭到了被肢解的厄运,它被分割为科学主义的马克思和人道主义的马克思。这种情况的出现,与其说是部分哲学家的恶意曲解,不如说是西方资产阶级哲学思维方式的典型表现,因为在西方近代哲学史上,无论是唯心主义还是唯物主义,始终没有在社会实践的基础上把人的经济行为的合理性(和规律性)和人的交往方式的合理性(和伦理性)这两个方面辩证地历史地统一起来加以研究。然而这两个方面正是从以生产实践为基础的统一的历史活动中派生出来的。只有马克思主义哲学的历史唯物主义才首次揭示了这个基础并把这两个方面统一起来加以分析和研究。这是马克思社会发展理论的一大特点。"①这可以从马克思对一些关键概念的理解上体现出来。首先,就对"社会"的理解而言,以往人们对它的理解主要遵循两种思路。一种是以法国哲学家爱尔维修等人为代表,把社会看作经过人类改造过的自然界,即人生活的外部环境。这种观点虽然看到了环境对人的制约作用,但忽视了人对自然界的改造这一关键维度。而马克思则认为:"环境的改变

---

　　① 孙伯鍨:《孙伯鍨哲学文存》第3卷,江苏人民出版社2010年版,第414页。

和人的活动或自我改变的一致，只能被看作并合理地理解为革命的实践。"①另一种认为，人类和其他动物群体没什么区别，因而仅仅把社会视为人群共同体。这种观点无视人与动物的根本不同。在马克思看来，人类是在改变现存世界的活动中，在特定社会关系中的"现实的个人"，而社会不过是人的活动过程本身。所以，人的本质"在其现实性上，它是一切社会关系的总和"②，"生产关系总和起来就构成所谓社会关系，构成所谓社会"③。这就从根本上揭示了人类及其活动的社会性本质，为正确认识社会的发展提供了科学的理论基础。其次，就社会发展的含义而言，以往哲学总是把作为其两大核心问题的社会的发展和人的发展对立起来，要么把社会发展仅仅理解为经济的增长或效率的提高，要么因对抽象人的崇拜而忽视了现实的人的物质利益。与之不同，马克思始终立足于人类实践活动来解决社会的发展和人的发展的关系问题。他认为，社会的发展是经济、政治、文化等方面的全面发展，它不仅不敌视人，反而以人为根本目的，二者在历史进程中得以具体地历史地统一。

整体而言，我们可以从两个方面来探讨马克思社会发展理论的基本内容。首先，从马克思的思想发展史来看，它主要包括以下四个层次。第一，在人类社会历史发展层面，它是关于人类社会一般发展规律的理论。它着重揭示了人类社会发生和发展的本质、动力、规律、道路和趋势，探讨了人类社会存在和发展的前提和基础，主要体现在《德意志意识形态》《〈政治经济学批判〉序言》等文本中。第二，在现代社会或资本主义社会层面，它是关于资本主义

---

① 《马克思恩格斯选集》第1卷，人民出版社2012年版，第134页。
② 《马克思恩格斯选集》第1卷，人民出版社2012年版，第135页。
③ 《马克思恩格斯选集》第1卷，人民出版社2012年版，第340页。

向社会主义过渡的理论,主要体现在《资本论》及其手稿中。马克思明确把资本主义以前的社会称为史前社会,把资本主义社会称为"现代社会"。在论述《资本论》的研究对象和目的时,他明确指出,"我要在本书研究的,是资本主义生产方式以及和它相适应的生产关系和交换关系"①,"揭示现代社会的经济运动规律"②。列宁强调:"《资本论》就是专门研究现代社会即资本主义社会的经济制度的。"③第三,它是关于人类社会初期如何从无阶级社会向阶级社会过渡的理论,主要体现在马克思的《历史学笔记》《人类学笔记》和恩格斯的《家庭、私有制和国家的起源》等文献中。马克思恩格斯通过人类学和历史学研究,揭示了原始社会无阶级的社会及其向阶级社会过渡的规律,阐发了私有制、阶级、国家的起源。第四,它是关于未来社会发展的预测和非资本主义国家的发展道路的理论。基于对资本主义社会的彻底解剖,马克思论述了共产主义社会的基本特征和人的全面发展等内容,探讨了东方社会发展道路和跨越资本主义的可能性等问题。综合来看,马克思的社会发展理论是一个囊括了人类社会发展的历史、当下和未来的系统的理论体系。

其次,以中国社会发展的历史进程为背景,从关注的核心问题来看,国内学界对它的研究大致可以划分为三个阶段。1978 年前为第一阶段,主要包括三次大的思想争论:对马克思社会动力学说的理解、社会发展一元论—多元论之争、关于社会历史发展的规律性与人的主体活动能动性关系。该阶段的主要特征是把马克思的社会发展理论等同于历史唯物主义的一般原理。随后,马克思社

---

① 《马克思恩格斯选集》第 2 卷,人民出版社 2012 年版,第 82 页。
② 《马克思恩格斯选集》第 2 卷,人民出版社 2012 年版,第 83 页。
③ 《列宁专题文集:论马克思主义》,人民出版社 2009 年版,第 69 页。

会发展理论才逐步集中起来讨论。从 1979 年到 20 世纪 90 年代初为第二阶段。该阶段主要围绕社会主义的前途和命运展开，系统分析和回答了马克思的社会形态思想是"三形态"还是"五形态"、非资本主义国家跨越"卡夫丁峡谷"、马克思主义社会发展理论同现代化理论和依附理论的关系、马克思的东方社会理论和"跨越论"是否与马克思主义的社会发展规律学说相矛盾，以及中国特色社会主义的发展是否是对经典社会主义理论的突破和创新等重要问题。从 90 年代初至今为第三阶段。伴随社会主义市场经济的建立、发展和完善，该阶段聚焦于在全新世界格局和历史境遇下对马克思主义社会发展理论的重新理解及其与中国道路的关系问题，以中国现代化道路和人类新文明形态为线索，进一步突出了马克思的资本主义社会批判理论、社会发展规律和动力理论、社会有机体理论、世界历史理论和经济全球化思想等对于解决当代社会基本问题和矛盾的重大意义。

三、马克思社会发展理论是马克思主义理论的"中轴"

从对马克思主义理论和马克思社会发展理论的简单界定中，可以看出二者之间既有深刻的联系，也有区别。

（一）马克思主义理论与马克思社会发展理论既是包含关系又是相互支撑关系

所谓"包含"是指，马克思主义理论在基本内容上包含着马克思的社会发展理论。以剩余价值学说为例，它既是马克思主义理论的主要内容之一，又是马克思关于资本主义社会发展理论的基石。需要强调的是，两者也存在一定区别：马克思主义理论偏重"理论"，强调马克思主义哲学、政治经济学和科学社会主义之间的辩证统一整体,而马克思的社会发展理论则主要从发展和演变角度来揭示人类社会发展的一般规律以及特定历史阶段和特定民族的运行机制和发展规律。换言之,前者并未过多涉及人类社会发展的具体层面,而后者则一并探讨整个人类历史进程以及其中的不同发展阶段和社会形态的发展问题。相对于前者来说,讨论的问题更集中。概言之,从内容上看,马克思的社会发展理论是马克思主义理论的有机组成部分,但就它们针对的分析对象而言,前者比较具体,后者更加抽象;就研究的角度来说,前者侧重社会发展,后者更侧重马克思主义整体理论的建构。所谓"相互支撑"是指,马克思主义理论是马克思社会发展理论的基础,没有马克思主义理论就没有马克思的社会发展理论;反过来说,没有马克思的社会发展理论作为支撑,马克思主义理论将会流于空洞。孙伯鍨先生从马克思社会发展理论角度进一步阐述了两者之间的联系。他说:"如果说历史唯物主义为这个理论奠定了哲学基础,那么政治经济学则对人类社会发展的现代类型——资产阶级社会进行了最完整、最深刻的生理解剖,同时科学地揭示了它向着更高社会发展类型转变的机制和规律,而这就是马克思的科学社会主义学说。"①

(二)马克思主义理论以社会发展问题为根本导向

在此,我们重点讨论马克思主义理论中的唯物史观同马克思社会发展理论的关系问题。从根本上看,唯物史观不但是马克思社会发展理论的逻辑基础,其核心构架在一定意义上即为马克思的社会发展理论本身。首先,唯物史观揭示了人类社会发展的动因和动力。恩格斯在《反杜林论》中站在哲学根据层面论述了这个根本问题。他指出,"旧唯物主义从来没有给自己提出过这样的问

---

① 孙伯鍨:《孙伯鍨哲学文存》第 3 卷,江苏人民出版社 2010 年版,第412 页。

题",黑格尔虽然谈及过它,但"不在历史本身中寻找这种动力,反而从外面,从哲学的意识形态把这种动力输入历史"。① 相反,马克思则从"现实的个人"及其实践活动出发,论证了物质生产活动是人类社会存在和发展的基础和根据。他认为,在生产过程中不仅形成了人与自然的关系以及不断发展的生产力,而且也建立了人与人的社会关系和不断发展的社会组织形式,即建立在生产力基础上的经济基础和上层建筑。这不仅克服了旧唯物主义从抽象的人的本质出发来理解社会历史发展的错误,也超越了唯心主义从精神和上帝出发来解释历史产生和演变的观点。其次,唯物史观还揭示了人类社会发展的机制、规律和趋势等内容。马克思在以《〈政治经济学批判〉序言》和《德意志意识形态》为中心的文本序列中,创建了围绕生产力—生产关系、经济基础—上层建筑、社会存在—社会意识分析框架的社会结构和历史进程理论,以此揭示了生产关系一定要适合生产力发展、上层建筑一定要适合经济基础发展的人类社会的一般运动规律,论述了社会发展的动力与趋势、规律与道路、结构与形态、过程与阶段等问题。

同时,全面把握马克思的社会发展理论与唯物史观的关系,还要明确二者之间的差异。尽管都聚焦于人类社会发展的基本问题,二者却各有侧重。从研究对象和核心内容来看,唯物史观重在探讨人类社会运行和运动的一般规律,强调的是人类社会发展的"总体历史"和"一般",而马克思的社会发展理论却更加关注资本主义社会的发展,探索人类社会发展的一般规律在现代社会的特殊表现,强调的是人类发展的"现代"和"特殊"。从精神实质和根本取向看,二者则表现为普遍方法和具体运用的关系。唯物史观

---

① 《马克思恩格斯文集》第 4 卷,人民出版社 2009 年版,第 303 页。

不仅是关于人类社会历史发展的理论,更是认识人类社会包括资本主义社会所应秉持的一种科学世界观、历史观和方法论。在《给〈祖国纪事〉杂志编辑部的信》中,马克思认为,批评家们教条式地将他关于历史的概述变成"一般发展道路的历史哲学理论",这"会给我过多的荣誉,同时也会给我过多的侮辱",因为这种"一般历史哲学理论"决不是达到任何目的的"万能钥匙"。① 恩格斯也一再强调:"马克思的整个世界观不是教义,而是方法。它提供的不是现成的教条,而是进一步研究的出发点和供这种研究使用的方法。"② 列宁同样主张:"马克思的哲学……把伟大的认识工具给了人类,特别是给了工人阶级。"③而马克思的社会发展理论则是具体运用唯物史观所包含的科学世界观、历史观和方法论原则来解释人类社会特别是资本主义社会所形成的系统理论成果。当然,这并不意味着它本身不具有方法论意义,而是表明,它以唯物史观为理论和方法论根基,更应被视为这一科学的"认识工具"在特定历史阶段和特定民族社会发展问题上的运用和体现。

(三)马克思的社会发展理论贯穿在他思想发展的始终

纵观马克思的一生,他始终在为自己的理想而矢志不渝地努力着。他在《青年在选择职业时的考虑》中就已确立了人生目标,表示要在未来选择"最能为人类而工作的职业"④。如果说此时的目标还比较抽象的话,那么,经过《莱茵报》的政治实践,他深刻反思了黑格尔哲学在思想和现实上的矛盾,充分认识到政治解放的局限和人类解放的真理,最终确立了要为无产阶级和人类解放而

---

① 《马克思恩格斯选集》第 3 卷,人民出版社 2012 年版,第 730 页。
② 《马克思恩格斯选集》第 4 卷,人民出版社 2012 年版,第 664 页。
③ 《列宁专题文集:论马克思主义》,人民出版社 2009 年版,第 68 页。
④ 《马克思恩格斯全集》第 1 卷,人民出版社 1995 年版,第 459 页。

奋斗终身的目标。为了实现这个目标,一方面,他付出了常人难以想象的代价。在 1859 年 2 月 1 日致魏德迈的信中,他说:"我必须不惜任何代价走向自己的目标。"①1867 年 4 月 30 日在致迈耶尔的信中,他又写道:"我一直在坟墓的边缘徘徊。因此,我不得不利用我还能工作的**每时每刻**来完成我的工作,为了它,我已经牺牲了我的健康、幸福和家庭。"②另一方面,他竭尽全力为无产阶级和人类解放提供科学的思想武器。尽管受到贫穷和疾病的困扰,加上反动势力无休止的迫害,他始终"认为给工人提供的东西比最好的稍差一点,那就是犯罪!"③他早在《德意志意识形态》中就已基本确立人类社会发展的一般规律理论,在此基础上又花费了 40 年的时间科学地回答了资本主义社会的基本矛盾及其被超越的可能和条件问题。当俄国社会矛盾日益突出时,他转向对东方社会发展道路的深入考察。当新历史材料的发现使他认识到以往对原始社会的认识存在一定偏差时,他又通过系统的历史学和人类学研究,揭示了人类从无阶级社会向阶级社会发展的机制和规律。

---

① 《马克思恩格斯全集》第 29 卷,人民出版社 1972 年版,第 550 页。
② 《马克思恩格斯文集》第 10 卷,人民出版社 2009 年版,第 253 页。
③ 《马克思恩格斯选集》第 4 卷,人民出版社 2012 年版,第 600 页。

在拓深哲学基础问题过程中把握 21 世纪马克思主义新问题

刘怀玉 *

孙伯鍨先生是新时期我国马克思主义哲学界所公认的一代宗师。他不仅为马克思主义哲学史研究事业做出了奠基性贡献,而且对马克思主义哲学基本理论及其当代意义价值问题也提出了自己独创的见解。作为聆听过孙老师晚年课程的一名学生,我仅就其后一方面贡献谈一点自己粗浅的理解与认识,以资纪念先生仙逝 20 周年。笔者认为,可以用以下三句话来概括孙先生关于马克思主义哲学基础理论及其当代意义问题的核心观点,这就是:(一) 要用历史唯物主义的本体论与认识论来理解马克思主义哲学基本问题;(二) 要理解哲学基本问题必须理解广义与狭义历史唯物主义,广义历史唯物主义是本体论的发生学的,而狭义历史唯物主义是认识论的与价值论的;(三) 当代哲学的核心问题是主体维度中的价值论异化论问题,其表现形式之一就是日常生活批判,而解决该问题又必须通过作为认识论方法论的历史唯物主义方才可能。

---

　* 作者简介:刘怀玉,南京大学马克思主义社会理论研究中心暨哲学系教授。

一、新时期我国马克思主义哲学基本问题的探索和 对该问题的历史唯物主义解决

（一）20 世纪 80 年代以来，我国马克思主义哲学研究者们从苏联传统教科书体系的框架中摆脱出来，结合时代和哲学主题的变化，对哲学基本问题做了大量深入系统的，甚至是颠覆性的理解。

第一种解读就是最有影响的实践唯物主义。此范式的出现固然基于中国本土改革实践的理论需要，但从学理上说，更多的是借鉴了苏联东欧的认识论哲学与新人本主义哲学的突破性成果。它从认识论的角度把思维与存在关系（也就是传统的本体论意义上的物质与意识的关系问题）整体转换为主客体关系，即以实践为中介的主体与客体之间的对立统一关系。二者同时并存，它们在主体认识和改造现实世界的社会实践活动中达到了统一。就是说，作为唯物主义本体论与反映论的"思维-存在关系"问题被转换成了实践视野中的主客体统一的认识论与价值论哲学问题。

第二种解读是辩证反思的认识论。这实际上是从作为"次生形态"的苏联新教科书体系（即相对于传统"本体论派"的"认识论派"）退回到德国古典哲学"原生形态"问题的"正本清源"的理论创造，恢复了马克思主义哲学所固有的德国古典哲学之先验主体批判哲学基因，较彻底地突破了传统本体论哲学束缚，力图实现列宁在《哲学笔记》中所理出的思路——"作为认识论的马克思主义辩证法"。它在"存在"概念上下功夫，把"存在"的所指从外部客观现实转移到思想内部，指称思维活动中看不见的、却具有强制性的思想逻辑前提。其理由是哲学不是实证科学，不需要也不可

能直接地面对现实存在,故它所面对的现实只能是思想中的现实。这一隐蔽的思想前提决定着主体的思维模式。哲学的任务遂从认识外部世界变成反思和批判这个思想前提。这是改革开放以后提倡解放思想的政治理念在哲学中得到的最深刻的说明。解放思想即是通过超越思想前提来改变思想模式,主体正是在不断地突破原来的妨碍认识的主观思维前提的批判中才越来越接近现实。

第三种解读是存在论的或生存论的。这种解读无疑是针对更为"当代的"西方哲学的"存在论转向"对近现代认识论范式根本瓦解的语境下,对马克思主义哲学革命的更为深刻与全面的重建工作。它在超越作为反思与认识论的"思维"概念上做文章,把"思维"替换成"存在者",故"思维-存在"关系变成了存在与存在者的关系。这种解读把"存在"理解为一种历史性的、感性的、生成着的存在状态,它致力于不断超越在主观思维和逻辑中把握的抽象静止的存在者。所谓从"存在者"转向"存在",就是从静止的认识论上的逻辑把握走向实践中的、生成着的、历史化的存在状态,打破自我意识的主观思维逻辑强制的存在者状态,上升到一种历史的、现实的、实践的和社会的存在论视野。取代传统的以本体论为中心的哲学视野的,不再是以主体自我认识与反思的统一为核心的认识论,而是进一步超越这种自我同一性认识论逻辑结构的社会历史生成性的存在论。

第四种解读是批判的社会认识论。这种解读是重新回到马克思主义政治经济学批判的哲学方法论问题与语境之中,以突出马克思主义哲学作为科学历史观与历史的批判的认识论的本质统一关系,实际上是对苏联与我国新时期的马克思主义认识论新体系探索理论事业的一种独特而深入的继续推进,也是对德国古典哲学主体批判哲学传统基因的深刻的历史唯物主义改造,由此开启马克思主义哲学作为一种文化的意识形态的批判哲学与社会现实批判哲学的可能途径。作为一种在社会历史语境中的认识论,它深化了社会历史观的双向互动过程。一方面,它把德国古典哲学的主客体辩证法的认识论还原成一个社会历史条件下的人的活动及其社会历史现实关系的社会历史观问题。如此一来,认识论就转变为一种社会历史观的问题。另一方面,它反过来又在批判的认识论中把社会历史观问题变成对作为认识论先验条件的社会历史条件的追问与把握。这种社会历史条件经常是一种被遮蔽的抽象的意识形态,因此我们必须先追问认识这种社会历史的先决条件,然后才能走进真正的社会现实,走向对社会历史本身的批判性认识。故马克思主义哲学作为社会历史观是一种社会历史批判的认识论,从而是一种社会批判理论,最终还要上升到一种意识形态的批判理论,即对资本主义社会现实的颠倒的拜物教的批判。

(二)在与以上诸种很有影响的解读模式高度关联且富有对话性的语境下,孙伯鍨先生阐发了自己对马克思主义哲学基本问题的深刻理解。这就是在坚持经典马克思主义关于哲学基本问题是思维与存在的两个方面关系问题的基础上,以广义历史唯物主义为基准,将其依次拓展深化为本体论、认识论与价值观诸层面问题。他主张,马克思哲学核心并非以抽象的实践哲学或主体性哲学为基础的认识论或辩证法,而是作为本体论的历史发生学。发生学的方法即从抽象上升到具体的方法。纯粹认识论只是从孤立静止平面上去反思对象,本体论的发生学方法则要求从对象的历史纵深与内在本质上去把握对象。纯粹认识论问题仅仅是我们"对对象的认识"是"如何可能的",本体论的发生学的问题则是关于"对象的存在"是"如何可能的"①。

为此,孙伯鍨先生提出了他对马克思主义整体的理解逻辑。它包括三个层次:一是社会发展理论,这是本体论的历史发生学;二是社会批判理论,这是认识论与价值论;三是社会革命辩证法,这是实践论。② 他晚年在研究卢卡奇后期的社会存在本体论过程中,深刻指出,从青年卢卡奇开始的西方马克思主义研究者,包括后来中国学界一些学者都是脱离开社会发展理论的客观向度与本体论前提,而从抽象的主体向度谈论作为辩证法认识论价值论的社会批判理论。

实际上,历史的主体问题首先是一个历史发展到资本主义阶段时才会提出的问题。马克思在研究资本主义社会历史之前的历史时,并没有想到回答谁是历史的主体问题。在整个人类历史中首先的问题是历史发展的动力基础与起源问题,这就是生产方式问题。马克思并没有直接去回答与本质规定历史主体是谁,而是从广义的历史发展的动力、起源、过程角度来理解历史主体问题。历史首先是生产方式的历史。这个生产方式当然并不是脱离开人的抽象的客观存在,而是指人作为历史主体处于社会系统动态发展中的人,具体历史条件下的现实的人。生产方式所描述的人是有其现实的历史规定性的,生动具体的处于动态的社会画面中的人。通过生产方式这个概念,马克思思考的问题是,在一定的历史发展时期人们的哪一种生产方式与交往方式能有力地推动历史的发展与进步。总之,马克思的历史概念并非围绕着某个主体概念的自我对象化、自我认识与自我复归而展开的,而是生产方式有序

---

① 孙伯鍨:《卢卡奇与马克思》,南京大学出版社 1999 年版,第 197 页。
② 孙伯鍨:《卢卡奇与马克思》,南京大学出版社 1999 年版,第 176 页。

发展的动态系统画面。出现在历史画面上的各种生产方式不断地变化更新,这就构成了迄今为止的历史发展。

因为研究卢卡奇晚年的《关于社会存在的本体论》,孙伯鍨先生晚年对马克思的本体论问题格外关心并做出了深刻思考。他认为,从卢卡奇早期的历史主体性辩证法与历史认识论价值论批判取向来看,他必然走向困境,而解决这个困境就必然要回归本体论,即承认自然辩证法与物质生产实践的优先性。但卢卡奇晚年的本体论立场又是摇摆不定的。其原因在于,他不理解物质生产实践与劳动概念之间的区别,他只关心劳动的重要性,所以陷入忽而强调自然因果性决定论、忽而重视劳动的目的论的困顿之中。实际上,与劳动这个资本主义社会历史性突显的阶级实践活动特殊性方式相比,物质生产实践更为根本。劳动只是研究社会存在的出发点,人类生活的生产与再生产则是整个社会存在问题的中心。这个再生产不是人与自然之间的关系,而是在社会内部进行的生产。社会本质上是社会关系的生产与再生产。社会存在是一个复杂的有机的整体。社会存在是从先在性自然到人化自然再到历史化自然发展而来的。它涉及的不仅是人与自然之间的对象性的能量交换,而且是涉及人的社会关系的自我生产与再生产。人在改变自然引起人与自然关系的同时,也生产出人与人之间的社会关系形式,以及这种社会关系的再生产的过程与逻辑。这就是历史的规律性发展这个本体论事实。

在本体论上,马克思主义承认社会历史发展来自自然界的发展,来自人自身的生产与物质生产。马克思主义似乎与旧唯物主义本体论一样把物质世界分为不同等级与阶层的运动形式。实际上二者的区别在于,旧本体论往往把高级运动与存在形式归结为低级运动形式。马克思的唯物主义本体论意义上的存在即社会存在,并不是传统唯物主义意义的物质存在,而是意味着它如何进行自我再生产。无论自然存在还是社会存在,再生产均具有决定作用。存在因此就不是指什么"在这里"或"不在这里",也不是指现时什么"存在着"或"不存在着",不是海德格尔式的日常生活语用性体验性的规定与理解,不是抽象的时空中的存在,而必须是在一个现实的具体的发展过程中的存在。这就是孙伯鍨先生所坚持的马克思主义"第一条原理",即社会历史发展规律论或历史发生学。社会存在就是整个人类生活的生产与再生产过程中的一个有机组成部分。[①]

由此,孙伯鍨先生认为,马克思主义哲学的本体论问题不仅是一个辩证唯物主义问题,而且是历史唯物主义问题。历史唯物主义是辩证唯物主义这个基础的发展。历史唯物主义首先是社会发展学说。马克思关于物质生产实践第一性的观点是本体论的,而不是认识论的或其他什么结论。人的生物性再生产是人的经济活动出发点,而这种经济恰恰又构成了人的其他一切社会性活动的本体论基础。[②] 这就使得以整个物质世界运动变化发展规律为对象的辩证唯物主义与以人类社会发展规律为对象的历史唯物主义在本体论上成为不可分割的统一体。

(三) 以上是马克思哲学本体论的若干原则。而关于研究本体论的方法问题即认识论问题,孙伯鍨先生借评述卢卡奇晚期思想指出,西方近代以来以康德为代表的认识论把作为思维与认识对象的客体看成现成的,给定的。它把客体的此时此刻的定在当作不变的事实来加以把握。而马克思的本体论认为一切客体与存在

---

① 孙伯鍨:《卢卡奇与马克思》,南京大学出版社 1999 年版,第 186 页。
② 孙伯鍨:《卢卡奇与马克思》,南京大学出版社 1999 年版,第 191 页

形式均不是自然给定的,而是历史地发生与发展起来的。各种存在形式在人们观念中的联系与秩序,不是思维从外部赋予它们的逻辑联系与时空排列,而是反映它们自身发生与发展的客观历史联系。因此本体论要求揭示事物的发生发展的内在联系。根据它们存在的总体历史过程中的特定地位,以及它与其他相关事物之间的具体关联,把握其特殊的本质与职能,而不是像逻辑学与认识论那样将其仅仅当作孤立的反思的对象。由此产生了本体论的第一个最重要的方法即发生学方法①,即把客观事物放在其发生发展的历史过程中来理解。在此意义上马克思的本体论是广义历史唯物主义。从现实社会存在中引出其思想形式,这就是发生学的方法。从简单的现实的东西出发引出其复杂的发达的形式(好比马克思所说的"从尘世引出其天国形式"),这是唯一正确的唯物主义,而不是相反。这个方法即从抽象上升到具体的方法,也就是发生学的方法。②

"从抽象上升到具体的方法",本质上也是认识现实的方法,是把辩证法运用到认识论中,从而把辩证法、认识论与逻辑学唯物主义统一与结合起来。纯粹认识论哲学只是对对象做抽象的孤立静止的规定与反思,而本体论发生学,即马克思主义的历史认识论,则是从对象的内在历史深层次本质上把握对象。纯粹认识论问题仅仅是我们对对象的认识如何可能的问题,而本体论发生学的问题则首先回答对象的存在是如何发生发展的。③

通过研究晚年卢卡奇思想,孙先生对马克思主义哲学关于思维与存在关系问题做出了自己独到的理解。这就是,承认意识并

①　孙伯鍨:《卢卡奇与马克思》,南京大学出版社 1999 年版,第 194 页。
②　孙伯鍨:《卢卡奇与马克思》,南京大学出版社 1999 年版,第 196 页。
③　孙伯鍨:《卢卡奇与马克思》,南京大学出版社 1999 年版,第 197 页。

不是与存在对立的独立存在,而是认为意识观念的因素是社会存在中的现实组成部分,认为观念因素与实在因素的二元结合是社会存在的首要特征,这是卢卡奇在《社会存在本体论》上的一个基本观点。从本体论的基本特点上看,整个社会存在都是在人类实践的目的论设定的基础上建构起来的。① 由此可以引申出这样一个深刻结论:马克思主义的本体论包括自然本体论,但其最终的高级形态是超越自然物质本体论局限的社会存在本体论,是劳动合目的论,是人的类的存在与解放的伦理学价值论。

孙先生指出,卢卡奇晚年陷入了一种观念论与实在论的二元张力之中,一方面认为存在是观念的目的论,另一方面认为存在是物质实在的。其社会存在本体论思想给我们的有益启发是,他为了反对康德以来在哲学基本问题上的反本体论的认识论至上主义倾向,而充分重视(然而是片面地强调)本体论。殊不知,那种脱离唯物主义本体论的纯粹的认识论固然会导致错误的结论,但脱离唯物主义认识论的片面的本体论也必定要导致混乱与谬误。如果马克思不运用辩证唯物主义认识论作武器,就不可能对如此复杂的资本主义社会形态进行科学解剖与分析。而没有这种分析,任何对整体的综合都是不可想象的。还是列宁《哲学笔记》的深刻揭示最接近马克思主义哲学基本问题观的真谛:马克思主义必须同时被理解为具有本体论认识论逻辑学三统一意义上的辩证法才是可能与正确的。必须同时理解为实践基础上的辩证唯物主义与历史唯物主义才是正确的。晚年卢卡奇的本体论转向是一种对自己青年时代的认识论中心论、主体性与价值论哲学的偏向的矫正,但变成矫枉过正了。

---

① 孙伯鍨:《卢卡奇与马克思》,南京大学出版社 1999 年版,第 189 页。

实际上,唯物主义本体论观点既和逻辑学与认识论的观点相区别,也和价值论的观点相区别。认识论只是把存在、客体、对象与思维相对照,只是就存在与思维的关系做出逻辑与认识的判断,而价值论则是以主观的价值尺度为标准对存在进行评价,所采取的是价值观而不是事物本质。

(四)孙伯鍨先生在研究青年马克思如何克服费尔巴哈人本主义与黑格尔思辨唯心主义过程中创立新的世界观的哲学革命历史时指出:马克思从来没有在传统的唯物主义的旧的物质本体论意义上走向唯物主义,而是通过历史唯物主义的生产实践观的确立走向新唯物主义的。马克思的社会存在论本体论并非普列汉诺夫所说的近代唯物主义物质本体论的更高形态的延续,而是马克思的以物质生产实践历史性活动为基础的新物质观的必然结论。新物质观既不把形而上学意义上的抽象实体(如斯宾诺莎的"自因实体")这种形而上学范畴,也不把抽象的纯粹的活动(如费希特的"行动"与鲍威尔的"自我意识")当作现存世界的根基或基础,而是把人与自然之间以及人与人之间的互动关系,即由生产力与生产关系制约的具体的历史的实践当作现存世界的基础与本质。建立在这种新物质观基础上的社会存在的本体论,不是先验设定的、不具有形而上学的绝对性,也不是带有任何目的论色彩的,而只有社会历史发生学的奠基意义。① 同时新物质观无论在其被用于自然界或人类历史时,都非一成不变的被给予的抽象实体,而是处于普遍联系与永恒发展中的具体总体。此具体总体发展所经历的历史性变化永远是人的正确认识所据以出发的基础。这种新物质观克服了费尔巴哈所开辟的感性唯物主义的方向上的直观性,从而开

---

① 孙伯鍨:《孙伯鍨哲学文存》第 3 卷,江苏人民出版社 2010 年版,第 178 页。

创了一条通向历史深处的能动的革命历史辩证法意义上的新的本体论哲学道路。①

马克思主义哲学中有没有一般意义上的本体论？如果有，该如何理解这种本体论？孙伯鍨先生说，坚持存在对思维、物质对意识的本原性，仅此而已。马克思主义哲学所提供的并非关于世界固有本体这种独立存在假设的形而上学，马克思主义哲学只能是一种正确的世界观与方法论，而世界观与方法论并不是传统意义上的本体论。马克思主义哲学不承认有什么最高原因，从而并非从某种先验理性出发推演出整个世界存在的体系哲学。② 这可谓回到中国古代的"体用不二""知行合一""理在事中"的哲学传统了。这也算是孙先生的"晚年定论"了。

综上所述，孙伯鍨先生认为，要解决马克思主义哲学的基本问题，就必须回到近代唯物主义的物质本体论这个根基处，但又必须通过历史唯物主义的以社会关系的生产与再生产为核心的社会历史本体论或历史发生学来解决这个近代哲学问题；马克思主义哲学并不是抽象的实践本体论，也不能用近代的主体认识论和价值论哲学以及现当代的存在论来取消与回避本体论，而需要通过历史唯物主义指导下的认识论与价值论来深化理解本体论问题；马克思主义哲学的基本问题不可能仅仅用哲学的方式来理解与解决，而必须通过现实地改变世界的方式来解决，这就是使矛盾着的颠倒着的异化现实革命化，从而把批判旧世界的认识论与价值论的哲学，化为实现人类整体解放的新世界革命实践。

---

① 孙伯鍨：《孙伯鍨哲学文存》第 3 卷，江苏人民出版社 2010 年版，第 379 页。

② 孙伯鍨：《孙伯鍨哲学文存》第 3 卷，江苏人民出版社 2010 年版，第 447—448 页。

二、关于广义与狭义历史唯物主义问题：争论与别解

孙伯鍨先生在马克思主义哲学基础理论上的第二个重要贡献是提出作为本体论发生学的广义历史唯物主义与作为认识论价值观的狭义历史唯物主义这两个重要概念。众所周知，马克思、恩格斯生前均没有对历史唯物主义做出过广义与狭义的区分，这只是后人的理解和说明。恩格斯在致马克思的悼词时盖棺定论式地概括了马克思一生的"两个发现"，即后来广为人知的唯物史观与剩余价值学说。[①] 这大概就是后来的广义与狭义之争的滥觞。恩格斯作为第二把提琴手，在使历史唯物主义变得通俗易懂和广为流传方面功不可没。表现在，恩格斯于《政治经济学批判》（第一分册）的书评、《反杜林论》《社会主义从空想到科学的发展》《路德维希·费尔巴哈和德国古典哲学的终结》等公开发表的著作中，对历史唯物主义的通俗解释都加深了人们的判断：唯物史观与剩余价值学说是前后两种不同的理论形态，唯物史观既然研究并揭示的是人类社会历史的发展规律，当然是广义的历史科学；而以剩余价值学说为标识的政治经济学批判既然是以特定的现代资本主义社会为对象，那自然就是狭义的历史科学。在很长一段时间里，人们对历史唯物主义的理解就是广义历史唯物主义，是唯物主义历史观。

百年前的卢卡奇似乎是第一个质疑广义历史唯物主义的先驱，认为把只适用于资本主义社会的历史唯物主义运用于前资本主义社会，只能导致历史唯心主义。半个世纪之后的 1973 年前

---

① 《马克思恩格斯选集》第 3 卷，人民出版社 1995 年版，第 776 页。

后,日本马克思主义学者望月清司就曾针对苏联僵化的教科书体系指出,"要严格区分马克思历史理论和唯物史观教义体系"①,马克思的历史唯物主义与其说是反映人类社会历史发展普遍规律的历史哲学,不如说是主要局限于地中海和阿尔卑斯山脉以北的西欧市民社会兴起过程问题研究的历史理论。② 这实际上是较早地对历史唯物主义从研究对象上做出广义与狭义区分的重要尝试。改革开放后,历史唯物主义传统理解中含混的、模糊的广义和狭义之两分,逐渐被我国学者意识到并突出出来。早在20世纪80年代初,孙伯鍨先生就以研究历史唯物主义中的广义与狭义的生产理论为个案介入此问题,从研究对象、研究重点以及研究方法上对历史唯物主义做出了广义与狭义的区分:在研究对象上,广义历史唯物主义主要指整个人类社会历史发展的一般规律和本质,狭义历史唯物主义是指有阶级以来的人类文明社会历史发展规律的科学,但主要是研究现代社会尤其是资本主义社会历史发展的逻辑与方法;在研究重点上,广义历史唯物主义侧重于社会发展理论,狭义历史唯物主义侧重于当代资本主义社会的批判。在他和姚顺良先生合著的《马克思主义哲学史》第二卷部分章节中,他们又指出,在研究方法上广义历史唯物主义是通过对德国思辨唯心主义和传统唯物主义历史哲学的批判,而实现了对所有唯心主义历史观的唯物主义批判;狭义历史唯物主义则是通过认识论的批判揭示资本主义社会颠倒着的、物化外观,从而恢复人的实践的主体

---

① ［日］望月清司:《马克思历史理论的研究》,韩立新译,北京师范大学出版社2009年版,序第8页。

② 参见［日］望月清司:《马克思历史理论的研究》,韩立新译,北京师范大学出版社2009年版。

性、实现人的自由解放。① 而在其晚年的以《卢卡奇与马克思》为核心的论著中,孙先生进一步指出,广义历史唯物主义可以视作整个马克思主义哲学的本体论基础,它表现为一种将自然历史与社会历史融为一体的历史发生学或从自然进化到社会发展理论;而狭义历史唯物主义则是对资本主义社会为对象的主客体颠倒的现代人类历史的辩证批判与价值批判,它预示着一种以整个人类的类的解放为革命实践目标的实践哲学。

张一兵教授在此基础上进一步指出,广义历史唯物主义是客体向度的、在历史发展中始终起决定作用的、基础作用的客观的物质生产过程,任何一个社会都有着人们无法选择、无法改变的、客观的历史基础;狭义历史唯物主义则是主体向度的、需要认识的主体批判地揭示资本主义社会种种迷雾和假相的辩证的历史的唯物主义。人类社会不存在一个一般的、永恒的社会生产,还原论意义上的历史是不存在的,只有用历史的、批判的方法才能重构历史认识论意义上的历史。②

笔者认为,广义与狭义历史唯物主义之二分法,与其说是由于研究对象的广义与狭义之分而造成的,不如说实际上反映的是马克思在创立与发展历史唯物主义过程中的两种叙述方法,换言之,广义历史唯物主义是一种通俗或大众化的理论叙述方法,而狭义历史唯物主义则是一种严格的而富有创造性的理论叙述方法。在

---

① 参见伯良:《从"两种生产"的理论谈对历史唯物主义的狭义和广义解释》,载《晋阳学刊》1982年第5期;孙伯鍨:《探索者道路的探索:青年马克思恩格斯哲学思想研究》,江苏人民出版社2002年版。孙伯鍨、张一兵主编:《走进马克思——经济学语境中的哲学话语》,江苏人民出版社2001年版;黄楠森、庄福龄、林利主编:《马克思主义哲学史(修订本)》第2卷,北京出版社2005年版,第109—262页。

② 参见张一兵:《马克思历史辩证法的主体向度》,河南人民出版社1995年版;张一兵:《回到马克思》,江苏人民出版社1999年版。

某种意义上,孙先生所说的作为历史发生学的广义历史唯物主义,并非出于对象性研究或通俗化叙述版本的广义历史唯物主义,而是基于自身反思性的具有严格历史逻辑统一性叙述方法的历史唯物主义。

马克思创立广义历史唯物主义的《德意志意识形态》生前没有发表,他是在"第一次科学地表述了关于社会关系的重要观点"①的《政治经济学批判》(第一分册)序言中对相关问题做了集中而简要的论述,即人们耳熟能详并进行了概述的"社会存在决定社会意识""生产力和生产关系、经济基础和上层建筑的矛盾运动与社会革命""五形态社会理论"。恩格斯在马克思墓前的悼词基本上又是《序言》中相关论述的浓缩,所以《序言》就成了马克思第一次、也是唯一一次公开系统阐述广义历史唯物主义乃至历史唯物主义基本原理、创立过程及其与经济学研究关系的文本。

在当时还不为人知的《形态》中,马克思就指认了向为传统哲学所忽视的物质生产的基础性地位,也借此确立了广义历史唯物主义。他在批判费尔巴哈的直观唯物主义"根本不理解人类历史"的基础上,指出物质生产作为"连续不断的感性劳动和创造活动,是整个现存感性世界的基础,只要它哪怕只停顿一年,不仅整个人类世界甚至连单个人的存在也就没有了"②。所以,人类历史就是生产的历史,就是社会生活生产和再生产的历史,人类物质生活条件的生产与再生产是全部社会存在和发展的基础。在《政治经济学批判》(第一分册)出版前,马克思就已敏锐地觉察到一般意义上的物质资料生产亘古就有且会一直存在下去,但建立在其上的哲

---

① 《马克思恩格斯文集》第 10 卷,人民出版社 2009 年版,第 167 页。
② 《马克思恩格斯选集》第 1 卷,人民出版社 1995 年版,第 77 页。

学反思却是当代历史与思想的结果,只有通过政治经济学批判才能将对传统哲学的批判推进到对社会历史生活本身的批判。正如国内有学者所言:"马克思的政治经济学批判,就是要揭示资本逻辑的运行规律及其历史效果",与此同时,"超越资本逻辑构成了其理论指向"①。

马克思的研究理路和潜在动因在当时还不为人知,他庞大的政治经济学研究又尚在进行中,他既觉得"预先说出正要证明的结论是有妨害的"②,又不确定读者是否愿意真想跟他一道下定决心"从个别上升到一般",所以,马克思在《〈政治经济学批判〉序言》(以下简称《序言》)中就用一种迎合当时在英国流行的进步主义历史观的文风阐述了自己"所得到的、并且一经得到就用于指导我的研究工作的总的结果"③。马克思的表述,逻辑周延,结构清楚,也顾及了人们普遍的接受能力与习惯,所以很容易被时人理解,列宁认为这就是马克思本人对"推广运用于人类社会及其历史的唯物主义的基本原理"所做的"完整的表述"④。

与叙述流畅、表述完整的《序言》相比,被马克思坚决压下来的、隐藏狭义历史唯物主义要害的《〈政治经济学批判〉导言》(以下简称《序言》)中叙述的声音则是多重的,里面有科学的话语,有反讽的话语,有审美的话语,也有道德的话语,这些不同话语交织在一起,使人们在阅读时颇感艰涩。所以《导言》1902 年发表时,世人对这个未完成的手稿并不十分在意。直到 1939—1941 年《1857—1850 年经济学手稿》(以下简称《57—58 手稿》)陆续公之于世后,

---

① 仰海峰:《历史唯物主义的双重逻辑》,载《哲学研究》2010 年第 11 期。
② 《马克思恩格斯选集》第 3 卷,人民出版社 1995 年版,第 31 页。
③ 《马克思恩格斯选集》第 3 卷,人民出版社 1995 年版,第 31 页。
④ 《列宁选集》第 3 卷,人民出版社 1995 年版,第 423—424 页。

人们才回过头来发现《导言》的震撼力与穿透力。①

《导言》表达的强烈的意向以及透露的理论意图表现为三个方面：第一，构成历史发展本质的，不是每个历史时代连续的一般性和共同点，而恰恰是"区别于这个一般和共同点"的"差异"，正如马克思所言："构成语言发展的恰恰是有别于这一般和共同点的差别"②。社会历史总是一定的差异的生产方式。第二，马克思在《导言》中强烈反对了启蒙时代的进步观，他以古希腊艺术显示出恒久魅力为例，说明了文化、艺术的发展与社会的经济发展并不具有一一对应的同构性或者普遍的进步性，历史有断裂，有分叉，有不平衡性，线性的平滑的积累式的进步观应当让位于断裂的分叉的不平衡的历史观。第三，马克思强调研究历史尤其是研究资本主义的历史，不在于研究历史上究竟发生了什么以及延续了什么，而在于我们必须研究既定的、当下的主体的结构，"问题不在于各种经济关系在不同社会形式的相继更替的序列中在历史上占有什么地位，更不在于它们在'观念上'（蒲鲁东）（在关于历史运动的一个模糊的表象中）的次序，而在于它们在现代资产阶级社会内部的结构"③。资本主义社会的历史不仅是以往人类历史的高度发展和继续发展，而且是一种断裂、一种中断，更是在总体性结构中对以往历史的摧毁和重构。马克思用"世界史不是过去一直存在的；作为世界史的历史是结果"④一语道破天机：资本主义社会以前是没有严格意义上的"世界历史"的。

<hr>

① 参看［英］斯图亚特·霍尔：《马克思的方法论笔记：1857 年〈政治经济学批判〉（导言）解读》(1974)，载黄卓越、［英］戴维·莫利主编：《斯图亚特·霍尔文集》，中国社会科学出版社 2022 年版，第 121—164 页。

② 《马克思恩格斯选集》第 2 卷，人民出版社 1995 年版，第 3 页。

③ 《马克思恩格斯选集》第 2 卷，人民出版社 1995 年版，第 25 页。

④ 《马克思恩格斯选集》第 2 卷，人民出版社 1995 年版，第 28 页。

而《德意志意识形态》(以下简称《形态》)中的世界历史则是基于不同民族、族群、国家在商业、经济、文化、政治等现实交往过程中,慢慢地由多样性转变为普遍性、统一性的世界史。"只有随着生产力的这种普遍发展,人们的普遍交往才能建立起来;普遍交往,一方面,可以产生一切民族中同时都存在着'没有财产的'群众这一现象(普遍竞争),使每一民族都依赖其他民族的变革;最后,地域性的个人为世界历史性的、经验上普遍的个人所代替。"①这是交往的世界历史观,还明显带有亚当·斯密的分工理论与交往理论的经验主义历史观的痕迹,即将历史看成交往之"多"所形成的最终之"一"。《形态》中所展望的未来共产主义也是"以生产力的普遍发展和与此相联系的世界交往为前提的"②,是摆脱了地方局限性和私有制狭隘性的交往共同体。《序言》中的"经典表述"与《形态》中带有目的论色彩的历史观是一致的。这些实际上仍是基于资产阶级市民社会社会关系的批判性超越想象,并不足以揭示资本主义社会特殊的、必然的历史特征。既然历史唯物主义针对的世界历史乃是历史发展到资本主义阶段的产物,就有必要对"历史"做出限定,以使其具有严格的当代性意义。因此,马克思的狭义历史唯物主义进行了非常有意义的区分:一是区分经济社会的客观物质性特征与经济社会的暂时的历史的物化特征;二是区分经济发展的基础性决定性作用与经济的历史阶段性的主导性总体影响;三是区分经济发展的不可超越的历史过程的必然性与经济发展的盲目扩张的暂时必然性。

正是基于对"历史"严格的自觉的限定,《导言》以及《57—58手

---

① 《马克思恩格斯选集》第1卷,人民出版社1995年版,第86页。
② 《马克思恩格斯选集》第1卷,人民出版社1995年版,第86页。

稿《资本论》及其手稿所表达的历史观,才突破交往历史观的局限而转向了资本积累的历史观。马克思深刻指出现代社会的本质是资本的权力,"资本是资产阶级社会的支配一切的经济权力"①,资本主义社会之所以不是以往历史的简单继续和数量积累,是与其资本逻辑的特殊生产方式密不可分的。马克思在《资本论》中使用从抽象到具体的黑格尔逻辑学的叙述方式,从某种意义上说正是他找到了理论再现资本主义生产逻辑发生、发展过程的最好方法。资本主义的生产不是为了眼前的直接的物质生活需要,而是为了追逐剩余价值,是一种抽象的价值驱动和支配下的现实的生产与再生产。前资本主义社会的社会生产中,商品的生产是为了获得货币以购买想要的商品,是 W-G-W,起点和终点皆是商品;而在资本主义生产中则为了价值的增殖,是 G-W-G′,"循环的动机和决定目的是交换价值本身","货币在运动终结时又成为运动的开端"。② 资本主义社会追求剩余价值现实的历史活动过程与黑格尔绝对观念自我外化、自我扬弃的过程恰是高度一致的,正像绝对观念是遮蔽了历史起源、社会起源和意识起源的形而上学怪影一样,资本主义也总是想尽一切办法遮蔽自己作为以往历史结果的前提,将资本生产的前提当成永恒的自我运动。在马克思那里,从抽象到具体当然不是观念生成万物并在万物中认识自身、实现自身的唯心主义的神秘过程,也不只是科学再现事物的研究方法,而是揭示资本主义特殊的内在矛盾、颠倒的异化特征及其必然灭亡历史命运的科学方法。

资本主义社会的特殊性就在于其是一个以掩盖自己历史起

---

① 《马克思恩格斯选集》第 2 卷,人民出版社 1995 年版,第 25 页。
② [德]马克思:《资本论》第 1 卷,人民出版社 2004 年版,第 175 页、第 177 页。

源、将自己作为自己起源的自我膨胀、自我繁殖的过程，历史成了一个没有主体的抽象物支配人的主客颠倒的必然性过程。这个过程如果不采取一种历史的辩证的想象是无法把握的，只有指出资本主义是独特的、暂时的历史形态，而不是以往社会的自然延续，才能洞穿资本主义社会的暂时性、独特性，才能在根基上批判资本主义。狭义历史唯物主义的独特意义绝非是广义历史唯物主义的具体运用，而是一种哲学方向的转折。马克思在《导言》中实现的话语转换，正是从之前本质地认定经济是人类社会发展永恒的基础前提与最终动力机制，转换为历史地确认资本主义所开创的发达的市场经济社会形态无非是人类历史上暂时出现的一种以盲目-自发的调节机制来控制社会生活的现实秩序。他深刻地写道："在一切社会形式中都有一种一定的生产支配着其他一切生产的地位和影响。这是一种普照的光，一切其它色彩都隐没其中，它使它们的特点变了样。这是一种特殊的以太，它决定着它里面显露出来的一切存在的比重。"①"因此，把经济范畴按它们在历史上起作用的先后次序来安排是不行的，是错误的。它们的次序倒是由它们在现代资产阶级社会中的相互关系决定的，这种关系同看来是它们的合乎自然次序或者符合历史发展次序的东西恰好相反。"②在后来的《资本论》中，马克思更是深入而具体地阐述了这种不平衡发展的特点。

综上所述，结合孙先生的精湛理解，笔者以为，历史唯物主义不是一般意义上的唯物主义历史观，不是一般意义的历史哲学，不是批判社会的价值悬设和人文解释学，也不仅是认识社会的逻辑

---

① 《马克思恩格斯选集》第 2 卷，人民出版社 1995 年版，第 24 页。
② 《马克思恩格斯选集》第 2 卷，人民出版社 1995 年版，第 25 页。

方法,而是历史本体论、辩证的认识逻辑形态和叙述结构。历史一方面有其客观实在的过程,一方面则必须通过辩证的科学的认识逻辑加以把握。历史唯物主义的关键既不是简单地将人类社会历史过程还原成一个基本的客观实在,也不是把人的历史本质还原成一种永恒不变的客观实在,更不是将历史归结为一个所谓客观的决定过程,历史唯物主义的要害是彻底的、历史性的精神和方法,只有彻底的历史性才能保证历史唯物主义的合法性。这正是孙先生所说的严格科学意义上的广义历史唯物主义,而不是通常所说的那种作为唯物主义历史观的广义历史唯物主义。

狭义历史唯物主义的理论优势在于,当古典政治经济学和传统的进步观念把自己封闭在由历史上资本主义特定经验衍生出来的观念范畴的局限中,封闭在有关人性、合理性、系统的运动法则及历史过程的资本主义假定中的时候,其提供了超越资本主义的政治经济学批判,从而解构资本主义最顽固的意识形态。马克思的创造性就在于不再把感性的和现象形态的社会现实作为社会的唯物主义的客观本质,而是将以颠倒的神秘的方式存在着的统治人的资本的力量和资本的逻辑作为社会最深刻的现实,通过从抽象上升到具体的辩证方法,既指认了资本主义是过去历史的断裂,也指认了资本主义自身不可克服的局限性和向未来社会飞跃的可能性。与此同时,马克思狭义的严格的"历史"概念也是一种颠倒、摧毁资本主义颠倒世界的辩证想象。马克思的历史辩证法不仅是科学地解释、再现社会矛盾发生和发展的辩证过程,而且是通过理论方式获得人的自由的可能和自由的追求,包含存在论、价值论、实践论在内的哲学活动。从必然王国抵达自由王国的过程,就是重新获得人的主体性,摆脱类似形而上学的资本逻辑统治,从抽象的客观性所支配下的片面的抽象的主观的个人,变成具有社会丰富性规定、社会发展能力的人,实现个人与类的重新统一。① 历史唯物主义的生命力过去、现在、将来都在于既批判性地揭示资本主义对现代历史的总体性统治的逻辑及其必然的危机命运,又提出历史发展新的可能途径或替代性前景。

三、关于异化理论与日常生活批判问题

20世纪90年代,国内有学者针对孙先生在以《探索者道路的探索》为标志的马克思主义哲学创立史研究中所提出的著名的"两次转变"观点,提出了一些有分量、有见地的质疑,并发表了影响并不小的批评之辞。这就是认为孙先生是一位取消了马克思的历史主体维度与价值批判维度的机械决定论的学者。要而言之,他们认为孙先生像西方马克思主义中的阿尔都塞那样否认与回避后期马克思哲学中的异化思想。这是对孙先生学术思想的并不切实际的批评。事实上,孙先生并没有否认马克思后期哲学中的异化思想,而是认为马克思从科学历史观与认识论角度来认识与解决异化问题。概括起来说,孙先生坚持科学的认识论与主体的价值论的统一,对异化问题提出几个决定性的二分法。一是把青年马克思的主体价值论主导的异化观与后期马克思的历史认识论主导的异化观区分开来,二是把作为认识论意义上的一般活动对象化的物化与主要是从价值论角度来看的作为社会关系异化的物化相分别,三是从以认识论为主导的价值论批判角度,把作为一般商品流通过程中的异化现象与作为资本主义直接生产过程与总过程中的异化统治相区别。

---

① [德]马克思:《资本论》第3卷,人民出版社2004年第2版,第928—929页。

（一）孙伯鍨、姚顺良先生在关于马克思《资本论》及其手稿的哲学思想研究的扛鼎之作①及其相关论文中明确指出，马克思前后期思想一个重要转变表现在，他并不因为从人本主义走向历史唯物主义就回避与取消了异化问题，而是对异化问题采取了新的理解方法。如果说以《1844年经济学哲学手稿》为代表的青年马克思的异化观关心的是人的本质异化或类的本质异化问题，以《资本论》为标志的经济学语境中的哲学话语，即后期马克思关心的是社会关系异化问题。这个问题主要是与物化问题相关。

关于《资本论》的异化观与青年马克思的异化观，孙伯鍨、姚顺良先生认为，它们具有重要区别，但不能认为后期马克思不谈论异化问题，而只是从经济学的科学语境中论及这一问题。第一，异化的地位不同。早期著作中异化居于核心地位。马克思不仅从道德角度批判资本主义非人道性，甚至用异化概念来逻辑论证资本主义必然灭亡。而在成熟时期著作中，异化只是由历史唯物主义所派生出来的主体价值范畴，在整个马克思主义理论体系中居于从属地位。第二，异化理论基础不同。青年马克思的异化理论以人本主义为基础，企图用异化来说明历史，而后期著作则是用历史来说明异化，认为异化并非人的本质的丧失，而是从唯物史观与剩余价值学说出发认为异化是历史发展产物，是特殊的社会存在，某种特殊的社会关系，是一种"社会转化"，是生产力与生产关系之间对立的表现。第三，内容不同。早期异化理论主要是从人的本质自我异化入手来理解资本主义条件下的劳动产品、劳动过程、劳动者与非劳动者之间的异化。《资本论》及其手稿中的异化概念则是从

---

① 庄福龄、孙伯鍨主编：《马克思主义哲学史》第2卷，北京出版社1991年版，第108—390页。

生产条件的原始同一性关系的分裂、主体劳动和客体即劳动条件的社会对立，即劳动条件异化出发，引出劳动活动与劳动产品的异化。这说明劳动异化是"人的社会存在在特定条件下所形成的内在矛盾与冲突，是体现一定生产力发展水平的人的主体要求，和阻碍这种要求实现的现存生产关系与社会关系之间的矛盾与冲突"①。第四，范围不同。早期异化理论适用于一切私有制社会，《资本论》的异化观则区分自然经济与商品经济、简单的商品经济生产与资本主义发达商品生产，把异化范畴严格限定在商品经济范围内，并认为只有在资本主义生产方式中异化才取得了典型的形态。但无论早期还是晚期，异化始终是一个主体价值范畴，所不同的是这种评价标准不同。早期异化观是超历史的主观的评价尺度，而后期异化范畴则坚持客观的历史主义原则。不承认马克思主义思想中的成熟的科学的异化理论的存在，即作为主体价值批判的立场，这就放弃了马克思主义哲学的革命人道主义，将其变成了一种狭隘的经验主义与实证主义，变成像古典经济学那样让资本主义成为"万古长青"式的"自然状态"的"客观主义"；但如果从人本主义立场出发，那就把马克思主义变成仅仅从抽象主体价值立场出发的、从"应有"而不是从"现有"与实际出发的抽象伦理批判理论。②

（二）孙先生深刻地发现，所谓异化，就是物化劳动对人的统治，而不是什么人的本质丧失。他从认识论与价值论的统一角度指出，物化有两层意思，首先是认识论意义上的反映人与自然关系

---

① 庄福龄、孙伯鍨主编：《马克思主义哲学史》第 2 卷，北京出版社 1991 年版，第 236 页。

② 庄福龄、孙伯鍨主编：《马克思主义哲学史》第 2 卷，北京出版社 1991 年版，第 237 页。

的中性的人的活动对象化。其次是侧重于价值论维度的表征人与人之间关系的物化、独立化与客观化。作为活动对象化的物化不是异化，而社会关系物化才是异化。① 这就相当不同于青年马克思的异化劳动理论。在那里异化是由人的劳动对象化引起的。而成熟的马克思著作认为，社会关系的物化不是通过劳动而产生的，不是人的劳动活动的结果，而是通过人与人之间的产品交换产生的。生产者各自通过其劳动产品互相进行交换，这种交换一旦在社会规模上进行，成为一种普遍现象之后，人际关系便转化为物与物的关系。这种物的关系最后以一种社会对象性的形式被凝结在劳动产品中。这样，劳动产品就同时具有两种属性。一是劳动生产物的自然物属性，对人具有使用价值。二是劳动产品的社会属性，即其社会规定性或价值属性，这是一种看不见摸不着的、只有放到一定社会关系之中才能显示出来的属性。这种属性也具有物质的客观性，不过它本身不具有任何自然规定性，只是在一定社会关系下才存在。因此商品价值代表的是一种关系，它不能自身呈现，必须通过另一种物才能显示出来。为此，它具有了一种普通物所没有的神秘性。马克思将其喻作拜物教。

马克思认为，资本主义社会的一个典型特征就是人对物的依赖性。此物非普通物，而是作为社会关系的物化形式出现的物。在资本主义社会中，一方面人类的社会化程度即生产的社会化与交换的社会化达到了极高的程度——纯粹的社会化的社会。社会学家卢曼据此抽象而实证地认为，社会并没有客观本质现实，而只是由各种人的活动所构成的社会系统逻辑。人际关系中的"自然限制"或自然依赖性，如部落、家族、地域甚至民族因素已不再起重

---

① 孙伯鍨：《卢卡奇与马克思》，南京大学出版社 1999 年版，第 13 页。

要作用,社会关系的物化也达到了最高的程度:社会化与物化共存。一般来说,人对物即生产资料的依赖性是不由人的生物本性所决定的。但是以物的依赖性为特征的这个物,是发达资本主义社会的物化的社会关系。人依赖于社会关系,个人依赖于社会不能叫作异化,个人依赖于物化的社会关系才叫作异化。马克思正是在此意义上把社会关系的物化叫作异化。人与人的关系完全颠倒为物的关系或以物的方式呈现而掩盖了人与人的关系,使人与物的关系完全颠倒过来,使人的命运完全由盲目的物的运动所左右。

马克思对资本主义的批判实际上针对的就是这两点。一是资本权力的统治。资本并不是物而是社会关系,是一种通过物表现出来的关系,资本家是资本的人格化。二是资本主义社会的商品资本劳动市场上表现为物的盲目的运动的无政府状态,即"看不见的手"。这就是黑格尔与卢卡奇所说的"第二自然"。

(三)异化作为物化劳动对人的统治有两种形式。一种是物化劳动作为生产结果即产品对人的统治。它直接存在于产品交换范围之内,反映的是个人间的及个人与社会间的互换劳动的关系。其后果是社会关系物化为凌驾于个人之上的"看不见的手",一种"不仅不以分散的个人而且也不以他们的总和为转移的实际力量"。① 这是一般商品经济下的状况,其产物是商品拜物教特别是货币拜物教。另一种是物化劳动作为生产条件即生产资料统治人。其直接存在于生产过程之中,反映的是生产条件所有者与劳动者之间的、剥削者与被剥削者之间无偿占有剩余劳动的关系。其后果是这种直接统治与服从关系物化为生产条件与劳动者、死

---

① 《马克思恩格斯全集》第 3 卷,人民出版社 1960 年版,第 274 页。

劳动与活劳动之间的关系，这就是资本主义过程特有的状况，即物化劳动由结果变为前提，由客体变为主体，而劳动者主体反倒是作为客体即物化劳动的一部分被再生产出来，其产物是资本拜物教尤其是生息资本拜物教。[①]

第一种异化形式主要存在于资本主义之前社会，并且这种异化形式不直接表现为社会的对抗性质，即资本主义社会中的奴役与统治性质。而在资本主义社会则存在着上述两种异化形式，因而是一个典型的异化社会，所谓"典型"，指它既是彻底异化的社会，即阶级对抗也表现为异化，又是全面的异化社会，异化渗透于社会的一切领域。异化不仅存在于简单的商品生产与交换形式之中，更重要的是存在于作为发达的商品经济生产的资本主义全过程，这就是说资本家并不像从前作为独立的主体的人来统治劳动者，而是作为无人身的资本总体，即不过是作为物化的劳动对活劳动的统治，工人制造的产品对工人的统治。

资本主义社会对抗性质不仅在于它是一种私有制度、一种剥削与压迫制度，一种阶级社会，而且在于它是一个异化的社会。资本主义生产方式的前提与基础从主体角度来看就是劳动客观条件同劳动相异化，生产前提异化造成了生产过程本身的异化。劳动者作为可变资本的、活的、有生命意识的要素被并入生产资本之中。生产过程不再是人使用生产工具与劳动资料，而是生产资料使用人。生产过程异化又导致生产结果对人的异化。[②] 这正是哈维所说的，资本主义不仅是一个矛盾对抗社会，而且是全面异化

---

① 庄福龄、孙伯鍨主编：《马克思主义哲学史》第 2 卷，北京出版社 1991 年版，第 238 页。

② 庄福龄、孙伯鍨主编：《马克思主义哲学史》第 2 卷，北京出版社 1991 年版，第 239 页。

社会。

马克思运用物化异化概念主要批判的就是这两个方面,即集中体现于流通领域的盲目无政府状态的商品货币拜物教与全方位体现于直接生产过程与生产总过程的高度组织化的资本-权力拜物教。要扬弃、结束资本主义社会的这种拜物教现象、物化现象,唯一的方法就是结束资本的统治。一旦推翻了资本的统治,上述两方面的问题就都解决了。所以扬弃物化异化的道路与无产阶级解放的道路是完全一致的。马克思异化理论不仅仅是一种价值批判、一种理论批判,而且是与现实变革实践统一起来的革命实践。这正是马克思异化理论的根本意义所在。

(四)《马克思主义哲学史》第二卷的核心是研究马克思政治经济学语境中的异化理论,对此有所推进也与此有所不同的是,晚年孙先生在《卢卡奇与马克思》及相关著述中进一步把马克思的异化批判理论的方法论推向对当代资本主义社会日常生活异化批判以及对西方现代哲学的"存在论转向"问题的研究与批判上,这就明显地拓深了马克思主义哲学理论的当代意义与价值问题的研究。这其中孙先生最重要的观点就是从以认识论为主导的微观的价值论批判角度,认为日常生活是资本主义社会经济异化与意识形态异化的中介,马克思主义要揭穿资本主义社会现实的颠倒性拜物教特征及其社会关系实质,就必须走向日常生活现象的批判。只有当实际日常的生活关系在人们面前表现为人与人及人与自然之间极其明白合理的关系之时,现实宗教才没有必要存在。宗教以颠倒的方式反映现实世界即人际社会关系与生活,这是因为它们在日常生活中即在当事人日常意识与行为中表现为颠倒了的关系。

孙先生敏锐地发现,晚年卢卡奇的一个重要思想就是把本体论问题与日常生活问题联系在一起。因为后者认为仅仅通过马克思的生产劳动实践观念不足以直接解决相对远离经济生活的日常生活的复杂深层问题。马克思主义从宏观而客观的历史高度思考人类自由与人之为人的问题，但这不足以解决与影响人们的日常生活性质，不足以在意识形态上给人们在反抗异化的斗争中以强有力的支撑。而如果不首先在日常生活领域中、从意识形态上进行有效的反抗异化的斗争，个人就不可能克服各种局限性而达到一种"类"的生存。

当代西方哲学的价值论、生存论转向，表明了资产阶级意识形态正走向腐朽，是一种貌似"不随大流"而实际随大流的粗俗之学。我们要真正获得"类"的生存自觉与生存自由，就必须彻底摆脱资产阶级意识形态的束缚，唯如此才能真正通晓生活之真谛。

这就是说，经济异化要以意识形态为中介才能得到发展，意识形态的异化则是以日常生活为中介的。每个人的异化都是直接从他和他的日常生活此二者间的相互关系中派生出来的。什么是日常生活？为什么日常生活是一种异化的颠倒的现象？孙先生援引马克思在《资本论》中的观点如是说："日常生活乃最终由经济结构所决定的生产当事人对直接的社会现实与生活关系所做出的反应方式。"①此种反应方式是本能的自发的条件反射。它构成了物化意识从而是异化意识的基础。只有通过社会结构、日常生活与个人此三者间整体关系才能确定一个时期内的整个社会及其内部关系，才能确定该社会中占统治地位的那种精神状态的特殊品格。社会经济结构与社会经济发展决定了一切社会现象的客观基础，日常生活本体论则规定了一种全面的直接中介。而这种中介乃是

---

① 孙伯鍨：《卢卡奇与马克思》，南京大学出版社 1999 年版，第 347 页。

使大多数人得以同自己的时代的思想倾向发生具体联系的形式。这正是阿尔都塞所说的意识形态乃是具体的个人与其直接的生活环境间"想象性联系"之原委。日常生活存在作为社会存在的重要组成部分,成为经济基础与观念上层建筑之间的直接的全面的中介。由于日常生活不是忠实地合理地科学地反映经济基础,而是以不合理的扭曲的形式反映社会经济基础,所以它成了物化与异化的重要的基地与场所。卢卡奇认为如果要本质地直接地理解意识形态问题,不可能无视日常生活问题。[1]

孙先生非常敏锐地指出,当代西方发达社会新的异化形式普遍地取代了旧的异化形式(这让人想到法国情境主义国际所说的日常生活的殖民化或消费异化,法兰克福学派最新面孔之一哈尔特穆特·罗萨所说的"速度异化")。19世纪马克思主义所描述的以普遍的非人劳动为主要特征的异化残酷性似乎已经不复存在,代之以被人们自愿认可的异化的新的形式。新的异化在多数情况下不再表现为把普遍的物质匮乏与超强度劳动强加于工人,而是以"人道""温和"的隐蔽形式压迫工人。在当今异化与反异化斗争中,资本主义社会几乎已变成一个实行全面控制的无法动摇的完整体系。从马克思主义立场看,一方面异化固然是一定社会形态下客观经济法则的产物,只有依靠革命的力量才能从根本上消除异化现象。另一方面个人对社会的认识与态度以及他所坚持的保持自己个性反抗异化的斗争也将产生越来越大的社会作用。今天资本主义社会异化统治已经从原来的直接公开的生产过程的异化变成隐蔽的无所不在、无孔不入的消费与日常生活异化统治。今天休闲娱乐活动不再是工人的自由与非劳动时间-空间,而变成资

---

① 孙伯鍨:《卢卡奇与马克思》,南京大学出版社1999年版,第348页。

本主义以另外方式进行剥削与统治的异化的时间-空间,即日常生活。因此,传播学家达拉斯·斯麦兹极其经典地说:"在资本主义制度之下,所有的非睡眠时间都是劳动时间。"①今天资本主义社会最强大的文化特征就是资本主义对人们的日常生活的全面控制。充斥于各种媒体上的娱乐炒作、技术美学景观,无疑正是"被资本主义彻底控制的日常生活的产物,正是这种生活的表面上无忧无虑的产物,正是这种生活方式必然造成的令人感到日益压抑无聊的产物(卢卡奇语)"②。

(五)总体而言,由于垄断资本主义全面统治现代社会包括日常生活领域,导致日常生活批判成为 20 世纪哲学的基本问题。其核心逻辑经历了一个兴衰演变过程:(1)马克思的商品拜物教批判理论是日常生活批判哲学的先驱。商品拜物教批判实际上就是把资本主义社会现象化地理解为一个巨大的日常生活世界。只不过,在那里日常生活只是一个认识论视野中的社会历史本体论存在的微观与具体的表现,一个颠倒的认识论假象。日常生活对马克思而言,只是哲学本体论的现象与微观表现,只是资本主义生产关系的微观统治表现。日常生活批判只是对哲学本体论的微观现象表现的批判性认识。(2)由于青年卢卡奇,日常生活批判的重要性被提升,它不仅是进入资本主义生产过程秘密所在地的开端,而且成为无产阶级革命与历史意识实现的关键环节。虽然与马克思一样,卢卡奇只是将日常生活当作更高的无产阶级解放的历史进程所要超越的暂时性状态,但由于他竟将马克思哲学本体论简化、激进化为一种对抗资产阶级分裂的自然意识、科学意识的总体性

---

① [美]达拉斯·斯麦兹:《传播:西方马克思主义的盲点》,载姚建华编著:《传播政治经济学经典文献选读》,商务印书馆 2019 年版,第 25 页。

② 孙伯鍨:《卢卡奇与马克思》,南京大学出版社 1999 年版,第 378—381 页。

历史主体辩证法,社会历史认识论意义上的日常生活理解范式正向一种实践存在论理解范式转换。(3)接着卢卡奇,海德格尔通过把以黑格尔为代表的德国历史哲学传统、人的类的活动意识本体论激进化为当下个体的生存时间意识哲学,通过把日常生活二重化为本真与沉沦状态,取代了古典哲学的个人与社会二重化理解模式。这便把马克思所说的作为宏观社会存在本体论之微观化表现的日常生活批判概念颠倒为以日常生活本身为基础的微观化个体化的存在论哲学,哲学本体论的微观化现象摇身一变成了内在微观化的存在论。马克思视为颠倒而"伪具体"存在的日常生活被海德格尔视为本真的内在具体的基础存在论。而历史客观的本体论则被证明是"伪具体"的"现成存在者"。(4)后来的西方马克思主义日常生活批判逻辑基本上就是按着海德格尔的存在论哲学日常生活批判转向的路子,进一步发展起来的。东欧的科西克可以说是把马克思与海德格尔结合起来的总结者,而其中最著名的人物乃是把日常生活批判简化为消费资本主义批判的列斐伏尔。(5)日常生活批判逻辑的极端化发展就是它的衰落的开始,其关键人物就是景观社会批判理论代表德波,在他眼里,日常生活批判家们曾寄予厚望的"新感性"/具体生活本体论恰恰正畸变为一种更骗人的新物化现象。由于阿尔都塞的意识形态国家机器批判理论,日常生活批判再次被证伪———一种"伪具体"的本体论。这意味着日常生活不可能被二重化与重新时间化,而是无历史无主体性的物化结构,真正统治世界的那个马克思的资本主义生产关系则被说成永远空缺、不可能出场的空白。(6)到了齐泽克那里,由于拉康意义上的大他者的霸权与遮蔽,个人存在从开始便注定是一个被划了斜线的受伤者,日常生活批判的本真诉求成为不可能的。其后果却是任何现实认识都只能是日常生活批判的,而任何日常生活批判则是认识现实的唯一可行的方法。日常生活批判哲学不再成为显学、基础性学问，却是一种把握世界的基本方式。

借鉴孙伯鍨先生以上深刻论述，并结合 20 世纪西方哲学发展的一些历史趋势，我想也可以"反其道而行之"曰：事情的重要性不仅仅在于日常生活批判是一个历史观认识论问题，一个次生问题，而且在于它是一个直接地、深刻地、现实地理解资本主义社会经济基础与上层建筑关系，也就是资本主义社会现实现象的根本问题，一个突出的主导性的问题。问题并不仅仅在于异化是资本主义社会内在矛盾的表现问题、次生问题，而在于今天资本主义社会的内在矛盾现实地表现为异化问题，表现为一个主体受压迫的问题，而不只是经济形态上阶级受压迫剥削的问题。孙伯鍨、姚顺良二先生把资本主义的流通过程看成资本主义生产过程内在矛盾继续贯彻下去的必然的逻辑环节或者从"科学抽象"、从直接的生产过程"具体化"发展下去的经验层面的东西。问题还在于，从卢森堡到列斐伏尔、哈维及后来者，这些"西方的"马克思主义者们发现：流通过程成为资本主义最为重要直接的占统治地位的现实存在。各种空间生产或数字网络平台及其统治已成为资本主义当代最高的最直接的现实的存在形态了。问题并不在于资本主义今天的发展已经从抽象上升到具体了，而是资本主义的异化以客观抽象的方式获得了自主的独立的存在，所以具体的辩证法已经不再是科学认识的方法与目标，而是批判性突破抽象统治的革命之路了。

在坚持马克思主义理论特质中推进马克思主义研究

——孙伯鍨学术研究的目标追求

陈 智[*]

正如孙伯鍨先生将马克思主义哲学的实质与核心归结于方法,先生自己学术思想的核心与精髓也在于方法,他开创的"深层历史解读法"和关注现实、立足文本、对话互动、引领实践的研究传统,为推进马克思主义研究做出了卓越贡献;其学术思想的时代性、现实性、系统性、包容性及深刻性,对当代中国马克思主义研究具有宝贵的启示意义和引领作用。先生在中国马克思主义哲学研究领域的这种地位,与其一贯对于马克思主义理论特质的强调和在坚持这些理论特质中推进马克思主义发展的主张与实践密切相关。

一、马克思主义理论特质是马克思主义的灵魂与旗帜

理论的生命力和影响力在于其蕴含的特质属性。马克思主义理论特质是马克思主义的精神内核,是马克思主义"行"的根本依据。孙伯鍨先生认为,马克思主义具有科学性、实践性及革命性等理论特质,这些鲜明的理论特质是马克思主义的不朽灵魂和鲜明

---

* 作者简介:陈智,内蒙古大学马克思主义中国化与民族发展研究中心教授。

标志,正是因为这些理论特质使马克思主义区别和优越于其他一切思想体系,并始终保持着旺盛的生命力和强大的战斗力。作为著名的当代中国马克思主义哲学家,孙伯鍨先生哲学思想内涵丰富,处处闪耀着马克思主义理论特质。

先生特别强调马克思主义的人民立场和科学精神。在他看来,马克思主义是关于人类解放的学说,关注的是现实的人及其发展状况,并为人的发展和人类社会进步找到了一条科学道路。所以,马克思主义研究首要的一点是始终坚持人民立场,坚持贯彻群众路线,不断推进马克思主义大众化,让马克思主义不断深入人心。在彰显道义的同时,马克思主义更崇尚科学,正是科学性使马克思主义与以往的人道主义区别开来。马克思主义是马克思、恩格斯对所处时代深入考察和科学分析而得出的伟大理论成果,他们关于未来社会的构想是建立在科学的历史分析和研究论证之上的,其中蕴含着对自然、人类思维和社会发展一般规律的理性认知,如生产力和生产关系及经济基础和上层建筑的矛盾运动、人类社会的生产与再生产过程、生产力发展与社会形态演变的规律等等,从而指明了人类社会形态演进的历史规律和发展趋势,为人们认识世界和改造世界提供了科学指南。正是因为对于马克思主义科学性的特别重视,孙伯鍨先生的研究也具有鲜明的科学性特征。先生注重对马克思主义经典文本的历史性解读和科学把握,沿着马克思恩格斯思想发展逻辑和历史进程,剖析马克思主义基本理论和方法,把握马克思主义的实质与核心。马克思主义经典作家的文本是马克思主义哲学思想的转变、形成和发展的科学体现。先生研究的基础就是马克思主义经典文本,对经典文本进行深入的历史解读,是先生研究中最突出的特点。为保证研究的科学性,先生还十分强调马克思主义研究要坚持整体性原则和整体性思维特征,强调马克思主义是一个系统整体,是有关立场、观点和方法的统一整体,要将马克思主义看作由各个构成要素形成的整体,要从各个要素和部分相互依赖、相互联系、相互制约的关系中揭示出一个完整的马克思主义理论体系,要摒弃将马克思主义思想观点割裂开来的错误做法。另外,无论是对经典文本的历史解读,还是对现实问题的深入分析,先生都注重透彻分析事物发展的过程、关系、规律等深层矛盾,这正是马克思恩格斯思想研究的逻辑进路,是马克思主义不断发展的科学逻辑。

先生特别强调马克思主义的实践性。"马克思使人们认识到了世界和人只有在生存实践活动中才是真实的"[①],分析和解决现实的社会问题和时代课题是孙伯鍨先生学术研究的重心所在。他强调,必须坚持彻底的唯物主义立场,坚持历史唯物主义和唯物辩证法,始终关注现实,实事求是地分析问题本质和演变规律,随着社会实践的发展,丰富和发展马克思主义,在回应时代之问和未来社会发展需要的过程中不断实现理论创新,进而推动社会实践发展。他说,理论研究要为现实生活服务,为党和人民事业服务,"作为一切形而上学的反对者,马克思决不从抽象的存在概念出发进行思辨的思考","一概当作旧的思辨哲学的话题弃之不问"[②]。理论家们总是试图用各种理论体系来解释世界,而问题在于如何发挥理论的现实力量来改造世界。马克思主义的真理性、现实性和力量深深地体现在其改造世界的力度和影响世界历史进程的程度上。它不是解释世界的理论圣经和万能宝典,而是指导实践、改造

---

① 孙伯鍨:《浅谈马克思主义哲学的出场路径问题》,载《河南大学学报》(社会科学版)2003年第2期。

② 孙伯鍨:《存在范畴与马克思主义哲学的本体论问题》,载《南京大学学报》(哲学·人文科学·社会科学版)2002年第3期。

世界、解放全人类的思想武器和科学指南。马克思主义就是不断扎根实践、推进实践、引领实践的理论探索活动,其诞生和发展就是对社会实践需要的关切与回应。先生特别强调"马克思主义的诞生地和落脚点不是在书斋里,也不是在讲台上,而是在各民族各阶层人民生活于其中的现实世界里"①;强调不仅要"走进马克思",清楚其"来路",深刻领悟马克思主义的精神实质,更要"走出马克思",明白在新的时代环境和社会现实下,如何回答"时代之问",用马克思主义科学真理指导实践。如此,关注实践、关注各个时代的现实问题,成为先生学术研究中又一个突出的思想特点,可以说先生一生的学术研究都与现实的社会实践的重大问题紧密相关,在其晚年研究中,还将马克思主义哲学史研究拓展到当代中国马克思主义和当代国外马克思主义研究中。

先生还十分推崇马克思主义的革命批判精神。先生认为,实践是不断发展的,马克思主义哲学之所以能够经久不衰,一脉相承,就在于能够随着时代的变化发展不断创新和发展。马克思恩格斯早期就是在不断与青年黑格尔主义和费尔巴哈主义等社会思潮的交流和批判中,经历了思想上的"两次转变",才实现世界观上的革命性超越的。马克思主义哲学不是绝对化、凝固化的真理体系,它是开放的,随着时代的变化,始终处于不断的开拓与发展之中。要坚持与时俱进,紧扣时代发展前沿,不断赋予马克思主义以新的生命力和时代意义,不断以最新成果引领时代发展方向,推动社会进步。马克思主义给予了人们发现和解决问题的科学方法、恢宏视野。当今时代的发展早已不是马克思恩格斯所处年代的境况了,一些具体结论早已不适用于当今的发展需要,一切要以现时

---

① 孙伯镂、张一兵主编:《走进马克思》,江苏人民出版社 2001 年版,第 2 页。

的环境、条件为转移。他说:"马克思主义哲学永远是开放的,永远处在不断的开拓与发展之中。"①因此,要坚持批判和革命的态度,不陶醉于现有的发展成就,不吹捧脱离中国现实的空洞理论,不满足于对现有问题的无情批判,而是要基于马克思所开创的世界观和方法论体系,不断反思、批判和超越各种社会思潮,既立足于马克思,又力求超越马克思。但是,坚持马克思主义哲学研究的开放性并不是没有底线和原则的开放:"马克思主义哲学的发展不能脱离它的本质特征和固有性质,不能淡化、模糊甚至撤除它的基本立场和党性原则而与现代西方哲学'接轨'甚至合流。如果那样,将铸成大错。"②因此,必须是在坚持马克思主义的基本立场、观点和方法的范围内,在坚持马克思主义哲学的本质特征和固有性质的基础上进行的开放。先生主张,坚持马克思主义哲学的开放性,还要积极与各种非马克思主义思潮和哲学社会思潮对话,要发扬马克思主义的对话互动传统。在先生看来,马克思主义的发展和传播离不开与西方社会思潮的对话互动,这是马克思主义不断拓宽视野、汲取经验、借鉴成果、丰富内容的重要途径,更是通过西方社会思潮来剖析西方社会深层矛盾和发展趋势的理论进路。当然,这种对话也必须始终坚持马克思主义哲学的基本立场和基本原则,坚持马克思主义的批判精神,做到以我为主,为我所用。

二、马克思主义研究要坚守马克思主义理论特质

坚守马克思主义理论特质是马克思主义研究的根本要求。马

① 孙伯镮:《马克思主义哲学的开放性与党性原则》,载《学术月刊》2002 年第 6 期。

② 孙伯镮:《马克思主义哲学的开放性与党性原则》,载《学术月刊》2002 年第 6 期。

克思主义理论特质决定了马克思主义的发展方向,是马克思主义"行"的根本保证。马克思主义以其鲜明的人民立场和科学态度,为其自身发展奠定了价值基础和精神追求,又以其实践性、发展性和革命性的特质属性,为自身的发展开辟了方向和道路。正是这些理论特质,决定了马克思主义是与时俱进的科学真理,是指引人们认识和改造世界的行动指南。孙伯鍨先生学术思想的时代性、深刻性、现实性、系统性和包容性等思想特性,源于对马克思主义的深入研究和深刻总结,与马克思主义理论特质有着高度的契合性。不同的是,马克思主义理论特质是马克思主义的内在属性,而孙伯鍨思想特性是对马克思主义理论特质的继承与发展。

坚守马克思主义理论特质,推进马克思主义研究和马克思主义发展,是孙伯鍨先生全部理论研究的核心内容和基本主张。在先生看来,马克思主义研究只有坚持马克思主义理论特质,承继马克思开创的思想发展路线,才能坚守正确的立场和原则,始终不变质,才能沿着正确的方向和道路,丰富与发展马克思主义。

赓续马克思主义的精神实质、理论精髓和科学方法,是坚守马克思主义理论特质的集中体现。为党和人民事业服务是孙伯鍨先生学术研究生涯的坚定信念,先生主张弘扬马克思主义的科学精神、探索精神、实践精神、创新精神,以及严谨求实的治学精神,主张传承马克思主义的理论立场和原则,以及科学的世界观、方法论、辩证法、认识论等基本理论,主张运用马克思主义历史唯物主义、唯物辩证法、逻辑与历史相统一、从抽象上升到具体等科学方法,指明了当代中国马克思主义研究的守正之"道"。

赓续马克思主义的精神实质。先生的学术研究始终凸显出为党和人民事业服务的理想信念和立场原则,始终关注人的现实生活和社会实践,主张弘扬马克思主义的基本精神。马克思主义具有崇高的理想信念、可贵的精神品质和优良的态度作风。马克思主义研究要赓续崇高的理想与使命,像马克思那样,坚持为人类幸福而工作的崇高信念,自觉肩负起改造世界的远大追求。当代中国的马克思主义研究要关注世界历史的发展进程,继续推进马克思未竟的伟大事业,继续丰富和发展用以指导人类解放事业的科学理论体系,这是马克思主义研究者的神圣使命。马克思主义研究要赓续客观分析的科学精神,弘扬历史的、现实的、具体的科学思维方式;要赓续实事求是的探索精神,一切从具体实际出发;要赓续与时俱进的创新精神,不断推进实践创新和理论创新;要赓续开拓进取的实践精神,不断在实践中检验和发展理论;要赓续批判扬弃的革命精神,将马克思主义同无产阶级革命事业紧密联结起来。马克思主义研究要赓续优良的态度作风,马克思主义研究者要具备求真务实的作风和强烈的历史责任感,培育与弘扬精益求精、谦虚谨慎的治学精神,不盲目跟风,不混淆立场。

赓续马克思主义的理论精髓。先生主张马克思主义研究要承继马克思主义的人民观、唯物观、实践观、历史观等基本理论观点。马克思主义研究要坚持马克思主义的理论立场,紧扣人民群众的社会实践需要,为现实生活和时代发展服务,多研究符合基层实情和人民热切关注的现实问题,依靠群众力量来解决现实问题,而不能成为远离和凌驾于人民群众的思想楼阁。先生认为,马克思主义研究要坚持唯物观和实践观,实践是物质性的,离不开物质基础,要做到两者的辩证统一,在坚持唯物主义的基础上,深入推进中国特色社会主义伟大实践。马克思主义研究要坚持历史观,坚持历史唯物主义和历史分析方法,以历史视野深入探究事物发展的历史过程,以及影响事物发展的社会条件、社会结构及社会关系,总结事物发展的本质规律和未来趋势。先生强调,马克思主义研究要关注现实，马克思主义的真理性、现实性和力量真实地表现在其对现实世界的影响程度和对历史进程的把握力度上。不与现实与实践结合的理论研究，难以体现和发挥其应有的价值作用。马克思主义的全部理论特质都植根于现实的土壤，这就要求马克思主义研究要聚焦现实社会生活和实践活动，通过指导社会实践来解决现实问题。

赓续马克思主义的科学方法。先生认为，马克思主义哲学的实质与核心在于方法，马克思主义提供了人们认识和改造世界的科学方法，即历史唯物主义和唯物辩证法。历史唯物主义不仅是对社会历史的认知及其理论，更是一种历史主义的研究方法，是用历史分析方法研究问题的科学道路，只有采取历史分析方法，才能把握事物演变逻辑和发展规律，要把历史当成事物的发展过程来研究，而不是将历史理解为某一阶段的固定不变的抽象存在物，继而将某一历史阶段的特定的社会存在看成整个历史的实体。马克思主义是一定历史时代的现实关系和特定存在状况在意识形态上的回声和反映，是一个不断形成、发展和传播的历史过程，马克思主义文本研究要坚持"深层历史解读法"，对马克思主义理论原理的深刻把握要基于翔实的文本考证，对经典著作进行深邃的历史分析，结合马克思主义发展的时代背景和历史条件，厘清理论发展逻辑和真实进程，对马克思主义做出符合客观实际的解读和评价。唯物辩证法是观察和审视一切现存事物及其发展过程的科学方法论。"使马克思主义研究成为科学的要求，是马克思主义研究的根本要求"，"马克思主义研究的科学性在于方法"[①]，在运用马克思主

---

① 梁树发：《科学的马克思主义研究何以可能》，载《马克思主义与现实》2021年第6期。

义分析和解决问题时,要坚持文本文献解读、理论与实践相统一、科学与价值相统一、普遍性与特殊性相统一、逻辑与历史相统一、从抽象上升到具体等科学方法。

三、马克思主义研究要推进马克思主义发展

推进马克思主义发展是马克思主义研究的历史使命。先生强调,马克思主义的形成、传播、发展是一个与时俱进的历史性过程,没有对马克思主义的创新发展,从根本上说,谈不上对马克思主义的坚持与继承。马克思主义研究只有在坚守马克思主义理论特质基础上不断推进马克思主义发展,才能实现自身的理论价值和实际作用。

马克思主义研究要推动马克思主义创新发展。先生强调,马克思主义研究要有创新精神,不断赋予马克思主义以新的时代内容、理论价值和生命活力,不断彰显马克思主义认识事物、解决问题、引领时代的现实力量。马克思主义要实现创新发展,就要充分发挥马克思主义研究的主观能动性,不断关注与满足实践发展需要,不断革新马克思主义研究工作的评判标准和内容尺度。先生认为,马克思主义的真理性、现实性和力量深刻体现在改造世界的程度和影响世界历史的深度上。时代性、创新性、发展动力与质量效益是马克思主义创新发展的关键要素。马克思主义的基本原理、内容体系、方法系统等要随着社会历史时代的发展而发展,对马克思主义经典文本的解读要契合具体的历史环境和时代背景,对马克思主义基本原理的运用要贴合历史的、具体的、现实的时代需要。实现马克思主义创新性发展,要有新的尺度和标准,按照新的时代需要来发展马克思主义。马克思主义研究创新发展的动力

源泉在于不断把握新的社会历史关系和社会结构形态,不断满足新的实践需要,解决新的现实问题和挑战。所以,马克思主义研究要有敏锐洞察力和犀利眼光,不断根据时代、实践与科学发展的需要,开展前瞻性、建设性、针对性研究。马克思主义研究的现实性在其应用价值和质量效益上,所以,马克思主义研究必须观照现实,准确把握中国国情对马克思主义的创新发展具有重要意义,"研以致用",从特定的社会历史、具体的社会关系中把握问题本质,不断在实践中检验最新理论成果,并推动理论创新。

革新马克思主义的理论视域、内容体系和研究范式是推进马克思主义研究的必然要求,更是发展马克思主义的关键所在。先生主张发展马克思主义的基本理论和内容体系,更是在研究生涯中开创了特色鲜明、求实致用的研究范式,指明了马克思主义创新发展的正确路向。

拓新马克思主义的理论视域。先生认为,马克思主义作为科学真理,具有相对性,受每一时代历史条件和社会背景的限制,人的思维认识能力、社会实践水平和物质资料手段都是有限的,马克思主义只能由一系列发展着的相对真理来构成。因此,马克思主义要与时俱进,不断拓展理论视野,才能永葆科学性和真理性。在历史面前,从来就没有绝对的、固定不变的东西,马克思主义也不是永恒的绝对真理,如果不与时俱进,根据历史地发展着的客观实际发展马克思主义,马克思主义就有僵化和教条化的趋势,马克思主义研究学科就难逃边缘化的命运。"时代是思想之母,实践是理论之源"①,"任何伟大的理论都来源于对时代实践的真切把握"②,

---

① 《习近平谈治国理政》第 2 卷,外文出版社 2017 年版,第 34 页。
② 刘同舫:《21 世纪马克思主义研究的多重张力及其进路》,载《江海学刊》2022 年第 2 期。

要"在破解时代之问中彰显马克思主义的真理力量"①,"马克思主义时代化,是马克思主义拥有活力的本质要求"②,拓展马克思主义的理论视域时不可待,要科学总结历史经验、高度聚焦现实问题、战略前瞻未来发展,在推动实践创新中开拓视野,推进理论研究的创新发展。另外,"以同文本对话的方式实现返本开新""以朝向学科间对话的方式力求边界突破"③,是拓展理论视域的重要途径。现实生活的生产与再生产是历史运动过程中起决定作用的因素,每一时代的问题都是具体的、特定的历史发展阶段的产物。随着现实社会历史的发展,对社会矛盾问题的批判将促进生产关系的调整与改革,以不断适应新的生产力的发展需要,马克思主义研究要从当下的具体语境出发,例如,关注人工智能、"元宇宙"、"后疫情时代"等新的时代背景,做出新的理论解释和判断,赋予马克思主义以强烈的时代感。为此,不仅要秉持批判精神和科学分析态度,还要有建设性理念和发展性思维,在拓展理论视域中坚持马克思主义的理论方法:把马克思主义研究"透",将理论的真理性和彻底性展现得淋漓尽致;把马克思主义研究"活",将理论的鲜活性和时代感展现出来;把马克思主义研究"实",将理论的针对性和实效性展现出来,而不是着力构建一座纯粹的、完美的理论大厦,充斥着华而不实的东西,不是极力将其拜奉为一本神圣的、永恒的理论圣经。

发展马克思主义的内容体系。先生认为,随着时代发展,马克

---

① 刘同舫:《21世纪马克思主义研究的多重张力及其进路》,载《江海学刊》2022年第2期。

② 王骏:《21世纪马克思主义研究述评与前景展望》,载《探索》2019年第6期。

③ 胡军良:《对话交融、价值涉寰与本土观照——新时代马克思主义研究的三条方法论进路》,载《社会科学文摘》2020年第3期。

思主义要不断革新基本原理、理论观点、基本方法,才能适应新的发展需要。马克思主义从来就是在批判中超越、在破题中立论、在革命中前进的,"我们应从解构错误理论与建树科学理论两大基本层面来整体展示一脉相传、与时俱进的马克思主义宏大体系"①,不断丰富马克思主义的理论体系。理论体系只有与时俱进,才能不断发挥时代价值。任何学说体系都是对一定社会历史现实的思想反映和总结,随着社会历史的发展,理论体系必须与时俱进。马克思主义研究不仅仅是研究马克思主义的理论活动,更应是研究现实社会生活并推动社会进步和人的发展的理论探索活动,并在这一过程中丰富与发展马克思主义。人类社会的现代化进程不断加快,科技革新进程加速,人类生活不断复杂化,马克思主义研究只有不断与时俱进,不断结合新的实际对马克思主义理论做出符合马克思主义方法论原则和基本精神的新阐发,才能不断适应现代化新征程和世界性大变局。例如,当前的世界疫情、地区战争及人工智能等新的时代背景,就要求马克思主义研究对此做出新解释和新论断,以丰富和发展马克思主义。此外,马克思主义研究要推进当代中国马克思主义的发展,就要脱离西方化的思维方式和研究范式,就必须坚持马克思主义所蕴含的科学方法论,以科学的认识方法、思维方法和实践方法来推进中国特色和中国形态的马克思主义研究。中国马克思主义研究要同中华历史文化和中华民族精神结合起来,不断契合中国人民的文化心理和发展需要,为人类文明新形态的发展提供科学指导和理论滋养,建构起以马克思主义基本原理为理论基础、以马克思主义中国化的理论成果为指导

①　程恩富:《论马克思主义研究的整体观——基于十二个视角的全方位分析》,载《马克思主义研究》2021 年第 11 期。

思想、以中华优秀文化和中国精神为深厚滋养的中国话语体系,以破除"研究成果多,话语空间少"的尴尬境地,让体现中国特色和时代精神的马克思主义深入人心、走向世界。

革新马克思主义的研究范式。先生批判了注经式解读马克思主义的纯理论研究方式,开创了理论与实践相统一的"问题式"研究范式,倡导马克思主义理论研究关注现实、立足文本、理性对话、深耕实践,并且要用科学方法来解读文本、分析现实。先生强调,马克思主义研究不是在面对问题时从既有的概念、范畴和理论出发来解释和分析问题,不是在认识和理论的范围内来解决问题,而是从事物发展的现实、过程、关系、本质和规律等方面来考量问题,为解决问题和促进事物发展提供世界观和方法论的启示。这就是特色鲜明的金陵学派和求实致用的研究范式。当前中国马克思主义研究中存在以下几种颇为盛行的研究思路:"理论—现实—理论"的思辨逻辑,注重从马克思主义中选取理论视点,来解释现实的社会问题,在批判现实中否定现实,最后回归理论;"西方—中国—西方"的错位逻辑,注重用西方研究范式、思维模式和话语体系来观察中国的社会现实,实际上是以西方社会的客观实际、理论话语来质疑和销蚀马克思主义的真理性,根本没有做到从本国实际出发;"认识—实践—认识"的抽象逻辑,从现有理论观点和政治宣传着手,结合感性的经验和直观的感觉,来论证其理论观点的正确性与合理性;"人—物—人"的人本逻辑,过度夸大人的主观能动作用和精神力量,从而掩盖物质生产力和经济社会发展水平不能满足人民美好生活需要的客观实际。实际上,如果将问题仅仅置于理论层面加以解读,那么为解决问题所做出的任何努力,都只能是流于思辨和形式。显然,先生开创的求实致用的研究范式在当代中国马克思主义理论研究中仍然是怎么强调都不过分。

关于马克思主义哲学本体论的思考

——纪念孙伯鍨先生逝世 20 周年

徐 强[*]

关于马克思主义哲学本体论问题的讨论,始于 20 世纪 80 年代初期重建马克思主义哲学教科书体系的需要,到 90 年代慢慢平息。当时争论的焦点集中在"物质本体论"还是"实践本体论",并且两者之间的争论成了马克思主义哲学到底属于近代哲学还是现代哲学区分的重要标志。吉林大学高清海教授曾经在南京大学哲学系举办的一次国内马克思主义哲学研讨会上提出了马克思到底是部门经理还是总经理的疑问,这实际上就牵涉到了对马克思地位的认定问题。而有关马克思主义哲学是"物质本体论"还是"实践本体论"的争论,便与这一问题直接相关。

对于马克思主义哲学本体论这样一个关系到马克思主义哲学的根本性质与历史使命理解的大问题,孙伯鍨先生不仅在当时撰文参与了讨论,而且在教学过程中也提出了自己的真知灼见。这些观点在今天对于我们认识和把握马克思主义哲学仍然具有重要的参考价值和理论意义。

---

* 作者简介:徐强,南京师范大学哲学系、数字与人文研究中心教授。

一、物质本体论和实践本体论:马克思主义哲学的内部之争

有关马克思主义哲学本体论的讨论有其特定的历史背景,它始于教科书体系重建的需要。中国哲学界对马克思主义当代形态问题的思考是从反思和批判苏联教科书体系开始的。马克思恩格斯虽然留下了丰富的哲学论著,但他们从未建构一个完备的哲学体系,究其哲学本性而言,它也是反体系哲学的。出于系统、完整地把握马克思主义哲学的需要,二十世纪二三十年代,苏联哲学工作者根据马克思恩格斯和列宁的论述,在斯大林的直接领导和干预下,建构起一个被称为"两个主义""四大板块"的马克思主义哲学教科书体系。"两个主义"是指"辩证唯物主义和历史唯物主义","四大板块"是指唯物论、认识论、辩证法、历史唯物主义。中国按照苏联教科书体系的内容和框架,吸收了毛泽东的一些哲学思想,编写了我国马克思主义哲学教材。虽然传统教科书体系在马克思主义哲学的普及和教学过程中发挥过重要作用,但随着改革开放以及人们眼界的拓宽,中国学术界越来越感受到传统教科书体系的陈旧和落后,普遍认为苏联教科书体系具有以下不足:具有严重的文本缺陷、具有浓厚的教条主义倾向、基本上遵循的是近代哲学的思维方式、向以自然为本体的旧唯物主义回归、无法充分反映当代科技革命的新变化和新成果以及未能体现出马克思主义哲学的当代意义。这使得马克思主义哲学长期游离于世界哲学发展进程之外,难以与现代西方哲学沟通与对话。不少学者认为,传统教科书体系未能反映出马克思主义哲学的本真精神,应该重新解读马克思的原创思想,恢复马克思哲学的本来面目,重构马克思主义哲学的当代形态。在对传统教科书体系进行反思和批判过程

中，一些学者产生了反体系的倾向，认为马克思主义哲学在本质上就是反体系哲学的，传统教科书体系远离了马克思的本真思想，其教条化体系窒息了马克思主义哲学的发展，已经不能适应当代中国社会发展的需要。因此主张少研究体系，多研究问题。在此语境下，出现了一系列"问题"哲学，如价值哲学、经济哲学、发展哲学、交往哲学等等，形成了我国马克思主义哲学发展新的生长点，并且一些研究成果还被吸收进马克思主义哲学教科书中，为突破传统教科书模式作了有益尝试。更多学者则认为马克思恩格斯没有建立哲学体系，不应成为不能建立马克思主义哲学体系的理由。体系是人创立的，没有创立不等于不能创立，关键是建立什么样的体系的问题。我们不是要建立一个一劳永逸、永恒不变的马克思主义哲学体系，而是为了更好地宣传和发展马克思主义哲学，需要把马克思主义经典作家散见在不同论著中的论述系统化完善化，建立一个易于从总体上理解和把握马克思主义哲学的教科书体系。因此，这里所讲的体系，只是就教科书体系而言。例如：高清海教授主编的《马克思主义哲学基础》以实践为基础和出发点，以主客体关系为线索，突破了传统教科书的板块结构；肖前教授主编的《马克思主义哲学原理》也作了把实践的观点作为马克思主义哲学首要的基本的观点贯穿于体系之中的尝试。中国人民大学杨耕教授等人则提出了一个相对比较完整的立足于当代实践格局的马克思主义哲学体系，具体由七个部分组成：出发点范畴——实践，坐标系统——主体，自然——实践的前提和要素，社会——人类实践活动的存在方式，唯物辩证法——以实践辩证法为核心的三级系统，认识——实践结构的内化和升华，以及人类——"自我塑造"的自组织系统。

由上不难看出，传统教科书体系通常坚持的是物质本体论，新教科书体系通常坚持的是实践本体论。物质本体论还是实践本体论之争,已经不只是观点之争,而是直接关系到如何看待马克思主义哲学以及如何建构马克思主义哲学体系的问题,它成了新旧体系的分野。

在孙先生看来,马克思恩格斯等人的经典文本中从未提及本体论这个术语,但所有马克思主义者都这样那样地把马克思主义哲学称为唯物主义,包括新唯物主义、现代唯物主义、辩证唯物主义和历史唯物主义等等。而随着对马克思哲学文本研究的深入和重新解读,国内不少学者倾向于把马克思主义哲学称为实践唯物主义,少数学者甚至认为它就是实践本体论或实践哲学。但问题是,所有这些不同的提法是否同时也具有本体论的含义,如"辩证唯物主义"主张的是"自然物质本体论"或"物质本体论","实践唯物主义"和"实践哲学"主张的则是实践本体论。这里牵涉到的一个基本问题是:马克思主义哲学中有没有一般意义上的本体论,如果有,又该如何理解这种本体论。马克思主义哲学作为一种新唯物主义比以往任何时期的唯物主义都更加彻底地贯彻了下述思想路线,这就是坚持存在对意识、物质对精神的本原性,或者说,在存在和意识、物质和精神的关系问题上承认存在或物质的第一性、意识和精神的派生性。如果说这里的"本原"或"第一性"的东西指的就是"本体",那么所谓马克思主义哲学的本体论也只能限于在认识论的范围之内来谈论。马克思主义哲学从未在终极原因、终极本质或真理的意义上探讨过世界本体,它压根就没有提出过世界(自然界和社会)的本原、始基或本质是什么这样的形而上学问题,它也从来没有对世界作出过本体、本质世界和现象世界这样的形而上学的划分。在马克思主义哲学中也不存在从某种绝对之物被当作本体的某个范畴出发的概念演绎体系,马克思把这样的哲学称为"思辨哲学"。哲学唯心主义常常指责马克思主义哲学把"物质"当作"绝对",其实在马克思主义看来,"物质"仅仅是区别于意识的一切存在之物的概括和总称,根本就没有"物质自身"这种东西。"物质"作为哲学范畴决不能构成现实的自然界和现实的人类社会的本体或本质。各种自然现象的本质、动因和运动规律要从自然界内部去寻找,从各种自然现象、过程和关系的相互作用及其演变的历史中去寻找,不存在任何终极原因,因而它们也不属于哲学的研究对象。马克思主义哲学所提供的只是正确的世界观和方法论,而世界观和方法论绝不等同于传统意义上的本体论。马克思主义哲学不是体系哲学,因而不承认有什么最高原因。最高原因只能是相互作用或绝对实体,绝对实体只能是形而上学的抽象,因而也不承认作为体系哲学的绝对开端。在方法论上,马克思主义哲学既不主张还原到不可还原的纯粹之物,无论是精神还是物质,也不主张从不可还原的先验之物出发建构整个世界。它根本就不知道什么"事物本身"以及如何才能"回到事物本身",而是始终站在现实历史的基础上,并且把自然史和人类史紧紧地联系起来加以观察,不是从杜撰出来、想象出来的最高哲学范畴出发来解释甚至建构现实的东西,而是从现实的东西出发来揭示其中的关系和联系并上升为理论的东西。

孙先生认为在一定的意义上讨论本体论问题是必要的,但抽象地讨论马克思主义哲学的本体论则是毫无根据的。这是因为马克思主义哲学不是作为独立的体系哲学而显示其思想和文化价值的。作为一种科学的世界观和方法论,它当然有其理论和逻辑体系,但马克思主义哲学就其性质而言不是体系哲学,这种理论和逻辑体系也不同于任何体系哲学,其中也不存在任何与其世界观和方法论相独立的传统意义上的本体论。抽象地谈论马克思主义哲学的本体是没有意义的,并且它还有可能造成对马克思主义哲学的误解。

在谈到国内有关马克思主义哲学本体论的争论时,孙先生曾形象地打了一个比方:这就如同数学从初等数学发展到高等数学,并不是用高等数学取代初等数学,而是它们处于不同的层次。同样,马克思主义哲学不是用"实践本体"代替"物质本体",而是在"物质本体"的基础上进一步延伸到"实践本体"。相对于"实践本体","物质本体"显然处于更基础性的地位。就本体而言,他反对绝对化地将"物质"与"实践"对立的做法,而是辩证地将两者统一在一起。马克思主义哲学归根结底属于唯物主义范畴,它并不否认自然、物质的前提性存在。但是,在马克思主义哲学的语境中,它不是像旧唯物主义那样在终极原因、终极本质的意义上来讲自然、物质,而是在认识论范围内坚持存在对意识、物质对精神的本原性;对实践的强调也不是否认存在、物质的本原性,相反它是以此为前提的。它们二者之间并不是非此即彼的关系。这对于止息单纯的"物质本体论"和"实践本体论"之争无疑具有重要的方法论意义。

二、生存本体论:马克思主义哲学与西方哲学的对话

在孙先生看来,20 世纪 90 年代以后马克思主义哲学内部的"物质本体论"和"实践本体论"之争转向了有关生存本体论问题的讨论。这一讨论已经逾出了对马克思主义哲学的传统解释,属于马克思主义哲学与当代西方哲学之间的对话。当时国内一些学者由于片面夸大西方近代哲学向现代哲学转变的"革命性"意义,强调当代西方哲学的历史功绩就在于实现了自笛卡儿以来近代哲学

的认识论范式向现代哲学的生存论范式的转变。所以，为了凸显马克思哲学的现代性，他们热衷于用当代西方哲学的流行观念来诠释马克思主义哲学，以为马克思主义哲学的现代化关键就在于融入当代西方哲学的主流思潮。他们认为这一存在论转向是从尼采开始，经过克尔凯郭尔至海德格尔而宣告完成的，而马克思主义哲学所实现的革命变革的实质与意义正是与这一西方哲学史的发展路线相一致的，这就不难从中看出把马克思主义哲学与西方现代哲学相融合的意图。在他们看来，马克思和海德格尔一起共同推动了从近代主客二分的认识论哲学向主客融合的生存论哲学的转变。因此，对存在哲学或生存本体论的领悟就成为正确解读马克思主义哲学深刻意蕴的必由之路。按照这个思路，就必然导致对马克思主义哲学的总体性质及一系列基本观点与方法的根本改观。例如，马克思主义哲学不再如马克思和恩格斯所命名的那样是一种"新唯物主义"或"现代唯物主义"，而是超出唯物主义与唯心主义的对立之上，因而也扬弃了主体与客体之对立关系的存在主义或生存本体论；在马克思主义哲学中，根本就不应该有认识论的主体和被认识的客体的二元分割。为了使这种说法获得文本上的支持，他们不得不把马克思的著作和恩格斯、列宁等人的著作区别开来，人为制造或夸大马克思哲学与恩格斯哲学、列宁哲学的差异和对立，认为只有马克思才是现代哲学（生存本体论）的创始者，而恩格斯等人由于受到维多利亚时代科学实证主义的熏染，始终未能走出西方近代哲学传统，即知性形而上学的阴影。当不能获得马克思全部文本的支持时，他们或者求助于解释学，认为若拘泥于文本是不可能"读出"马克思的"原始语境"的，只有按照解释学的理解与体悟才能领略到马克思哲学的旨趣，或者干脆把马克思的后期著作置之不理，只是从他 1845 年以前的早期著作中寻求支持。

按照西方哲学的传统说法,存在问题就是本体论问题,因此,对本体问题的探讨就表现为对存在的质询。虽然作为一个哲学范畴,存在一词早已见诸希腊前期哲学,但本体论一词的出现则是晚近时期的事情。例如康德在他的著作中就曾批判过关于上帝存在的"本体论证明"。虽说存在论和本体论当属同一类哲学议题,但存在一词和本体一词的哲学含义其实并不完全相同。例如在马克思主义哲学的经典文本中我们通常可以看到对存在一词的使用,但却没有一处出现过本体这个词语。可见,对存在一词的理解牵涉到本体问题,但并非完全等同于本体。

在各派哲学中,存在一词的含义差别很大,标志着它们在本体论问题上的不同立场。马克思主义哲学虽使用存在这一范畴,但并不赋予其本体论的性质,它不承认有和认识论相脱离的本体论。纵观西方哲学的历史,在不同派别的哲学家那里,对存在一词的理解和使用其意指很不相同,大致说来可区分为下列几种:第一种是把"存在"理解为现象世界背后的不变的本质,认为纷繁复杂的现象世界不过是假象,是人们的主观意见,它们并不真正地存在着,真正地存在着的是处于这种现象世界背后的本质世界,它是唯一的、不变的。这显然是在"本体"的意义上使用存在一词。第二种是把上述存在概念进行逻辑学的改造,完全纳入纯粹理性的范畴之内,不再把存在视为隐藏在现象世界背后只能被信仰不能被认识的本质,而是把现象和本质统一起来,并为此建立了一种从本质世界向现象世界推演转化的逻辑概念的演绎体系。在黑格尔哲学中存在范畴就是这样被理解和使用的,他以存在为开端,以概念的逻辑演绎为方法建构起一种包罗万象的哲学体系。第三种是把"存在"理解为存在着的存在物实体。这种观点认为作为哲学范畴的存在,即从本体论上加以定位的存在,只能是存在着的存在物,而不能是关于存在物的逻辑抽象或理念。只有存在着的存在物才是第一的和唯一的实体、本体。在西方哲学史上,持这种观点的首推亚里士多德,后来的近代唯物主义哲学家大都也持这种观点,认为世间唯一存在的东西是"有形实体",以此区别于一切想象和超验之物。为了把这个思想表述得更明确,他们更主张用"物质"一词来代替存在范畴。

但由于近代唯物主义哲学家对物质一词的理解基本上决定于自然科学的研究状况,因而其局限性也日益明显。费尔巴哈在批判黑格尔哲学的过程中,一方面指出黑格尔所说的存在不是存在本身,而只是存在的思想对应物,但他也并不直接主张用"物质"来代替"存在",而是强调用感性的、对象性的存在来取代纯思想的存在。这是费尔巴哈的唯物主义优越于自然科学唯物主义的地方。然而尽管费尔巴哈扩大了存在问题的考察视野,并且首先把作为感性存在、感性对象的人本身当作其哲学的出发点,但由于他只是把人当作感性对象而不是感性活动,因而他仍然只是把事物、现实、感性当作客体即直观的对象去理解,而不是当作人的感性活动即实践去理解。这就是说,费尔巴哈虽然用感性对象性的存在取代了黑格尔的抽象思辨的存在,但由于缺乏能动的原则,它既无生命也无历史,只能作为有别于思维的客体获得直观的形式规定性。这种直观的非实践的认知方法一旦被运用到历史中来,它的局限性就立即暴露出来。这就是为什么马克思说:当费尔巴哈是一个唯物主义者的时候,历史在他的视野之外;当他去探讨历史的时候,他不是一个唯物主义者。

现代西方"存在主义哲学"对存在问题尤为关注,并且持一种特殊的理解。在现代西方存在主义特别是海德格尔哲学中,存在问题重新被提到了首位。同马克思一样，海德格尔也坚决反对科学实证主义把主体和客体分离和对立起来的传统形而上学的思维方式。海德格尔认为，把主体和客体分离和对立起来的观点使得人们只关注存在着的存在物，而忽视了存在物是如何存在的这个更根本的哲学问题，从而造成了长久以来人们对"存在的遗忘"。在海德格尔看来，近代的科学实证主义把主体对客体的认知凸现为哲学的主题，执着于对存在物的追问，而不是对存在物如何存在的追问。只询问存在物是什么，而不问存在物是如何。前者仅属于认识论问题，后者才属于存在论问题。然而不解决存在论问题，认识论问题便失去基础，是无根的哲学。依照海德格尔的观点，由于自柏拉图、亚里士多德以来的西方哲学特别是近代哲学的上述局限性，西方传统的本体论（存在论）并没有触及本体论问题的深层基础，因为被它们视为世界真实基础的仅仅是存在物、精神事物或物质事物，而不是存在本身。因此必须把本体论的研究从存在物推进到存在本身。

海德格尔认为，如果要从对存在物的询问追溯到对存在的询问，那就必须追问在"存在的人"那里"存在"意指什么？如果说人的言说方式直接透露着人的存在生存方式，那么揭示"存在"的奥秘首先就必须透过语言分析以展露人的存在方式即生存结构来进行。而这里所指的人既不是抽象一般的人，也不是某个特定的具体的人，而是既抽象又具体、既普遍又特殊的人，它类似黑格尔所说的"定在"，海德格尔称之为"此在"。对"此在"的存在结构的描述就成了海德格尔的所谓"基础本体论"的内容。海德格尔对传统形而上学和科学实证主义的批判与马克思对抽象的自然科学唯物主义的批判颇有相似之处，并且在存在论上都主张把人的存在问题上升到理论上的优先地位。但是这种类似并没有掩盖二者实质上的分歧,这种分歧既表现在基本观点上,也表现在基本方法上。因为马克思所说的人的存在是指人的有别于动物的生命活动,即人的现实生活的生产和再生产活动。从这里出发,才能进而论述到人的历史、人的社会生活的全部过程和多方面的内容,才不致用僵硬的、封闭的、静止的、孤立的观点来理解人和事物,而是用总体性的辩证观点来理解人和事物。而海德格尔所说的作为“现存在”的人的此在则是由一种“根本情绪”所支配的人,因此他对“此在”的生存论分析就是为了揭示这种“绝对地与个人有关”并且挥之不去的情绪构成。在他那里,存在的基本方式或结构就是无名的忧虑、不安、恐惧。这样一来,无论是作为存在着的人,还是作为存在着的外部世界,就都失去了它们作为存在物的自身规定性,一切事物都被融合在“存在”这个神秘的“一”中而得以领悟、体验和澄明。

海德格尔作为西方传统形而上学特别是近代哲学的革新者,并没有真正革除传统思维方法的根本弊端,而是企图一举废除概念思维,取消对外部世界的认识,拒斥科学知识,主张通过非理性的直觉显现、显露、呈现来解决确证存在问题。马克思主义哲学和以往的一切唯物主义一样,也是从存在和思维的关系这个角度来把握存在范畴的。对它来说,存在和思维、物质和精神的关系问题是同一序列的问题,因而存在范畴和物质范畴也是同一序列的范畴。但是在如何解决存在和思维的关系问题上,以及在如何描述存在的自然、历史和社会规定性问题上,马克思主义哲学则完全不同于近代唯物主义。鉴于存在一词的模糊性和不确定性,以及它在各种不同哲学派别中广泛地被使用,马克思主义哲学很少在一般意义上使用存在概念。但是在历史领域内,在考察社会生活现象的过程中,马克思和恩格斯则始终一贯地使用了“社会存在”一词,并对它作出了明确的概念规定。作为一切形而上学的反对者,马克思决不从抽象的存在概念出发进行思辨的思考,对于什么是"真正的存在"或"真正的人"这样的形而上学问题,他一概当作旧的思辨哲学的话题弃之不问。他在批判黑格尔以后德国哲学的思辨结构时指出,德国哲学的批判理论总是把人的现实存在和人的本质概念割裂开来,把现实存在的人视为"非人",而只有符合人的概念的人才是"真正的人",因此它总是抛开人的实际生活过程而一味地探询"人本身"。人是什么?人本身是什么?这种德国哲学的提问方式正是马克思恩格斯在《德意志意识形态》一书中加以批判和克服的形而上学。马克思以费尔巴哈为例说道:"费尔巴哈谈到的是'人自身',而不是'现实的历史的人'。'人自身'实际上是'德国人'。"[①]说到人首先要说到人的存在,说到世界也首先要说到世界的存在。离开或先于人的存在而奢谈人的本质,这是哲学唯心主义的思维特征。但这里的"存在"是指人的现实的存在,或者说,是存在于一定社会历史条件下的现实的人,而不是和现实历史相脱离的抽象。费尔巴哈是最早接触到人的存在问题的德国哲学家,但由于他的唯物主义的直观性和形而上学性,他同样未能越出近代唯物主义思维方法的局限。因此,马克思对费尔巴哈的批判包含了对一切旧哲学的批判。

对"存在"一词的含义,马克思和现代西方存在哲学也有着根本不同的理解。在马克思那里,人的存在首先指的是人的个体生命的存在,其中包括"这些个人的肉体组织,以及受肉体组织制约的他们与自然界的关系"[②]。但人的生命活动不同于动物的生命活动,因而人的存在方式也根本不同于动物的存在方式。"动物和它

---

① 《马克思恩格斯选集》第1卷,人民出版社1972年版,第48页。
② 《马克思恩格斯选集》第1卷,人民出版社1972年版,第24页。

的生命活动是直接同一的。动物不把自己同自己的生命活动区别开来。它就是**这种生命活动**。人则使自己的生命活动本身变成自己的意志和意识的对象。他的生命活动是有意识的。这不是人与之直接融为一体的那种规定性。"①人的生命活动根本不同于动物的生命活动的原因是生产,用马克思的话说,人的生活是生产生活,而动物则不是。"可以根据意识、宗教或随便别的什么来区别人和动物。一当人们自己开始**生产**他们所必需的生活资料的时候……他们就开始把自己和动物区别开来。人们生产他们所必需的生活资料,同时也就间接地生产着他们的物质生活本身。"②生产过程使人从动物界提升出来,同时也就从整个自然界提升出来,这意味着人开始把整个自然界作为自己的对象。于是以人主体为一方,以自然界客体为另一方,形成了人和自然界之间的关系。这种关系首先不是认知关系,不是一方以思维、概念、理性出现,另一方以客体、对象、感性出现的关系,而是以物质交换为内容的实践关系,只是随着实践关系的出现并在它的基础上才有理论认知关系的出现。按照马克思的观点,动物和它赖以生存的自然环境是直接同一的,动物不把自然界当作自己的对象,因而也不把自己当作主体。动物和自然界之间的关系不是作为关系而存在的。"凡是有某种关系存在的地方,这种关系都是为我而存在的;动物不对什么东西发生'**关系**',而且根本没有'关系';对于动物说来,它对他物的关系不是作为关系存在的。"③

　　一旦把人的存在问题放在生产的基础上加以考察,把人的生存问题当作人的现实生活的生产和再生产过程来研究,人和自然

① 《马克思恩格斯全集》第 42 卷,人民出版社 1979 年版,第 96 页。
② 《马克思恩格斯选集》第 1 卷,人民出版社 1972 年版,第 24—25 页。
③ 《马克思恩格斯选集》第 1 卷,人民出版社 1972 年版,第 35 页。

界之间的关系问题就是首先应当加以关注的根本之点。一旦"从历史运动中排除掉人对自然界的理论关系和实践关系,排除掉自然科学和工业"①,就不可能达到即使是最初步的对历史现实的认识。任何要想从人的生存活动中取消主体和客体关系的哲学企图都是不可思议的。就人的存在或生存而言,既不能把这种关系归结为纯粹的主体活动,也不能归结为单纯的客体运动,而是主体对于客体、人对于自然界和社会的能动关系。纯粹的主体和纯粹的客体都是形而上学的思辨的产物,在实际生活过程中是不存在的。自笛卡儿以后的西方近代哲学把主体等同于纯粹的思维,把主体对客体的关系等同于单纯的认知关系,并且长期摇摆于主观唯心主义和机械唯物主义之间,始终不能正确解决人的认识活动的本源问题,其原因并不在于像现代西方哲学家认为的那样对"存在的遗忘",不在于用对存在物的关注遮蔽了对存在的关注,而在于没有把人的认识活动置于实践活动的基础之上来研究。决不能像存在哲学所主张的那样,为了建立人的存在的哲学理论,必须取消主体和客体的对立和矛盾,并且从根本上取消认识论。在社会存在问题上,马克思决不是凭借哲学的洞见来寻找和发现能够从中演绎出整个社会生活的绝对和先验之物。他的哲学和唯心主义哲学不同,"它不是在每个时代中寻找某种范畴,而是始终站在现实历史的**基础**上,不是从观念出发来解释实践,而是从物质实践出发来解释观念的东西"②。同时,对于物质实践,马克思也不像形而上学唯物主义和科学实证主义那样,进行原子般的、取样式的个案分析,而是进行发生学的、全过程和多方位的历史性的研究。他从最

① 《马克思恩格斯全集》第 2 卷,人民出版社 1957 年版,第 191 页。
② 《马克思恩格斯选集》第 1 卷,人民出版社 1972 年版,第 43 页。

简单的生产劳动出发揭开了人对自然界的双重关系,即以物质能量交换为内容的实践关系和以信息交换为内容的理论关系。生产劳动不仅创造着物质产品,同时也创造着精神产品,这两种产品从一开始就不仅具有生产者的个人特质,而且直接具有社会性。正是这种社会有用性导致生产者各自以不同的产品参与社会内部的交换。于是,在人与自然界的关系之外,以劳动产品交换为内容的人与人之间的关系就随着生产的进步一同发展起来。正如人与自然界的关系具有实践和理论的二重性一样,人与人之间的社会关系也同样具有实践和理论的双重内容。人与自然界的关系制约着人与人的社会关系,反过来,后者也这样那样地制约着前者。在历史发展的总画面中,人们看到的是上述各种关系因素的错综复杂的相互作用,其中无论是单个的人的因素(主体)还是物的因素(客体),都不能孤立地起作用,就像单个原子不能在化学过程中显示其独特的作用一样。作为一种历史哲学理论的历史唯物主义,唯一能够加以确定的只是承认现实生活的生产和再生产是人类历史中起决定作用的东西。孙先生把这个看成是马克思哲学关于社会存在问题的权威说明。在马克思主义哲学中,存在是对应于意识而言的,社会存在是对应于社会意识而言的。由于生产和交换自始就具有社会性,因而人的意识从来也都是社会的产物,这就是说,是以社会生活为中介的,并且越到后来这种中介过程就越复杂,越是成为不可捉摸和无法穿透的。

基于以上分析,孙先生认为马克思主义哲学的革命意义主要不在于从近代认识论走向现代本体论,也不在于以一种新型的生存本体论体系取代西方传统的本体论。马克思主义哲学的特质在于:立足于当代社会实践,对人们的现实生活条件和历史发展进程进行科学考察和反思批判,它是面向现实的批判精神和彻底改造社会的科学方法论。

三、结论

孙先生一直反对在认识论之外抽象地谈论本体问题。在他看来,本体论的研究是必要的,但不能脱离一定的社会历史条件。传统的本体论思想自觉不自觉地都包含着非历史的还原论倾向。这种思维方式很容易导向一种自我幽闭式的"概念拜物教"。它是以某种被思考出来的绝对本质为出发点和归宿而导引出来的一种虚假的无限性,通过这种无限性设定,它把客观世界还原为逻辑命题和抽象同一的本质。现代西方关注生存与生活的本体论哲学,虽然改变了过去的实体中心主义,但由于取消了主客体关系以及对外部世界的科学认知与反思,而陷于非历史的神秘直觉之中。

孙先生认为马克思主义哲学的革命性影响正是建立在对本体论哲学思维的批判与扬弃之上,这种批判与扬弃不仅针对黑格尔式的本体论哲学,而且也将颠覆海德格尔式的本体论哲学。马克思主义哲学的变革过程就是对一切形而上学本体论进行批判与颠覆的过程,这一过程体现为两个递升的逻辑:第一步是将传统的理性形而上学置于社会生活过程的基础上,从而瓦解了西方传统的形而上学的自足性幻觉。第二步是深刻批判现存的社会生活,这是颠覆与瓦解传统理性形而上学的逻辑形式主义的基本途径。第一步是把哲学问题还原为现实问题,揭示它由以产生的现实前提和基础;第二步是对哲学意识形态赖以产生的社会现实前提本身的批判,这是对"原本"的批判。

在孙先生看来,马克思主义哲学所能提供的只能是正确的世界观与方法论,而世界观与方法论决不等于传统意义上的本体论,马克思主义哲学不是体系哲学,因而不承认有什么最高原因或绝对实体,因而也不认为有作为体系哲学的绝对开端的世界本体。马克思的社会存在论并不是要建立一种区别于自然物质本体论或人本主义的社会存在本体论,而是指出任何哲学本体论归根到底都是一定社会存在条件下的思想投影,都必须要放在一定的社会历史条件下进行批判性反思。马克思主义哲学作为一种新的唯物主义比以往任何时代的唯物主义都更加彻底地贯彻物质对意识、存在对思维的本原性,或者说在存在与思维、物质与意识的关系问题上承认存在或物质的第一性,意识与精神的派生性。如果说这里的本原或第一性的东西是指"本体",那所谓马克思主义哲学的"本体论"也只能限于在认识论的范围之内来谈论。列宁也认为物质与精神何者为第一性的问题只有在认识论的范围内才有绝对的意义,超出这个范围就是相对的了。马克思主义哲学从未在终极原因、终极本质的意义上探讨过世界本体,它压根儿就没有提出过世界(自然或社会)的"本原"与"始基"或"本质"是什么这样的形而上学问题,也没有现象世界与本质世界的形而上学划分。马克思主义哲学也不主张从某个绝对之物(被当作本体的某个范畴)出发的概念演绎体系。在方法论上,马克思主义哲学既不主张还原到不可还原的纯粹之物(无论是意识或物质),也不主张从不可还原的先验之物出发去建构整个世界。它根本就不知道什么是"事情本身"以及如何才能回到"事情本身",而是始终站在现实的历史的基础上,把自然史与人类史紧紧地联系起来加以考察。它不是从杜撰出来、想象出来的最高的哲学范畴出发来解释甚至建构现实的东西,而是从现实出发,来揭示自然与社会之中的关系并上升为理论的东西。

总之,在马克思主义哲学本体论问题上,孙先生认为马克思主义哲学是科学的世界观和方法论，它不是体系哲学，但这不是说马克思主义哲学没有理论和逻辑的系统，而只是这种系统决不同于任何体系哲学，其中也不存在任何与其世界观和方法论相独立的传统意义上的本体论，它所强调的仅仅是把现实历史前提作为其世界观与方法论的基础。孙先生的这一观点既符合马克思主义哲学的超越特性，同时对于我们今天对当下社会现实、社会实践的理解和把握具有重要意义和价值。

从实践出发就是从实际出发
——纪念孙伯鍨先生

陈胜云 *

我在南京大学度过了人生中最充实的五个年头,其间有幸聆听孙先生多门研究生课程,其中有硕士研究生课程,也有博士研究生课程。在南京大学学习的第二年,孙先生在《哲学研究》发表了《马克思的实践概念——纪念〈关于费尔巴哈的提纲〉写作 150 周年》一文。当时我拜读孙先生的这篇文章,发现文章最后一部分的标题叫"从实践出发就是从实际出发"[①],那时埋头读原著的我弄不明白孙先生为什么突然让抽象的哲学范畴直接与现实的政治话语相对接。后来重读孙先生的著述,慢慢懂得孙先生从来都不是离开社会现实谈哲学的,"从实践出发就是从实际出发"是孙先生以哲学反思观照现实这一研究路径的写照。本文从求真是求实的先导、求实必须走出思辨、实践必须脚踏实地三个角度,对孙先生所主张的"从实践出发就是从实际出发"加以解读,阐明孙先生的教诲里头贯穿的极其重要的主线,即哲学是用来改造世界的!

---

* 作者简介:陈胜云,中共上海市委党校哲学教研部主任,教授,上海市习近平新时代中国特色社会主义思想研究中心特聘研究员。
① 孙伯鍨:《马克思的实践概念——纪念〈关于费尔巴哈的提纲〉写作 150 周年》,载《哲学研究》1995 年第 12 期。

| 378 |

孙伯鍨哲学思想研究文集 |

一、求真是求实的先导

邓小平同志指出："实事求是是马列主义的精髓。"[1]但是要真正做到实事求是却不是一件简单的事,读马列主义经典著作首先遇到的是怎样才能离实事求是更近这一问题。孙先生对实践概念的阐释,是沿着马克思本人哲学思想的发展过程展开的,它以概念的演进逻辑告诉我们一个道理,即求真是求实的先导。

早年就立志为人类幸福而工作的马克思,一直在尝试用不同的方式接近现实,到了《1844年经济学哲学手稿》阶段,马克思已经开始跳出青年黑格尔派所执意守护的"自我意识",但又同时陷入了费尔巴哈的人本主义抽象人性论,这是马克思主张异化史观的思想发展阶段。孙先生以文本考证为依据指出,马克思的思想发展有一个"从异化史观向实践观点的转变"[2]期,即从《1844年经济学哲学手稿》时期到《关于费尔巴哈的提纲》时期的思想变革期。后来马克思在政治经济学批判导言中,回忆这一时期的思想发展过程,强调这是一个从"文化史"叙事到历史真实叙述的转变过程。"文化史"叙事包括文化的和政治的两个理论维度,这是马克思自己在文本中标示出来的,但从社会批判理论的角度看,实则是孙先生所界定的异化史观总体思路,因为不管是政治异化、宗教异化,还是货币(金钱)异化,追根溯源都是以抽象的人性论为假设的人本主义异化史观。

抽象人性论作为基本理论假设的异化史观,为当时还没有创

---

[1] 《邓小平文选》第3卷,人民出版社1993年版,第382页。

[2] 孙伯鍨:《探索者道路的探索:青年马克思恩格斯哲学思想研究》,南京大学出版社2002年版,第228页。

立历史唯物主义的马克思提供了重要的社会分析工具,以至于马克思强调费尔巴哈是真正的唯物主义者,因为费尔巴哈从人与人之间的关系分析现实社会。马克思指出:"创立了真正的唯物主义和实在的科学,因为费尔巴哈使社会关系即'人与人之间的'关系也同样成为理论的基本原则。"①但是马克思在这里指认的社会关系也是被抽象人性论过滤过的,因为在《关于费尔巴哈的提纲》中,马克思已经意识到此前判断得不准确,并声称费尔巴哈的理论错误,很重要一点就在于从单个的资本主义社会市民出发。关于此点,孙先生指出,费尔巴哈从人的类本质出发,确实也看到了人与人之间的相互需要特点,但这种需要是从人的自然本性中引申出来的,只表明人与人在生物学意义上的相互需要和彼此共存。马克思虽然赞同费尔巴哈从类本质出发分析人与人的现实社会关系,但逻辑起点上马克思与费尔巴哈有很大区别,马克思基于劳动实践本身的分析与费尔巴哈直接从抽象人性分析的理论出路是不一样的。所以到了《神圣家族》,马克思已经开始从抽象的类本质分析过渡到劳动关系的具体分析,进而开始进入关于人与人之间现实关系的生产关系层面。孙先生指出:"对马克思来说,人类这个概念就不仅表现了人的自然必然性,而且主要地表现了人的社会必然性,即人们在劳动中必然地相互依赖和共同联合。"②就此而言,马克思一开始就与异化史观保持着距离,而当他揭示了现实历史的现实主体与客观历史发展规律之后,抽象人性论自然就被放弃了,费尔巴哈哲学观点也就成了批判的对象,这恰恰是在《关于费尔巴哈的提纲》中初步完成的。

---

① 《马克思恩格斯文集》第1卷,人民出版社2009年版,第200页。
② 孙伯鍨:《探索者道路的探索:青年马克思恩格斯哲学思想研究》,南京大学出版社2002年版,第224页。

孙先生的理论深度还体现在，他并没有停留于对费尔巴哈抽象人性论的一般分析，而是着力于探析马克思是如何找到新的唯物主义的理论基点，从而在真正意义上放弃费尔巴哈的异化史观的。乍一看，费尔巴哈也关注人们的社会生活，也批判现实社会生活中不合理的人与人之间的关系，但实际上费尔巴哈笔下的社会关系仍然是一种表象，真正的社会关系并不需要以抽象人性论作为滤镜才会被人们观察到，它就存在于人们的现实生活当中。但是从方法论的角度看，这种现实生活在德国古典哲学那里是被遮蔽的，所以马克思说，在德国人那里历史是缺少现实前提的，这种前提只有发现了现实人及其现实的历史之后才可以提供。为了找到这一条重要的客观主义理论线索，孙先生分析了从《1844年经济学哲学手稿》过渡到《关于费尔巴哈的提纲》的重要文本《神圣家族》，并揭示了这一理论过渡的真实内涵。孙先生发现，在《神圣家族》中，马克思已经用实践活动本身作为新哲学的理论基点，从而扬弃了费尔巴哈式的异化史观。基于实践活动而被哲学确立的历史主体是历史的现实前提，必须注意的是，这里的实践活动具有复多性，它不仅包括工人的生产实践即劳动，还包括资产者的生产实践，即他们经营工商业的活动，此外还有革命阶级变革旧制度的革命实践。

正是基于这样一种严谨的文本解读与理论分析，孙先生才得出结论："新哲学的出发点是历史地和社会地被规定了的现实的人，是人们的为一定的历史发展所制约，同时又制约着历史发展的实践活动。"[①]而这句话直接是与《关于费尔巴哈的提纲》提出的观

---

① 孙伯鍨：《探索者道路的探索：青年马克思恩格斯哲学思想研究》，南京大学出版社2002年版，第232页。

点相衔接："直观的唯物主义,即不是把感性理解为实践活动的唯物主义,至多也只能做到对'市民社会'中的单个人的直观。"[①]这既是孙先生所阐释的马克思本人艰辛的关于人类社会历史的真实认知过程之解读,也是孙先生本人严谨的求真过程。孙先生曾经给我展示过他上课用的《1844年经济学哲学手稿》单行本,有些破旧的书页上全是各种颜色的笔所画的重点和加的批注。孙先生告诉我,这已经是他使用的第三本《1844年经济学哲学手稿》。为此,孙先生一直主张学生的本分是求真,有了这个"真"才可以放开手脚深度认知社会现实,因此他要求学生认真严肃地对待马克思主义经典文本,只有这样才可以获得真知,才有资格去评判现实社会,并进而为解决现实问题提供思路和方法。这就是"求真是求实的先导"的真实内涵。

二、求实必须走出思辨

1800年,黑格尔给谢林写信,表达了自己的哲学志向,他在信中责问自己什么时候才能用哲学实现对人类生活的干预。坦率地说,黑格尔是无法真正做到用他的抽象哲学去改造世界的,说到底他并没有摆脱思辨哲学的困扰,绝对精神看似与人类历史运动相契合,那是因为它本来就是人类社会历史过程在思维中的反映。即使是被青年黑格尔派激情演绎的自我意识,也同样离现实世界非常遥远。赫斯的行动哲学看似激进,费尔巴哈的直观唯物主义看似清醒,但实际情况是,他们困在其中的思辨哲学根本无法为他们提供现实的物质力量,去完成改造客观世界的任务。从正确认

---

① 《马克思恩格斯文集》第1卷,人民出版社2009年版,第506页。

识世界与有效改造世界这个角度讲,思辨哲学是无法做到求实的,所以求实必须先走出思辨。我想这是孙先生撰写《马克思的实践概念——纪念〈关于费尔巴哈的提纲〉写作 150 周年》的重要意图之一,因为《关于费尔巴哈的提纲》提出的实践概念既为我们一扫以往历史哲学的思辨雾障,也为我们指出了通过现实实践活动改造世界的基本方向。

孙先生指出:"推动社会发展的决定力量不是人类的不变本性和违反这种本性的社会现实之间的矛盾,而是一定社会的生产力和生产关系之间的矛盾。"[1]这个观点是完全正确的,但是,即使是在《神圣家族》中,马克思也未能如此清晰地表达这一观点,在《关于费尔巴哈的提纲》提供新唯物主义基点即实践活动之后,这一观点才逐渐澄明。为什么呢? 原因很简单,因为在费尔巴哈抽象人性论的理论思路中,马克思更加关注实践活动中所生成的人与人的关系,在生产过程中那就是生产关系,因此批判直接针对人与人之间不合理的社会关系展开。但是物质生产实践活动还有一个极其重要的方面,那就是作为人类进步客观前提的生产力,其本质是人与自然的关系,对于物质生产实践活动的这一维度,马克思在《神圣家族》中已经有了比较明确的想法。所以,孙先生说:"关于劳动和工业即人们的生产实践在历史发展过程中的作用,马克思在《1844 年经济学哲学手稿》中就已经有所阐明。不过在那里,他从异化劳动的观点出发,不是着重研究劳动的肯定方面(对象化劳动),而是着重研究劳动的否定方面(异化劳动)。"[2]那为什么在《神

---

① 孙伯鍨:《探索者道路的探索:青年马克思恩格斯哲学思想研究》,南京大学出版社 2002 年版,第 228 页。

② 孙伯鍨:《探索者道路的探索:青年马克思恩格斯哲学思想研究》,南京大学出版社 2002 年版,第 230 页。

圣家族》中,马克思对物质生产实践活动的肯定方面有了更明确的想法了呢? 这个问题的答案,可以在马克思的《评弗里德里希·李斯特的著作〈政治经济学的国民体系〉》笔记中得到理解的线索。

在《评弗里德里希·李斯特的著作〈政治经济学的国民体系〉》这笔记中,其实马克思已经意识到生产关系与生产力的矛盾,但仍然没有在历史发展规律层面把它归纳出来。当时的马克思用打引号的劳动表征资本主义社会的生产关系,马克思指出:"'劳动',按其本质来说,是非自由的、非人的、非社会的、被私有财产所决定的并且创造私有财产的活动。因此,废除私有财产只有被理解为废除'劳动'(当然,这种废除只有通过劳动本身才有可能,就是说,只有通过社会的物质活动才有可能,而决不能把它理解为用一种范畴代替另一种范畴)的时候,才能成为现实。"[①]值得注意的是,马克思在这段话中加了括号内的文字,其实马克思已经意识到作为生产力的物质活动维度,这在另一段话中说得很清楚:"当然,也可以从与肮脏的买卖利益的观点……完全不同的观点来看待工业。工业可以被看作是大作坊,在这里人第一次占有他自己的和自然的力量,使自己对象化,为自己创造人的生活的条件。如果这样看待工业,那就撇开了当前工业从事活动的、工业作为工业所处的环境;那就不是处身于工业时代之中,而是在它之上;那就不是按照工业目前对人来说是什么,而是按照现在的人对人类历史来说是什么,即历史地说他是什么来看待工业;所认识的就不是工业本身,不是它现在的存在,倒不如说是工业意识不到的并违反工业的意志而存在于工业中的力量,这种力量消灭工业并为人的生存奠

---

① 《马克思恩格斯全集》第 42 卷,人民出版社 1979 年版,第 254—255 页。

定基础。"①简单地说,工业所处的现实环境指向的就是生产关系,而工业作为对象化所体现的人的力量指向的就是生产力,而工业活动指向的就是物质生产实践活动。因此,在《关于费尔巴哈的提纲》中出现的实践概念,已经蕴含着之后在《德意志意识形态》中得到具体阐释的物质生产实践之丰富内涵。

因此,孙先生强调,要说明现实的社会关系就必须放弃关于人的一般本质的抽象议论,回到现实的历史中去。这就是说,首先把历史了解为人类的生产发展史,进而发现生产本身变化发展的规律。只有当马克思明白这个道理之后,他才可能制定出新的唯物主义的理论基点,《关于费尔巴哈的提纲》告诉我们,马克思做到了。在《关于费尔巴哈的提纲》中,马克思直接针对抽象人性论展开了批判,他指出,费尔巴哈基于抽象人性论虽然也看到了现实的人与人之间的不合理关系,但费尔巴哈无法为人们提供改造这种关系的有效方法与现实途径。只有在马克思已经确证过的蕴含着生产关系与生产力内涵的实践活动中,人们才有可能真正改造世界,所以马克思在提纲中明确指出:"环境的改变和人的活动的一致,只能被看做是并合理地理解为变革的实践。"②由此可见,从文本字面看,是很难看出《关于费尔巴哈的提纲》中实践概念的丰富内涵的,这方面的理论解读很大一方面与孙先生的理论贡献有关。

重读孙先生《马克思的实践概念——纪念〈关于费尔巴哈的提纲〉写作 150 周年》,我们就会明白,孙先生为什么要主张求实必须走出哲学,走向实践。他在文中写过这样一句话:"共产主义者的理想与信念必须时刻建立在对现实历史运动的深刻理解和各种客

---

① 《马克思恩格斯全集》第 42 卷,人民出版社 1979 年版,第 257 页。
② 《马克思恩格斯文集》第 1 卷,人民出版社 2009 年版,第 500 页。

观情势的冷静估量与正确认识的基础之上,一旦放弃了对外部世界的分析研究,任何理想与信念都会变成纸上谈兵。这也就是在事隔一个半世纪之后,邓小平同志再度强调马克思主义的实践原则的重大意义所在。"①显然,这句话任何时候都不会过时! 马克思主义哲学扬弃的是抽象的思辨,创立的是提供人们认识世界和改造世界的实践哲学。

三、实践必须脚踏实地

马克思指出:"哲学家们只是用不同的方式解释世界,而问题在于改变世界。"②这个结论性判断与马克思所阐释的物质生产实践活动的两个维度相关,人们从事物质生产实践活动原本是作为主体的人与作为客体的自然的有机统一,这种统一性体现为人与自然、人与人相互联系上。因此,孙先生指出:"马克思引进了以物质生产为主导形式的实践概念。马克思认为,如果不是把历史仅仅了解为政治史和文化史,而首先是人类物质生活的生产发展史,那末历史的创造者首先就是体现着物质生产活动的人类实践。这种实践的主体是人,客体是自然。单有作为主体的人还不能有生产、有实践;单有作为客体的自然也不能有生产、有实践。为了使生产和实践成为现实,必须把两者统一起来。"③但是在资本主义社会里,人们所从事的物质生产实践活动的这两个维度是分离的,作为客体的自然物并不属于雇佣工人,雇佣工人所生产的产品原则

---

① 孙伯鍨:《马克思的实践概念——纪念〈关于费尔巴哈的提纲〉写作 150 周年》,载《哲学研究》1995 年第 12 期。

② 《马克思恩格斯文集》第 1 卷,人民出版社 2009 年版,第 502 页。

③ 孙伯鍨:《马克思的实践概念——纪念〈关于费尔巴哈的提纲〉写作 150 周年》,载《哲学研究》1995 年第 12 期。

上也由不得自己支配,资本家只付给雇佣工人最低工资,这份工资只能维持最低的生活水平。由此,马克思的实践概念又具有充分的历史张力:"马克思的实践不是抽象的生存实践,而是具体的、历史的现实社会实践,它所包含的不是对一般性的人的生存状况的忧虑,而是对具体历史阶段的现实的人的物化状况的批判。"①毫无疑问,《关于费尔巴哈的提纲》所阐释的实践,本身是革命的,它既为历史哲学提供了现实前提,也为推进人类历史进步提供了批判的武器。如此提出的实践概念告诉我们,实践的前提是现实的,实践的路径也是现实的,实践本身必须脚踏实地。

从学理上讲,孙先生这一批学者已经把马克思的实践概念说明白了,但是在如何批判当下资本主义社会与推进社会主义建设上,还存在诸多的问题与困难。对此,孙先生看在眼里,急在心里,一再提醒学生写关于马克思主义的文章要脚踏实地,一再提醒中国共产党人推进建设社会主义现代化国家要脚踏实地。在这方面,孙先生给我影响最深的是他关于中国现代性、中国式现代化的理性反思。20世纪90年代,好些学者热衷于中国现代性问题研究,这是好事,说明中国学界开始反思中国式现代化道路,但有些学者显然是急了些,动不动就采用西方现代性分析框架理解中国现代性,以至于简单地以发达资本主义市场经济为标准讨论中国现代性。孙先生站在马克思主义的立场上,严肃地对待中国现代性问题讨论,强调:"马克思主义为我们在这个问题上的深入探索提供了仍然有效的理论和方法,这是我们研究中国的现代化和现

---

① 孙伯镆:《浅谈马克思主义哲学的出场路径问题》,载《河南大学学报(社会科学版)》2003年第2期。

代性问题所必须的根本理论立场。"①不仅如此,孙先生还就市场经济与现代性的关系、中国现代性与西方现代性的关系提出了非常明确的观点和态度:"在实行社会主义市场经济的过程中,并不是完善了市场经济就具有了现代性。我国正在进入和追求的现代性显然不能和西方已经达成的现代性等量齐观,它应当是具有社会主义性质和中国特色的现代性。"②

关于中国式现代化与中国现代性,孙先生说过一段非常重要的话,他说:"在今天的中国,历史赋予我们的使命是实现社会主义现代化,而不是任何别的现代化。如果离开社会主义这个大目标来谈现代化、现代性,甚至错误地把社会主义当做实现现代化的障碍必欲除之而后快,并进而得出结论:只有欧美式的现代化,而不可能有别的现代化。这实际上就不是在谈哲学,而是在谈政治。"③这段话非常具有前瞻性,因为孙先生预判了二十年后中共中央基于百年奋斗史而做出的关于中国式现代性的重大历史判断。2021年党的十九届六中全会审议通过了《中共中央关于党的百年奋斗重大成就和历史经验的决议》,重申邓小平同志首次提出来的"中国式现代化"命题,强调指出:"党领导人民成功走出中国式现代化道路,创造了人类文明新形态,拓展了发展中国家走向现代化的途径,给世界上那些既希望加快发展又希望保持自身独立性的国家和民族提供了全新选择。"④

---

① 孙伯鍨:《以科学的理论态度研究"当代性"问题》,载《南京大学学报(哲学·人文科学·社会科学版)》2001年第2期。

② 孙伯鍨:《以科学的理论态度研究"当代性"问题》,载《南京大学学报(哲学·人文科学·社会科学版)》2001年第2期。

③ 孙伯鍨:《作为方法的历史唯物主义》,载《河南大学学报(社会科学版)》2001年第3期。

④ 《中共中央关于党的百年奋斗重大成就和历史经验的决议》,人民出版社2021年版,第64页。

之所以孙先生与《中共中央关于党的百年奋斗重大成就和历史经验的决议》,相隔二十年所提出的两段话所阐明的观点是如此一致,那是因为其中都贯穿着马克思主义世界观和方法论,马克思主义世界观和方法论是永远不会过时的理论精髓部分。孙先生早在二十多年前就明确指出:"既然马克思主义哲学的活的灵魂是与现代科学和现代历史发展相一致的世界观和方法论,那么它就根本谈不上过时和被超越的问题。"[1]在二十多年后的今天,在统筹中华民族伟大复兴战略全局和世界百年未有之大变局的背景下,推进全面建设社会主义现代化国家,推进实现中华民族伟大复兴中国梦,面临着的问题与困难不比二十多年前少,因此我们更需要始终坚持和运用马克思主义世界观和方法论,不断推进马克思主义中国化时代化。2022 年 7 月,习近平总书记在省部级主要领导干部"学习习近平总书记重要讲话精神,迎接党的二十大"专题研讨班上发表重要讲话,他指出:"全党要把握好新时代中国特色社会主义思想的世界观和方法论,坚持好、运用好贯穿其中的立场观点方法,在新时代伟大实践中不断开辟马克思主义中国化时代化新境界。"[2]这就是中国共产党人世界观和方法论的历史传承!而孙先生的贡献在于,从哲学的角度对这种历史传承的理论前提进行了深入的研究!

---

① 孙伯鍨:《作为方法的历史唯物主义》,载《河南大学学报(社会科学版)》2001 年第 3 期。
② 《高举中国特色社会主义伟大旗帜　奋力谱写全面建设社会主义现代化国家崭新篇章》,载《人民日报》2022 年 7 月 28 日第 1 版。

体系还是方法，教条还是指南？

——基于孙伯镶先生晚年对马克思主义哲学实质问题的探讨

陈培永 *

恩格斯在一封信中写过一段被之后的马克思主义者不断引用的话："马克思的整个世界观不是教义，而是方法。它提供的不是现成的教条，而是进一步研究的出发点和供这种研究使用的方法。"①这段话包含着对待马克思主义的科学方法论，在马克思主义发展史上发挥了重大作用。但之所以被不断引用，就说明违背这一科学方法论的现象不仅没有杜绝反而持续存在，不然的话它就变成了没有任何针对性的空谈。要深刻理解这句话，防止马克思的整个世界观被当作教义、教条，就需要我们搞清楚马克思主义哲学的实质究竟是什么。孙伯镶先生晚年发表了一系列文章探讨这个问题，提出了马克思主义哲学的实质是方法而不是体系的鲜明观点，对于推进马克思主义哲学研究、马克思主义理论发展依然具有启示意义。

一、马克思主义哲学为什么不能是体系哲学？

在哲学史上能够留下一席之地的哲学，都有一个包括主题、范

---

* 作者简介：陈培永，北京大学马克思主义学院教授、副院长。
① 《马克思恩格斯文集》第 10 卷，人民出版社 2009 年版，第 691 页。

畴、观点等所构成的体系,而且其逻辑越思辨、体系越庞大,就越容易被认同为哲学。谈论马克思主义哲学,也不可能完全摆脱这样的"哲学共识"。与这种"共识"貌似不同,在孙伯鍨先生看来,马克思主义哲学不是体系哲学,它变革的正是体系哲学,马克思、恩格斯根本没有致力于建构一套固定的哲学体系。推进马克思主义哲学发展,也不在于按照新的称呼、新的逻辑、新的表述重构马克思主义哲学体系,反而应该放弃这种注定不符合马克思主义哲学实质的努力。

这里所提出的"体系哲学",一种是马克思主义哲学创立之前以康德、黑格尔的哲学为代表的德国古典哲学;另一种是马克思主义哲学创立后逐渐形成的体系,主要表现为以辩证唯物主义和历史唯物主义为主要内容的苏联哲学教科书体系;还有一种则是国内外学界不满意于传统哲学教科书体系而从人本主义、实践本体论、存在论或价值论等角度力求重构的马克思主义哲学体系。这种体系重构的前提是,认为马克思主义哲学当然存在着哲学体系,存在着严整的理论形态和稳定的逻辑结构,但它不是教科书的那种体系,应该运用马克思、恩格斯经典文本中的范畴建立起包容全部内容的规范体系,能够适应时代需要的新的哲学体系。

体系哲学以黑格尔的哲学为突出代表,往往试图建立一个包罗万象、能够解释一切的体系,对万事万物及其变化发展进行合理说明,呈现出关于世界的整体性图景。而要实现这个目标,必须得借助于最高原因、终极本质、绝对理性来探究世界的本体论,提出不可还原的纯粹之物、先验之物作为自然界、社会的本原,从某种永恒真理、永恒公平、永恒正义的原则出发进行概念的演绎。从积极意义上,体系哲学体现了哲学家的自信,其力求给世界提供一个完美解释的努力应该给予一定程度的认可。当然,这种努力的结果往往是形成抽象的、思辨的作品,写出的是超越经验现实和日常生活的文字,体系哲学因此也代表着一些人对哲学的最初想象,哲学被认为就应该是抽象和思辨的。而问题也正在于此。体系哲学为了成全完美的理论逻辑,形成一套固定的、封闭的哲学体系,实际上远离人类的历史、社会、生活,只是给后人留下了能够反复咀嚼的文本,它是象牙塔中的哲学,没有对日常生活保持友好,即使社会历史已经发展变化,体系哲学的体系依然不会改变。

以改变世界为目标的马克思主义哲学,与体系哲学的追求显然是相悖的。马克思、恩格斯没有致力于构建一套包罗万象的、貌似具有解释力的哲学体系,他们不认为可以把世界哲学化为一个大而全的理论。在马克思主义哲学这里,不存在任何终极原因或绝对实体,只存在各种自然现象、过程和关系的相互作用及其演变的历史。马克思主义哲学从现实出发,直面历史、立足社会,来揭示自然与社会之中的关系,并将其上升为理论的东西,提供实践和认识的指南。这决定了马克思主义哲学不是封闭的体系哲学,而是随着人类社会历史的进步不断发展的、开放的哲学。

不能把马克思主义哲学当成体系哲学,将其提炼为一个由范畴和逻辑构成的固定的、封闭的体系。就此而言,旧哲学教科书体系本身是有问题的,因为它是建立在马克思主义哲学有一个封闭体系的基础上。在孙伯鍨先生看来:"旧哲学教科书体系的问题不在于它的表面结论,从解释世界的角度看,它确实达到了极高的科学水平。所以,问题并不在于它的体系并不完整。那问题出在哪里呢? 从其实际后果看,它在理解马克思思想方面的教条思维和对马克思解释'必须如此'的个人崇拜做法,不能从根本上提供行动的指南,从而背离了马克思主义的实践性质。因此,它越是精致就越是窒息了生动的马克思主义哲学研究,从而极大地扼杀了马克思主义科学性本身。因此,我们批判这一解释框架,并不是批判它的体系所包含的缺陷或不完整性,以致重构一个让大多数人都接受的'科学体系'。"①

　　无疑,将马克思主义哲学体系化或再体系化是哲学工作者的冲动。不满意教科书体系而追求对马克思主义新的哲学体系构建,看到了旧体系的问题,但走错了方向,依然停留在"它是何种体系"的问题争论中。马克思主义哲学本身应该是开放的,不可能建构出完美无缺的封闭的学说体系。而且,任何哲学体系的生命都是短暂的,一旦建成一个体系,那这种体系很容易随着时代的发展而过时。对马克思主义的体系哲学化追求,很容易让研究者沉浸于文字的愉悦中,不断地探究马克思究竟说了什么,而永远无法回到我们生活的世界,不能给已经发生变化的现实以有力的回应,必然将马克思主义哲学变成无法洞察时代和引领时代的抽象哲学。

二、如何理解马克思主义哲学的实质是方法?

　　不满意于马克思主义哲学现有的体系而力图重构新的体系,对马克思主义哲学的体系化、再体系化或新体系化,实际上是没有把握马克思主义哲学的实质的表现。孙伯鍨先生认为:"仅仅围绕体系的争论并不能真正触及马克思主义哲学的根本性质问题,问题的关键不在体系而在方法。如果抛弃或者背离了马克思主义哲学的根本方法,那么任何哲学体系,即使仍然冠以马克思主义的名称,也不能视为是马克思主义的。"②

---

① 孙伯鍨等:《体系哲学和马克思主义哲学》,载《江苏社会科学》2000年第1期。
② 孙伯鍨:《再论马克思主义哲学的体系与方法》,载《江海学刊》2001年第2期。

马克思主义哲学的实质不是体系而是方法,这里的"实质"是指其区别于其他哲学的最本质的方面,是马克思主义哲学在哲学史上实现根本变革的特质。马克思主义哲学和其他哲学在人学、生存论、价值论等理论内容方面都有探讨,在理论体系的表象上不能显示出其独特性,只有深入到理论体系中的方法论才能看出其与众不同之处,才能看出它的根本性质、革命特质或精神实质。这也意味着,要判断一种哲学是否属于马克思主义哲学,从根本上要看的不是它有什么样的体系,而是看它是否坚持了马克思主义哲学的根本方法。

作为马克思主义哲学实质的方法是什么样的方法?众所周知,就是辩证唯物主义和历史唯物主义,孙伯鍨先生也使用了这种表达,但他同时看到的问题是,人们对方法的理解基本沿用的是旧哲学教科书的范式,辩证唯物主义被局限在探讨客观世界的原理上,往往等同为没有人出场的唯物主义自然观,被理解成"自然哲学"或"一般唯物主义";历史唯物主义则被认为是辩证唯物主义在社会历史领域的运用,是关于人类社会及其历史发展的基本原理,是包括社会存在与社会意识、生产力与生产关系、经济基础与上层建筑等观点的总和。所谓对马克思主义哲学体系的重构,实际上也是建立在对辩证唯物主义和历史唯物主义的这种理解的基础上,在没有从方法论上进行把握、没有深刻理解其方法论特质的时候,就提出了重构马克思主义哲学体系的目标。

马克思主义哲学的实质是方法,就要从方法论的角度来理解历史唯物主义和辩证唯物主义,不能只是把其当成基本原理,更不能当作包含若干原理和理论内容的"体系哲学"。孙伯鍨先生做了独到的阐释和澄清:"历史唯物主义可以从两个方面来理解:其一个方面是指对社会历史的认识及其理论;但更重要的一个方面是指历史主义的研究方法,运用这种方法来研究问题,是更宽泛意义上的历史唯物主义。"①历史唯物主义主要应作为方法,应重点突出作为方法的历史唯物主义。其中的"历史"不应该是时空范畴中的社会历史,而应该是把事物当做"过程"的方法,即从现实的、历史的、具体的视角来分析社会生活,把现实的社会生活看作是暂时的和历史性的方法。这就把有关绝对的、终极的、永恒的东西排除出哲学之外,让哲学面对普遍联系和无穷发展变化的世界,基于此而形成不断发展、永无止境的创新理论。

　　坚持历史唯物主义的方法看社会生活、看人类历史,就必然会得出辩证唯物主义的方法。离开历史、过程的方法,就没有真正的唯物辩证法,唯物辩证法是在把握历史的运动中呈现出来的。同样,坚持辩证唯物主义或唯物辩证法看问题,就必然会确立历史唯物主义的方法。"辩证的观点同时就是历史的观点,反之亦然,即把事物当成一个'过程'来看待。所以说,当我们不是从通常的角度来理解'历史',而是把'历史'当成一种方法来理解时,'历史'和'辩证'就达到了内在的统一,辩证的唯物主义和历史的唯物主义也就不再存在所谓的一般原理和特殊应用的关系了。"②在历史唯物主义的方法中涵盖着辩证法的原则,在辩证唯物主义方法中涵盖着历史唯物主义的方法。从方法论的角度看,"历史唯物主义、辩证唯物主义也应该包括实践唯物主义"实际上是对马克思主义哲学实质的不同表达,只是从不同的角度对马克思主义哲学实质进行的概括。

---

　　① 孙伯鍨:《作为方法的历史唯物主义》,载《河南大学学报(社会科学版)》2001年第3期。
　　② 孙伯鍨:《作为方法的历史唯物主义》,载《河南大学学报(社会科学版)》2001年第3期。

马克思主义哲学的实质是方法,应该把握这一方法论的科学性。从事马克思主义哲学研究,重中之重是学会运用掌握这一方法。"马克思主义哲学则把历史主义的辩证方法当作自己观察、审视、思考和把握一切现存事物和客观进程的方法论灵魂。马克思主义哲学观察问题的方法既不是诉诸单纯的直观(直觉),也不是诉诸单纯的思维,而是综合地运用人类认识的一切要素,以客观实际为出发点,运用辩证的认识方法,在思维中再现事物的具体统一性和历史过程中。"①如果没有关注并自觉运用这种辩证唯物主义的和历史唯物主义的方法,如果没有对当下正在发生的历史事件深刻剖析,提出规律性、本质性的见解,那即使阅读了马克思、恩格斯的所有著作,背会马克思主义哲学的所有原理,弄懂了已经被构建或重构出来的整个体系,也无法领悟到马克思主义哲学的变革意义,无法体会到马克思主义哲学无用之用背后的大用。

三、马克思主义哲学的方法和体系有何关系?

马克思主义哲学的实质是方法而不是体系,这个观点容易引起的争论是,马克思主义哲学难道就不讲体系吗?只讲方法不讲体系的马克思主义哲学如何被认同、被接受?马克思主义哲学是否会因为缺少有血有肉的理论内容而变成一个什么都可以往里装的筐呢?随着人类社会历史进程的演变,一切范畴、观点、命题都发生了转变,理论体系不再有共同之处,那还能叫马克思主义哲学吗?

---

① 孙伯鍨:《马克思主义哲学的开放性与党性原则》,载《学术月刊》2002 年第 6 期。

马克思主义哲学的实质是方法，不是说马克思主义的实质是方法，不是说马克思主义哲学的全部内容就是方法。马克思主义哲学本身包含着一定的理论体系，并不是说它除了方法以外就没有别的东西了。强调马克思主义哲学的实质是方法，给人一种不讲体系重要性的感觉，这就像一场辩论，双方的观点都各有道理，但为了凸显本方的道理可能会不去强调对方本来有道理的地方一样。孙伯鍨先生强调马克思主义哲学的实质是方法，不代表他否定马克思主义哲学是有体系的，他也认为："作为对世界的解释，任何一种理论，甚至是自称'反体系'理论，只要不是武断任意，而是讲道理重论证的，它都必须有一个体系。"①

马克思主义哲学不是体系哲学，但有理论体系，不能否认马克思主义哲学有独特的理论逻辑、理论内容。孙伯鍨先生也认为，建立一个完整的马克思主义哲学体系，在马克思主义哲学宣传和教学中是极其重要的，但从研究的角度，从建设和发展指导当代中国历史实践的马克思主义哲学来说，则更应该把握其实质，重视马克思主义哲学的方法。因为"马克思主义哲学不是作为独立的体系哲学而显示其思想和文化价值的，作为一种科学的世界观和方法论它当然有其理论和逻辑体系，但这种体系不同于任何体系哲学，其中也不存在任何与其世界观和方法论相独立的传统意义上的本体论"②。

马克思主义哲学既有方法又有理论，方法离不开体系，说它的实质是方法，也并不意味着它就是某种方法大全。如果只有方法，马克思主义哲学就会沦落为不接现实生活的纯粹的"逻辑学"，也

---

① 孙伯鍨等：《体系哲学和马克思主义哲学》，载《江苏社会科学》2000 年第 1 期。
② 孙伯鍨：《存在范畴与马克思主义哲学的本体论问题》，载《南京大学学报（哲学·人文科学·社会科学版）》2002 年第 03 期。

发挥不了改变世界的哲学的作用。马克思、恩格斯没有写专门的辩证法著作，没有纯粹的方法论著作，很难区分哪一部分是关于方法的著作，哪一部分是讲理论体系的著作。方法就贯穿在理论体系中，总是通过理论体系来呈现出来的。比如，马克思的方法作为大写的逻辑就蕴含在《资本论》的理论体系中，《资本论》是成功运用唯物主义辩证法透视特定的经济社会形态、把握历史的典范。马克思、恩格斯也把科学的、革命的方法论运用到政治学、经济学、历史学等具体研究中，形成了丰富的理论内容，我们得从这些理论内容中把握方法。

对于马克思主义哲学来说，方法构成理论的内核和灵魂，方法统帅着体系。理论体系是方法的运用，是用方法不断研究新问题的结论，这样的理论体系注定是灵活的、是发展的，而不是固定不变的。可以说，方法为本、为根，理论体系为枝、为叶。体系会变，方法论不变。厘清马克思主义哲学的体系和方法的关系，就应该认识到，重要的不在于马克思主义哲学研究的结论，而在于继承和发扬其研究问题的方法不断地研究新问题。但难题是，我们更容易去把握一种哲学的原理、观点而不一定能掌握其内在的方法。我们容易从原则出发，而不是把握作为实质的方法后，再从历史发展、社会现实中引出新的原则、新的观点。搞清楚马克思主义哲学的实质是方法而不是体系，就不能把马克思主义哲学确立的原则作为出发点，而应该从社会经济发展的客观状况和需要出发，做到逻辑与历史相统一而不是历史与逻辑相统一。

四、马克思主义哲学如何才能成为科学的指南？

在当今时代，为什么要追问马克思主义哲学的实质是方法还是体系的问题？这不是要回答一个是非选择题，而是事关如何从事马克思主义哲学研究、如何发展马克思主义哲学的重大问题。深刻理解马克思主义哲学的实质是方法而不是体系，可以说是防止对马克思主义教条化的理论前提和思想准备。没有哪个时代的哪个马克思主义者愿意成为教条主义者，但教条主义还是持续存在着。马克思主义哲学研究和具体实践为什么容易滋生教条主义？这显然是与马克思、恩格斯等经典作家的文本具有吸引力和说服力密切相关的，是与马克思主义作为一种学说、一种思想的解释力和影响力分不开的。一些观点能够穿透时代，给后人以无数的启发，让人坚定认为经典作家一定是对的，学术研究就是要还原阐释、深入理解，治国理政必须不打折扣地遵循。如此倾向，自然容易形成学术研究只能引用原文而不敢突破创新、经济社会发展可能会不从实际而是从理论主张出发的问题，造成对马克思主义的教条化。

马克思主义哲学作为致力于洞察时代、引领时代的哲学，作为执政党和国家的指导思想的构成部分，决定了必须防止教条化。马克思、恩格斯就曾多次提出他们的理论的特点以及对待他们的理论应该有的态度："我们不是教条地以新原理面向世界：真理在这里，下跪吧！我们是从世界的原理中为世界阐发新原理。"①"我们的理论是发展着的理论，而不是必须背得烂熟并机械地加以重复的教条。"②关键是：马克思主义哲学如何避免教条化而成为科学的指南？

根本上是要摆脱体系哲学的思维方式，因为体系哲学的思维

---

① 《马克思恩格斯文集》第 10 卷，人民出版社 2009 年版，第 9 页。
② 《马克思恩格斯文集》第 10 卷，人民出版社 2009 年版，第 562 页。

方式沉浸在形而上学的理论体系建构,本身就通往教义、通往教条。如果依循体系哲学的思维,陷入理论体系应该是什么样的争论,热心于从经典作家的文本中重构理论体系,马克思主义哲学研究就很难在面对已经变化发展的现实中发出让人信服的声音。"囿于体系,用一个'新'的范畴替代已有的范畴,用一个新的结构去替代原来的结构,从表面上看,马克思主义显现出'繁荣'之势,而马克思的历史唯物主义最基本的方法却被排除在外。这就导致这样一个问题,现实需要我们马克思主义哲学理论家进行发言的时候,他们却说我们的体系还没有建构好。"①从事马克思主义哲学研究,不能在完善哲学体系中不能自拔,不能停滞在经典文本的反复解读中,不能沉浸于范畴和概念的不断更新而忽略对社会现实的关注。

防止马克思主义的教条化,就要防止不分时间和空间地一味引用经典作家的原文原话。教条主义中的一些所谓的"教条"实际上就是马克思主义学说中的基本观点,它们是经典作家在当时的社会背景下透视历史、洞察时代中得出的观点,肯定不能说是错的,但换一个时间和空间再去强调这个观点,这就很有可能导致教条主义出现。时代已经发生变化,还继续引用原文原话,就很容易沦为教条主义。我们也不能认为当今社会发生的一切,都可以从马克思、恩格斯的理论中找到答案,不能认为只要从马克思主义的理论体系找到正确的内容,作出合理的阐释,就能解决今天的问题。言必称马恩,在研究中习惯于梳理经典作家的相关论述,或者一而再再而三地、不厌其烦地引用相关论述,看似引经据典、引章摘句,实际上很有可能早就背叛了马克思主义哲学的实质,陷入虽

---

① 孙伯鍨等:《体系哲学和马克思主义哲学》,载《江苏社会科学》2000 年第 1 期。

然不断援引马克思、恩格斯的观点但实际上却与马克思主义哲学精神实质相悖的窠臼中。

防止马克思主义的教条化,还得营造宽容、包容的学术氛围。马克思主义哲学相对于其他哲学的特殊性还在于它的政治性和意识形态属性,这种特性决定了对马克思主义的研究会受到一定限制,马克思主义的创新发展有时会遇到一定阻力。在研究中容易出现的一种现象是,研究者写文章一定得有出处,一定得说经典作家说过的话,不能说经典作家没说过的话,而且凡是马克思说过的,就是不容置疑的,就应该作为评判学界观点的依据。一旦说了与马克思主义经典作家不同的话,就会被说成是违背马克思主义的、不符合马克思主义的,甚至给人扣上假马克思主义、伪马克思主义、反马克思主义的帽子。这样的环境,只会把自己封闭起来,甚至连马克思主义哲学研究者内部都不能正常交流,马克思主义发展的前景就是堪忧的。把握马克思主义哲学的实质,面对已经发生变化的时代背景,应该保持马克思主义哲学的开放性,给一些新观点新见解提供生成的宽容的学术环境。

马克思、恩格斯的理论不是教义,不是现成的教条,应该把他们的研究作为出发点,使用他们的方法,研究新情况、解决新问题,大胆往前走。研究马克思主义哲学,当然要引用马克思、恩格斯的原著原话,但应该在把握其精神实质的前提下引用,如果不符合历史唯物主义方法论而去引用马克思的话,这本身就是违背了马克思主义哲学的实质。"对于马克思主义哲学工作者来说,必须更多地关注现实的历史发展和社会生活课题。"①马克思主义哲学要避

---

① 孙伯鍨:《作为方法的历史唯物主义》,载《河南大学学报(社会科学版)》2001年第3期。

免教条化,要成为科学的指南,就要坚持马克思主义哲学的方法观察时代和社会,自觉运用历史的、辩证的、实践的唯物主义的方法,去洞察时代和引领时代,敢于并善于提出新的范畴、新的观点,在科学认识世界的基础上发挥改变世界的作用。

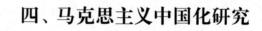

四、马克思主义中国化研究

"从抽象上升到具体"的哲学使命
——孙伯鍨先生的方法论思考及其对马克思主义哲学中国化的启示

周毅之*

2003 年初,孙伯鍨先生在临辞世前发表了《浅谈马克思主义哲学的出场路径问题》一文。文中,他忧心着一个事关"马克思主义哲学向何处去的大问题"。论题虽标以"浅谈",但行文犀利,特立独见,直指把马克思主义哲学以重建本体论、面向存在论和文化哲学等路径出场的各种观点。文中以黑格尔和马克思的比较为例,指明黑格尔的哲学目的只是构筑"历史哲学的概念体系",在观念中实现终极圆融的体系;而马克思则是在对现实社会生活的科学批判中承担着"改变世界"的使命,"走出来的是另一条哲学道路","马克思主义哲学的出场路径则是科学的认识论和方法论"。如何理解这种科学的认识论和方法论? 这篇文章里孙先生未及展开。但是,他一生以方法论解读而著称的马克思主义哲学研究中,尤其是在"抽象上升到具体不是马克思主义认识论的方法之一,而是它的根本方法"[1]的解读中,留给我们许多宝贵的启示。

---

* 作者简介:周毅之,江苏省原政协常委,学习委员会主任,教授。

[1] 孙伯鍨:《孙伯鍨哲学文存》第 1 卷,江苏人民出版社 2010 年版,第 432 页。

一、从提出"回到马克思"到研究卢卡奇,并未终结的方法论思考

"回到马克思",1986 年孙伯鍨先生就向学界作了这一提醒。他后来在一次访谈中淡然地说:"我本人并不看重这个口号,而是希望通过这种强调唤起国内马克思主义哲学研究中的立场意识和方法意识。"①话虽平直质朴,但所忧者切,所思者深,所虑者远。所言"立场意识",意味着在当代如何理解历史赋予马克思主义哲学的使命,以什么样的方式展开马克思主义哲学的历史责任心和历史主动性;而"方法意识",则意味着在当代如何把握马克思主义哲学的当代价值含义,以及在什么样的意义上谈论马克思主义哲学的出场路径问题。孙先生说,提出这个口号,"背景就是各种西方思潮的纷至沓来"②。

近代到现代的西方哲学,从其形态的变化来看,经历了一个海德格尔用他散文诗式的语言所表达的"哲思的迁居"。因为社会生活样式的演变,韦伯所描述的"铁笼子",转向福柯所描述的"环形监狱",从"固态"的沉重钢铁外衣,转向"液态"的"无根"沉浮。于是,哲学家们忙着重新构建对这个世界作出解释的概念图式。西方哲学在主体流向上就从近代笛卡尔开始的认识论范式转向尼采、克尔凯郭尔到海德格尔的生存论、存在论范式。如果说黑格尔是前期哲学的终结者,海德格尔则是后期的代表者。海德格尔"向内转"的诗性玄思,以所谓"先行于自身"的、始终在于"在之中"的"存在结构",造了僵冷固化的实体性本体论的反。但是,这种造反

---

① 孙伯鍨:《孙伯鍨哲学文存》第 1 卷,江苏人民出版社 2010 年版,第 440 页。
② 孙伯鍨:《孙伯鍨哲学文存》第 1 卷,江苏人民出版社 2010 年版,第 440 页。

依然是老游戏圈子里的造反。这种在神秘玄思中对"此在"在世界存在的先验结构与意义的追问,突破了实体性本体论的"牢笼",却转向了一种飘忽不定的功能性本体论,因而依然是马克思所嘲讽的那种存心以为"应当永远支配社会的永恒规律"①。而这种"老游戏圈子"里的抽象概念游戏,浸淫开来,以其精美的形式框架、华丽的术语词藻、神秘的玄思妙想,形成了一种"哲思的繁荣"。

　　这种"哲思的繁荣",自然会影响到中国。工业发达国家生活样式演变及其呈现出来的被称为"后工业社会""后现代"的特征,借着其先占优势而浸淫世界。与之相应而流布世界、争奇斗趣的哲学,则同时对马克思主义哲学发起一波波的"反思"和重新型塑。此中有两条特别值得注意的策略。一是以生存论转向的哲学情愫反对一度被僵硬地体系化了的"马克思主义哲学",尤其体现在苏式教科书中的所谓"旧式马克思主义",但同时在这种否定中也否定了马克思主义哲学的核心原则和方法。二是把马克思纳入西方哲学生存论转型中对前期西方哲学"逻辑纠错"的阵营之中,尤其倾心解读1845年前马克思哲学为"人学的马克思哲学",真正的"马克思哲学",视之为哲学生存论转型的一个重要源头。这就是孙伯鍨先生提出"回到马克思"时所清醒面对的"纷至沓来"的背景。他尤其为之"不得不担忧"的是,面对现代西方哲学"一片虚假繁荣景象","一些马克思主义学者顿觉风光不再,自惭形秽,忙不迭地要与之接轨,追赶这股时代潮流"②。

　　面对"纷至沓来"的西方思潮的哲学"繁荣",孙先生是有准备的。他清楚地看到,西方当代哲学对待马克思主义哲学两条策略

---

①　《马克思恩格斯选集》第1卷,人民出版社1995年版,第617页。
②　孙伯鍨:《马克思主义哲学的开放性与党性原则》,载《学术月刊》2002年第6期。

的一个重要关节点，或谓"一个总的目的，即塑造一个不同于老年马克思的青年马克思，用他来代替和否定作为辩证唯物主义者、经济学家和科学社会主义创始人的马克思。用他们自己的话说就是'回到青年马克思'"。因此，在这个关节点上，必须理清楚马克思主义哲学的"来龙去脉"，了解"如何从它的理论前提中逐渐脱胎和诞生出来的具体历史进程"，了解这场"人类认识史上所实现的最深刻的革命变革的全过程"。[①] 1985年，孙先生历数度寒暑，出版了《探索者道路的探索：青年马克思恩格斯哲学思想研究》。正是这部用独开新境的深层历史解读法解读马克思文本、解读"人类认识史上所实现的最深刻的革命变革的全过程"的力作，为"回到马克思"作了坚实的铺垫。张一兵先生评述这部著作为当代理解马克思哲学思想发展五大解读模式中独树一帜的中国学者的解读模式。这是学术界公认的允评。而这种学术界的独树一帜，在孙先生的立意则是"更好地为当前的斗争服务"[②]。这部著作在理清马克思思想成长的"两次转变"时，尤其着力于完成对黑格尔辩证法的改造，由此超越费尔巴哈抽象人崇拜的历史唯心主义，从而创立了历史唯物主义新视界。决定这一转变的是唯物辩证法方法论的建立与运用。所以，孙先生在"序言"中说，"最核心的问题是'方法'"[③]。"回到马克思"，首先就必须回到唯物辩证法。失去这一方法论立场，就可能被西方的哲学"繁荣"所俘获。

同在回到马克思方法论的问题上，孙伯鍨先生在研究卢卡奇时有更深一层的考虑，他的立意在"为建构面向21世纪的马克思

---

① 孙伯鍨：《孙伯鍨哲学文存》第1卷，江苏人民出版社2010年版，绪论第3、4、5页。

② 孙伯鍨：《孙伯鍨哲学文存》第1卷，江苏人民出版社2010年版，第12页。

③ 孙伯鍨：《孙伯鍨哲学文存》第1卷，江苏人民出版社2010年版，第6页。

主义寻找科学的方法论基础"。卢卡奇早期代表作《历史与阶级意识》一般被认为是"西方马克思主义"的开山之作,而晚年未完成的《关于社会存在的本体论》局部纠正早期观点,"已经非常接近马克思的科学的社会存在论,但仍有一些形而上学的残余"。而在当时,这部著作却有成为"国内学界一些同志重建马克思主义哲学的一种范本"的态势。所以,为"以正视听",孙先生即着手研究卢卡奇,并在 1999 年出版了《卢卡奇与马克思》。卢卡奇的《历史与阶级意识》,旨在方法论上批判资产阶级的"实证主义""直观唯心主义"以及由此延伸的"科学主义",从而建立起一种新的认识方法即总体性的方法,辩证法的总体观。他视德国古典哲学的全部进展路径就是要在方法论上实现一次革命,以克服康德的"自在之物",消弭主体和客体的直观二元论的"窠臼",但因为始终把问题只驻留在观念之中而没有成功。而实现这一方法论变革的是马克思,因为马克思找到了真正的历史主体(无产阶级),从而在资产阶级社会的"主体—客体"中实现了对事实的认识真正成为对现实的认识。这就扬弃了古典哲学中主体和客体、思维和存在、理论和实践、自由和必然的僵硬的二元对立,打开了认识历史和把握社会的大门,从而确立了辩证思维的总体性的认识方法。也正是在这个意义上,卢卡奇视马克思主义最重要和最核心的问题是方法。在这些论述中,孙先生敏锐地注意到卢卡奇提及过,这种总体性方法的"真正物质基础"是"资本主义社会及其生产力和生产关系的内在对抗性",但是,紧接着指出,可惜这个观点没有能够发展成为卢卡奇自己的历史观和方法论的基础与出发点。他把这种总体性和主体性纠合在一起,以总体性确立为主体的认识方法,以总体性在消弭僵硬的二元对立中消除资本主义社会的"物化"。这就和历史唯物主义的方法论立场擦肩而过。卢卡奇有极为强烈的革命愿望和救世精神,希望唤醒无产阶级而成为"集体的哲学家",但在经历了黑格尔的"圆圈"(绝对精神的自我异化、异化的扬弃和绝对精神的终极复归)后,回归到抽象一般的普遍人的主体性。这就回到了经马克思革命性改造前的辩证法,马克思被"人学化"于是也就开始了。晚年卢卡奇对此作了纠错,但是他引入了"元初形态的劳动"为社会存在的本体论的终极抽象,视之为客观本体论的中心范畴。孙先生清楚地指出,卢卡奇的这种设定就不得不赋予"劳动"以自在合类性的性质,从而把人类历史描述为从自在合类性到合类性的自我发展过程,依然留在了被马克思否定的形而上学的阴影里。如黑格尔视拿破仑为"马背上的绝对精神",卢卡奇则似乎视无产阶级为机器大工业中的"绝对精神"。抽象的异化和异化的扬弃而回归于终极一般,辩证法"存在"着,但被掏空了,历史唯物主义的方法论依然没有守得住。所以,孙先生说,要"充分借鉴卢卡奇晚期的哲学成果",但"它只能是我们防微杜渐的一面'镜子'。我们必须不断回到马克思的经典著作,为建构面向 21 世纪的马克思主义寻找科学的方法论基础"。① 所以,一部《卢卡奇与马克思》,立意就在寻找面向 21 世纪的马克思主义方法论基础。这种方法论基础的寻找,既是从《探索者道路的探索:青年马克思恩格斯哲学思想研究》到《卢卡奇与马克思》的关键立意,也是孙先生毕生解读马克思主义哲学的关键立意。为了这一科学方法论基础的寻找,孙先生毕生践行"不断回到马克思"的理念,始终坚守"马克思是我们的同时代人"的学理诺言,循着马克思主义哲学自身革命性演进的逻辑线路,特别是马克思政治经济学批判中的哲学方法论而作过精心的先期思考。

---

① 孙伯鍨:《孙伯鍨哲学文存》第 3 卷,江苏人民出版社 2010 年版,第 390 页。

二、从《德意志意识形态》到《资本论》的逻辑追寻，一份先期展开的沉思

在《探索者道路的探索：青年马克思恩格斯哲学思想研究》中，孙先生通过关于马克思早年"两次思想转变""两种理论逻辑"此消彼长的解读，定位《德意志意识形态》为唯物主义历史观的创立，是建立历史唯物主义一般原理的完成。孙先生在书中引述了《德意志意识形态》中的一段原理性的表述："从直接生活的物质生产出发来考察现实的生产过程，并把与该生产方式相联系的、它所产生的交往方式，即各个不同阶段上的市民社会，理解为整个历史的基础；然后必须在国家生活的范围内描述市民社会的活动，同时从市民社会出发来阐明各种不同的理论产物和意识形式，如宗教、哲学、道德等，并在这个基础上追溯它们产生的过程。这样做就能够完整地描述全部过程（因而也就能够描述这个过程的各个不同方面之间的相互作用）了。"紧接这一引述，孙先生指出，"如果我们把马克思恩格斯的这一概括和 1859 年《〈政治经济学批判〉序言》中的那段著名的话比较一下，就可以看出，在《德意志意识形态》中历史唯物主义作为一种科学的世界观已经完整地呈现出来了"。[①] 但是，《探索者道路的探索：青年马克思恩格斯哲学思想研究》作为对马克思主义关于历史唯物主义科学世界观形成的完整考察，并没有终结于《德意志意识形态》，全书作结的一章是关于《共产党宣言》的新世界观的解读。

孙先生这样的安排是否意有专属，已无可考。但是，有一点很

---

① 孙伯鍨：《孙伯鍨哲学文存》第 3 卷，江苏人民出版社 2010 年版，第 263 页。

清楚,这样的安排实际表达了历史唯物主义认识社会存在的一个完整的历史,构成了一个逻辑完整的"哲学事件",是马克思主义哲学革命的一次完成。如果关于"探索者道路的探索"即马克思主义哲学革命的心路历程最终不是落脚于《共产党宣言》中的新世界观的出现,而是定格于《德意志意识形态》关于历史唯物主义原理一般的构建,那么这种构建只是实现于观念状态之中,这不是马克思哲学革命的完成。所以,孙先生这样的研究方式和叙述方式的安排,实际蕴含着马克思主义哲学认识论的唯一科学、唯一正确的方法论指引:从抽象上升到具体。历史唯物主义的这一根本方法论使自身的哲学革命决不停留在解释世界的一般原理构架,而是实现于历史运动的具体实践中,在无产阶级解放运动的历史实践中获得自身的鲜活生命,这就是《共产党宣言》中的新世界观的宣示。唯其如此,才是马克思主义哲学革命这一事件的完成。

但是,历史唯物主义这一轮哲学革命的完成,只是这一轮理论变革的完成,而不是欧洲传统体系哲学的形而上学式的终结。历史唯物主义的哲学生命并非终极实现于思维历史的一个"螺旋式"的回还,尽管这是一个多么辉煌地实现了自身圆满的回还。在马克思的方法论视野里,这一轮的"完成"同时又是下一轮的哲学"起点",也是社会存在的认识历史的"起点"。在孙先生的解读中,这一具有"哲学—历史意义"的起点,以及这一起点开始的"实现了人类思想史上最具革命性的变革"是在马克思的政治经济学批判中,尤其是实现于《资本论》的资本逻辑批判中。这在马克思主义哲学宏观思想史的意义上,是从历史唯物主义理论"一般"上升为资本逻辑批判之"具体"的革命性演进。

近年来,马克思主义哲学研究中的中心话题开始了向政治经济学研究和批判中的哲学主题转换的走势。习近平 2015 年 11 月在中央政治局集体学习会上引恩格斯的话说,"无产阶级政党的'全部理论来自政治经济学的研究'"①,强调要研究马克思主义政治经济学中的方法论。孙先生在 20 世纪 50 年代初就攻读《资本论》《剩余价值学说史》等著作,积数十年之功,先期积聚为关于政治经济学中的哲学方法论的深层次思考。到 20 世纪末,西方"繁荣"的哲学文化思潮"纷至沓来",孙先生一方面应对这种"哲思的迁居",但同时仍然在政治经济学批判的哲学方法论土地上耕耘不息。他认为这是马克思主义哲学的历史总体性的坚守。当时他不无调侃地说,在当下语境中,"似乎造成了这样一种印象:如果哲学真想以哲学的方式来言说自己,那么,存在论是其唯一的选择";而"从唯物主义的立场出发来推动马克思哲学的当代解读,似乎成了一种'保守的'、或者说吃力不讨好的事情"。② 孙先生就是凭着这样的学术定力和不为"乱花迷眼"的学术眼力,先期做着似乎"吃力不讨好"的事,并培养了具有这样的学术定力和学术眼界的青年学者。③

孙先生在对马克思主义哲学史的解读中,总是依凭着他高度重视的历史唯物主义的方法论,这里总是亮着马克思视为唯一科学、唯一正确的从抽象到具体的方法论"隧道之灯"。正因为如此,孙先生特别关注马克思主义政治经济学研究和批判中的哲学主

---

① 习近平:《正确认识和把握中长期经济社会发展重大问题》,载《求是》2021 年第 2 期。

② 孙伯鍨:《孙伯鍨哲学文存》第 3 卷,江苏人民出版社 2010 年版,第 478 页。

③ 孙伯鍨先生评论唐正东博士《斯密到马克思:经济哲学方法的历史性诠释》一书时说,这就是"在上述马克思哲学的唯物主义阐释这一方向上的一次卓有成效的理论努力。该书的一个最大特点是,从经济学的视域来展开对马克思主义本质的深入分析"。"它不再去争论马克思哲学到底是关于'真正的人'的学问还是关于现实的人的社会存在的学问的问题,而是直接站在人的现实社会存在的层面上拓展对马克思哲学本质的研究。"这里实际上已先期说出了近年来马克思主义哲学研究中心话题转换的端倪。参见孙伯鍨:《孙伯鍨哲学文存》第 3 卷,江苏人民出版社 2010 年版,第 479—480 页。

题,尤其是《资本论》的"哲学—历史意义"。在马克思主义哲学的宏观历史中,如何认识从《德意志意识形态》到《资本论》的新一轮革命性演进,既事关对马克思主义哲学内在的革命性的认识,更事关在怎样的意义上理解马克思主义哲学中国化的问题。孙先生在他极为厚实的文本功夫中对此已先期有过精深细致的思考,但在当时的研究环境里,他又很讲分寸。他注意到历史唯物主义一般原理在政治经济学批判、在《资本论》中的"证实"和"应用",这其实也是在认识社会存在的思维逻辑进程中抽象内构于具体的一种呈现。他也引了列宁的看法说"自从《资本论》问世以来,唯物主义历史观已经不是假设而是科学地证明了的原理"①。但是,孙先生就此打住,他的更深层的立意,则认为"《资本论》不仅是对唯物史观的证实"②。他认为,"马克思的哲学探索因有经济学的转向而终于走出了思辨逻辑和概念王国的传统框架,实现了人类思想史上最具革命性的变革",马克思对政治经济学的批判性研究"促成他最终实现在哲学领域中的彻底革命"。③ 这一经济学研究与批判镶嵌在历史唯物主义世界观和方法论生成的"第一事件"的动力机制中,但更呈现为从历史唯物主义原理一般到资本主义具体逻辑批判的上升运动中,是一次具有历史辩证法意义的"彻底革命",是具有"哲学—历史意义"的历史唯物主义的历史发生学视野中的全新"事件"。为什么会是这样?孙先生回答得十分明确:"因为马克思首先是一个革命家。"④马克思不以自全于"思辨逻辑和概念王国"的传统欧洲哲学家的方式规定自己的哲学使命。马克思的政治经

---

① 孙伯鍨:《孙伯鍨哲学文存》第 4 卷,江苏人民出版社 2010 年版,第 106 页。
② 孙伯鍨:《孙伯鍨哲学文存》第 4 卷,江苏人民出版社 2010 年版,第 107 页。
③ 参见孙伯鍨为唐正东《斯密到马克思》一书所作序言,转引自唐正东:《斯密到马克思》,南京大学出版社 2002 年版,序言第 1 页。
④ 孙伯鍨:《孙伯鍨哲学文存》第 4 卷,江苏人民出版社 2010 年版,第 105 页。

济学研究和批判，不是直观的科学主义的论证还原，而是社会存在认识的历史运动中从抽象上升到具体的辩证运动。所以，《资本论》不是逻辑先验性的结果，而是历史先在性的升华；其论旨不在于对概念体系圆满性的验证，而在于上升为历史的具体中重新获得活生生的逻辑生命。

孙先生的如此解读，是严谨地依据马克思在《资本论》研究中的方法论思路。他说："马克思并不把逻辑方法看作外在于科学认识过程和革命批判活动的纯粹形式或永恒工具，而是坚持历史主义的观点，把它看作从后者中产生出来又被应用于后者之中的活生生的逻辑。它既在科学认知和革命批判过程中发挥应有的功能，又随着科学批判的扩展和深化扬弃着自身。"[①]被学界称为"深层历史解读法"的孙先生的这种解读思路，正是对这种"历史主义的观点"的坚持。这种历史主义反对形而上学的概念体系主义，反对非历史的抽象的绝对，反对观念中的终极性崇拜，反对外在于具体历史活动的纯粹形式或永恒工具。黑格尔辩证法的合理性在于它的历史主义的具体性，在于否定抽象超越历史而凝固为永恒物，由此视世界为精神不断克服自身的抽象而向具体的整体性的生成。这一过程"从单纯的规律性开始，而后继的总是愈加丰富和愈加具体。因为结果包含它的开端，而开端的过程以新的规定性丰富了结果"，作为基础和起点的"普遍的东西在以后规定的每一阶段，都提高了它以前的全部内容，它不仅没有因它的辩证的前进而丧失什么、丢下什么，而且还带着一切收获和自己一起，使自身更丰富，更密实"。[②] 在政治经济学批判的工作中，马克思称这一由黑

---

① 孙伯鍨：《孙伯鍨哲学文存》第 4 卷，江苏人民出版社 2010 年版，第 98 页。
② 黑格尔：《逻辑学》下卷，杨一之译，商务印书馆 1976 年版，第 549 页。列宁视这一表述为对黑格尔辩证法的很好的总结。

格尔首先阐述的从抽象上升到具体的方法,"显然是科学上正确的方法";在《资本论》的工作中,称这一方法"帮了我很大的忙"。① 但是,黑格尔把这一辩证的历史运动的过程留在了观念之中,留给了神秘的绝对精神。所以,马克思断然超越黑格尔,把其中的合理性从神秘化中解放出来。他说:"辩证法的真正规律在黑格尔那里已经有了,自然是具有神秘的形式。必须把它们从这种形式中解放出来。"② 孙先生正是严格因循了马克思在《资本论》中的这种方法论思路,解读马克思在《资本论》中对辩证法在黑格尔神秘主义形式中的"解放",从而既得力于黑格尔"合理的东西"而突破古典经济学、庸俗经济学中的经验实证主义,又以唯物辩证法超越黑格尔,实现了一次方法论上的彻底革命。正是这样的方法论立场,使孙先生对《资本论》研究方法和叙述方法作了细致精微的解读,又对政治经济学研究和批判、特别是《资本论》中完成的方法论革命的"哲学—历史意义"作了厚实的支撑性论证。

三、从"抽象上升到具体",是坚实的方法论缆绳,
更是一份哲学使命

孙先生在马克思主义哲学解读中对方法论的高度看重,视马克思主义哲学中"最具核心意义的、最具活力的"的是认识和改造世界的方法,这在学界已成共识。但是,孙先生的解读意趣并不止步于这种看重,而总是更深层次地思考这一方法论的本质内涵与批判性、革命性意义。在他关于马克思把辩证法从黑格尔神秘形

---

① 《马克思恩格斯全集》第 29 卷,人民出版社 1972 年版,第 250 页。
② 《马克思恩格斯全集》第 32 卷,人民出版社 1974 年版,第 535 页。

式中解放出来的解读中,特别是在关于实现《资本论》中的方法论彻底革命的解读中,清晰呈现出把这种方法论安置在坚定唯物主义立场上的辩证法的光辉,呈现出"从抽象上升到具体"的方法论在社会客观存在的认识历史进程中的鲜活的生命力。这是马克思视为"科学上正确的方法",即恩格斯所说的"无产阶级政党的'全部理论来自政治经济学的研究'"中的方法论。这种方法论的生命力,在于坚持社会存在的客观性与历史性,在于对社会存在认识的唯物主义立场和历史主义态度,而不在于凝固的概念及概念体系的终极性和永恒性。作为起点的单纯的规定性的内在矛盾在否定之否定中扬弃自身,在具体的整体性中"带着一切收获和自己一起"获得新的生命。所以这意味着人类认识史上具有"哲学—历史意义"的彻底革命,意味着人类认识社会存在中客观历史定在的规定性和主体实践中的历史主动性的统一,因而承载着"改变世界",推动人类文明进步的使命。

这是孙先生对马克思主义哲学方法论的宝贵阐发。因为如果没有这根方法论缆绳,就可能陷于非历史的"单纯的规定性"的崇拜,陷于机械的经验实证主义,陷于马克思对资产阶级经济学,特别是庸俗经济学批判最多的非辩证的、非历史主义的方法。庸俗经济学重视经验,重视直观的实证方法,但是把静止的片段抽象化,作为永恒的存在,而不关心甚至无视、有意识忽略现实存在的内部关系、历史存在、内在矛盾及否定之否定中的未来。他们重视"事实",但"事实"不是"现实",历史不是"事实"的堆砌。科学认识历史中的现实和现实中的历史的正确方法,只能是唯物主义立场上的抽象上升到具体的方法。只有坚持这一方法,才不至于潜入直观的、机械的、抽象的、静止的庸俗唯物主义。

与上述同样重要的另一面是,如果没有这根方法论缆绳,也可能陷于无视客观历史存在的唯心主义,陷于马克思所批评的囿于直观的经验抽象一旦进入社会生活就立即成为历史唯心主义的东西。当思想以概念拜物教的姿态走向历史的具体时,自视思想高踞于历史之上,抽象凌驾于具体之上,以自身的"圆满性"而无视历史具体的顽强存在,把思想的抽象图式看作可以征服历史的神器,以为思想无所不能,历史只能屈服于概念,其结果只能是僭越主体的历史能动性,并瓦解这种能动性的内在动力,最终窒息思想的生命。而摆脱这种抽象在具体面前的幻化、思想在历史面前出丑的境况的出路,只能是唯物主义立场上的抽象上升到具体的方法。只有坚持这一方法,才不至于只在唯心论、唯理论的圈子里打转。

正是在这样的解读中,孙先生视抽象上升到具体的辩证方法,不是外在于、独立于事物本身的纯粹逻辑学,而是内构于事物自身的指向具体历史运动的方法论,因而也是承载着置身于现实并使现实革命化的使命性意义的方法论。就如在《资本论》中,商品既是关于资本逻辑分析的科学起点,也是资本主义现实运动的历史起点。《资本论》的方法论是在对资本主义实行否定性批判的实践中展开的。所以,在孙先生的解读中,一向坚持马克思主义哲学不应被视为"世界一体"的体系哲学,其核心问题是认识和改变世界的方法论。① 在阐释《资本论》的逻辑方法时,孙先生审慎地界定了列宁关于逻辑、辩证法和唯物主义认识论融合为"同一个东西"的看法的阐释边界,指出这在"同一门科学"的应用中可以是合理的,但是如果视之为可以用来建立一个"世界一体"的哲学体系,就"难

---

① 孙先生这里讲的"体系哲学"主要是在哲学形态意义上说的,主要是指欧洲哲学史上观念中自证圆满的概念图式的体系化哲学形态,而不是指学科意义上整理观点的体系架构。在后一个意义上,孙先生讲"我强调方法并非为了反对体系",但"方法始终是核心,是体系的'活的灵魂'"。

免要陷于思辨,导致谬误",①而黑格尔正是这样做的。在黑格尔那里,辩证法只与纯粹的思维或概念有关,除了作为逻辑范畴的概念或纯思维的抽象运动及其规律之外,本质上并不存在其他运动和规律,而纯思维的运动又只能是逻辑学和认识论,这就完全合理地把逻辑、辩证法和认识论看成"同一的""等同的",是"同一个东西",并由此构成一个"世界一体"的哲学体系。这里包含着辩证法的有价值真理,却又是一个十足荒谬的唯心主义命题。由此而构筑的包罗万象、囊括一切的哲学体系,只不过是一个神秘的圆融的幻觉图景。黑格尔是欧洲哲学传统中最后一位体系论者,也是最后一位失败的体系论者。针对这种体系哲学,孙先生解释说:"无论马克思或恩格斯都没有企图像黑格尔那样去建立逻辑、辩证法、认识论熔为一炉的哲学体系,哪怕是唯物主义的体系。"②因为他们的哲学初心就不在于这样一个"世界一体"的哲学图式,他们的哲学使命是"改变世界"。锻造于《资本论》中的方法论,是承载着资本逻辑批判的方法,是在资本逻辑的现实性、合理性中发现其非绝对性、暂时性和自身否定性的方法。这种方法论本身就承载着特定的历史使命。孙先生指出,庸俗经济学之所以把黑格尔抛弃一边,就是因为他们的哲学诉求只是在资本逻辑的绝对性、永恒性这一前提悬设下解释各种经验事实,而从未想过这一悬设前提的合理性问题。在他们眼里,这无须证明,也无法证明,他们总是自发地谈论"绝对"。但是,在马克思的哲学方法论里,没有绝对的存在。一切合理的都是现实的,但又都是暂时的。马克思的哲学意旨正是在批判中展示这种暂时性,实现现实的革命化,即"问题在

---

① 孙伯鍨:《孙伯鍨哲学文存》第 3 卷,江苏人民出版社 2010 年版,第 227 页。
② 孙伯鍨:《孙伯鍨哲学文存》第 3 卷,江苏人民出版社 2010 年版,第 227 页。

于改变世界"。"它的真理性、现实性和力量表现在它是否有能力，以及在多大程度上干预和改变这个世界的实际进程。"①锻造成熟于《资本论》中的方法论，正是承载这一"干预和改变这个世界的实际进程"的方法论。

四、从"抽象上升到具体"，马克思主义哲学在构建人类文明新形态中的"再生成"

孙伯鍨先生关于马克思主义哲学"干预和改变这个世界的实际进程"的方法论解读，是视马克思是我们的"同时代人"，因而也是对马克思主义哲学在人类历史进程当下场景里的出场路径的解读。这一解读，为在怎样的意义上认识和把握马克思主义哲学中国化留下实可珍惜的启示。

有人认为马克思主义哲学可分为"原生态的马克思主义哲学"和"中国化的马克思主义哲学"。在孙先生的解读思路里，如果是在学科构建、教学宣传中，如此表述倒也未尝不可，但这绝不意味着马克思主义哲学可以是在不同的形式意义上"圆满"了的、"完成"了的个别的体系。马克思主义哲学本身是一个整体意义上的哲学—历史运动，一个在历史与逻辑交互作用的统一中接续"抽象上升到具体"的哲学—历史运动。马克思主义哲学以自身的历史自觉性和历史主动性，在认识和把握社会存在及其历史性上接续着一轮又一轮的否定之否定，实现从原理一般到历史具体的一次又一次的再生成，在实现现实的不断革命化中实现自身的不断革命化。这正是马克思主义哲学的生命力之所在。只要生活之树常

---

① 孙伯鍨、张一兵：《走进马克思》，江苏人民出版社 2001 年版，序第 2 页。

青,这朵生活之树上的精神花朵就会绽放。

也可以说,马克思主义哲学在中国实践中获得了"验证""证实""推广",但马克思主义哲学不是在关于自然、社会、意识的统一图景中求得圆满解释和验证的完成了的体系,而是始终生存于"改变世界"的实践中的方法。马克思主义哲学是在历史的具体中展开自身的历史内涵和辩证本性,在具体中克服自身的抽象性,在现实中形成对存在的综合化,在否定之否定的运动中实现历史与逻辑的接续性的统一,从而成为"这一个"历史时代的精神花朵,成为"这一个"历史实践中的人们的自己的哲学。在这个意义上理解马克思主义的当代中国化,则是历史唯物主义在人类文明新形态中的新的逻辑展开,是人类文明新形态的历史与逻辑在交互作用中实现统一的再生成,是哲学宏观意义上的再度从抽象上升到具体的再生成,是更高层次上的哲学革命性的再度建构,是在新的历史实践中实现"改变世界"的新哲学。

在以中国式现代化路径构建人类文明新形态的实践者面前,横亘着一道西方现代化普遍主义的迷障。"西方的普世主义信念断定全世界人民应当信奉西方的价值观、体制和文化,因为它们包含了人类最高级、最进步、最自由、最理性、最现代和最文明的思想。"①他们执经验实证主义的方法,从只作为人类宏观文明中一个经验片段的西方资本主义工业化国家的经验事实中,抽象出如经济工业化、交换市场化、政治民主化、文化理性化等因素的现代化图式,并使之凝固化、绝对化,成为一种关于现代化的意识形态幻觉。这种庸俗的经验实证主义和形而上学,正是马克思在政治经

---

① 塞缪尔·亨廷顿:《文明的冲突与世界秩序的重建》,周琪等译,新华出版社1998年版,第358页。

济学批判实践中所面对的古典经济学,尤其是庸俗经济学所熟用的方法。他们像资产阶级理性的"驾车的笨马",从"顽强的经济事实"出发,在自然的直观中抽象化,使之成为一种神秘的绝对,一种静止的普遍,成为一种普世的和永恒的意识形态。即如 19 世纪 30 至 40 年代德国经济学家们输入庸俗经济学,而在黑格尔的家乡把黑格尔当作"一条死狗"抛弃了。孙先生在分析这段历史后说,这在方法论上必定要"引起一场深刻的革命"。① 引起并完成这场方法论革命的是马克思,承载起这一方法论革命的正是马克思锻造于《资本论》中的从抽象上升到具体的辩证方法。进入当代,当中国式现代化面临着西方现代化普世主义意识形态迷障时,我们同样必须克服经验片段绝对化的形而上学,克服普世性崇拜的非历史主义观念,克服神秘抽象对活生生具体的霸凌,因此,我们必须锻造属于我们这个时代的抽象上升到具体的辩证唯物主义方法论。这也正是马克思主义中国化的使命。

历史唯物主义的方法论中,不可缺场地包含着现实中的人的历史主动性。孙先生在阐释马克思根据唯物主义原则改造黑格尔的辩证法时指出,"简单化地用'头足颠倒'的说法并不能真正表现出这个改革过程的本质"。因为这场改革不是简单的"头足颠倒"的再颠倒,不是用抽象的唯物主义去代替抽象的唯心主义,而是如马克思曾指出的,"用关于人及其现实发展的科学去取代纯粹思维的抽象运动"。② 所以,这场哲学方法论改革不是简单地把辩证法安置在费尔巴哈式的抽象的唯物主义基础上,而是建基于现实的"人及其现实发展"的社会实践中。旧的哲学传统总是认为自己掌

---

① 孙伯鍨:《孙伯鍨哲学文存》第 4 卷,江苏人民出版社 2010 年版,第 231 页。
② 孙伯鍨:《孙伯鍨哲学文存》第 3 卷,江苏人民出版社 2010 年版,第 227 页。

握了最高的"一般",掌握了"终极性",而以这种"终极的一般"清零了主体在实践中的能动性。黑格尔则以"一般"为起点走向"具体",但仍然是概念的具体,仍然在概念世界里的蜗居,一切皆保留在他的绝对精神的神秘幻象中。而在这个神秘幻象里,人不过是绝对精神碾压的花草,不过是绝对精神实现自身的工具。这虽是哲学旧话,但仍有人依然站在黑格尔的"起点"上,固守视为"终极"的"现代化"一般,并塞进他们认为的"可靠结果"。这便在"终极"的"现代化"一般面前丢失了主体在"改变世界"历史活动中应有的历史主动性,而成为意识形态化了的"现代化"终极理念随意碾压的小草。伟大的历史实践需要伟大的历史主动性。以构建人类文明新形态为历史责任的人们,需要有非凡的创造精神。马克思主义的哲学方法论正是这种非凡创造精神的方法论支撑。推动着中国现代化事业的人们,特别需要这样的方法论自觉。

孙伯鍨先生的马克思主义中国化观及其启示

张传平 *

孙伯鍨先生是 20 世纪著名的马克思主义哲学家,他一生致力于马克思主义哲学思想史的研究工作,留下了丰硕的研究成果,既有《探索者道路的探索:青年马克思恩格斯哲学思想研究》这样的在马克思主义哲学史研究中产生重大理论影响的奠基之作,也有《卢卡奇与马克思》这样的在西方马克思主义研究中具有原创性的震撼之作。实际上,孙先生的学术研究领域广泛,视野开阔,对于马克思主义中国化也有深入的研究,在其发表的《社会主义建设中的列宁主义路线》《邓小平哲学思想的核心是坚定的唯物主义》《唯物主义和实事求是》《运用"两论"研究当前的社会矛盾》等一系列文章中,他深刻地阐发了对马克思主义中国化理论和实践的见解。这些见解对于今天的马克思主义中国化的理论研究和实践探索仍然具有重要的意义。

一、坚守马克思主义中国化的理论初心不改变

众所周知,1938 年,毛泽东在党的六届六中全会上,第一次明

---

* 作者简介:张传平,南京大学马克思主义社会理论研究中心暨哲学系教授。

确提出了"马克思主义中国化"的命题和任务。这一命题的提出鲜明地反对党内盛行的把马克思主义教条化、把苏联经验模式化和共产国际决议神圣化的错误倾向，旨在推动马克思主义普遍原理同中国革命的具体实际相结合。在新民主主义革命时期，"马克思主义中国化"这一概念同"马克思主义普遍原理同中国革命具体实践相结合"的这种表述在含义上是一致的。但是，新中国成立后，在编辑《毛泽东选集》时，毛泽东把《中国共产党在民族战争中的地位》一文中的"马克思主义中国化"修改为"马克思主义在中国具体化"。此后，国内学界很长一段时间都不再使用"马克思主义中国化"这一概念，但马克思主义中国化所具有的"马克思主义普遍真理与具体实际相结合"的深刻思想仍然得以传承，并被深入阐发和广泛运用。同这一历史时代的理论家一样，孙伯鍨先生在其论著中也没有直接使用"马克思主义中国化"这一概念。但这并没有影响他对于把马克思主义基本原理同中国具体实际相结合这一理论原则的重视和坚守。他认为，真正影响中国现代思想、深刻改变中国历史面貌的毛泽东思想和邓小平理论都是马克思主义中国化的理论成果，"毛泽东思想的形成和成熟，是马克思主义基本原理和中国革命具体实践的第一次成功结合，是中国共产党在历尽艰难曲折之后实现的第一个伟大思想飞跃"①。他高度评价马克思主义中国化的第一次伟大飞跃，认为这个飞跃使中国民主革命取得了彻底的胜利，独立自主、奋发图强的新中国跃然而生，中国人民的精神为之一振，这种场景对于像先生这样亲身经历的过来人都是终生难忘的。在孙伯鍨先生看来，邓小平理论"实现了思想史上的第二次伟大飞跃"，标志着马克思主义基本原理和中国社会主义建

---

① 孙伯鍨：《孙伯鍨哲学文存》第 3 卷，江苏人民出版社 2010 年版，第 312 页。

设实践的又一次成功结合,是在全新的历史条件下对"当代中国国情、社会矛盾、人民愿望和历史发展趋势的正确把握和集中反映"①,邓小平理论引领中国的社会主义现代化建设进入了一个全新的时代,使社会主义制度重新焕发出新的青春和活力。

　　孙伯鍨先生坚持把马克思主义基本原理同中国具体实际相结合的理论初心不仅是源自对当代中国共产党人在革命、建设和开放实践探索历史的深刻把握,还源自他对马克思主义理论本质的深刻认识和理解。马克思主义作为一种科学的思想体系,它揭示了自然、社会和人类思维发展的一般规律,是一种具有世界性和普遍性的真理,但是正如经典作家们早已认识到的那样,绝不能把马克思主义变成一成不变的教条、变成可以照搬照抄的公式。而应当把马克思主义作为科学的方法,并运用这种方法来分析研究新的生动现实,也就是说必须把马克思主义基本原理同各国具体实际、各个民族的具体特点结合起来。孙伯鍨先生深刻认识到这一点。一方面,他认为,马克思主义并没有给我们提供一种"永恒真理"的思想体系。孙伯鍨先生通过对马克思哲学思想发展历程及其内在逻辑考察得出结论,"马克思主义经典作家不是在研究哲学的过程中发展哲学的,而是在研究现实问题的过程中排除旧哲学的影响,并推动新哲学的诞生和发展的"②。因此,历史唯物主义本身是根植于社会实践中的永远开放和发展着的理论运动。他说:"不用怀疑,马克思主义不是一成不变的教条,它需要发展,需要更新,需要在不同的环境和条件下通过艰难曲折而发展和丰富自己。"③马克思主义是在实践中不断发展的科学,马克思的哲学也不

---

① 孙伯鍨:《孙伯鍨哲学文存》第 3 卷,江苏人民出版社 2010 年版,第 313 页。
② 孙伯鍨:《孙伯鍨哲学文存》第 3 卷,江苏人民出版社 2010 年版,第 474 页。
③ 孙伯鍨:《孙伯鍨哲学文存》第 3 卷,江苏人民出版社 2010 年版,第 241 页。

是一种体系哲学,相反,它冲破了体系哲学的牢笼,代之以科学的革命的方法论,以开放的理论视野、为无产阶级的解放运动提供科学的革命的方法论指导,这是马克思所实现的哲学变革的实质。另一方面,我们也不能把历史唯物主义变成一种自我封闭的僵化体系。在他看来,"马克思主义哲学方法论的实质,在于要求从现实的、历史的、具体的视角来分析社会生活"①。这就是说,作为科学的方法论,马克思主义哲学的基本功能就在于从现实的历史的具体的社会规定出发,深刻认识和把握现存社会秩序的本质和真正趋势,作为改变现实世界的指南。孙伯鍨先生善于抓住事物的本质,善于从本质的高度来认识和理解事物,他把对马克思主义哲学本质的科学把握视为消除把马克思主义教条化的有效手段和方法。"不弄清马克思主义哲学变革的理论特质,我们就无法把握马克思主义哲学的革命性、实践性特征,也就易于在新的话语层面上形成另一种理论教条。"②正是基于这种理论本质的分析,马克思主义必须中国化,马克思主义基本原理必须同中国具体实际相结合,在孙伯鍨先生那里也自然是一种不容置疑的普遍真理。

二、坚持马克思主义中国化的唯物主义基础不动摇

孙伯鍨教授的马克思主义中国化观的形成与 20 世纪下半叶中国社会实践发展密切联系在一起。我国社会主义基本制度确立以后,像中国这样的生产力落后、经济基础薄弱的东方大国,如何进行社会主义建设,是一个极其复杂而艰巨的历史任务。我们在

---

① 孙伯鍨:《孙伯鍨哲学文存》第 3 卷,江苏人民出版社 2010 年版,第 307 页。
② 孙伯鍨:《孙伯鍨哲学文存》第 3 卷,江苏人民出版社 2010 年版,第 296 页。

社会主义建设道路的探索过程中,既有违背客观规律、急于求成的深刻教训,有诸如"文化大革命"这样极左思潮泛滥给社会主义实践带来严重干扰和破坏,也有确立走自己的路,大胆解放思想,重新回到实事求是思想路线,从而迎来建设有中国特色社会主义的改革开放新时期。艰难曲折、波澜壮阔的历史发展赋予了孙伯鍨先生马克思主义中国化观以鲜明的唯物主义底色。他旗帜鲜明地强调要实现马克思主义基本原理同中国具体实际相结合,必须坚持唯物主义的理论前提,以唯物主义立场观点和方法考察客观现实。他在反思"文化大革命"极左路线的错误时,就一针见血地指出:"它的主要特征是用唯心主义篡改马克思主义,把唯物主义倒转过来,颠倒解释历史发展规律,把政治、暴力以至个人权威当作决定的因素,片面夸大革命性,企图靠意志的力量去完成绝不是单凭意志所能实现的事业。"[①]在孙伯鍨先生看来,像在中国这样的东方大国搞社会主义,必须向列宁那样不陷入纯政治的空想,坚守唯物主义的基本前提,把人类社会发展看作一个自然历史过程,大力发展社会主义生产力。"政治、思想或意志永远也不能'创造'新社会,只有全部历史发展所积累起来的巨大生产力才是社会主义新社会的真正'创造者'。"[②]所谓"越穷越革命"的论调,是彻头彻尾的唯心主义,与马克思的历史唯物主义完全背道而驰。社会主义建设绝不能够背离马克思主义关于生产力决定生产关系、经济基础决定上层建筑的科学原理,如果像极左思想所鼓吹的那样,"精神"总是遥遥领先地带动历史发展,如果人们总是热衷为尚未"出生"的生产力预先创造出更新的生产关系,那么历史发展就没有什

---

① 孙伯鍨:《孙伯鍨哲学文存》第 3 卷,江苏人民出版社 2010 年版,第 73—74 页。
② 孙伯鍨:《孙伯鍨哲学文存》第 3 卷,江苏人民出版社 2010 年版,第 77 页。

么规律可言了。新中国成立后我国社会主义建设实践的经验教训告诉我们:"沿着历史唯物主义的路线前进,我们就越来越接近自己的目标,而按照精神决定论的方向走去,失败和挫折总是不断折磨着我们。"①

孙伯鍨先生之所以强调坚持唯物主义对马克思主义中国化实践的极端重要性,还在于他把唯物主义看作是马克思主义哲学的普遍原理。他说:"唯物主义作为全部马克思主义学说的基础,是所有理论中的最基本的普遍原理。"②如果我们抛弃或违背了这个普遍原理,马克思主义基本原理同中国具体实际相结合就会失去正确的立脚点,就会陷入理论和实践的双重迷途,就不可能真正实现马克思主义的中国化。实践概念是唯物主义历史观的基石,在马克思那里,实践首先是人类全部社会生活的基础,其次才是人的认识的基础,马克思是通过物质生产实践发现了社会生活的真正基础,从而提示了人类社会发展的内在规律。

改革开放新时期,邓小平强调要把马克思主义基本原理同中国具体实际相结合,走自己的路,确立建设中国特色社会主义的基本路线。孙伯鍨先生认为这是重新回到实事求是的马克思主义唯物主义理论路线上来。因此,他认为邓小平哲学思想的核心是坚定的唯物主义,"坚持基本路线不动摇,必须坚持唯物主义不动摇"③。改革开放进程中,有人以"解放思想"为借口来怀疑一切,否定马克思主义、毛泽东思想,也有人在言词上不反对马克思主义,但是他们一切从"原则"出发,从"本本"出发,把马克思主义变为僵化的教条。在孙伯鍨先生看来,中国革命和建设中"左"的和右的

---

① 孙伯鍨:《孙伯鍨哲学文存》第 3 卷,江苏人民出版社 2010 年版,第 77 页。
② 孙伯鍨:《孙伯鍨哲学文存》第 3 卷,江苏人民出版社 2010 年版,第 274 页。
③ 孙伯鍨:《孙伯鍨哲学文存》第 3 卷,江苏人民出版社 2010 年版,第 248 页。

错误思想在本质上都是一致的，"两种错误都出于同一个病根，那就是违反了实事求是亦即唯物主义的思想原则"①。如果不能揭露两种错误思潮的假面目，没有抑制这些错误思想的勇气，我们党正确的基本路线就不能得很好地贯彻。孙伯鍨先生深刻揭露了"左"的错误的实质，他说："'左'的错误思想，虽然在言词上不反对马克思主义、社会主义和实事求是原则（唯物主义），但在实际上是完全违背这个原则的。因为持'左'倾观念的人决不是从实际出发，不是从理论和实际相结合的原则出发，而是从某种一成不变、脱离实际的观念出发。"②中国特色社会主义理论及其指导下的实践，绝不是以任何教条、任何固定观念为根据的，而是以马克思主义的基本原理和中国的实际为依据，坚持实事求是不动摇，坚持唯物主义不动摇，不是把共产主义作为现实应当与之相适应的理想，而是看作一种必须建立在一定条件之上的现实运动，即是说，没有生产力的巨大增长，绝不可能实现共产主义，因为正如马克思所指出的那样，在极端贫困的情况下，就必须重新开始争取必需品的斗争，全部东西都会死灰复燃。

三、阐发马克思主义中国化创造本质不懈怠

孙伯鍨先生不仅强调要坚持马克思主义中国化的唯物主义基础，还特别强调马克思主义中国化的创造本质。在他看来，把马克思主义基本原理同中国具体实际真正结合起来，实现马克思主义中国化，离不开实践基础上的理论创造。马克思主义中国化并不

---

① 孙伯鍨：《孙伯鍨哲学文存》第 3 卷，江苏人民出版社 2010 年版，第 251 页。
② 孙伯鍨：《孙伯鍨哲学文存》第 3 卷，江苏人民出版社 2010 年版，第 250 页。

是用马克思主义的概念或理论来图解现实,或者把现实作为马克思主义某种现成原理的例证,更不是对马克思主义的概念范畴作话语表达方式的简单转换,没有实践基础上的理论创造就没有马克思主义理论与实践的真正结合,也就谈不上什么马克思主义中国化。毛泽东曾经说过:"中国共产党人只有在他们善于应用马克思列宁主义的立场、观点和方法,善于应用列宁斯大林关于中国革命的学说,进一步地从中国的历史实际和革命实际的认真研究中,在各方面作出合乎中国需要的理论性的创造,才叫作理论和实际相联系。"[①]孙伯鍨先生也是从理论创新创造这个层面来理解理论和实践的结合、理解马克思主义中国化的。面对改革开放的新课题、新实践,在纪念《哲学的贫困》发表150周年而撰写的《马克思的〈哲学的贫困〉与邓小平的改革理论》一文中语重心长地说:"这个课题能否在理论和方法上正确地加以解决,这就取决于我们能否真正创造性地理解和运用马克思列宁主义和毛泽东思想的精神实质。教条主义、保守僵化地对待马克思主义也是不行的,那会在新形势、新问题、新挑战、新机遇面前故步自封、困守自毙、断送社会主义的前途;机会主义、自由主义地对待马克思主义也是不行的,那会在外国势力和国际资本的压力下背离社会主义道路,葬送社会主义制度。"[②]在孙伯鍨先生看来,这种实践基础上的理论创造并不没有离开马克思主义真理的大道,它恪守马克思主义理论的基本原则,运用了马克思主义的立场、观点和方法,同时又直面现实,体现时代发展,因而又与教条主义的马克思主义有着根本区别,它是"根据马克思主义的基本精神,打破传统观念的束缚,大胆

---

① 《毛泽东选集》第3卷,人民出版社1991年版,第820页。
② 孙伯鍨:《孙伯鍨哲学文存》第4卷,江苏人民出版社2010年版,第67页。

地进行理论创造"①。在谈到邓小平在南方谈话中提出要建立社会主义市场经济体制时,孙伯鍨先生说,这的确是对马克思主义学说的一次重大突破,但这种突破"决没有越出马克思主义学说的基本原则和正确轨道,而是在新的历史条件下创造性地发展了这个学说"②。这是适应了马克思关于世界经济全球化、一体化发展的内在需要而对社会主义的基本经济制度和其运行体制与实现形式科学地加以区分。可见,孙伯鍨先生所理解的这种理论创造实际上是对马克思主义坚持和发展的统一,是在坚持中发展,在发展中坚持,把坚持马克思主义和发展马克思主义内在地统一起来,从而抓住了马克思主义理论创造的本质特征。理论的创造无疑具有除旧布新、开拓性、原创性的含义,人们很容易把创造理解为以"破"为基础的创造性过程,因而把马克思主义的理论创造简单地理解为一种标新立异,或追求一种经典作家没有说过的新话,并把是否与经典作家完全不同作为创造的标准,把对马克思主义基本原理的坚持看作"理论创新创造"的对立面,其结果必然是马克思主义的一种离经叛道。在孙伯鍨先生看来,这种观点不仅是对理论创造的一种形而上学的理解,更是对马克思主义内在本质和精神的一种歪曲和否定,而在实践基础上的理论创造才是把"真正地坚持马克思主义"和坚持"真正的马克思主义"内在地统一起来。

孙伯鍨先生的马克思主义中国化还突出地表现在他对马克思主义中国化的理论成就和历史发展的深刻认识上。孙伯鍨先生认为,1935—1949 年,是毛泽东"在理论上建树最多、成就最大的时期",而 1977—1992 年,是邓小平"在理论上最富创新精神因而也

---

① 孙伯鍨:《孙伯鍨哲学文存》第 4 卷,江苏人民出版社 2010 年版,第 67 页。
② 孙伯鍨:《孙伯鍨哲学文存》第 4 卷,江苏人民出版社 2010 年版,第 70 页。

是收获最大的时期"①。这一判断内含着对马克思主义中国化的重大认识：第一，要从理论和实践的结合上来理解马克思主义中国化，马克思主义中国化不仅要形成一系列相互联系的理论体系，构成相对独立的理论整体，还必须经过实践检验、得到实践确认的正确思想。没有得到实践证明的理论观点，只不过是一种无根据的假设或个人的主观确信，不能成为马克思主义中国化的内在组成部分。第二，只有牢牢把握并科学解决社会主要矛盾，才能促进马克思主义中国化。邓小平之所以能够在改革开放新时期在理论和实践上取得成就，也源于他对我国社会主要矛盾有着清醒的认识，他"在许多复杂的社会矛盾中牢牢地抓住了不断增长的人民群众的物质文化需要和仍很落后的生产力之间的矛盾，从而实现了社会主义建设时期的重大战略转变"②。社会主要矛盾既是人类社会基本矛盾在特定历史阶段的具体表现，反映这个历史阶段存在的最突出、最集中和带有根本性影响的中心问题，体现了实践对理论的需要，也是理论创新与理论发展的起点和动力源。抓住了社会主要矛盾，就抓住了马克思主义基本原理同中国具体实际相结合的结合点。第三，不能用对立或相互否定的观点来审视毛泽东思想和邓小平理论。他说："我们决不能同意这样一种说法，似乎毛泽东思想有一个哲学基础，那个哲学已经陈旧了；邓小平建设有中国特色社会主义理论有另外一个哲学基础。"③在孙伯鍨先生看来，毛泽东之所以取得新民主主义革命的伟大成就同他所坚持的实事求是的唯物主义路线密不可分，邓小平之所以能够开创中国特色社会主义建设新局面，也在于他纠正了毛泽东晚年脱离和违

① 孙伯鍨：《孙伯鍨哲学文存》第 3 卷，江苏人民出版社 2010 年版，第 315 页。
② 孙伯鍨：《孙伯鍨哲学文存》第 3 卷，江苏人民出版社 2010 年版，第 315 页。
③ 孙伯鍨：《孙伯鍨哲学文存》第 3 卷，江苏人民出版社 2010 年版，第 315 页。

背实事求是唯物主义思想路线的错误。邓小平理论是对毛泽东思想的坚持和发展，邓小平理论同毛泽东思想一样，它们的哲学思想的核心是一致的，都是"坚定的唯物主义"①，这两大理论成果都是马克思主义基本原理同中国具体实际相结合的理论产物，都是我们取之不竭的精神财富。

历史的车轮不断向前，中国特色社会主义进入新时代，马克思主义中国化的内涵也在不断地丰富和发展，已经实现了由"一个结合"向"两个结合"的理论跃升。总结和学习孙伯鍨先生的马克思主义中国化观，对于我们在新时代推进马克思主义中国化的"两个结合"研究工作具有重要的启示作用。孙伯鍨先生身上所展现的对马克思主义的坚定信仰、探究本质追求真理的理论品格、密切联系实际的研究作风、敢于对错误思想进行批判的斗争精神，集中体现了推进马克思主义中国化理论和实践发展的新时代要求，而这些也正是孙伯鍨先生留给后人的宝贵财富。

---

① 孙伯鍨：《孙伯鍨哲学文存》第 3 卷，江苏人民出版社 2010 年版，第 315 页。

走进马克思与引领新时代

郝清杰 *

> "走进马克思"的最基本宗旨在于企盼年轻的一代中国学者能够忠实地秉承马克思主义的方法论遗产，完成自己对时代的贡献。
>
> ——孙伯鍨

在我国的马克思主义理论研究进程中，孙伯鍨教授倡导的"走进马克思"，不仅是一种科学的研究方法，而且是一种宝贵的学术风格，更是一种鲜明的时代呼声，得到了黄楠森、陈先达、汝信、许全兴、施德福、夏伟东等专家的高度赞同。① 当前，中国特色社会主义已经进入新时代，作为新时代的中国学者，我们应该继承和发扬孙伯鍨教授倡导的这种优学风，走进马克思的思想深处，发挥科学理论引领新时代的重大作用。要发挥这样的时代作用，应该解决长期以来马克思主义面临的各种质疑：马克思主义传入中国之初，有人质疑马克思主义是外来文化，怎么能够指导中国的革命？新中国成立之初，又有人质疑马克思主义是革命斗争的理论武器，怎

---

* 作者简介：郝清杰，中国高等教育学会副秘书长、中国历史唯物主义学会副秘书长。

① 张亮：《〈走进马克思〉学术研讨会综述》，载《高校理论战线》2002年第9期。

么能够指导和平时期的建设呢？面对中国特色社会主义建设取得的辉煌成就，还有人质疑马克思主义不是内生于中国大地上的本土文化，怎么能够指导中华民族实现伟大复兴？在实现中华民族伟大复兴的新征程中，还存在着两种更为深层的质疑：马克思主义这样的宏大叙事理论，能否指导人民群众日常的实际工作？以改造社会制度特别是变革生产方式为使命的马克思主义，能否成为一种新的生活方式？以上这五重质疑，成为坚持和巩固马克思主义指导地位面临的严峻挑战。只有正确回应这五重质疑，才能够使马克思主义更加有效地引领新时代。这应该是新一代马克思主义者对时代的贡献。

一、马克思主义不是外来文化

从马克思主义创始人的国籍来讲，对于德国之外的国家而言，马克思主义作为一种思想学说，无疑是一种外来文化，这是众所周知的社会常识。但社会常识并不一定都是科学真理，否则科学真理的探索就既没有必要，也没有意义了。从思想内容的科学性方面来讲，一种理论学说如果是真正的科学，那么它就是世界的，是不分国界的——虽然提出这种理论学说的科学家是有祖国的。

自然科学史上，同一科学规律被不同国家或者不同学科的科学家在不同时期发现的例子并不少见：1763 年苏格兰科学家罗伯特·魏特就提出了条件反射的概念，但没有得到重视；一个世纪之后，俄罗斯生理学家巴甫洛夫建构了著名的条件反射理论，为生理学和心理学发展奠定坚实基础[①]。这样的事例同样发生在物理学、

---

①　[美]D. P. 舒尔茨、S. E. 舒尔茨：《现代心理学史》，叶浩生、杨文登译，中国轻工业出版社 2014 年版，第 21 页。

生物学等各个学科,现代遗传学之父乔治·孟德尔通过长达 8 年的豌豆实验,发现了遗传学中的分离规律和自由组合规律,并于 1865 年在布鲁恩科学协会的会议厅,将自己的研究成果分两次宣读,但被忽视了 35 年之久。1900 年,来自荷兰的德弗里斯、德国的科伦斯和奥地利的切尔马克同时独立地"重新发现"孟德尔遗传定律,该年因此成为遗传学史乃至生物科学史上划时代的一年。进一步讲,科学是分学科的,但不同学科的科学所揭示的真理,是从不同角度对同一个客观世界的正确反映。不同学科的科学所揭示的规律是客观世界都要遵循的,是各个学科都要承认的。再进一步讲,一个科学真理,可能是某个国家的科学家发现的,也可能是不同国家的科学家在不同时期提出的,但在世界各国是普遍存在的。牛顿力学是由英国科学家牛顿归纳出来的,但我们能够说中国大地上的物体运动不遵循这些规律吗? 化学元素周期表是俄国科学家门捷列夫首先编制出来的,但美国国土上的各种物体不是由同样的化学元素构成的吗? 因此,某个国家科学家提出被实践验证的科学真理,对于其他任何国家来讲,同样是应该遵循的客观规律。

在社会科学领域,同样有不同的学科分类,共同揭示了人类社会各个领域的基本规律。这些具体学科虽是由各国思想家构建起来的,但从它们所揭示的科学规律角度来讲,同样是没有国界的,是属于整个人类世界的。各国的历史学,虽然研究对象不同,但又有一些共通的研究方法和原则,可以相互交流和借鉴,共同推进人类对自身历史的研究。各国哲学虽然各具特色,但都是研究人类社会发展的共同规律,很多思想观点是相通相融的。因此,各国科学家共同探讨的客观世界的基本规律,成为人类共同的精神财富和强大思想武器。

从马克思主义发展史角度来看,马克思也不纯粹是在德国形成其科学思想的。他一生辗转于欧洲各国,对资本主义的批判,在哲学上以德国为主要研究对象,在批判德国古典哲学中形成了辩证唯物主义和历史唯物主义思想;在经济上以英国为主要研究对象,在批判英国古典经济学中创立了自己的政治经济学理论;在政治上以法国为主要研究对象,在批判空想社会主义的基础上形成了科学社会主义。在这个意义上,马克思主义批判继承人类的优秀文化成果,是时代精神的精华,并不是仅仅产生于德国的一种思想文化,而是一种跨越国界、对世界各国具有普遍指导意义的理论体系。

当然,与自然科学相比,社会科学有其鲜明的阶级性和民族性,需要与各国国情相结合,才能发挥其应有的作用。但不能因为社会科学的这些属性,而否定了它是科学的这一本质。同时,人类发展史表明,社会科学领域的真理是科学性与价值性的统一体,既反映了人类社会的发展规律,又代表着人民群众的根本利益。正如人们所熟知的:"科学越是毫无顾忌和大公无私,它就越符合工人的利益和愿望。"①

达尔文曾经给科学下过一个经典定义,即"科学就是整理事实,从中发现规律,做出结论"②。即使按照自然科学的这个经典定义,马克思主义也称得上是科学:马克思主义整理的同样是"事实":一是资本主义孕育、产生、发展、繁荣、危机等数百年的历史事实,二是工人阶级由自发抗争到自觉斗争的社会主义革命实践,三是人类历史上创造的一切优秀文化成果。马克思主义从整理事实

---

① 《马克思恩格斯选集》第4卷,人民出版社2012年版,第265页。
② 转引自徐匡迪:《学习大师风范 做名副其实的科技工作者》,载《学位与研究生教育》2013年第1期。

中发现的"规律"是人类社会发展的客观规律。正如科学家们揭示的自然规律一样，马克思主义所揭示的社会发展规律，同样属于整个人类世界，是所有国家发展内在的客观规律。至于这些自然规律和社会规律是由哪个国家的科学家发现的，这并不重要，重要的是这一发现为人类社会发展提供了科学的指导，成为人类认识、改造客观世界应该遵循的科学思想。

与马克思同时被誉为"千年伟人"的爱因斯坦，同样十分关注资本主义社会存在的种种不公平现象，深入思考人类社会的未来走向。他明确指出："我深信，要消灭这些严重祸害，只有一条道路，那就是建立社会主义经济，同时配上一套以社会目标为方向的教育制度。在这样一种经济制度里，生产手段归社会本身所有，并且有计划地加以利用。"①这样两位举世公认的"千年伟人"，分别在自然科学和社会科学领域达到了人类思想认识的最高峰，他们关于人类社会未来走向的思考可谓殊途同归，都认为社会主义代表了人类社会未来发展的根本趋势。而且，这个重大结论已经被证明是不可辩驳的客观现实：世界社会主义运动虽然经历了这样那样的曲折，但社会主义已经从空想发展为科学、从理论发展为现实、从在一国取得胜利到在多国建立现实的社会制度。特别是中国特色社会主义事业的蓬勃发展，更是雄辩地证明了马克思主义的科学性。因此，不论从理论辨析层面讲，还是从历史现实角度看，马克思主义都是不容置疑的科学真理。作为科学真理，马克思主义是没有国界的，它属于世界各国人民，绝对不是什么外来文化！

---

① ［美］爱因斯坦：《爱因斯坦文集》第 3 卷，许良英等编译，商务印书馆 2010 年版，第 318 页。

二、马克思主义能够指导和平时期的现代化建设

新中国成立之初,如何开展社会主义革命和建设,是摆在中国人民面前的一个重大挑战。面对这样的时代挑战,一些人对马克思主义能否继续指导现代化建设存在着深深的疑问。新中国成立70多年的历史表明,在马克思主义指导上,共产党领导人民取得了举世瞩目的伟大成就。这充分证明,马克思主义既可以成功指导革命,又能够成功指导现代化建设。但要从思想认识上真正消除这种疑惑,需要从理论上进一步加以阐释。

马克思和恩格斯对资本主义的深层次批判,充分展示了马克思主义强烈的批判精神和鲜明的革命主张。这种批判依据其展示的知识逻辑来看,一方面,它是从马克思和恩格斯早期信奉的人道主义和他们思想成熟后的科学社会主义等价值立场出发,对资本主义社会的异化现象和物化现实进行鞭挞的价值批判;另一方面,它是运用唯物辩证法,从对资本主义生产总过程的深刻分析入手,科学揭示社会发展的客观规律,正确预测未来社会发展趋势的科学批判。正是基于这种科学的批判精神,马克思和恩格斯坚信资产阶级的灭亡和无产阶级的胜利是同样不可避免的,需要通过暴力革命才能破坏一个旧世界,建设一个新世界。

当然,如果从另外一个角度来研究这种批判精神,就会发现马克思主义的又一个理论维度——丰富的建设性原则。这种建设性原则具体体现在:马克思和恩格斯运用科学批判方法,在思维世界中建设性地再现了资本主义的现实历程,从理论上科学构建了资本主义复杂的社会结构;在批判旧世界的基础上,从理论上实现了对未来社会制度的科学建构。这种科学的理论建构,与空想社会

主义不同,它不是依靠抽象的理性和空洞的正义,也不是把希望寄托在偶然出现的天才人物身上,而是依靠无产阶级这一先进力量,依靠暴力革命。这种科学的理论建构,不是对未来社会十全十美的描述,而是对未来社会的原则性预测。由此可见,马克思主义对未来社会的总体构想,建立在对资本主义社会发展规律的科学批判基础上;对资本主义的科学批判,落脚于对未来社会的宏观规划。所以说,在这一科学理论的指导下,我们既可以打碎一个旧世界,又能够建设一个新世界。

世界社会主义运动史表明,正确坚持马克思主义的批判精神和建设原则,社会主义革命就能够取得胜利,现代化建设就能够取得成功;背离马克思主义的这种批判精神和建设原则,社会主义革命就会出现挫折甚至失败,现代化建设就会背离社会主义方向,走上封闭僵化的老路,甚至走上改旗易帜的邪路。新中国之所以能够走出一条适合本国国情的现代化发展道路,正是因为在学习借鉴西方发达国家现代化建设经验的同时,立足中国的实际国情,坚持马克思主义的批判精神,吸收资本主义文化有益营养,继承中华优秀传统文化精华,既纠正了"全盘西化"的错误倾向,又摒弃了民粹主义的非理性冲动,使我国现代化道路始终保持社会主义正确方向;而且坚持了马克思主义的建设原则,建立了生产资料公有制为主体的基本经济制度,建立了人民当家作主的根本政治体制,坚守着民族的、科学的、大众的先进文化导向,实现了以人民为中心的社会建设目标,使我国现代化建设能够在风云变幻的时代大潮中行稳而致远。这也就是为什么在世界社会主义运动处于低潮之时,邓小平依然坚信:"世界上赞成马克思主义的人会多起来的,因为马克思主义是科学。"[1]

---

① 《邓小平文选》第 3 卷,人民出版社 1993 年版,第 382 页。

三、马克思主义能够指导我们实现中华民族伟大复兴

今天,我们距离实现中华民族伟大复兴的宏伟目标越来越近,文化自信成为鲜明的标志。但是,对于需要什么样的文化自信,学者们在思想认识上莫衷一是,理论观点上大相径庭。这种思想争鸣的一个重要问题就是,坚定文化自信、实现中华民族伟大复兴,是否仍然需要坚持马克思主义的理论指导。

这些重大理论问题的产生,根源在于人们常常局限于文化本身来谈论文化。只有跳出文化领域本身,把文化问题放到整个社会有机体之中辩证考察,才能够明辨是非曲直,找到解决问题的正确途径。正如毛泽东所言:"一定的文化(当作观念形态的文化)是一定社会的政治和经济的反映,又给予伟大影响和作用于一定社会的政治和经济;而经济是基础,政治则是经济的集中的表现。这是我们对于文化和政治、经济的关系及政治和经济的关系的基本观点。那末,一定形态的政治和经济是首先决定那一定形态的文化的;然后,那一定形态的文化又才给予影响和作用于一定形态的政治和经济。……我们讨论中国文化问题,不能忘记这个基本观点。"[1]一个国家的思想文化,深深扎根于本国的历史传统和现实社会,既不是远离政治领域的天上人间,也不是脱离经济建设的世外桃源,而是紧紧围绕着社会生活实践发生和发展变化的。文化自信的根基不在文化本身,而是在于人民群众对社会制度的认同和支持,在于政治发展道路的正确选择,在于经济建设取得的伟大成就。进而言之,在众多的思想理论学说之中,一种理论能够解答近

---

① 《毛泽东选集》第 2 卷,人民出版社 1991 年版,第 663—664 页。

代以来中华民族面临的重大时代课题，能够指导中国人民走上繁荣富强的发展道路，那么它就能够成为文化自信的核心内容和中华民族伟大复兴的指导思想。

这个重大时代课题，只有用近代以来中国 180 多年的历史事实，能够给予正确而深刻的解答。近代以来，为拯救民族危亡的命运，封建统治阶级内部既有学习西方改良主义、开展洋务运动的探索，也有仿效西方变法革新方案、推行"百日维新"的奋争，当然也有仍坚守腐朽封建文化传统、企图恢复天朝盛世的妄想；农民阶级发动过反抗封建统治的太平天国运动，掀起过抗击西方列强侵略的义和团运动；民族资产阶级发动过辛亥革命，试图建立资产阶级共和国；思想文化界也提出过实业救国、教育救国、科学救国等各种救国主张。但是，历史证明，这些实践探索和理论主张，都没有真正改变中华民族被动挨打的局面。中华民族只有找到了马克思主义，在其指导下才走出了一条改变被动挨打局面的正确道路。

新中国成立以来 70 多年的艰苦奋斗历程同样给我们以深刻的启示：虽然有各种错误思潮对我国经济社会发展产生了这样那样的干扰，但现代化建设能够不偏离社会主义方向，其根本原因在于我们党始终坚持马克思主义的科学指导。历史昭示未来，在走向中华民族伟大复兴的新征程中，同样应该坚持和发展马克思主义，而不是其他什么理论，用马克思主义指导我们积极应对发展中面临的重大挑战，有效攻克前进道路上的艰难险阻，全力防范在根本性问题上出现颠覆性错误，始终坚守现代化建设的社会主义方向。同时，我们应该看到，中国化的马克思主义已成为马克思主义理论发展的重要内容，成为社会主义先进文化的重要组成部分，融入了中华文明的历史长河，既彰显着鲜明的中国特色，又具有深远的世界意义。

四、马克思主义可以有效指导具体的实际工作

世界社会主义发展史表明,马克思主义具有比刀枪还要强大的思想力量,是共产党人独有的看家本领,但仍然面临着一个更深层次的问题:马克思主义是宏大叙事的科学理论,能够指导人们的具体工作和日常生活吗?

在现实生活中,对于大多数人来讲,大部分时间和精力需要面对和处理的,都是各种各样的小事。小事常常是检验一个人世界观、人生观、价值观的"试金石"。从表面上看,人们处理日常生活小事的方式方法千差万别,充满了这样那样的偶然性。但透过这成百上千件小事,能够反映一个人分析问题的思维方式和价值取向,体现他处理问题的综合素质和行为模式,展示其思想与行为的逻辑必然性。进而言之,这些偶然性虽然表现为变动不居的表面现象,但在这种偶然性背后常常隐藏着必然性,也就是一个人思想言行所遵循的基本原则,它是相对稳定和持久发挥着作用的。这种隐藏在偶然性背后的必然性,上升到理论学说的高度,就是由一个人长期信奉和坚守的世界观、人生观、价值观决定的。当然,一个人的世界观、人生观、价值观不是与生俱来的,而是在长期社会实践中逐步积累形成的。而系统化、理论化的世界观、人生观、价值观,就是人类历史上形成的各种各样的思想体系。

在现实生活中,一个人形成了什么样的世界观、人生观、价值观,思考问题就会有什么样的价值取向,解决问题也就会有什么样的行为逻辑。一个人受错误或落后的世界观、人生观、价值观支配,在日常生活中就会处处碰壁,认不清社会发展的主流,看不准历史进步的趋势;掌握了科学先进的世界观、人生观、价值观,在实

际工作中就会如鱼得水,在为人民服务中获得无穷力量,在投身伟大的事业中彰显自己的人生价值。

"马克思主义的诞生地和落脚点不是在书斋里,也不是在讲台上,而是在各民族各阶层人民生活于其中的现实世界里。它的真理性、现实性和力量表现在它是否有能力以及在多大程度上干预和改变这个世界的实际进程。"①马克思主义科学揭示了人类社会发展的客观规律,是被实践证明了的科学真理,为人们认识和改造包括自身工作生活在内的世界,提供了科学的思维模式和思想方法,是科学的世界观、人生观、价值观。一个人真正选择了这一世界观、人生观、价值观,在现实生活中就能够抵制各种诱惑,在纷繁复杂的社会实践中辨别是非曲直;就能够在日常的小事中得到全面的锻炼,形成科学的思维方式和行为习惯,有效提升综合素质和工作能力,在实际工作中不断取得进步和发展,在为社会作出贡献中实现自身价值。

从更为广阔的视野来看,马克思主义之所以是指导人们改造客观世界和主观世界的强大理论武器,因为它是人类一切优秀文化成果的结晶;同时它内在地要求与社会实践紧密结合起来,能够转化为观察和分析问题的综合素质,转化为研究和解决实际问题的工作能力,因为它具有强烈的革命性和实践性。如果广大共产党员都能够始终坚持和自觉运用马克思主义,不断增强综合素质和工作能力,努力做好日常生活中的具体小事,那么,我们党在整体素质和执政能力上就能够实现质的飞跃,就能够始终走在时代的前列,成功应对百年未有之大变局中的重大时代挑战。

---

① 孙伯鍨、张一兵主编:《走进马克思》,江苏人民出版社 2001 年版,序第 2 页。

五、让马克思主义成为一种生活方式①

马克思主义是以改造社会制度特别是变革生产方式为根本使命的。但是，如果讲马克思主义成为一种新的生活方式，恐怕很多人就难以理解了。

在人类社会发展的历史上，个人主义、自由主义、功利主义、实用主义等思想学说形成以后，首先是作为资产阶级革命的理论学说，被人们所接受和践行，成为资本主义的主流意识形态。随着资本主义社会制度的建立，这些思想学说并没有过时，也没有被抛弃，而是经过宣传推广，在西方社会各个阶层深入人心，成为资本主义生产方式和生活方式的重要特征。

在科学批判个人主义、自由主义、功利主义等思想学说的基础上，马克思主义超越了这些理论的内在矛盾，如在对个人主义把社会虚幻化的批判中，阐明了社会的丰富内涵和科学机理；在对自由主义导致自由与公平矛盾的批判中，提出了解决效率与公平问题的现实途径；在对功利主义主张最大多数人最大幸福目标空想性的批判中，指出了人类社会走向理想境界的正确方向和现实途径。这表明，既然这些思想学说能够转化为生活方式，那么，建立在对这些思想学说科学批判和综合超越基础上的马克思主义，也应该能成为一种新的生活方式。

从另一个角度来讲，生活方式是由生产方式决定的，生活方式也反映着并反作用于生产方式，两者共同构成了人类的生存方式。资本主义的生产方式决定着资产阶级的生活方式，这种生活方式

---

① 参见郝清杰：《让马克思主义成为一种生活方式》，天津教育出版社 2022 年版。

反映了资本主义生产方式的根本特征,并反作用于这一生产方式。同样,以马克思主义为指导的社会主义生产方式也决定着工人阶级和广大人民群众的生活方式,这种生活方式反映着社会主义生产方式的特征,并反作用于这种生产方式。从这个意义上讲,生产方式和生活方式具有内在的一致性。指导一种生产方式的理论学说,也可以指导相应的日常生活,甚至可以转化为一种生活方式。进而言之,马克思主义指导下建立起来的社会主义生产方式同样决定着这个社会中的生活方式,社会主义生活方式反映着这种生产方式的根本特征。所以,马克思主义与生活方式具有内在的统一性。

这一思想认识,不仅仅是个人的见解,实际上已经成为理论界的一个思想共识。我国著名的马克思主义哲学家陈先达指出:"马克思及其思想并非遥不可及,也并未过时,而是与我们的生活密切相关,对我们的生活具有指导作用。无论是对自由与任性的态度、对命运的态度,还是对社会责任的认识及职业选择等,都可以从马克思及其思想那里获得启迪。因此,我们说追寻马克思,学习和研究马克思经典著作,就是要掌握和精通马克思主义基本原理,进而用马克思主义的立场、观点、方法分析问题、解决问题。"[1]由陈先达教授的这一重要思想观点引申开来,可以说马克思主义与日常生活紧密结合,成为一种生活方式,是顺理成章之事。在当代中国,一些真正的马克思主义者,就是在用自己的一生事业追求践行着这种生活方式。[2]

---

① 陈先达:《马克思与生活》,载《北京日报》2018 年 5 月 7 日。
② 由此想起当年探望孙伯鍨教授弥留之际的场景。孙老师躺在病床上,虽然精神有些疲惫,但思路仍然非常清晰。在人之将逝之时,孙老师仍然在关心着马克思主义理论研究的现状,忧虑着马克思主义理论学科如何建设,期盼着马克思主义在中国能够有更大的发展。此情此景,虽已过去 20 年,仍历历在目,这是用生命诠释坚定理想信仰的生动写照。

在纪念马克思诞辰 200 周年大会上的讲话中，习近平总书记指出："共产党人要把读马克思主义经典、悟马克思主义原理当作一种生活习惯、当作一种精神追求，用经典涵养正气、淬炼思想、升华境界、指导实践。"①从一定意义上讲，精神追求、涵养正气、淬炼思想、升华境界、指导实践，构成了一种生活方式的主要内容；从生活习惯到生活方式，只是一步之遥。实际上，习近平总书记早在 2013 年就已经谈道："我爱好挺多，最大的爱好是读书，读书已成为我的一种生活方式。"②作为共产党人，研读马克思主义经典、践行马克思主义原理，当然更可以成为一种生活方式了。以毛泽东、邓小平等为代表的党和国家领导人，已经把马克思主义融入实际工作和日常生活，转化为他们自觉践行的一种生活方式。

那么，马克思主义转化为一种生活方式，具体体现在哪些方面呢？

首先，人民群众是历史的创造者，这是马克思主义的根本观点和政治立场。在实际生活中，一个人如果能够始终坚持这一根本立场，那么心胸就会更开阔，看淡个人成败得失；境界就会更高远，看清社会发展趋势；人生就会更精彩，看透日常生活百态。

其次，唯物辩证法是马克思主义的核心观点。在实际生活中，自觉运用唯物辩证法，可以使我们正确认识人生的跌宕起伏，在成功和荣誉面前保持清醒，在反思挫折中磨砺意志，在面对厄运时锤炼德行，在身处逆境时积蓄力量，在克服错误中走向胜利，在经历苦难后成就辉煌。

最后，实事求是是马克思主义的科学方法。在实际生活中，一

---

① 习近平：《在纪念马克思诞辰 200 周年大会上的讲话》，载《人民日报》2018 年 5 月 5 日第 2 版。

② 习近平：《习近平谈治国理政》第 1 卷，外文出版社 2014 年版，第 410 页。

个人如果能够坚持这一科学方法,就可以做到不唯书,不唯上,只唯实,做到守初心担使命,不跟风不盲从,在工作和生活中始终立于不败之地。当然,马克思主义的基本立场、观点和方法,有十分丰富而深刻的内涵,比如按客观规律办事、坚持调查研究方法、人的自由全面发展等,这些都可以在日常生活中加以贯彻和实践。

实践表明,马克思主义不但能够指引我们对社会生产方式进行革命性改造,而且能够指引我们对社会生活方式进行革命性改造,还能够指导我们对世界观、人生观、价值观进行革命性改造,这也就是自我革命的深刻内涵。当马克思主义的作用范围由指导生产方式变革向指引生活方式拓展时,一方面是马克思主义的日益现实化,另一方面是世俗生活的日益理想化。总之,让马克思主义成为广大党员干部和人民群众的一种生活方式,我们将创造出越来越丰富多彩的社会生活,为世界发展提供越来越多的思想智慧,为人类走向美好未来作出更多更大的贡献,进而引领人类文明发展的新方向。

略论孙伯鍨先生对马克思主义中国化哲学基础的研究

王　巍[*]

孙伯鍨先生是我国著名的马克思主义哲学史家,以马克思主义哲学史研究著称于学界。同时,孙伯鍨先生始终关注现实理论问题,在研究中很好地体现了理论与实际相结合的马克思主义学风。"在他的整个哲学思想发展中,有一个主线是最强烈的,那就是对当代中国社会发展问题的深刻关注。"[①]也正如黄枬森先生所言:"作为著名的马哲史专家,孙伯鍨教授的研究并不限于历史,无宁说他研究历史是为了解决现实问题,因此,他对现实理论问题和当代哲学问题倾注了相当大的精力,做出了引入注目的成果。"[②]孙先生主持的国家级重大项目"坚持和发展马克思主义哲学、邓小平哲学思想"、主编的《在反思和探索中前进:中国体制改革的历程、现状和前途》《现实与哲学:论中国特色社会主义理论的哲学基础》等著作、承担的"九五"重点教材《马克思主义哲学史》的第十章《社会主义建设新时期邓小平建设有中国特色社会主义理论及其哲学

---

　　* 作者简介:王巍,中央党校(国家行政学院)马克思主义学院副教授、马克思主义发展史研究所副所长。

　　① 张一兵、唐正东:《孙伯鍨哲学思想的方法论源起和内在逻辑——纪念孙伯鍨先生逝世一周年》,载《马克思主义研究》2004年第2期。

　　② 黄枬森:《孙伯鍨教授的学术道路》,载张异宾、唐正东编:《探索与反思:哲学家孙伯鍨》,南京大学出版社2004年版,第39页。

基础》、撰写的《邓小平哲学思想的核心是坚定的唯物主义》《运用
"两论"思想研究当前的社会矛盾》《唯物主义和实事求是——为纪
念恩格斯逝世 100 周年而作》等学术论文,在学界产生了重要影
响,受到广泛好评。

孙先生对马克思主义中国化哲学基础的研究,体现在他运用
马克思主义哲学的立场、观点、方法对当代中国改革开放的历史、
现状与前途的研究,从科学的方法论、唯物主义基础、思想路线的
哲学解释、科学实践观等多个角度,对这一重大哲学研究领域做出
了重要的理论探索,至今仍具有重要的现实意义。

一、科学的方法论

孙先生的学术研究有一种基本信念:"马克思主义哲学应该是
科学社会主义的理论基础,是中国共产党人进行社会主义革命和
建设的指导思想。"[①]孙先生把这一信念贯穿到对马克思主义中国
化的研究中,认为这一过程贯彻和体现了马克思主义哲学的科学
方法论。因为在孙先生眼中,"马克思主义哲学的本质必然不可能
是纯粹的哲学概念之思辨,或者抽象的哲学体系之建构,而必然是
能够指导我们研究当代中国现实问题的科学的世界观和方法
论。"[②]因而,推动马克思主义中国化就应该继承和发扬其中的科学
方法论作用。

马克思恩格斯去世已经 100 多年,虽然 21 世纪世界政治、经

---

①　唐正东:《马克思主义哲学研究中的信念维度——纪念孙伯鍨先生逝世一周年》,载张异宾、唐正东编:《探索与反思:哲学家孙伯鍨》,南京大学出版社 2004 年版,第199 页。
②　张一兵、唐正东:《孙伯鍨哲学思想的方法论源起和内在逻辑——纪念孙伯鍨先生逝世一周年》,载《马克思主义研究》2004 年第 2 期。

| 略论孙伯鍨先生对马克思主义中国化哲学基础的研究　　　　　　　　| 451 |

济、科技和文化发生了巨大的变化,出现了马、恩时代所不曾有过的大量新情况和新问题,但作为科学方法论,马克思主义哲学绝没有被超越。因为:"其一,只要方法是从现实历史发展过程中科学地抽象出来的,因而相对于一定的历史发展阶段是正确的,那么它在这个一定的时空条件中就是不可被超越的。马克思主义哲学是资本主义这个特定历史阶段的产物,只要资本主义还没有退出历史舞台,它所具有的方法论意义就不会过时","其二……马克思主义哲学不同于旧哲学,它不是包治百病的药方,也不是包罗万象的百科全书,它提供的是一种研究社会历史的大思路,即生产方式的发展和社会发展的相关性问题"①。所以,谁要声称掌握了马克思主义哲学,那就一定要把握作为"活的灵魂"的方法,只有把方法与当下的现实相结合,才能实现马克思主义哲学的当代性,才能真正实现马克思主义哲学的创新和发展。而如果依然一味地停留在建构马克思主义哲学体系的层面,那么必然令发展马克思主义哲学无太大的突破性进展,而且遮蔽了其科学方法论作用。

马克思主义哲学的现实出场路径就是它"向何处去"的问题。马克思主义哲学不是封闭的体系哲学,而是开放的科学方法论。马克思哲学革命的实质就在于它是以科学的方法论冲破了体系哲学的牢笼,其宗旨是以开放的历史的理论视野为无产阶级的解放之路——科学社会主义和国际共产主义运动提供科学方法论的指导。马克思主义哲学的这种原初出场路径决定了它的现实出场路径必然是以科学方法论为指导,并以此来探索人类的解放之路。

正因为这种科学方法论是从现实的历史的具体的社会规定出

---

① 孙伯鍨:《作为方法的历史唯物主义》,载《河南大学学报(社会科学版)》2001年第3期。

发,始终站在现实历史基础上的历史辩证法,所以内在地要求马克思主义哲学不能停留在马克思恩格斯已经做出的具体结论上,这些结论随着历史环境的推移有的已经不再有效,但是如果据此认为马克思主义哲学不再是我们工作的指南,已经丧失了其原来的功能,那么这样的言论势必在理论和实践上产生双重的巨大危害。

我们在新的历史条件下如何坚持、运用和发展马克思主义?对这个问题的回答使马克思的当代性这一重要问题摆在了人们面前。有学者从海德格尔出发来解读马克思主义哲学的当代性,实际上,这种思路的最大问题无疑是用现当代西方哲学的流行观念来反注和注释马克思主义哲学,试图将当代的马克思主义哲学融入当代西方哲学之中,将两类异质性的哲学简单拼凑,这严重破坏了马克思主义哲学的党性原则和基本立场。① 而始终关注当代中国社会发展命运的线索,拉动着孙先生的哲学思想走出了一条与"本真性"哲学不同的发展道路,也将其运用到对马克思主义中国化哲学基础的研究。

二、唯物主义基础

孙先生在阐释马克思主义中国化和中国特色社会主义的一系列重大理论和现实问题时,反复强调必须坚持唯物主义不动摇。他深刻指出,解放思想、实事求是,作为一种思想路线,指的正是唯物主义。而唯物主义(包括通常所说的辩证唯物主义和历史唯物主义)是全部马克思主义学说的基石,是一定不能动摇的,动摇了

---

① 孙伯鍨:《马克思主义哲学的开放性和党性原则》,载《学术月刊》2002年第6期。

这个基石，就等于否定了全部马克思主义。

用唯物辩证法的"目标—手段"来阐释唯物主义原则，是孙先生的重要理论创新。他提出："处理目标和手段的关系必须遵循唯物主义原则""从辩证唯物主义的观点来看，手段的选择高于目标的确立。因为确立目标只是提出任务，选择手段才是实现任务。"①共产党人决不能认为，由于社会主义、共产主义是符合历史规律的，因而在实际斗争中任何旨在接近和实现这一目标的具体政策、措施和行动也都是符合历史规律的。这就是说，目标的正确并不能保证手段和方法的正确。它们是不同的两回事：目标正确是指它在宏观上符合历史规律；手段正确却要求在细节和微观上也符合历史规律。前者是一般真理，后者是具体实践。不首先看到它们的对立和差异，便不能在唯物辩证法的基础上使它们正确地统一起来。

如果只是执着于对理想目标的追求而断然拒绝似乎远离目标的手段和方法，那是不行的。马克思认为，社会是由个人组成的，社会发展的最终目标是实现人的自由全面发展。可以说，马克思主义哲学是一种最具人道意蕴和人文关怀的学说，它追求的不仅仅是客观的生产力发展，因为如果客观的生产力发展不能带来人文意蕴的实现的话，那么就不能称其为真正的哲学。马克思哲学的最终目标无疑是每个人的个性之发展，但人的自由全面发展的实现依赖于能否找到实现这一目的的途径，因此必须把理论重点诉诸实现这一目标的可能性和实现的方式上。正如马克思所说，"只有在现实的世界中并使用现实的手段才能实现真正的解放。"②

---

①　孙伯鍨：《邓小平哲学思想的核心是坚定的唯物主义》，载《南京大学学报（哲学·人文科学·社会科学）》1994年第4期。

②　《马克思恩格斯选集》第1卷，人民出版社1995年版，第74页。

那么,什么是"现实的手段"? 马克思指出:"'解放'是一种历史活动,不是思想活动,'解放'是由历史的关系,是由工业状况、商业状况、农业状况、交往状况促成的。"①这样,马克思就把无产阶级和人类解放奠基于生产力充分发展的巨大基石之上:"人们每次都不是在他们关于人的理想所规定和所容许的范围之内,而是在现有的生产力所规定和所容许的范围之内取得自由的。但是,作为过去取得的一切自由的基础是有限的生产力。"②

　　马克思之所以将生产力的发展作为人类解放和自由全面发展的"绝对必需的实际前提",是因为"如果没有发展,那就只会有贫穷、极端贫困的普遍化;而在极端贫困的情况下,必须重新开始争取必需品的斗争,全部陈腐污浊的东西又要死灰复燃"。可以看出,人类解放和人的自由全面发展绝不是靠精神超脱或者伦理想象就能实现的,而必须以生产力的巨大发展为前提。孙先生据此分析了马克思主义中国化的历史进程。中国共产党人对社会主义的艰辛探索证明了:凡是重视生产力发展对人的自由全面发展具有决定作用的时期,党的路线方针政策的制定就符合历史发展的进程;凡是背离或者忽视这一观点的,社会主义建设就会遭受挫折。

　　孙先生还对邓小平的"解放生产力"和"发展生产力"的论述作了理论分析。邓小平深刻地认识到"以物的依赖性为基础"的社会是不可超越的。他从发展物质生产力着眼,提出在现阶段的社会历史进程中,能推动现实生产力迅速发展的只有商品生产。虽然在表面看来,社会主义无法与商品经济统一起来,然而,商品经济

---

　　① 《马克思恩格斯选集》第1卷,人民出版社1995年版,第74—75页。
　　② 《马克思恩格斯全集》第3卷,人民出版社1960年版,第507页。

恰恰是中国特色社会主义不可超越的客观经济阶段。社会主义的本质就是解放生产力,发展生产力,消灭剥削,消除两极分化,最终达到共同富裕。我们可以通过社会主义的市场经济来有效地发展物质生产力,为将来的共产主义准备基础。今日中国特色社会主义的发展,正是为了在一个高度发展的生产力水平基础上为明天人类的真正解放和自由全面发展创造条件。在这样的理论视角下,才能真正明白邓小平这句话所蕴含的深意:"社会主义的首要任务是发展生产力,逐步提高人民的物质和文化生活水平。从一九五八年到一九七八年这二十年的经验告诉我们:贫穷不是社会主义,社会主义要消灭贫穷。不发展生产力,不提高人民的生活水平,不能说是符合社会主义要求的。"[①]在当代中国,实现人的自由全面发展的基础依然是现实的物质生产进步。发展仍然是解决我国所有问题的关键。这也是马克思主义哲学的题中应有之义。孙先生用"目标—手段"所作的哲学分析,在今天仍然具有强大的解释力和理论效应。对于我们正确认识社会发展阶段、最高目标与当前目标的关系等问题具有重要的借鉴意义。

三、思想路线的哲学阐释

孙先生指出:"党的十一届三中全会以来,我国社会主义建设事业的蓬勃发展,依靠的就是'解放思想、实事求是'这个正确的思想原则。所谓'解放思想',就是反对教条主义、唯心主义;'实事求是'就是遵循唯物主义。这在任何情况下都是绝对正确的。"[②]

---

① 《邓小平文选》第 3 卷,人民出版社 1993 年版,第 116 页。
② 孙伯鍨:《唯物主义和实事求是——为纪念恩格斯逝世 100 年而作》,载《江苏社会科学》1995 年第 4 期。

邓小平理论之所以在我国改革开放和社会主义现代化建设的实践中发挥了巨大的指导作用,从根本上说,在于他把马克思主义哲学的科学方法论原则与实践有机地、灵活地、创造性地结合起来。邓小平深刻地指出:"研究和解决任何问题都离不开一定的历史条件。"①这正是解放思想、实事求是的精髓所在。而当他说"马克思主义理论从来不是教条,而是行动的指南。它要求人们根据它的基本原则和基本方法,不断结合变化着的实际,探索解决新问题的答案,从而也发展马克思主义理论本身"②,他又以自己的话语揭示了党的思想路线的核心要义。

邓小平反复说过,实事求是是马克思主义哲学、毛泽东哲学思想的"精髓"和"灵魂"所在,而实事求是正是历史辩证法要求的从现实的、历史的、具体的当下出发这一原则的中国式表述。在坚持马克思主义哲学科学方法论的同时,邓小平还特别强调要不断创新和发展马克思主义:"真正的马克思列宁主义者必须根据现在的情况,认识、继承和发展马克思列宁主义""不以新的思想、观点去继承、发展马克思主义,不是真正的马克思主义者"③。

孙先生有针对性地指出:"决不能同意这样一种说法,似乎毛泽东思想有一个哲学基础,那个哲学已经陈旧了;邓小平建设有中国特色社会主义理论有另外一个哲学基础,这个哲学就是以人的价值、人的需要、人的自由等等为中心议题的新哲学。"党的思想路线是毛泽东思想和邓小平理论的共同哲学基础,也是马克思主义中国化百年探索的共同哲学基础。要坚持党的思想路线,既要反对经验主义,又要反对教条主义。孙先生强调:"解放思想,实事求

① 《邓小平文选》第 2 卷,人民出版社 1994 年版,第 119 页。
② 《邓小平文选》第 3 卷,人民出版社 1993 年版,第 146 页。
③ 《邓小平文选》第 3 卷,人民出版社 1993 年版,第 291—292 页。

是，既反对'只唯书、不唯实'的教条主义，也反对照搬照抄别国经验、别国模式的经验主义。"①这些重要论点，也是今天更加深入地推进马克思主义中国化的研究需要加以关注和把握的。

四、科学实践观

在阐释"实践是检验真理的唯一标准"这一重大哲学命题时，孙先生指出："重新确立实践是检验真理的唯一标准，其意义并不在于恢复这个马克思主义哲学的基本命题，而在于通过对中国社会主义历史经验的总结深刻认识马克思主义关于实践概念的哲学内涵。"②

近些年，在研究马克思哲学思想转变时，有一种观点认为，只要马克思开始使用"实践"概念了，就标志着历史唯物主义的"实践观"已经形成。因而以"实践"作为首要和基本观点的新唯物主义也已诞生。但正如孙先生所深刻指出的，要"深刻认识马克思主义关于实践概念的哲学内涵"。仅凭"实践"概念的出现，是不能等同于新唯物主义已经形成了。的确，"实践"的观点是新唯物主义的基本范畴和诞生的标志，但关键还必须看马克思究竟在怎样的理论层面上用怎样的方法赋予了"实践"怎样的含义。须知，在西方思想史上，"实践"一词从亚里士多德就开始使用了，康德、费尔巴哈、赫斯等都曾使用过"实践"概念。马克思之后也有南斯拉夫"实践"派、国内的"实践人道主义"等等，这林林总总的"实践"都可以同质于新唯物主义的"实践"吗？

---

① 黄枬森主编：《马克思主义哲学史》，高等教育出版社 1998 年版，第 417 页。
② 黄枬森主编：《马克思主义哲学史》，高等教育出版社 1998 年版，第 418—419 页。

坚持科学的实践观,就"不能仅仅满足于重新恢复'实践是检验真理的唯一标准'这个马克思主义哲学的基本命题,而必须根据历史唯物主义的基本原理和人民群众的迫切愿望,把物质生产实践即经济建设作为一切工作的中心"[①]。改革开放以来形成的中国特色社会主义,就是把实践标准和生产力标准统一起来,这是马克思主义基本原理和中国改革开放实际的生动结合。

张一兵教授曾指出:"孙先生绝不是一个单纯沉迷于理论中的'本真性'哲学家,构筑一个纯粹而完美的理论楼阁并不是他的全部理想所在,实际上,纵观孙先生的整个哲学思想发展理路,对当代中国发展问题的随时关注和深刻思考是一条贯串始终的红线。这种关注一方面驱使他完成了大量关于当代中国现实问题的研究,另一方面直接导致了他在理论上的一些重要认定和观点。"[②]孙先生逝世已近 20 年,当年他基于马克思主义哲学家的视角对重大现实问题所作的理论探索却并未过时。在新时代坚持和发展中国特色社会主义、推进马克思主义中国化和时代化的新征程上,仍有重要的启示意义。譬如他从哲学层面对社会主义市场经济体制的分析:"社会主义制度和市场经济之间毕竟是存在着矛盾的,它们之间的统一是矛盾的统一,而不是不包含对立的形而上学的统一。"[③]他还提出了至今我们仍在继续探索并力图回答的重大理论和实践命题:"如何在社会主义市场经济条件下保持公有制和按劳动分配的主体地位,避免和消除两极分化,最终达到共同富裕""如

---

① 黄枬森主编:《马克思主义哲学史》,高等教育出版社 1998 年版,第 419 页。
② 张一兵:《追求自由 面死而生——纪念孙伯鍨先生》,载张异宾、唐正东编:《探索与反思:哲学家孙伯鍨》,南京大学出版社 2004 年版,第 119 页。
③ 黄枬森主编:《马克思主义哲学史》,高等教育出版社 1998 年版,第 424 页。

何在市场经济条件下继续坚持社会主义的价值观念和共产主义的理想信念"等①，这些都充分显示了孙先生理论运思的高度和思想探索的穿透力。

孙先生深深懂得："马克思主义的诞生地和落脚点不是在书斋里，也不是在讲台上，而是在各民族各阶层人民生活于其中的现实世界里。它的真理性、现实性和力量表现在它是否有能力以及在多大程度上干预和改变这个世界的实际进程。脱离现实历史进程的理论，在各种自发的社会力量面前束手无策、随波逐流的理论，不管怎样高深莫测和自我标榜，它们的真正价值都是大可置疑的。"②作为年轻一代的马克思主义学者，我们不仅要"照着讲"，更要"接着讲"，运用马克思主义的立场观点方法，继续从学理分析、历史视野、国际比较等多维度讲清楚这些重大问题，为继续推进马克思主义中国化时代化做出理论工作者的贡献。我想，这是我们共同的责任和使命，也是对孙先生最好的纪念。

---

① 黄枬森主编：《马克思主义哲学史》，高等教育出版社1998年版，第424页。
② 孙伯鍨、张一兵主编：《走进马克思》，江苏人民出版社2001年版，序第2页。

图书在版编目（CIP）数据

孙伯鍨哲学思想研究文集 / 张一兵主编. —南京：
南京大学出版社，2023.2
ISBN 978 - 7 - 305 - 26358 - 3

Ⅰ. ①孙… Ⅱ. ①张… Ⅲ. ①孙伯鍨-哲学思想-文
集 Ⅳ. ①B261 - 53

中国版本图书馆 CIP 数据核字（2022）第 242877 号

出版发行 南京大学出版社
社　　址　南京市汉口路 22 号　　　　　邮　编 210093
出 版 人　金鑫荣

书　　名　**孙伯鍨哲学思想研究文集**
主　　编　张一兵
责任编辑　张　静

照　　排　南京紫藤制版印务中心
印　　刷　江苏凤凰通达印刷有限公司
开　　本　635 mm×965 mm　1/16　印张 29.75　字数 378 千
版　　次　2023 年 2 月第 1 版　2023 年 2 月第 1 次印刷
ISBN　978 - 7 - 305 - 26358 - 3
定　　价　108.00 元

网　　址：http://www.njupco.com
官方微博：http://weibo.com/njupco
官方微信：njupress
销售咨询热线：(025)83594756